D1729417

„*DAS PARADEIS FANDEN WIR…*".
STREIFZÜGE DURCH DIE BÜCHERWELTEN DER ULB DÜSSELDORF

„*DAS PARADEIS FANDEN WIR…*".
STREIFZÜGE DURCH DIE BÜCHERWELTEN DER ULB DÜSSELDORF

Herausgegeben von
Irmgard Siebert

VITTORIO KLOSTERMANN · FRANKFURT AM MAIN

ZEITSCHRIFT FÜR BIBLIOTHEKSWESEN UND BIBLIOGRAPHIE
SONDERBÄNDE

Herausgegeben von Georg Ruppelt

SONDERBAND 121

Bibliographische Information der Deutschen Nationalbibliothek

Die Deutsche Nationalbibliothek verzeichnet diese Publikation in der
Deutschen Nationalbibliographie; detaillierte bibliographische Daten
sind im Internet über *http://dnb.dnb.de* abrufbar.

© Vittorio Klostermann GmbH · Frankfurt am Main 2017
Umschlaggestaltung: Elmar Lixenfeld, Frankfurt am Main
Umschlagabbildung: Initiale P: Minerva und das Schwein. 1514 (ULB: Ms. B 1: Albertus
Magnus, Bl. 166r). Aus dem Bestand der Universitäts- und Landesbibliothek Düsseldorf.
Alle Rechte vorbehalten, insbesondere die des Nachdrucks und der Übersetzung.
Ohne Genehmigung des Verlages ist es nicht gestattet, dieses Werk oder Teile in
einem photomechanischen oder sonstigen Reproduktionsverfahren zu verarbeiten,
zu vervielfältigen und zu verbreiten.
Gedruckt auf Alster Werkdruck der Firma Geese, Hamburg,
alterungsbeständig nach ISO 9706 und PEFC-zertifiziert.
Satz: Marion Juhas, Aschaffenburg
Druck: betz-Druck GmbH, Darmstadt
Bindung: Litges & Dopf GmbH, Heppenheim
Printed in Germany
ISSN 0514-6364
ISBN 978-3-465-04290-7

Inhalt

Vorwort

Die Zukunft des Sammelns und des systematischen Bestandsaufbaus in Bibliotheken ist in den letzten drei Jahren, ausgelöst unter anderem durch die Einstellung der DFG-Sondersammelgebiete, intensiv auf den Jahressitzungen der Wissenschaftlichen Bibliotheken, auf Tagungen, in der Fachliteratur und in der überregionalen Presse erörtert worden.[1] Bei genauerer Betrachtung lassen sich zwei die Diskussion dominierende Positionen identifizieren. Zum einen die vom aktuellen Bedarf der STM-Fächer geprägte und oft verabsolutierte Auffassung, dass durch eine E-only- bzw. E-preferred-Strategie der Informations- und Literaturversorgung aller Wissenschaftskulturen angemessen entsprochen werden könnte. Das gedruckte Buch wird für ein weitgehend überflüssiges, transitorisches Phänomen erachtet, das im Rahmen einer kontinuierlichen Zunahme des Digitalen schließlich ganz in einer All-Digital-Library verschwinden werde. Der für Bibliotheken seit vielen Jahrhunderten charakteristische vorsorgende Bestandsaufbau und die selbstverständliche Verpflichtung, einmal Erworbenes für zukünftige, noch nicht absehbare neue Forschungsinteressen zu erhalten, hat in diesem Szenario keinen Raum mehr.

Gegen diese etwas naive, schon aufgrund der unterstellten Linearität problematische und allen historischen Erfahrungen widersprechende Vision steht die zweite Position mit einer deutlich differenzierteren Betrachtungsweise, die in der aktuellen Diskussion zu selten hinreichend engagiert und wahrnehmbar vertreten wird. Diese Position sieht in einer möglichst umfassenden Digitalisierung aller analogen Quellen einen wichtigen Baustein komfortabler Zugänglichmachung, erkennt und benennt aber auch vielfältige Probleme des Transformations- und Erhaltungsprozesses sowie Defizite des reproduzierten digitalen Repräsentanten. Eine lückenlose Überführung aller analogen Dokumente wird hier – ganz unabhängig

---

[1] Die wichtigsten Beiträge sind erwähnt bzw. zitiert bei: Knoche, Michael: Haben wissenschaftliche Bibliotheken noch einen Sammelauftrag? In: Ders.: Auf dem Weg zur Forschungsbibliothek. Studien aus der Herzogin Anna Amalia Bibliothek. Frankfurt am Main: Klostermann 2016, S. 47–53. Grundlegend und erhellend außerdem: Nolte-Fischer, Hans-Georg: Vom Sinn der Bibliotheken. In: Neue Mitte(n). Die Bibliotheksbauten der Technischen Universität Darmstadt. Hrsg. von der ULB und der TU Darmstadt. Darmstadt: Justus von Liebig Verlag 2014, S. 10–16 und Göttker, Susanne: Literaturversorgung in Deutschland: Von den Sondersammelgebieten zu den Fachinformationsdiensten. Eine Analyse. Wiesbaden: Dinges und Frick 2016.

davon, ob eine solche wünschenswert und sinnvoll wäre – aufgrund der Mengen, der Diversität der Quellen, fehlender nachhaltiger Finanzierung, unzureichender Infrastruktur sowie aufgrund von Urheberrechtsfragen als unrealistisch angesehen. In der Fragilität der immateriellen Form, Informationsverlusten gegenüber dem Original sowie fehlender Hilfsmittelfreiheit werden nicht zu unterschätzende Nutzungs- und Erhaltungsrisiken erkannt. Vertreterinnen und Vertreter dieser Position plädieren für eine solide Überlieferungsplanung aller Medienformen auf der Basis interinstitutioneller Kooperation sowie regionaler und nationaler Aussonderungs- bzw. Erhaltungsstrategien und warnen vor unkontrollierten, unabgestimmten Aussonderungen und der Gefährdung der nationalen Versorgungsautonomie. Das alleinige Vertrauen auf digitale oder digitalisierte Texte wäre vor allem für die historisch arbeitenden Wissenschaften eine unzulässige und erkenntnisbehindernde Beschränkung. Diese benötigen eine extensive Quellengrundlage, deren Umfang grundsätzlich nicht kalkulier- und vorhersehbar ist.

Die Universitäts- und Landesbibliothek Düsseldorf verfolgt seit vielen Jahren den beschriebenen zweiten Ansatz: Sie gibt mehr als zwei Drittel ihrer Erwerbungsmittel für die Lizenzierung elektronischer Medien aus und fördert überaus engagiert und erfolgreich die Retrodigitalisierung analog vorliegender Sammlungen ihres Hauses. Sie ist davon überzeugt, dass gut erschlossene und bewahrte Sammlungen in analoger, digitaler oder hybrider Form als bereits geformte, gestaltete Ensembles ein außerordentlich vitales, inspirierendes, kreativitäts- sowie forschungs- und erkenntnisförderndes Potenzial besitzen, kurz gesagt, exzellente Forschungsinstrumente darstellen. Die ULB sucht und fördert darüber hinaus den Dialog mit Wissenschaftlerinnen und Wissenschaftlern, die über ihre Bestände forschen. Der vorliegende Band ist ein Ergebnis dieses Dialogs. Er ist aus der Vortragsreihe „Schätze der ULB Düsseldorf" zum 50-jährigen Jubiläum der Heinrich-Heine-Universität im Jahr 2015 hervorgegangen und bietet eine Fortsetzung des 2011 ebenfalls im Verlag Vittorio Klostermann erschienenen Bandes „Bibliothek und Forschung". Er umfasst vertiefende, bisherige Erkenntnisse vermehrende Beiträge zur Thomas-Mann-Sammlung (Ute Olliges-Wieczorek), zum Korczak-Archiv (Barbara Engemann-Reinhardt), zur pharmaziehistorischen Sammlung Dr. Helmut Vester (Frank Leimkugel) und zu den historischen Schulprogrammen (Thorsten Lemanski, Gisela Miller-Kipp). Die jüngsten Erschließungs- und Digitalisierungsaktivitäten der Bibliothek inspirierten und förderten weitere Spezialstudien: Eva Schlotheuber erforscht die Spitzenstücke des Düsseldorfer Handschriftenbestands, die Chorbücher aus dem Dominikanerinnenkloster Paradiese bei Soest, und Ricarda Bauschke-Hartung stellt die Beschreibung der Belagerung der Stadt Neuss im ausgehenden 15. Jahrhundert durch den Stadtchronisten Christian Wierstraet vor. Sie enthüllt damit die nicht nur regionale Bedeutung eines „schäbig aussehenden" und „gewöhnungsbedürftig riechenden Büchleins". Die neuen Erkenntnisse zu einem Teil der juristischen Handschriften der Bibliothek von Katrin Janz-Wenig sind unmittelbar aus dem von der Deutschen Forschungsgemeinschaft seit zwei Jahrzehnten geförderten Tiefenerschließungsprojekt der Düsseldorfer Handschriften hervorgegangen. Der Beitrag von Alfons Labisch und Kollegen über die Gelehrtenbibliotheken der Neurowissenschaftler Oskar Vogt und John C. Eccles beschreibt zwei erst vor Kurzem an die Universität gekommene Sammlungen, durch die der einzigartige Bestand der Universität zur Geschichte der Medizin signifikant bereichert wird. Bibliotheksgeschichtlich spannend ist die mehr oder weniger zufällige Entdeckung der Bibliothek des Kölner Kirchenrechtlers Philipp Hedderich durch Anne Liewert. Ottfried Dascher, der bekannte Biograph des Sammlers, Kunsthändlers und Verlegers Alfred Flechtheim, konnte für eine Beschreibung unserer bedeutenden Sammlung an Mappenwerken, Katalogen, Ausgaben und Drucken der viele Jahre in Düsseldorf beheimateten Galerie Flechtheim gewonnen werden. Der Beitrag macht auch deutlich, dass die ULB Düsseldorf eine „unverzichtbare Anlaufstelle für die internationale Flechtheim-Forschung" ist. Trotz mehrerer Forschungsinitiativen und Ausstellungen in den letzten Jahrzehnten ist der Düsseldorfer Fotograf Erwin Quedenfeldt weiterhin recht unbekannt. Durch die komplette Online-Stellung seiner 1.600 Fotografien vom Niederrhein im Jahr 2014 und den vorliegenden Beitrag möchte die Bibliothek auf die Bedeutung dieses Künstlerfotografen nicht nur als Dokumentar des Niederrheins, sondern auch als Vordenker der autonomen Fotografie aufmerksam machen und weitere Forschungen anregen. Die Studie hat sehr stark profitiert von der Beschäftigung mit dem Werk, dem Nachlass und der Privatbibliothek des Kunsthistorikers J. A. Schmoll gen. Eisenwerth. Den Abschluss des Bandes bilden interessante Einblicke gewährende „Streifzüge durch drei Jahrhunderte Düsseldorfer Buch- und Bibliotheksgeschichte" von Eckhard Grunewald. Dieser Beitrag zeigt einmal mehr, wie eng die vielfältige Düsseldorfer Kunst- und Geistesgeschichte mit den Beständen der Bibliothek verknüpft ist und sich aus ihnen immer wieder neu rekonstruieren lässt.

Der Druck dieses Bandes wurde durch eine großzügige Förderung der Gerda Henkel Stiftung und der Anton-Betz-Stiftung der Rheinischen Post e.V. ermöglicht, wofür ich sehr herzlich danke. Cornelia Lemmen bin ich für mannigfaltige Unterstützung verbunden. Mein abschließender Dank gilt den Autorinnen und Autoren dieses Bandes, dem Herausgeber der Reihe, Herrn Georg Ruppelt, und dem Verlag Vittorio Klostermann, insbesondere Frau Anastasia Urban, für die fortgesetzte angenehme Zusammenarbeit und den Mut, weiterhin schön gedruckte Bücher zu machen.

Irmgard Siebert, im Juli 2016

IRMGARD SIEBERT

Der Künstlerfotograf Erwin Quedenfeldt – Dokumentar des Niederrheins und Vordenker der autonomen Fotografie

„Wenn das Gemälde ein gemachtes, das Photo hingegen ein geschautes Bild ist, dann sind die sogenannten Schadographien, Vortographien, Rayogramme, Photoplastiken, Photogramme und Lichtgraphien der Avantgardekünstler des zwanzigsten Jahrhunderts keine Photographien, sondern Werke der bildenden Kunst, die mit Hilfe chemischer Mittel angefertigt wurden."

Wilfried Wiegand[1]

Vergessen und verkannt?

In vielen Studien zur Geschichte der Fotografie sucht man den Namen Erwin Quedenfeldt, der in den ersten zwei Jahrzehnten des 19. Jahrhunderts in Düsseldorf, dann u.a. in Den Haag und Wien als Fotograf, Theoretiker der Fotografie und Lehrer für Fotografie wirkte, zumeist vergeblich.[2] In der Mitte der 1980er-Jahre wird das Düsseldorfer Fotografenehepaar Elke und Herbert Müller auf Quedenfeldt aufmerksam. Basierend auf ihren Forschungen widmet ihm Ute Eskildsen, Schülerin Otto Steinerts und langjährige Leiterin der Fotografischen Sammlung des Folkwang Museums, 1985 eine Ausstellung. Der Begleitkatalog, bis heute grundlegend,

---

[1] Wiegand, Wilfried: Die Wahrheit der Photographie. Klassische Bekenntnisse zu einer neuen Kunst. Frankfurt am Main: Fischer 1981, S. 12.

[2] Billeter, Erika: Malerei und Photographie im Dialog: von 1840 bis heute. Mit Beiträgen von J. A. Schmoll gen. Eisenwerth. Bern: Benteli 1977. Das Foto als autonomes Bild. Experimentelle Gestaltung 1839–1989. Stuttgart: Cantz 1989 (nur kurze Erwähnung S. 229f.). Brauchitsch, Boris von: Kleine Geschichte der Fotografie. Stuttgart: Reclam 2002. Stiegler, Bernd: Randgänge der Photographie. Paderborn: Fink 2012. Manifeste! Eine andere Geschichte der Fotografie. Göttingen: Steidl 2014. Frizot, Michel (Hrsg.): Neue Geschichte der Fotografie. Köln: Könemann 1998. Kemp, Wolfgang (Hrsg.): Theorie der Fotografie. 3 Bde., München: Schirmer-Mosel 1979–1983. Deutsche Fotografie. Macht eines Mediums 1870–1970. Hrsg.: Kunst- und Ausstellungshalle der Bundesrepublik Deutschland in Zusammenarbeit mit Klaus Honnef u.a. (mehrere kurze Erwähnungen). Bonn 1997.

enthält die Forschungsergebnisse von Elke und Herbert Müller, Daten zu
Leben und Werk Quedenfeldts, ein Werk- und Publikationsverzeichnis,
eine Liste der Schülerinnen und Schüler Quedenfeldts, einen repräsentati-
ven Bildteil und ein Vorwort von Ute Eskildsen.[3] Eine ausführliche Würdigung der 1.559 Fotografien Quedenfeldts vom Niederrhein durch Petra
Steinhardt erscheint 2008.[4] Quedenfeldts Verdienste als experimenteller
Fotograf und Vordenker der subjektiven Fotografie, wie sie von Otto Steinert und anderen vertreten wurde, sowie der vor allem nach dem Zweiten
Weltkrieg sich durchsetzenden kameralosen Lichtbildkunst in Form von
Fotogrammen, z.B. bei Heinz Hajek-Halke, Peter Keetmann oder Christian Schad, werden erst Ende der 1980er-Jahre von Gottfried Jäger[5] und
zu Beginn des 21. Jahrhunderts von Rolf Sachsse[6] und Rolf H. Krauss[7]
erkannt. Dass Quedenfeldt allerdings schon viele Jahre vor Man Ray und
László Moholy-Nagy und vor dem 1911 erschienenen bahnbrechenden
Werk *Über das Geistige in der Kunst* von Wassily Kandinsky mit nichtmimetischen, abstrakten und expressionistischen Formen der Fotografie
experimentierte, unterstützende technische Hilfsmittel entwickelte, darüber publizierte und damit einer der bedeutendsten Vordenker und Vorkämpfer der autonomen oder generativen Fotografie ist, wurde bis heute
kaum angemessen gewürdigt. Die Nichtwahrnehmung der frühen theoretischen und praktischen Arbeiten Quedenfeldts führt dazu, dass man ihn
als Nachahmer, nicht als Vorreiter sieht.[8] Diese Wertung muss korrigiert
werden.

Die Universitäts- und Landesbibliothek Düsseldorf (ULB), deren Vor-
gänger-Einrichtung Quedenfeldt einen kompletten Satz seiner 1.559 Fotos umfassenden Niederrhein-Serie überlassen hatte und die seltene Mappenwerke von ihm besitzt[9], widmete Quedenfeldt 1986, 1994, 2001 und

   [3]   Müller, Elke und Herbert (Bearb.): Erwin Quedenfeldt 1869–1948. Essen 1985. Ausstellungskatalog.
   [4]   Steinhardt, Petra: Erwin Quedenfeldt. Architektur- und Landschaftsfotografie vom
Niederrhein um 1910. In: Anna, Susanne; Baumeister, Annette (Hrsg.): Das Junge Rheinland. Vorläufer, Freunde, Nachfolger. Ostfildern: Hatje Cantz 2008, S. 73–84.
   [5]   Jäger, Gottfried: Bildgebende Fotografie. Fotografik. Lichtgrafik. Lichtmalerei. Ur-
sprünge, Konzepte und Spezifika einer Kunstform. Köln: DuMont 1988, S. 277–279.
   [6]   Sachsse, Rolf: Fotografie: vom technischen Bildmittel zur Krise der Repräsentation.
Köln: Deubner 2003, S. 95f.
   [7]   Krauss, Rolf H.: Das Geistige in der Fotografie, oder: Der fotografische Weg in die
Abstraktion. Quedenfeldt – Coburn – Bruquière. In: Jäger, Gottfried (Hrsg.): Die Kunst
der abstrakten Fotografie. Stuttgart: Arnold 2002, S. 103–137.
   [8]   Siehe z.B. Stiegler, Bernd: Theoriegeschichte der Photographie. München u.a.: Fink
2006, S. 186f.; Krauss, Das Geistige (wie Anm. 7), S. 107.
   [9]   Quedenfeldt, Erwin: Aus dem Alten Düsseldorf. Vierzig malerische Ansichten nach
Original-Gummidrucken. Düsseldorf: Schmitz & Olbertz 1907. Die Idee zur Herausgabe

2013 kleinere Ausstellungen. Im Jahr 2013 hat sie zudem die komplette Niederrhein-Serie in ihrem hauseigenen Digitalisierungszentrum kopiert und weltweit zugänglich gemacht. Seitdem mehren sich erfreulicherweise die Anfragen für Ausstellungen. Die Bibliothek hofft, durch ihre Aktivitäten und den vorliegenden Beitrag weitere Forschungen zu Quedenfeldt anzuregen.

Positionen und Vernetzung

In seiner Zeit war Quedenfeldt kein Unbekannter. 1869 als zweites von vier Kindern in Essen geboren, wuchs er in einem gutbürgerlichen, musischen Elternhaus auf. Sein Studium der Chemie in Königsberg, Berlin und Kiel ergänzte er durch Vorlesungen zur Kunstgeschichte und Philosophie, was man insbesondere seinen in den 1920er-Jahren erschienenen Publikationen anmerkt. Mit der 1896 veröffentlichten Dissertation *Über symmetrisches Dibenzylhydrazin* schloss er sein Studium ab. 1897 heiratete er Emma Rohde, die Tochter eines Kaffee-Importeurs. Von 1897 bis 1901 arbeitete Quedenfeldt in Frankfurt-Hoechst als Fotochemiker. Offensichtlich wegen linker politischer Ansichten verließ er die Firma und zog zusammen mit seiner Frau zu seinen Eltern nach Duisburg mit der Absicht, sich selbstständig zu machen. Zwei Jahre später, 1903, siedelte er nach Düsseldorf über, wo er sehr bald nach dem Vorbild der wenige Jahre zuvor gegründeten Bayerischen Lehr- und Versuchsanstalt für Photographie, Lichtdruck und Gravüre in München eine private Fotoschule aufbaute, die er trotz finanzieller Probleme neunzehn Jahre führte. Werke seiner kaum bekannt gewordenen Schüler finden sich in der Sammlung Marschall im Folkwang Museum Essen, einige wenige Lichtzeichnungen auch in einer Mappe der ULB Düsseldorf.[10] Die Sammlung Marschall wurde von Monika Marschall, der Tochter Quedenfeldts, zusammen mit dem schmalen (Teil-)Nachlass ihres Vaters – einige wenige Briefe und experimentelle Fotografien – der Fotografischen Sammlung des Essener Museums überlassen.

In der sehr regen Düsseldorfer Kunst- und Vereinsszene war Queden-

---

dieses Werkes und die Auswahl der Blätter stammt von Peter Behrens, der von 1903 bis 1907 Direktor der Kunstgewerbeschule Düsseldorf war. Lichtzeichnungen. Gestaltungen aus der Vorstellungswelt. Düsseldorf: Rheinische Lehr- und Versuchsanstalt für Photographie Dr. Erwin Quedenfeldt. Düsseldorf: Selbstverlag 1919 (enthält 20 Erwinodrucke von Quedenfeldt und seinen Schülern).

[10] Lichtzeichnungen (wie Anm. 9).

feldt rasch vernetzt. Schon im Jahr seiner Ankunft wurde er Mitglied des Naturwissenschaftlichen Vereins und Vorsitzender im „Verein von Freunden der Photographie". Ein Jahr später wurde er auch Vorsitzender des gerade gegründeten „Verbandes rheinisch-westfälischer Amateurphotographen-Vereine". Als einer der ersten Fotografen war Quedenfeldt Mitglied des „Deutschen Werkbundes". Damit nicht genug, engagierte er sich in dem auf Anregung von Ernst Haeckel entstandenen „Monistenbund" sowie dem 1912 gegründeten „Bund Niederrhein", der sich die Pflege und Erhaltung der niederrheinischen Natur, Kunst und Architektur zum Ziel gesetzt hatte.

Die in zahlreichen Aufsätzen, umfangreichen Fotokorpora, Bildbänden und Mappen dokumentierte Nähe Quedenfeldts zu seiner niederrheinischen Heimat steht auf den ersten Blick in einem gewissen Kontrast zu seinen späteren freigeistigen und künstlerisch dem Expressionismus nahestehenden Positionen. Das 1909 von seinem Schwiegervater erworbene Haus in der Rosenstraße 28 in Düsseldorf wird nach dem Ersten Weltkrieg zum Mittelpunkt linksgerichteter Schriftsteller, Journalisten, Schauspieler und Maler, die sich 1919 im „Aktivistenbund" organisieren.[11] Ziel dieser Gruppe war es, gegen „die zu seelenlosem Formalismus erstarrte bürgerliche Tradition" in „Kunst und Kunsturteil"[12] vorzugehen. Nach Ulrich Krempel sympathisierten die Mitglieder mit den Ideen eines politischen Expressionismus, bevorzugtes Medium seien folglich der Holzschnitt und die Lithographie gewesen.[13] Die Kunst war für die Mitglieder dieser Gruppe „das stärkste Mittel, die gefesselten Seelen der Menschen zu befreien und zu wahrhaft menschenwürdigem Dasein zusammenzuschließen."[14] Dass Quedenfeldt nicht Mitglied der Künstlergruppe „Das Junge Rheinland" war, mag mit politischen Divergenzen – diese Gruppe war konservativer als der Aktivistenbund – und seinem Status als Fotograf zusammenhängen. Fotografie galt damals noch nicht als Kunst; im Mitgliederverzeichnis

---

[11] Eine anschauliche Beschreibung der Aktivitäten, der Mitglieder und der Intentionen sowie die Beleuchtung der Rolle Quedenfeldts im Aktivistenbund findet sich bei Schmitt-Föller, Rudolf: Die Düsseldorfer Künstlergruppe „Aktivistenbund 1919". In: Cepl-Kaufmann, Gertrude; Krumeich, Gerd; Sommers, Ulla (Hrsg.): Krieg und Utopie. Kunst, Literatur und Politik im Rheinland nach dem Ersten Weltkrieg. Essen: Klartext-Verlag 2006, S. 93–103.

[12] Ebd., S. 93

[13] Krempel, Ulrich: Am Anfang. Das Junge Rheinland. In: Ders. (Hrsg.): Am Anfang: Das Junge Rheinland. Zur Kunst- und Zeitgeschichte einer Region 1918–1945. Düsseldorf: Claassen 1985, S. 8–41, hier S. 8.

[14] Schmidt-Föller, Aktivistenbund (wie Anm. 11), S. 94.

der Künstlergruppe finden sich Architekten, Bildhauer, Grafiker, Werkkünstler und Maler, aber keine Fotografen.[15]

Bilder vom Niederrhein: Straßen, Plätze, stille Winkel

Mit seinen zwischen 1904 und 1915 entstandenen Fotos vom Niederrhein, die in vier Serien erschienen sind, sowie weiteren vermutlich 700–800 Fotos für Richard Klaphecks Publikation *Baukunst am Niederrhein*[16] hat Quedenfeldt einen kaum zu überschätzenden Beitrag zur Bewahrung und Erinnerung dieser im Zweiten Weltkrieg weitgehend zerstörten Gegend geleistet. Viele der Häuser, Straßen, Plätze, Türen, Treppen und stillen Winkel, die er zu seiner Zeit schon bedroht sah, wurden fast vollständig oder komplett ausgelöscht. Am nördlichen Niederrhein beispielsweise erlitten Wesel, Emmerich und Kleve den größten Kriegs- und Kollateralschaden des Zweiten Weltkriegs: Wesel wurde durch 707.000 Brandbomben zu 97 Prozent zerstört, Emmerich innerhalb von dreißig Minuten regelrecht „pulverisiert"[17].

An eine Vernichtung solchen Ausmaßes hatte Quedenfeldt sicherlich nicht gedacht, als er 1904 mit seiner großangelegten Spurensicherung begann. Gleichwohl beschrieb er mit eindringlichen, mahnenden Worten Gefahren der schnellen oder schleichenden Zerstörung historischer Baukunst und gewachsener Naturlandschaften:

„Am Rhein haben fast alle Städtchen das Idyll ihrer Uferseite durch den hohen Bahndamm verloren, der rücksichtslos sie vom Rhein trennt. Die alten Viertel unserer Stadt werden zusehends modernisiert und legen ihr ehrwürdiges Gepräge ab. Alte Backsteinbauten mit ihrem grauen oder roten moosbewachsenen Mauerwerk werden glatt verputzt und mit Schnörkeln, Kugeln- und Muschelornamenten verunziert, oder aber die alten Bauten müssen ganz charakterlosen Neubauten weichen, dessen [sic!] Vorbilder den Architektur-Musterbüchern entnommen sind und dessen [sic!] Nachahmungen in allen Städten der Welt zum Überdruß zu finden sind. Unsere schulmäßig gezüchteten Architekten errichten diese neuen Gebäude, in denen auch nicht der geringste Hauch überlieferter Heimatkunst zu verspüren ist. Darum sind unsere Städte ihrer früheren Eigenartigkeit fast verlustig gegangen und wäre nicht noch etwas Altes da, – das seit 1840 etwa Gebaute hat

---

[15] Siehe das Mitgliederverzeichnis in: Anna, Susanne; Baumeister, Annette (Hrsg.): Das Junge Rheinland. Vorläufer, Freunde, Nachfolger. Ostfildern: Hatje Cantz 2008, S. 149–165.
[16] Klapheck, Richard: Die Baukunst am Nieder-Rhein. Hrsg. vom Kunst-Verein für die Rheinlande und Westfalen. 2 Bde. Düsseldorf 1915/16 und 1916.
[17] Eßer, Paul: Niederrhein. Gedanken und Geschichten. Köln: Greven 2009, S. 122.

der Stadt keinen ihr eigentümlichen Charakter gegeben – man besuchte sie nicht mehr ihrer Bauten wegen."[18]

Die erste Serie seiner 1909 im Selbstverlag herausgegebenen Einzelbilder vom Niederrhein konzentriert sich auf die Städte Krefeld, Düsseldorf, Kaiserswerth, Lank, Orsoy und Zons. „Zum ersten Male", schreibt Quedenfeldt in der Einleitung, fänden „die eigenartigen, kräftig gestalteten Backsteinhäuser des ganzen Niederrheins, die trotz ihrer eindringlichen Formenschönheit noch gänzlich unbeachtet geblieben sind, auf diesen Bildern genau ihre Wiedergabe." Dabei geht es ihm nicht nur um Architektursolitäre, sondern auch um gewachsene Ensembles: „Da wo die Backsteinhäuser sich um eine Kirche reizvoll zusammenschließen, ist die Gesamtanlage aufgenommen, dagegen wo sie mit der Landschaft zusammengewachsen sind, ist diese geschlossene Einheit auch auf den Bildern ersichtlich." Sein Blick auf das gestaltete Ganze vernachlässigt nicht das schön geformte Detail: „Wo irgend welches Detail interessant erschien, ist dieses für sich dargestellt." Jedem, der Quedenfeldts Bilder vom Niederrhein betrachtet, springt zum Beispiel seine Faszination für alte Haustüren mit künstlerisch gestalteten Oberlichtfenstern ins Auge: „So geben viele Blätter alte Haustüren mit schönen Oberlichtfenstern wieder, die durch Embleme des Handwerks geziert sind oder fein geschwungene geometrische Linien aufweisen."[19]

Quedenfeldt ist sich darüber im Klaren, dass die 200 Motive seiner ersten Serie noch kein vollständiges „Urkundenmaterial"[20] darstellen. In Abhängigkeit vom (ökonomischen) Erfolg seines Projekts sollen diese erweitert werden. Die rasche und günstige Aufnahme seiner Idee, insbesondere in den kleineren Städten des Niederrheins, führt schon fünf Monate später zur Veröffentlichung einer zweiten Serie im Umfang von 222 Bildern. „Die schönen alten Backsteinbauten in Calcar, Alt-Wesel, Mörs, Grevenbroich und besonders die am Niederrhein verstreut liegenden alten Waffenburgen wurden lebhaft gewünscht", schreibt Quedenfeldt, ergänzt wurden die Städte „Neuß, Cleve, Crefeld, Emmerich, Rees, Rheinberg, Orsoy,

---

[18] Quedenfeldt, Erwin: Lichtbildkunst und Heimatschutz. In: Deutscher Kamera-Almanach: ein Jahrbuch für die Photographie unserer Zeit 4 (1908), S. 166–172, hier S. 167f. Ähnlich äußert sich Quedenfeldt ein Jahr zuvor im Vorwort zu seinem Mappenwerk „Aus dem Alten Düsseldorf" (wie Anm. 9).
[19] Einleitung zur ersten Serie. – Die zitierten Einleitungen befinden sich im Besitz der ULB Düsseldorf, abgedruckt sind sie in: Erwin Quedenfeldt. Einzelbilder vom Niederrhein 1904–1911. Emmerich. Goch. Kalkar. Kleve. Rees. Kleve: Boss 1989, S. 9–12.
[20] Ebd.

M.Gladbach, Rheydt, Xanten und Düsseldorf."[21] Der weitere Erfolg dieser modern anmutenden On-demand-Produktion führt zu einer dritten, nun 330 Blatt umfassenden Serie, in der die Städte „Aachen, Burgwaldniel, Duisburg, Dülken, Hardt, Linn, Rheindalen, Süchteln, Wachtendonk"[22] neu hinzukommen und andere ergänzt werden. Der Preis der gesamten dritten Serie, geliefert in sechs Mappen, lag damals bei 354 Mark, das einzelne Blatt verkaufte Quedenfeldt für 1,50 Mark. Die vierte und letzte Serie umfasst 705 Fotos mit den Schwerpunkten Köln, Aachen, Düsseldorf, Heinsberg, Jülich sowie zahlreichen Burgen und Schlössern.

Eine möglichst weite Verbreitung seiner Fotografien unter Architekten, Lehrern und Schülern ist für Quedenfeldt nicht nur von wirtschaftlichem Interesse, sondern er hofft, damit einen Bewusstseinswandel bewirken zu können. Die Betrachtung seiner Fotografien soll den Blick schärfen für die Schönheit der niederrheinischen Natur und Architektur und auf diese Weise deren schleichende Zerstörung verlangsamen oder gar aufhalten. Unter Berufung auf die Arbeiten von Paul Schultze-Naumburg, der gezeigt habe, „was wir Gutes von früherher noch haben und was wir zerstört und wie schlecht wir Neues mitten in die Harmonie des Alten hineingesetzt haben", sieht Quedenfeldt die Aufgabe jedes Laienfotografen darin, das Alte, Schöne, durch Abbildung zu bewahren:

„Jedem Amateur-Photographen erwächst hier eine große und schöne Betätigung seiner Kunst. In jeder Stadt wird er in dem alten Teile jene einfachen schlichten Häuser antreffen, die in ihren einfachen Verhältnissen so vornehm sind und deren ganze Ausstattung nichts weiter sagen will, als daß hier Bürger mit geradem und charakterfestem Sinn wohnten. Diese Häuser entstanden von 1750 – 1850. Sie haben meistens wenig äußerlichen Schmuck, höchstens an der Fensterbekrönung und am Oberlichtfenster der Tür. Aber sie fesseln das Auge durch die symmetrische Linienführung der Fenster und durch die grünen Läden mit den treppenförmigen Leisten. Liegen diese Häuser vor der Stadt, so sind sie entzückend in schattigen Gärten eingewachsen."[23]

Dass Quedenfeldt seine reizvollen Motive in einem „Zustand vorindustrieller Unberührtheit"[24] präsentiert, hat auch einen aufklärerischen Impetus: Als ob er die kommende Unwirtlichkeit der Städte, die identitätsrau-

[21] Ebd.
[22] Ebd.
[23] Quedenfeldt, Lichtbildkunst (wie Anm. 18), S. 168 und 171. – Siehe auch die Einleitung von Quedenfeldt, Aus dem Alten Düsseldorf (wie Anm. 9).
[24] Schmitt-Föller, Rudolf: Pressetext zur Ausstellung der ULB Düsseldorf vom 18. Juni bis 10. August 2001.

bende Egalisierung der Stadtbilder, die „Vorhölle der Erbärmlichkeit"[25]
vorhergesehen habe, hofft er – eine Zeitlang –, diese Entwicklung durch
eine ästhetische Erziehung auf der Basis seiner Fotografien verhindern zu
können.

Enno Kaufhold und Petra Steinhardt haben auf die Verflechtungen
Quedenfeldts mit den Bestrebungen des Werkbundes, der ab Ende des 19.
Jahrhunderts erstarkenden Heimatschutzbewegung sowie der Kunstfoto-
grafie hingewiesen. Nach Kaufhold verkörpert Quedenfeldts pantheisti-
scher Blick auf die Natur eine „kultivierte Form naiver Natursicht"[26], dessen Nähe zu dem späteren Ideologieträger des Nationalsozialismus Paul
Schultze-Naumburg findet er bedenklich.[27] Zutreffender ist das Resümee
Petra Steinhardts, die Quedenfeldts Niederrhein-Werk einer „emotionalen
Dokumentationsfotografie" zuordnet, die trotz ihrer engen Verbindung
mit dem Gedankengut des 19. Jahrhunderts in der Wahl der Bildmotive
und der Form der Abbildung einen sehr eigenständigen Weg aufweise:[28]

„Ersichtlich wird, dass Quedenfeldt kein generelles Bildkompendium mit einem
bau- oder kunsthistorischen Ansatz zu sammeln und anzulegen suchte, selbst
wenn die Architektur als bildtragendes Element dominiert. Zuweilen wirken seine Aufnahmen wie ‚Spazierbilder', die das als schön und bewahrenswert Aufge-
nommene auf die Bildfläche bannen. Je intensiver er sich mit dieser Region aus-
einandersetzte, umso mehr gleicht sein Unternehmen jedoch einer ‚Spurensuche'
mit fotografischen Mitteln. So lässt sich kaum ein Indiz auf das zeitgenössische
gesellschaftliche Leben oder Zeichen für den wirtschaftlichen und technischen
Fortschritt in seinen Bildern finden. Quedenfeldt suchte ebenso wenig das Ereignis, das Momenthafte und Flüchtige, sondern das Gewachsene, Verwachsene, das
bewahrenswert Beständige, das für ihn ästhetisch Reizvolle. Seine Bilder strahlen
Ruhe aus. Selten sieht man die Bewohner seiner Bildmotive."[29]

Zu einem ähnlichen Ergebnis kommt Guido de Werd in seinem einfühl-
samen Vorwort des 1989 erschienenen Bildbandes. Quedenfeldts Aufnahmen, schreibt er,

„sind eine stimmungsvolle Schilderung kleinstädtischen und dörflichen Alltags-
lebens. Der bestimmende Eindruck ist der der Ruhe. Die Straßen und Plätze sind
leer. Die Türen und Fenster der Häuser scheinen zu einer langen Mittagspause

---

[25] Matzig, Gerhard: In der Vorhölle der Erbärmlichkeit. Provokant und anregend: Eine
Nürnberger Ausstellung vergleicht deutsche Stadtplätze einst und jetzt. In: Süddeutsche
Zeitung, 22.1.2014, S. 11 (HF2).
[26] Kaufhold, Enno: Bilder des Übergangs. Zur Mediengeschichte von Fotografie und
Malerei in Deutschland um 1900. Marburg: Jonas-Verlag 1986, S. 44.
[27] Ebd., S. 56.
[28] Steinhardt, Quedenfeldt (wie Anm. 4), S. 73–84, hier S. 82.
[29] Ebd., S. 78.

geschlossen. Gelegentlich sieht man Kinder, oft als Rückenfiguren, den Tag in den stillen Straßen verträumen [...]. Quedenfeldts Blick heftet sich mit großer Intensität auf bauliche Details, insbesondere auf die geschnitzten Eichentüren und Oberlichter der alten niederrheinischen Bürgerhäuser. Die Auslagen der Gemischtwarenläden erlebte er wie Stilleben. Mit diesem ungewöhnlichen Blick für das Malerische verborgen im Alltäglichen ging er vielen Künstlern bis in unsere Zeit voran.“[30]

Auf den ersten Blick unterscheiden sich Quedenfeldts Sujets von denen der etwa zeitgleich mit ihm in Düsseldorf arbeitenden Fotografen Peter Hubert Höltgen und Julius Söhn, die sich vor allem der Wiedergabe des u.a. durch Straßenbahnen dynamisierten und diversifizierten Großstadtlebens, den glanzvollen Warenparadiesen oder den neuen Formen industrieller Produktion widmen.[31] Die von Quedenfeldt bevorzugten, wie stillgestellt wirkenden Objekte charakterisieren ihn jedoch nicht als romantisierenden, rückwärts gewandten Konservativen, sondern sind Teil seines ästhetischen Programms, das auf die Wiedergabe des Wesentlichen, des Typischen in sprechender Form zielt. Die serielle Produktionsform soll die Erkenntnis dieses Typischen beim Betrachter fördern. Quedenfeldts Auftragsarbeiten für die Firma Henkel (s.u.) zeigen, dass dieser Reduktionismus, diese Ruhe und weitgehende Menschenleere, auch bei den Abbildungen von Fabriken, Fabrikationsstätten und betrieblichen Sozialeinrichtungen zum Tragen kommt, also keineswegs sujetspezifisch ist. Eine gewisse Nähe zur jüngeren Düsseldorfer Schule der Fotografie um Bernd und Hilla Becher ist bei diesem Aspekt unverkennbar. Mit dem Paar verbinden ihn darüber hinaus die serielle Produktionsweise sowie das Bedürfnis, vom Verschwinden bedrohte Objekte wenigstens durch die Fotografie zu bewahren.[32] An der zeitgenössischen Großstadtfotografie stören Quedenfeldt folglich nicht die Objekte als solche, sondern die ziel- und verständnislose Weise, mit der die „Kamera auf das Leben der Großstadt abgeschossen wird“[33].

Sein hauptsächliches Bildprogramm – charakteristische Plätze, Straßen-

---

[30] Guido de Werd: Erwin Quedenfeldts Suche nach der vergangenen Zeit, Vorwort. In: Quedenfeldt, Einzelbilder (wie Anm. 19), S. 5.
[31] Vgl. dazu: Peters, Ursula: Großstadtfieber und Innerlichkeit. Photographien aus Düsseldorf 1900–1914. In: Der Westdeutsche Impuls 1900–1914. Kunst und Umweltgestaltung im Industriegebiet. Düsseldorf. Eine Großstadt auf dem Weg in die Moderne. Düsseldorf 1984, S. 193–215.
[32] Jocks, Heinz-Norbert: Bernd und Hilla Becher. Die Geburt des Fotografischen Blicks aus dem Geist der Historie. In: Kunstforum 171 (2004), S. 159–175, hier S. 167, S. 173.
[33] Quedenfeldt, Erwin: Das Straßenleben der Großstadt. In: Deutscher Kamera-Almanach: ein Jahrbuch für die Photographie unserer Zeit 5 (1909), S. 77–82, hier S. 82.

fluchten, schön gestaltete Türen und Tore, stille Winkel und abgelegene Orte – ähnelt sehr den Arbeiten des zehn Jahre älteren französischen Fotografen Jean Eugène Auguste Atget, der in den Jahren 1897/1898 begann, in der gleichen Manier und mit der gleichen Obsession wie Quedenfeldt Paris systematisch durchzufotografieren. Auch die Motivlage scheint exakt die gleiche zu sein: Mit seinen tausenden von Aufnahmen begegnete Atget der von Baron Haussmann geplanten und realisierten städtebaulichen Umgestaltung von Paris mit dem Ziel, das alte Paris wenigstens in Fotografien zu erhalten. Es ist bekannt, dass er morgens sehr früh anfing, um seine Objekte in menschenleerem Zustand ablichten zu können. Dies verleiht ihnen wie den Arbeiten Quedenfeldts eine Magie, eine nahezu irreale, poetische Ausstrahlung.[34] Die Faszination von Man Ray, Giorgio de Chirico und von Atgets späterer Biographin Berenice Abbott ist daher gut nachvollziehbar. Sie sichert Atget – anders als Quedenfeldt – Anerkennung, Verbreitung und Ruhm, allerdings für den Preis, dass auch das Bild Atgets sehr stark von den Intentionen und Interpretationen Abbotts bestimmt wird.[35]

Wie schon Petra Steinhardt bemerkt, sind die von Quedenfeldt und Atget gewählten Motive nicht wirklich neu, sondern reihen sich in eine fast schon überhistorisch zu nennende Tradition der Abbildung von Städten in der Kunst ein. Die Fokussierung auf Plätze, Straßenfluchten oder Dachlandschaften findet sich beispielsweise auch in den Arbeiten von Jacob und Abel Grimmer, Jan Vermeer, Canaletto, Francisco de Goya, Carl Blechen, Ludwig Lange und Adolf von Menzel.[36]

Kulturgeschichtlich fundierte Kunstgeschichtsschreibung

Seine fotografische Nobilitierung des Landes am Niederrhein verbindet Quedenfeldt mit einer sehr grundsätzlichen Kritik an der vorherrschenden elitären, an Stilgeschichte und repräsentativen Denkmälern wie Kirchen, Rathäusern, Schlössern und Klöstern ausgerichteten Kunstgeschichtsschreibung. Er plädiert stattdessen für eine an die Methodik

[34] Atget. Paris. Edition Hazan 1992. Lizenzausgabe für Zweitausendeins. Eugène Atget. Retrospektive. Berlin: Nicolai 2007.
[35] S. Lugon, Olivier: Die Geschichte der Fotografie nach Eugène Atget. In: Eugène Atget, Retrospektive (wie Anm. 34), S. 104–117.
[36] Vgl. dazu zusammenfassend: J. A. Schmoll gen. Eisenwerth: Die Stadt im Bild. In: Die deutsche Stadt im 19. Jahrhundert. Stadtplanung und Baugestaltung im industriellen Zeitalter. Hrsg. von Ludwig Grote. München: Prestel 1974, S. 295–309.

Franz Kuglers erinnernde, kulturgeschichtlich basierte Kunstgeschichte, die das aus der Eigenart einer Region Entstandene wertschätzt, auch wenn es sich nicht in anerkannte Stile einordnen lässt. Aus der unvoreingenommenen Betrachtung und Interpretation der authentischen Architektur und Kleinkunst des Niederrheins glaubt er zugleich die Eigenart und Mentalität ihrer Menschen erkennen zu können. „Am Niederrhein", schreibt er, „gibt es eine Fülle von guter bäuerlicher Kleinkunst aus älteren Zeiten, die Rückschlüsse auf die künstlerische Höhe des damaligen Handwerks und besonders auf das volkswirtschaftliche Leben gestatten."[37] Sein besonderes Augenmerk gilt dabei stets den Eingangstüren des niederrheinischen Bürgerhauses, weil bei diesen, anders als bei dem Haus als solchem, am ehesten „eine persönliche Note am feinsten eingeschlagen werden" konnte:

„Die Haustür ist mit ihrem Oberlichtfenster dem niederrheinischen Hause das Hauptschmuckstück gewesen. Wenn das Haus nur durch ruhige und kräftige Verhältnisse wirkte ohne Verwendung von Schmuckformen, so war es die Haupteingangspforte, bei der eine künstlerische Formengebung erwünscht und eine Anhäufung von Zieraten direkt gefordert wurde. Der Handwerksmeister hatte hier seine Kunst zu zeigen. Er traf neben der künstlerischen Gestaltung das Volksleben aber am besten, wenn er diese Schmuckformen zu dem Gewerbe des Hausbesitzers bringen konnte. Der gewerbetreibende Bürger vom Mittelalter bis etwa zu Anfang des 19. Jahrhunderts war stolz auf seinen Stand. Die Gildezeichen verkörperten dieses Standesbewußtsein. Wir finden daher in der Kleinkunst diese Zeichen in der mannigfachsten Weise sehr reizvoll zum Ausdruck gebracht. Es war naturgemäß, daß die Eingangspforte des Geschäftshauses die Embleme des Handwerks und des Gewerbes tragen mußte."[38]

Für seine Bestrebungen, die altrheinische Baukunst zu retten und zu erneuern, findet Quedenfeldt einen starken Verbündeten in dem Kunsthistoriker Richard Klapheck. Die beiden begegnen sich zufällig bei ihren Wanderungen und beschließen spontan, ein Buch über die Baukunst am Niederrhein zu veröffentlichen. Diese Begegnung hat Klapheck im ersten Band des besagten Werkes überliefert:

„Ich habe auf meinen Wanderungen aber einen verständnisvollen Gefährten gefunden. Wir saßen oft an kalten Vorfrühlingstagen vor dem Kamin des Gasthauses, auf dem alt vererbtes Zinnzeug stand [...]. Man plauderte wohl zusammen. Aber man kannte sich weiter nicht. [...] Bis endlich der bescheidene Wanders-

---

[37] Quedenfeldt, Erwin: Niederrheinische Handwerkskunst. In: Der Niederrhein. Illustrierte Wochenschrift für Arbeit, Art und Kunst der nördlichen Rheinlande 1912, S. 366–369, hier S. 367.
[38] Ebd.

mann mir erzählte, daß er seit Jahren mit seiner Kamera das Land durchreise zu
den verschwiegensten Nestern, um seltsame Baumarten und Naturdenkmäler, die
charakteristischen Landschaftsbilder und Bauten aufzunehmen, denn, meinte er,
einige Jahre noch, und so vieles ist schon ganz verschwunden, und einige Jahre
später, wenn erst die Industrie das ganze Land erobert hat, gibt es weder eine niederrheinische Landschaft mit niederrheinischen Bäumen noch mit niederrheinischen Bauten. An jenem Abend war das Buch von der ‚Baukunst am Niederrhein'
beschlossene Sache! Mein Reisegefährte war der Photograph Dr. Erwin Quedenfeldt aus Düsseldorf."[39]

Wie Quedenfeldt verspricht sich Klapheck eine Erneuerung der Baukunst
durch eine Harmonisierung von Landschaft und Architektur:

„Die Landschaft muß wieder der Grundakkord werden, auf dem die Baukunst
sachlich sich entwickelt. Klima, heimisches Baumaterial und Wohnbedürfnisse
stellen ihre fest bestimmten Forderungen an einen Bau. Und bis zu den Tagen,
als das polytechnische Wissen der Architekten in der zweiten Hälfte des 19. Jahrhunderts eine babylonische Sprachverwirrung auch über unsere niederrheinische
Heimat brachte und mit schrillen Dissonanzen die alte, klangvolle Harmonie von
Landschaft und Architektur jäh unterbrach, bis dahin war der Backsteinbau am
Niederrhein die natürliche, altvererbte und heimische Bauweise."[40]

Als Vorbild dienen Klapheck die Engländer William Morris, Philip Webb
und Richard Norman Shaw, die weniger über Stilfragen und Stilreinheit
diskutiert hätten, sondern sich für die „schlichten", anspruchslosen, ja
„stillosen" Land- und Bauernhäuser sowie die schmucklosen Bürgerhäuser des 17. und 18. Jahrhunderts interessiert hätten.[41] Jacob Burckhardt
nicht unähnlich, hält Klapheck am Ende seiner Einleitung fest, dass er
nicht für den „gelahrten Kunsthistoriker" geschrieben habe, denn er wolle
„weniger erhoben", dafür aber „fleißiger gelesen sein". Zudem schreibe er
über ein „Neuland der Kunstgeschichte", eine kritisch-historische Arbeit
könne angesichts fehlender Vorarbeiten nicht erwartet werden.[42]
   Ob Klapheck und Quedenfeldt die Bestrebungen des Deutschen Werkbundes unterstützten, die niederrheinische Bauweise durch Errichtung
eines Musterdorfes auf der Werkbund-Ausstellung 1914 in Köln wieder-
zubeleben, geht aus den Publikationen der beiden nicht hervor. In den ent-

---

[39]   Klapheck, Richard: Die Baukunst am Nieder-Rhein. Bd. 1. Hrsg. vom Kunst-Verein
für die Rheinlande und Westfalen. Düsseldorf 1915/16, S. 25f.
[40]   Ebd., S. 29f.
[41]   Ebd., S. 27.
[42]   Ebd., S. 30.

sprechenden Dokumentationsband wurde lediglich ein Foto von Quedenfeldt aufgenommen.[43]

Niederrheinische Landschaft: lieblich und farbensatt

Die kunsthistorische Aufwertung der bis dahin vernachlässigten Region
verbinden Quedenfeldt und Klapheck mit einer hohen Wertschätzung
ihrer landschaftlichen Schönheit, die die Rheinreisenden des 18. und beginnenden 19. Jahrhunderts ignoriert hatten: „Aber das liebliche Land ist
einsam und schweigsam. Selten ein Fremder, der sich dorthin verirrt. Die
reiche Rheinreiseliteratur vom Ausgange des 18. Jahrhunderts weiß nichts
von dem Niederrhein um Cleve, Kalkar, Xanten und Rees."[44] Von dem
wenig schmeichelhaften Bild, das der oft zitierte Georg Forster 1790 auf
wenigen Seiten vom Niederrhein zeichnet, scheint sich diese Region nicht
zu erholen:

„das feuchte Klima, die stete Anstrengung beim Ackerbau, vielleicht auch das ur-
sprüngliche Temperament des blonden, niederdeutschen Blutes macht sie phleg-
matisch, gleichgültig, ungesellig, störrig; und die Religion, wenigstens so, wie
man sie ihnen nach hierarchischen Grundsätzen beibringt, trägt eben nicht viel
dazu bei, sie geistreich und aufgeweckt zu machen […]. In den Städten der hiesigen Gegend, wo sich auf das angeborne Phlegma und den damit verbundenen
Stumpfsinn die Faulheit, die Unsittlichkeit und der Aberglaube pfropfen, findet
man allerdings die menschliche Natur in ihrer empörendsten Entartung."[45]

Was die zahlreichen Mittelrhein-Verehrer als Nachteil werten, nämlich
die fehlenden spektakulären, den Fluss säumenden Berge, empfinden
Quedenfeldt und Klapheck als besonderen Reiz dieser „farbensatten" und
„elegischen" Landschaft:

„Die weite, fruchtbare Flachlandschaft des Niederrheins von Köln nach Cleve
und Emmerich, etwa bis zur holländischen Grenze, war das Feld meiner fröhli-
chen Wanderungen und meiner emsigen Durchforschung. Die Reize der Flachlandschaft sind für mich unendlich größer, als die der Berge. Sie sind stiller,
friedlicher, intimer und persönlicher. Auf den eis- und schneebedeckten Bergen
der Alpen ist die Natur zu großartig, zu gewaltig, als daß sie sich mit uns in ein
persönliches Verhältnis setzen könnte […]. Aber der weiten Flachlandschaft mit

---

[43]   Das niederrheinische Dorf auf der Deutschen Werkbundausstellung in Köln 1914.
Berlin 1915, hier S. 123, Abb. 133.

[44]   Ebd., S. 5.

[45]   Zitiert nach Eßer, Niederrhein (wie Anm. 17), S. 133.

den einfachen Zügen der Baumbestände und kleinen Ortschaften fühlen wir uns
verwandter, öffnen leichter unser Herz und fühlen die ruhigen Atemzüge der
Windeswogen, die das Land rhythmisch durchfluten, mit unseren Pulsschlägen
harmonisch verwoben."[46]

Industriefotografie für Henkel und Cie.

So gut wie unbekannt ist, dass Quedenfeldt zwischen 1911 und 1915 im
Auftrag von Konrad Henkel Aufnahmen der Firma Henkel und Cie. in
Düsseldorf-Reisholz angefertigt hat, die in der 1916 anlässlich des vier-
zigjährigen Firmenjubiläums erschienenen Festschrift[47] sowie in einer drei
Jahre zuvor veröffentlichten Imagebroschüre[48] publiziert wurden. Ein
großer Teil der Originale, 82 Glasplattennegative, sowie die gleiche Anzahl an Originalreproduktionen befinden sich im Konzernarchiv Henkel
AG & Co. KGaA.[49] Die Existenz der Originale ist der einzige Beleg für
die Urheberschaft Quedenfeldts; in beiden Publikationen wird sein Name
nicht genannt. Die Fotos zeigen die verschiedenen Fabrikationsstätten von
innen und außen: die „Hüllenfabrikation", die Kessel- und Siedeanlagen,
Glyzerin- und Ölgewinnungsanlagen, diverse Laboratorien sowie Ver-
waltungs- und Sitzungsräume, darunter ein „Beratungssaal für Reisende",
ein sehr repräsentativ eingerichtetes „Kaufmännisches Sitzungszimmer"
sowie die Arbeitszimmer von Fritz Henkel sen. und seiner Söhne Fritz
und Hugo Henkel. Fast die Hälfte der Bilder ist den zahlreichen Wohl-
fahrtseinrichtungen gewidmet: Küchen und Speisesälen, jeweils getrennt
für Arbeiter, Angestellte und Beamte, Wohnhäusern für Beamte und Ar-

---

[46]   Quedenfeldt, Erwin: Vom Wandern am Niederrhein. In: Photographische Rundschau und photographisches Zentralblatt. Zeitschrift für Freunde der Photographie 23
(1909), S. 273–275, hier S. 274.
[47]   Vierzig Jahre zielbewußter Arbeit der Firma Henkel & Cie., Düsseldorf. Fabrik
chemischer Produkte. 1876–1916. Düsseldorf: 1916.
[48]   Die Fotos dieser im Format etwas kleineren Publikation sind nur teilweise mit den
Fotos in der Festschrift identisch. Es kann folglich vermutet werden, dass Quedenfeldt
mehr als die heute noch im Original erhaltenen Aufnahmen angefertigt hat. – Abbildungen
des Vereinslazaretts der Firma Henkel sowie weiterer Fürsorgeeinrichtungen, vermutlich
ebenfalls von Quedenfeldt, befinden sich im 11. Heft der im August 1914 gegründeten
Mitarbeiterzeitung: Blätter vom Hause. Halbmonatsschrift der Firma Henkel & Cie.,
Düsseldorf, 2, Nr. 11. Vom 1. Juni 1915. – Ein Hinweis auf diese Auftragsarbeiten findet
sich in dem Bericht für das Kulturdezernat Düsseldorf von Ilsabe und Gerolf Schülke:
Düsseldorf und seine Fotografie. Düsseldorf 1994. – Vom 19.3. bis 23.4.2000 wurden 80
dieser Industriefotografien für die Firma Henkel in Düsseldorf im Bahnhof Eller gezeigt.
Im Konzernarchiv Henkel AG & Co. KGaA befindet sich ein Exemplar des dazugehörigen
Ausstellungsflyers sowie der ausführliche Eröffnungsvortrag von Herbert Müller.
[49]   Auskunft des Konzernarchivs Henkel AG & Co. KGaA vom 12.2.2016.

beiter, der Badeanstalt, Spielplätzen, der Bücherei, dem Lazarett, Gene-
sungs-, Operations- und Röntgenzimmern. Durch diese Vielfalt der Motive, die das Ganze im Blick hat und sich nicht auf einzelne Objektarten
konzentriert, unterscheidet sich die „Industriefotografie" Quedenfeldts
von derjenigen der Bechers.

Fotografie als Kunst

Noch mitten in seiner Niederrheinphase, die 1904 beginnt und um 1915
mit Erscheinen der vierten Serie der Einzelbilder vom Niederrhein und der
Veröffentlichung von Klaphecks erstem Band der *Baukunst am Niederrhein* 1915/16 abgeschlossen sein dürfte, beschäftigt sich Quedenfeldt, der
ja nicht nur als Amateurfotograf tätig ist, sondern „nebenbei" eine private
Fotoschule leitet und fototechnische Entwicklungen vorantreibt, intensiv
mit der Frage, wie die Fotografie, deren Hauptaufgabe von den meisten
ihrer Anwender als auch von ihren Kritikern in der objektiven Wiedergabe
der Realität gesehen wird, zur Kunst avancieren könnte. Diese Frage wird
Quedenfeldt bis zum Ende seines Lebens beschäftigen. Seine facettenrei-
chen und konkreten Vorstellungen zu diesem Thema schlagen sich vor
allem in den 1920er-Jahren in umfangreichen Artikeln und mehrteiligen
Artikelserien publizistisch nieder. Aber auch schon in den Jahren zuvor ist
sein Interesse nachweisbar. Kunst ist für ihn ein Werk erst dann, reflektiert
er 1906, wenn aus diesem „der Inhalt einer individuellen Anschauung, das
Fühlen einer starken innerlichen Empfindung oder der Funke einer geistigen Idee herausleuchtet". Dass die Fotografie sich ein halbes Jahrhundert
nach ihrer Erfindung noch nicht zum „völlig biegsamen Ausdrucksmittel
einer künstlerisch individuellen Künstlernatur" entfaltet habe, hält er für
normal, er ist sich aber völlig sicher, dass dies, erleichtert durch die Weiterentwicklung fotografischer Techniken, dereinst der Fall sein wird.[50] Seiner
Zeit weit voraus, vertritt er die Auffassung, dass die einfache Notierung
der Realität nicht wesentlich sei für die Fotografie, sondern vor allem mit
der von allen Fotografen verwendeten gleichartigen Technik zusammenhänge: „Die gleichartige Technik", heißt es dann 1912, „mußte zur Scha-
blone werden und wenn die Form so versteinert, kann der wechselvolle
Inhalt nicht zur Kunst werden, sondern nur pure mechanische Wirklich-

---

[50] Quedenfeldt, Erwin: Photographie und Kunst. In: Photographische Rundschau
und photographisches Zentralblatt. Zeitschrift für Freunde der Photographie 20 (1906),
S. 18–20, hier S. 19.

keit sein". Die Fotografie habe sich folglich „selbst ihr Grab gegraben"[51]. In Anlehnung an die moderne Malerei und die Technik der Talbotypie will er die Räumlichkeit und Feinnuancierung der Tonabstufungen, die durch die Daguerrotypie in die Fotografie gekommen seien, überwinden und Fotografien schaffen, die durch Flächen, Linien und Konturen wirken. Die Flächenkunst gilt ihm als „eine höhere Kunstform"[52]. Er ist davon überzeugt, „daß die photographische Technik kein schematisches Arbeiten bedingt, sondern in wunderbarer Mannigfaltigkeit sich dem offenbart, der mit künstlerischer Einsicht aus dem großen Reichtum diejenige Technik zu greifen versteht, die ihm zur Gestaltung seiner Impression erforderlich ist." So könne die Fotografie „sehr wohl ein künstlerisches Ausdrucksmittel sein", es fehlten „nur noch die Künstler, die sich ihr ganz widmen und sie zu einer neuen Kunstform umgestalten"[53]. Es erstaunt nicht, dass der promovierte Chemiker und Ausbildungsleiter sich intensiv mit der Weiterentwicklung der fotografischen Technik befasst, seine Erkenntnisse in zahlreichen Artikeln publiziert, seine Schülerinnen und Schüler mit seinen Entwicklungen vertraut macht und sie zum Experimentieren anhält. An seiner Position, dass die Fotografie die Tiefenzeichnung überwinden müsse, hält Quedenfeldt von nun an fest. In einem Brief an den niederländischen Fotografen Henri Berssenbrugge, den Quedenfeldt in das von ihm entwickelte Verfahren des Erwinodrucks einarbeitete, schreibt er am 10. Oktober 1921: „Ich zweifle nicht, daß diese ins Dekorative und Farbflächige gehende Art auch in Holland Beifall finden wird, da diese Bilder einen ersten Übergang zu einer abstrakten Formengebung darstellen, den das Publikum heute gerne mitmacht."[54]

---

[51] Quedenfeldt, Erwin: Die Flächenkunst in der Photographie. In: Deutscher Kamera-Almanach 8 (1912), S. 61–70, hier S. 64.
[52] Quedenfeldt, Erwin: Neue Ausdrucksformen in der Photographie. In: Photographische Mitteilungen. Halbmonatsschrift für die Photographie unserer Zeit 48 (1911), S. 359–363, hier S. 362f.
[53] Quedenfeldt, Erwin: Die Photographie als Kunst. In: Deutschland. Zeitschrift für Heimatkunde und Heimatliebe 2 (1912), S. 640–643, hier S. 643.
[54] Brief Quedenfeldts an Berssenbrugge, Nachlass Folkwang Museum. – Die von Ursula Peters behauptete Nähe Quedenfeldts zum Jugendstil und zum Kunstgewerbe (Peters, Großstadtfieber (wie Anm. 31), S. 205) erscheint mir nicht zutreffend. Quedenfeldt spricht im ersten Teil seiner Artikelserie „Photographische Formprobleme" von den „Irrfahrten des Jugendstils in der bildenden Kunst". In: Der Photograph 33 (1923), S. 202.

Fotografischer Expressionismus

Im Kontext einer persönlichen Sinnkrise trennt sich Quedenfeldt zu Beginn der 1920er-Jahre von seiner Frau, seiner Familie und von Düsseldorf und beginnt – wie es oft heißt – ein unstetes Wanderleben mit längeren Aufenthalten in Den Haag und in Wien. In dem bekannten Porträt *Alle Bande zerrissen* aus dem Jahr 1922 sieht er seine seelische Situation adäquat gespiegelt. An Henri Berssenbrugge, offensichtlich der Einzige, mit dem ihn eine vertrauensvolle, persönliche Beziehung verbindet, schreibt er zu Beginn des Jahres 1923: „Ich habe mich von allem Alten – Familie, Kirche, Realismus, reiner Fotographie etc vollkommen befreit und lebe hier in dem stillen Städtchen Hannoversch Münden in einer wundervollen Konzentration. Dies ist kein selbstisches Sicheinspinnen sondern ein Aufbau eines geistigen Innenlebens allgemeiner Art über das naturhafte Außenleben."[55]

Es beginnt eine Zeit intensiver Beschäftigung mit Werken zeitgenössischer Philosophie, Psychologie und Kunsttheorie. In den Briefen und Publikationen dieser Jahre begegnen immer wieder die folgenden Namen und Werke: Wilhelm Worringer, *Abstraktion und Einfühlung*, Wassily Kandinsky, *Über das Geistige in der Kunst* und *Punkt und Linie zu Fläche*, Henri Bergson, *Schöpferische Entwicklung*, Hermann Graf Keyserling, *Schöpferische Erkenntnis*, Franz Roh, *Nach-Expressionismus – Magischer Realismus*, sowie Sigmund Freud und Alfred Adler. Vorreiter der von Quedenfeldt angestrebten schöpferischen, künstlerischen Fotografie sieht dieser vor allem in den Werken von Vincent van Gogh, Paul Cézanne, Ferdinand Hodler, Ernst Ludwig Kirchner, Paul Gauguin, Edvard Munch, Henri Rousseau, Franz Marc, August Macke, Marc Chagall und Max Pechstein. In Anlehnung an die von der modernen Malerei entwickelten Ausdrucksformen will er – seine früheren Positionen fortführend – den abbildenden Charakter der Fotografie überwinden und das Typische und Allgemeingültige der Erscheinungen darstellen. „Denn ein Blick auf die Werke der bildenden Kunst", schreibt er zum Auftakt seiner zwölfteiligen Artikelserie „Photographische Formprobleme" 1923,

„kann uns belehren, daß längst der Naturalismus abgewirtschaftet hat und daß schon seit etwa 30 Jahren ganz andere Auffassungen zur Gestaltung gekommen sind. [...] In der Kunst übernimmt die stark betonte Linienführung, die Konturierung dieser Bindung der Objekte untereinander bei Fortlassung aller Einzelheiten. Das Allgemeingültige wird herausgehoben, das Typische in der Erscheinun-

55 Brief an Berssenbrugge vom 24.5.1922.

gen Flucht hervorgehoben. So entstehen Bilder, die das Gesetzliche der Natur, das
ja mit geistigen Augen hinter der Oberfläche gesucht werden muß, geben wollen.
Diesem Abstraktionsvermögen kommt die Darstellung der Dinge in Fläche und
Linie entgegen. Durch feste Umrißführung werden die Dinge aus dem Lichtraum
befreit, sie werden in eine geistige Ebene gerückt, werden licht- und schattenlos
und haben ihre Beziehungen zum natürlichen Raum aufgegeben."[56]

Quedenfeldts Begeisterung für den Expressionismus ist auch in einem
Brief überliefert. An Henri Berssenbrugge schreibt er am 27. Juli 1922: „In
Hagen besuchte ich das Folkwang Museum und war wieder ganz hinge-
rissen von den schönen expressionisten Bildern und Drucken. Besonders
Gauguins Gemälde von der Insel Tahiti und der Kirchner'sche ein- und
mehrfarbige Holzschnitte dann Radierungen von Munch haben einen tie-
fen Eindruck auf mich gemacht."[57]
    Unter Expressionismus versteht Quedenfeldt nicht nur eine Stilrichtung
der modernen bildenden Kunst, er ist für ihn zugleich ein überhistorisches,
sich periodisch wiederholendes Kunstwollen, ein Lebensgefühl, eine Le-
bensanschauung, dessen Ursprung ein Leiden an der Realität ist, das durch
Kunst, die subjektive Empfindungen gestaltet und aus dem Inneren neue,
nie dagewesene Formen schafft, überwunden wird. „Diese entseelte Welt",
so Quedenfeldt,

„ist nicht mehr wert, in Schönheit getaucht zu werden. Der expressionistische
Künstler zerschlägt sie, löst sie in ein Chaos auf, das sie ja in Wirklichkeit geworden ist. Der Expressionist ist also eigentlich viel naturwahrer als der Naturalist,
der einer harten Welt einen weichen Stimmungsmantel umhing. Der Expressionist zeigt unerbittlich, wie die Zivilisation die schöne Natur zerstört hat, wie Te-
legraphenstangen, kalte Eisengeländer, Drahtzäune […] die Landschaft plötzlich
zerschneiden […]. Der Expressionist ist erschüttert von der Tragik des Menschen
und Naturlebens."[58]

Mittels Imagination, Phantasie und Schöpferkraft gestaltet er sich eine
neue Welt und beraubt die Außenwelt damit ihrer absoluten Objektivi-
tät. Diese Möglichkeiten der expressionistischen bildenden Kunst, sich
durch neue, von der Wirklichkeit unabhängige Formen eine eigene Welt
zu schaffen, will Quedenfeldt auch für die Fotografie nutzbar machen und
sie durch Abstraktion weiterentwickeln. In seinen eigenen Experimenten
und den kameralosen Lichtmalereien Man Rays sieht er erste Ansätze.

[56] Quedenfeldt, Erwin: Photographische Formprobleme I. In: Der Photograph 33
(1923), S. 201–208, hier S. 201.
[57] Nachlass Quedenfeldt, Folkwang Museum Essen.
[58] Quedenfeldt, Erwin: Photographische Formprobleme X. In: Der Photograph 35
(1925), S. 53–62, hier S. 54.

Lichtmalerei – kameralose Fotografie

Gegen Ende der 1920er-Jahre, als die neorealistische Fotografie unter anderem durch die Arbeiten des Bauhaus-Künstlers László Moholy-Nagy, das 1928 publizierte Werk *Die Welt ist schön* von Albert Renger-Patzsch und August Sanders 1929 erschienenes Buch *Antlitz der Zeit* größte Aufmerksamkeit errang, intensiviert Quedenfeldt seine Beschäftigung mit Technik und Theorie der abstrakten Fotografie. Zum Zweck der besseren Abgrenzung von der abbildenden Fotografie verwendet er zunehmend den Begriff der Lichtbildkunst oder der Lichtmalerei, die mit Linien, Flächen und Farben arbeitet und sich völlig löst von der Naturnachahmung. „Die Lichtbildkunst", so Quedenfeldts Resümee, „fängt erst dort an, wo die Maschine Photographie aufhört."[59] In den „Formen der Linie, der Fläche und einer angestrebten Harmonie von Farben" bringt sie die „Weltanschauung einer seelisch-geistigen Abstraktion" zum Ausdruck[60]. Ähnliche Worte findet der Direktor der Hochschule für bildende Künste in Berlin, Karl Otto, drei Jahrzehnte später. „Die Künste", schreibt er, „müssen sich […] der technischen Apparate und Mittel bemächtigen, um sie zu vermenschlichen und um den Menschen vor der drohenden Herrschaft der ‚Apparate' zu bewahren." Er konstatiert eine zunehmende Intellektualisierung und Vermehrung der experimentellen Arbeitsmethoden in den bildenden Künsten, wodurch sie für viele unverständlich und folglich isoliert würden.[61] Selbst in den 1960er-Jahren gehört nach Heinz Hajek-Halke noch Mut dazu, „aus der Reihe zu tanzen", d.h. mit nichtmimetischen Formen der Fotografie zu experimentieren.[62] Quedenfeldt ist seiner Zeit also weit voraus und sehr nahe an den Vorstellungen der nach dem Zweiten Weltkrieg in Deutschland aufkommenden autonomen Fotografie um Otto Steinert.[63]

---

[59] Quedenfeldt, Erwin: Der Notschrei. In: Das Lichtbild 6 (1930/31), S. 229f., hier S. 229. – Eine ähnliche Formulierung verwendet Gottfried Jäger viele Jahrzehnte später. In der experimentellen Fotografie sieht er „einen Sieg des Künstlers über den Apparat". Jäger, Gottfried: Fotogene Kunst. Von der Experimentellen zur bildgebenden Fotografie. In: Das Foto als autonomes Bild. Experimentelle Gestaltung 1839–1989. Ein Beitrag zum 150. Geburtstag der Fotografie. Stuttgart: Cantz 1989, S. 37–45, hier S. 45.

[60] Quedenfeldt, Der Notschrei (wie Anm. 59), S. 230.

[61] Otto, Karl: Zur Situation der Künste im technischen Zeitalter. In: Schriftenreihe der Hochschule für bildende Künste Berlin 3 (1962), ohne Seitenzählung.

[62] Hajek-Halke, Heinz: Vorwort. In: Hajek-Halke, Heinz: Lichtgrafik. Mit einer Einleitung von Franz Roh. Düsseldorf, Wien: Econ 1964.

[63] Vgl. dazu: J. A. Schmoll gen. Eisenwerth: „Das nutzlose Bild". In: Das Foto als autonomes Bild. Experimentelle Gestaltung 1839–1989. Ein Beitrag zum 150. Geburtstag der Fotografie. Stuttgart: Cantz 1989, S. 21–35.

Als Erfinder der kameralosen Lichtzeichnung würdigt Quedenfeldt
wie Schmoll gen. Eisenwerth[64] den Entdecker der Lichtempfindlichkeit
der Silbersalze, Johann Heinrich Schulze, der seine Ergebnisse 1719 publizierte. Wegweisende Weiterentwicklungen sieht er in Man Rays 1922
veröffentlichten *Champs Délicieux*, die er für optimierbar hält, sowie in
seinen eigenen, schon zehn Jahre vor Man Ray begonnenen Experimenten zur fotografischen Ornamentik und Abstraktion, die aus demselben
Abstraktionsverlangen entstanden seien wie die Bilder von Pablo Picasso,
Georges Braque, Louis Marcoussis und Juan Gris.[65] In der Tat hatte Quedenfeldt schon 1912 das Patent „Verfahren zur Herstellung von symme-
trischen Mustern aus Naturformen" angemeldet und auf der Werkbund-
Ausstellung 1914 in Köln fünfzehn seiner Arbeiten vorgestellt.[66] Auf dem
Höhepunkt seiner publizistischen Aktivitäten wird er die Betonung der
Unabhängigkeit der Lichtbildkunst von jeder Form der Naturnachahmung, ihre alleinige Geburt aus dem schöpferischen Geist ihres Produ-
zenten, immer hartnäckiger postulieren und verteidigen. Offensichtlich
angetrieben durch die nicht zu übersehende neorealistische Strömung in
der Fotografie, vielleicht aber auch durch die Lektüre von Franz Rohs
Werk *Nach-Expressionismus. Magischer Realismus*, in dem Quedenfeldt
sein langjähriges Wollen bestätigt sieht, dramatisiert er seine Headlines. In
seinen letzten Artikeln „Der Wendepunkt" und „Der Notschrei" fasst er
seine bekannten Positionen prägnant zusammen und spitzt sie zu.

„Die Lichtbildkunst fängt erst da an, wo die Maschine Photographie aufhört.
[...] Meine Arbeit als Lichtbildner ist seit 25 Jahren auf die Bewältigung neuer
Formenprobleme auf Grund veränderter Lebensanschauungen eingestellt gewe-
sen und so kann ich auf die Frage [...] ‚Wo ist die Lichtbildnerei, die wieder zur
Lichtbildkunst hinführt' nur antworten: ‚Es ist diejenige, die in den Formen der
Linie, der Fläche und einer angestrebten Harmonie von Farben die Weltanschau-
ung einer seelisch-geistigen Abstraktion (Abwendung von der Natur) ausdrücken
wird."[67]

Die Werke der Lichtbildkunst, heißt es wenige Jahre zuvor, „wollen allein
Ausdruck des Seelenlebens, des Weltgefühls des Lichtbildkünstlers sein.

---

[64] Ebd., S. 22.
[65] Quedenfeldt, Erwin: Das Lichtbild ohne Kamera. In: Photofreund 6 (1926), S. 83f.,
hier S. 84.
[66] S. dazu die kurzen Abschnitte von Ute Eskildsen und Herbert Müller in: Der westdeutsche Impuls 1900–1914. Kunst und Umweltgestaltung im Industriegebiet. Die deutsche Werkbund-Ausstellung Cöln 1914. Köln 1984, S. 317–320.
[67] Quedenfeldt, Der Notschrei (wie Anm. 59), S. 229f.

Dies ist ihr alleiniger Zweck. Sie sind nicht Abbildungen der Natur auf photographischem Wege, sie sind vielmehr Visionen und Gefühlsäußerungen, sie sind intuitive Erfassungen lebendiger Anschauungsbilder, die nicht aus dem bloßen Sehakt hervorgehen, sondern mit der Schauung, d.h. Lebensauffassung, des Erzeugers verwachsen sind."[68]

Rezeption

Von den meisten Berufskollegen und Kunsthistorikern seiner Zeit scheint Quedenfeldt „grimmigste Anfeindung"[69] erfahren zu haben. Seinen Werken wirft man vor, sie seien unentschiedene Zwitter zwischen Malerei und Fotografie, Bastarde. Die geringe Verbreitung seiner fotografischen Experimente und der seiner Schüler führt Quedenfeldt auf den behindernden Einfluss von Fritz Matthies-Masuren zurück, langjähriger Herausgeber damals führender Fachzeitschriften der Fotografie, Kurator zahlreicher Ausstellungen zur Fotografie sowie Vertreter und Förderer der Kunstfotografischen Richtung. Neben Quedenfeldt hat Matthies-Masuren offensichtlich weitere Künstler der Avantgarde wie Edward Steichen ignoriert. Als sich sein Konkurrent Ernst Juhl sehr positiv über stark handbearbeitete Bilder Steichens äußerte, sorgte Matthies-Masuren im Hintergrund dafür, dass Juhl von seinem Amt als Herausgeber der *Photographischen Rundschau* zurücktreten musste.[70] Durch das Unverständnis von Matthies-Masuren und weiteren dieser Position nahestehenden Kunstkritikern wurde nach Quedenfeldt verhindert, dass experimentelle Arbeiten von ihm und seinen Schülern bekannt wurden, „da sie von den größeren photographischen Ausstellungen mit Ausnahme von Wien, Hamburg und London zurückgewiesen und von keinem Fachblatte zur Reproduktion angenommen worden sind". Matthies-Masuren habe es verstanden, „alle wirklich fruchtbaren und nach Neuem ringenden Mitarbeiter wie die Gebrüder Hofmeister [...] wie Frank Eugéne Smith und seine Schüler und andere Vorkämpfer vor den Kopf zu stoßen und dann völlig zu verschweigen." Er ist davon überzeugt, dass durch das fatale Wirken dieses Mannes

---

[68] Quedenfeldt, Erwin: Die abstrakte Lichtbildkunst. In: Photographische Korrespondenz 63 (1927), S. 321–324, hier S. 322.

[69] Warstat, Willi: Neue Wege der Lichtbildkunst. In: Photofreund. Jahrbuch 1926/27, S. 65–77, hier S. 75.

[70] Vgl. dazu: Kühn, Christine: Kunstphotographie um 1900. Die Sammlung Fritz Matthies-Masuren. In: Museumsjournal. Berichte aus Museen, Schlössern und Sammlungen in Berlin und Potsdam 17 (2003), S. 57–60, hier S. 60.

„ein ganz falsches Bild von der deutschen künstlerischen Photographie in den letzten 15 Jahren gegeben worden ist"[71].

Quedenfeldts treuester und verständnisvollster Förderer ist der Stettiner Kunsthistoriker Willi Warstat, der schon sehr früh seine Bestrebungen, die Naturnachahmung zu überwinden, erkennt und wertschätzt. Das wichtigste künstlerische Verdienst Quedenfeldts und seiner Schüler, schreibt Warstat 1913,

„liegt darin, daß sie bewußt und energisch mit dem Streben nach unbedingt naturwahrer Wiedergabe der Farben im photographischen Bilde brechen und den Staubfarbengummidruck ausdrücklich in den Dienst eines rein individuellen Farbenempfindens stellen. Diese Künstler wählen die Farben unabhängig von der Natur so, wie es der Stimmungswirkung entspricht, die sie gerade beabsichtigen, sie lassen zum Beispiel von einem gleichmäßig hellgrünen Hintergrund sich das rötliche Haar und den zartvioletten Körper eines Mädchens abheben."[72]

Ein Jahr später setzt er sich mit Blick auf Quedenfeldt sehr massiv für eine grundsätzliche Abkehr der Fotografie vom Naturalismus ein.[73] Bis heute ist Warstat der Einzige, der dezidiert feststellt, dass Quedenfeldt lange vor Moholy-Nagy, dessen 1925 erschienenes Werk *Malerei, Photographie, Film* von der subjektiven Fotografie als „Inkunabel der neuen Fotografie" gefeiert wird[74], und auch vor Man Ray die abstrakte und kameralose Fotografie praktiziert und beschrieben hat. In seinem Artikel „Neue Wege der Lichtbildkunst" weist er nach, dass Moholy-Nagys sogenannte „produktive Photographie" anders als die schöpferische Fotografie Quedenfeldts der Mimesis verhaftet bleibe, indem Moholy-Nagy reale Formen nur verzerre, beispielsweise unnatürlich in die Länge ziehe oder durch optische Tricks verfremde, aber nicht wirklich neue Formen schaffe, wie Quedenfeldt fordere.[75] Quedenfeldt selbst hat sich intensiv mit Moholy-Nagy aus-

---

[71] Quedenfeldt, Erwin: Photographische Formprobleme VI. In: Der Photograph 58 (1924), S. 227.
[72] Warstat, Willi: Das künstlerische Problem in der Farbenphotographie. In: Deutscher Kamera-Almanach 8 (1912/13), S. 45–60, hier S. 60.
[73] Warstat, Willi: Vom Gemeinplatz in der künstlerischen Photographie. In: Fotografische Rundschau und Mitteilungen 51 (1912), S. 297–300, hier S. 300.
[74] J. A. Schmoll gen. Eisenwerth: Annäherungen an Franz Roh. In: Bischoff, Ulrich (Hrsg.): Franz Roh. Kritiker. Historiker. Künstler. Franz Roh zum 100. Geburtstag. München 1990, S. 6–15, hier S. 6. Bernd Stiegler spricht nicht unähnlich von einer „Programmschrift der Avantgarde". Stiegler, Bernd: Erkundungen der Moderne. Lásló Moholy-Nagy: Zwei Debatten mit Erwin Quedenfeldt und Hans Windisch. In: Hofmannsthal-Jahrbuch 15 (2007), S. 387–445, hier S. 390.
[75] Warstat, Willi: Neue Wege der Lichtbildkunst. In: Photofreund. Jahrbuch 1926/27, S. 65–78, hier S. 68f., S. 74–76.

einandergesetzt. Er wirft ihm „Jagd nach Sensationen" vor, von ernster künstlerischer Gestaltung sei er hingegen weit entfernt.[76] Immerhin wird in dem 1983 von Floris M. Neusüss publizierten Ausstellungskatalog *Fotogramme – die lichtreichen Schatten* in der Einführung von Ditmar Albert darauf hingewiesen, dass dem Fotogramm keineswegs „nur die Rolle des Experiments auf dem Weg zur Fotografie" zukomme und dass seine Geschichte nicht erst „mit den Arbeiten der Bauhaus-Künstler und Man Ray" beginne, sondern die Spuren weit zurückreichten.[77] Bedauerlicherweise wird aber auch in dieser Arbeit nicht auf den Einfluss Quedenfeldts eingegangen, obgleich einige der ganz Großen des Fotogramms, wie Lotte Jacobi, Floris M. Neusüss oder Peter Keetmann, Schüler der Quedenfeldt-Schülerin Hanna Seewald waren, die von 1948 bis 1965 die Bayerische Lehranstalt für Photographie leitete.

Eine kurze Würdigung der Verdienste Quedenfeldts als abstrakter Lichtbildkünstler findet sich in der Monographie *Bildgebende Fotografie* von Gottfried Jäger. Quedenfeldt, schreibt er, „habe bewußt im Grenzbereich der Fotografie" gearbeitet und die Beziehung zum Gegenständlichen vollkommen aufgelöst.[78] Die weiteren Ausführungen lassen den Schluss zu, dass Jäger seine eigenen künstlerischen Arbeiten, aber auch die von Heinz Hajek-Halke und Karl Martin Holzhäuser als Weiterentwicklung der Techniken Quedenfeldts begreift. Er ist damit einer der wenigen, der Quedenfeldt einen angemessenen Platz in der Geschichte der modernen, abstrakten Fotografie einräumt.[79] Als den eigentlichen modernen Protagonisten und Theoretiker der lichtmalenden Fotografie sieht Jäger den Kunsthistoriker Franz Roh. Dieser schrieb 1929 für das berühmte Buch *Fotoauge* und verfasste die Einleitung in Heinz Hajek-Halkes *Lichtgrafiken*. Er wurde von Quedenfeldt, der in Rohs 1925 erschienenem Werk *Nach-Expressionismus. Magischer Realismus* eine Rechtfertigung seiner seit 1914 betriebenen Photographik (das nachträgliche Bearbeiten von

---

[76]   Quedenfeldt, Erwin: Der Wendepunkt. In: Der Photograph 38 (1928), S. 21–27, hier S. 21.

[77]   Albert, Ditmar: Einführung. In: Neusüss, Floris M. (Hrsg.): Fotogramme – die lichtreichen Schatten. Kassel: 1983, S. 5.

[78]   Jäger, Bildgebende Fotografie (wie Anm. 5), S. 277. – Auch Rolf Sachsse geht in seinem Werk „Fotografie: vom technischen Bildmittel zur Krise der Repräsentation" kurz auf die experimentellen Intentionen Quedenfeldts ein (wie Anm. 6), S. 95f. Frank Heidtmann würdigt die „umfangreiche Theorie zum photographischen Expressionismus" und beschreibt das Quedenfeldt'sche Verfahren des Erwinodrucks. In: Ders.: Kunstphotographische Edeldruckverfahren heute. Berlin: Berlin-Verlag 1978, u. a. S. 159–168 und S. 273f.

[79]   Vgl. Jäger, Bildgebende Fotografie (wie Anm. 5), S. 274f. und S. 277.

Fotografien mit dem Zeichenstift) sieht, intensiv rezipiert und wertge-
schätzt.[80]

Dass Quedenfeldt nicht völlig vergessen wurde, wie einleitend schon erwähnt, ist auf die Aktivitäten des Düsseldorfer Fotografenehepaars Elke
und Herbert Müller zurückzuführen, die am 14. Dezember 1986 bei der
Versammlung der Photographen-Innung Düsseldorf im Künstlerverein
Malkasten einen Vortrag über Quedenfeldt hielten. Ihre Forschungen zu
den Anfängen der Fotografie in Düsseldorf ermöglichen die Ausstellung
über Quedenfeldt und seine Schüler im Folkwang Museum Essen. 1986
wird diese Ausstellung „in nicht ganz kompletter Form" im Stadtmuseum
Düsseldorf gezeigt.[81] Zum 150. Jubiläum der Erfindung der Fotografie erstellt das Städtische Museum Haus Koekkoek in Kleve eine Ausstellung
mit 82 Motiven der Städte Emmerich, Goch, Kalkar, Kleve und Rees.[82]
Drei Jahre später folgt eine Präsentation von 140 Fotografien Quedenfeldts vom Niederrhein und Mittelrhein im Kulturbahnhof Eller in Düsseldorf.[83] 2006 präsentiert das Stadtmuseum Düsseldorf im Rahmen der
Ausstellung „Das Junge Rheinland" einige Exponate zu Quedenfeldt, der
Katalog enthält die bereits genannte Studie von Petra Steinhardt über die
Niederrhein-Arbeiten Quedenfeldts.

Eine vollständige Geschichte der Wirkung und Nachwirkung Queden-
feldts müsste seine Arbeiten und seine Rezeption in Österreich[84] und den
Niederlanden berücksichtigen. Vor allem aber sollten die Gründe für die
Nichtrezeption aufgearbeitet werden. Warum waren Quedenfeldt und sei-
ne Schüler mit Ausnahme Berssenbrugges auf der berühmten Ausstellung
„Fotoauge" 1929 nicht vertreten, warum hat die autonome Fotografie nach

[80]   Quedenfeldt, Erwin: Die abstrakte Lichtbildkunst. In: Photographische Korrespondenz 64 (1928), S. 337–340 und S. 368–374, hier S. 371. – Zu Franz Roh und seiner
Bedeutung für die theoretische Untermauerung der modernen Fotografie siehe auch
Schmoll gen. Eisenwerth, Franz Roh (wie Anm. 74). Die Außenseiterposition Rohs be-
leuchtet auch Thomas Lersch: „… in begrenztem Umfange geeignet". Franz Roh an der
Münchner Universität. In: Drude, Christian; Kohle, Hubertus (Hrsg.): 200 Jahre Kunstgeschichte in München. Positionen. Perspektiven. Polemik. 1780–1980. München, Berlin:
Deutscher Kunstverlag 2003, S. 223–238.
[81]   Photopresse Nr. 52, S. 9.
[82]   Der entsprechende Katalog: Erwin Quedenfeldt. „Einzelbilder vom Niederrhein",
wurde in Anm. 19 beschrieben.
[83]   Der entsprechende Flyer kann im Nachlass Quedenfeldt im Folkwang Museum
Essen eingesehen werden. – In der Publikation von Boris Becker: Düsseldorf in frühen
Photographien 1855–1914. München u.a.: Schirmer-Mosel 1990, sind einige Fotos Quedenfeldts aus dem Bestand der ULB Düsseldorf enthalten.
[84]   Vgl. dazu beispielsweise die sehr ausführlichen Informationen zu Quedenfeldt in
Albertina Sammlungen Online: http://sammlungenonline.albertina.at; und Starl, Timm:
Lexikon zur Fotografie in Österreich 1839 bis 1945. Wien: Albumverlag 2005, S. 388f.

dem Zweiten Weltkrieg um Otto Steinert und die Gruppe Fotoform einen ihrer wichtigsten Vordenker nicht wahrgenommen, warum fehlen in den meisten Ausstellungen und Ausstellungskatalogen, die sich mit Fotogrammen, Fotographik oder Lichtmalerei befassen, Hinweise auf die theoretischen und praktischen Arbeiten Quedenfeldts? Hat Quedenfeldt Recht mit seiner Vermutung, dass die Ignoranz von Matthies-Masuren ihn zu einem Vergessenen hat werden lassen?[85]

Quedenfeldt war ein rastlos Suchender und Kämpfender. Mit seinen Fotos vom Niederrhein hat er wie Atget Großes auf dem Gebiet der sogenannten „objektiven" Fotografie oder abbildenden Dokumentarfotografie und für die bewahrende Erinnerung des Niederrheins geleistet. Mit seinen technischen Entwicklungen, seinen künstlerischen Experimenten und fototheoretischen Arbeiten hat er avant la lettre die subjektive Fotografie konzeptionell vorweggenommen. Sein Œuvre ist breiter und vielfältiger als bisher angenommen. Wie kaum ein anderer hat er das gesamte Spektrum der fotografischen Möglichkeiten bis hin zu ihrer Aufhebung in der kameralosen Lichtbildkunst in drei Jahrzehnten praktiziert und reflektiert und war damit der historischen Entwicklung weit voraus.[86] Seine verstreut aufbewahrten und publizierten experimentellen und abstrakten Fotografien[87] und seine zumeist nur in vergilbten, schwer lesbaren Zeitschriftenbänden zugänglichen theoretischen Texte sollten bald in einer Neuedition komfortabel aufbereitet werden.

---

[85] Dass Quedenfeldt nicht der einzige Vergessene ist, belegt die Rezension von Timm Starl: Holzer, Anton: Fotografie in Österreich, Wien 2013. Online unter: http://www.timm-starl.at/fotokritik-text-93.htm [Stand 13.04.2016].

[86] Vgl. dazu: J. A. Schmoll gen. Eisenwerth: Photographie als Dokumentation und als Gestaltung: gegen die Gefahr ihrer ideologischen Einengung. In: Ders.: Vom Sinn der Photographie. Texte aus den Jahren 1952–1980. München: Prestel 1980, S. 230–235, und ders.: Zum Spektrum der Photographie. Abbild, Sinn-Bild und Bildstruktur. In: Ebd., S. 236–244.

[87] Z.B. Schintling, Karl von: Kunst und Photographie. Berlin: Verlag Guido Hackebeil 1927, Tafel 24–31; Müller, Quedenfeldt (wie Anm. 3), S. 28–34, Krauss, Das Geistige (wie Anm. 7), S. 113.

Abb. 1: Emmerich, Tür mit
Oberlichtfenster an diesem Hause
Einzelbilder vom Niederrhein, Serie 2

Abb. 2: Mörs, Haustür mit
Oberlichtfenster, Burgstraße 7
Einzelbilder vom Niederrhein, Serie 2

Abb. 3: Neuß, Haustür mit
Oberlichtfenster, Oberstraße 78
Einzelbilder vom Niederrhein, Serie 2

Abb. 4: Zülpich, Kreis Euskirchen,
Cölnstrasse 24, Haustür
Einzelbilder vom Niederrhein, Serie 4

Abb. 5: Düsseldorf Stadt, Hof in der
Citadellstraße 7 mit Maler-Atelier
Einzelbilder vom Niederrhein, Serie 1

Abb. 6: Düsseldorf, alte Dächer, Blick
von der Kunstakademie aus
Einzelbilder vom Niederrhein, Serie 1

Abb. 7: Kaiserswerth, Kreis Düsseldorf,
Blick in die Hauptstraße vom Rhein aus
Einzelbilder vom Niederrhein, Serie 1

Abb. 8: Zons, Kreis Neuß, alter Hof mit
Überbau
Einzelbilder vom Niederrhein, Serie 1

Abb. 9: Orsoy, Kreis Moers, Blick in die Hauptstraße vom Kuh-Tor, andere Seite der Straße
Einzelbilder vom Niederrhein, Serie 1

Abb. 10: Gangelt, Kreis Geilenkirchen, Heinsberger Tor
Einzelbilder vom Niederrhein, Serie 4

Abb. 11: Cleve, Blick in die Große Straße
Einzelbilder vom Niederrhein, Serie 3

Abb. 12: Wesel, Giebelhaus Kettlerstraße 14
Einzelbilder vom Niederrhein, Serie 2

Abb. 13: Kempen, Kreis Kempen, altes
Backsteinhaus mit Treppengiebel a. d.
alten Kirche
Einzelbilder vom Niederrhein, Serie 1

Abb. 14: Kempen, überbautes Haus Ecke
Acker- und Neustraße
Einzelbilder vom Niederrhein, Serie 3

Abb. 15: Düsseldorf, Mühlenstraße mit
der alten Regierung
Einzelbilder vom Niederrhein, Serie 3

Abb. 16: Düsseldorf, altes Backsteinhaus
Citadellstrasse 1, Ecke Schulstraße
Einzelbilder vom Niederrhein, Serie 3

Abb. 17: Linnich, Kreis Jülich,
Giebelhaus an der Kirche
Einzelbilder vom Niederrhein, Serie 4

Abb. 18: Linnich, Kreis Jülich, Kirche
mit Kirchplatz
Einzelbilder vom Niederrhein, Serie 4

Abb. 19: Gladbach, Blick auf die Abtei-
Kirche mit alten Häusern
Einzelbilder vom Niederrhein, Serie 1

Abb. 20: Heinsberg, Paterskirche
Einzelbilder vom Niederrhein, Serie 4

Abb. 21: Linn, Pappelreihe am Graben
Einzelbilder vom Niederrhein, Serie 3

Abb. 22: Neersen, Kanallandschaft
zwischen Neersen und Viersen
Einzelbilder vom Niederrhein, Serie 3

Abb. 23: Kalkum bei Kaiserswerth, Kreis
Düsseldorf, alte Mühle
Einzelbilder vom Niederrhein, Serie 1

Abb. 24: Calcar, Kreis Cleve, Pappelallee
bei Calcar
Einzelbilder vom Niederrhein, Serie 4

Abb. 25: Zons, Kreis Neuss, Ansicht von der andern Rheinseite aus
Einzelbilder vom Niederrhein, Serie 4

Abb. 26: Orsoy, Kreis Mörs, Rheinhafen, alter Rheinarm
Einzelbilder vom Niederrhein, Serie 4

Abb. 27: Neersen, Bruchlandschaft, Kreis Gladbach, Landschaft an der Niers
Einzelbilder vom Niederrhein, Serie 1

Abb. 28: Rheinberg, Kreis Mörs, alter Rheinarm mit Kopfweiden
Einzelbilder vom Niederrhein, Serie 4

Abb. 29: Kesselhaus Automatische Feuerungsanlagen, 1913
© Konzernarchiv Henkel AG & Co. KGaA

Abb. 30: Teilansicht der Aufbereitung, 29. Juli 1913
© Konzernarchiv Henkel AG & Co. KGaA

OTTFRIED DASCHER

„Mir ist die Kunst alles, ich bin der Kunst nichts".
Die Sammlung Flechtheim in der Universitäts- und Landesbibliothek Düsseldorf

Vorbemerkung

In den Jahren 1992–2001 war ich am Hauptstaatsarchiv NRW in Düsseldorf tätig, das nach dem Bundesarchiv als das größte deutsche Staatsarchiv gelten konnte und eine der bedeutendsten deutschen Überlieferungen zur Geschichte der Gestapo besaß. Auch verfügte neben dem Bundesarchiv kein deutsches Archiv über eine so dichte Aktenlage zur Entnazifizierung und zur Wiedergutmachung wie Düsseldorf.

Insbesondere die Akten zur Gestapo führten immer wieder Benutzer in das Haus, die sich durch ihr Alter, ihre Herkunft und ihr Auftreten deutlich von den üblichen Besuchern unterschieden, und sie sprachen ein wunderbar akzentuiertes Deutsch, das an die Sprache der Großeltern erinnerte. Es waren vornehmlich Emigranten, deutsche Juden aus Tel Aviv, New York oder London, die hochbetagt nach jahrelangem Zögern und am Abend ihres Lebens zurückkamen auf der Suche nach Spuren ihrer Familie, ihrer Identität und einem Stück Gerechtigkeit. Manche Schicksale von Emigranten hatte ich schon zu Beginn meines Berufslebens am Staatsarchiv Marburg kennengelernt und früh begriffen, was Deutschland an diesen Emigranten, ihrem Patriotismus, ihren Begabungen, ihrer sittlichen Haltung, ihrem Mäzenatentum unwiederbringlich verloren hatte. Einer von ihnen war Eric Kaufman, der 2009 im 97. Lebensjahr verstorbene Neffe von Alfred Flechtheim. Kaufman war 1933 mit zwanzig Jahren aus Düsseldorf emigriert, weil ihn ein Mitschüler wegen einer antinazistischen Äußerung denunziert hatte, und er wurde schon als junger Mann ausgebürgert. Darauf war er übrigens mit Recht stolz.

Schon die Vita von Kaufman war ungewöhnlich. Er fing mit einer Aktentasche in London an, avancierte zu einem erfolgreichen Importeur mit

Die Vortragsfassung wurde für den Druck beibehalten. Die Zitate stammen aus der am Ende des Beitrags genannten Biographie.

Speicheranlagen in den „dockyards" und bewahrte sich einen kritischen Blick auf Deutschland, das so viele seiner Angehörigen vertrieben und ermordet hatte. Aber er liebte, was ich häufiger an Emigranten beobachten konnte, die deutsche Literatur und Sprache. Sie erinnerten ihn an die Welt der Väter und Großväter. So ging er bis ins hohe Alter keinen Abend zu Bett, ohne noch eine halbe Stunde in den deutschen Klassikern zu lesen.

Und dann der Name Flechtheim. Er fiel völlig aus dem Rahmen. Jahrzehntelang fast schon vergessen, holte ihn das Kunstmuseum Düsseldorf, vornehmlich dessen Kurator Stephan von Wiese, im Jahre 1987 mit einer spektakulären Ausstellung in das öffentliche Bewusstsein zurück. Auch die Universitäts- und Landesbibliothek Düsseldorf (ULB) war daran beteiligt. Rudolf Schmitt-Föller, ein junger Bibliothekar des Hauses, legte ein Verzeichnis der in der ULB verwahrten Kataloge des Kunsthändlers vor, eine Sammlung, die durch Schenkungen und Zukäufe in den Folgejahren systematisch ergänzt und erweitert werden konnte. Schmitt-Föller war es auch, der im Jahrbuch der Heinrich-Heine-Universität 2007/2008 die aktuelle „Sammlung Flechtheim" vorstellte und mit der nachdrücklichen Unterstützung seiner Direktorin Irmgard Siebert mit der Herausgabe der *Gesammelten Schriften* Flechtheims 2010 die ULB endgültig zu einer Anlaufstelle für die internationale Flechtheim-Forschung machen sollte. Der Schwerpunkt in Düsseldorf liegt heute auf dem gedruckten sowie auf dem außerhalb des Buchhandels publizierten Bibliotheksgut. Dazu zählen u.a. die Flechtheim-Kataloge, die Mappenwerke, die Ausgaben und Drucke der Galerie Flechtheim. Ergänzt werden sie durch eine lückenlose Serie der Zeitschriften *Der Querschnitt* 1921–1933 und *Omnibus* 1931–1932.

Das Buchprojekt

Es war Eric Kaufman, der mich maßgeblich zu meinem Flechtheim-Buch motivierte und als der geborene Sprecher der Familie mir jede Unterstützung der Angehörigen anbot. Ich hatte vor Jahrzehnten den Nachlass des ersten antisemitischen Reichstagsabgeordneten von 1887, des Bibliothekars Otto Böckel, entdeckt und darüber gearbeitet. Das Interesse am Schicksal der deutschen Juden hatte mich seitdem nie mehr losgelassen, und ich war mir sicher, mich mit meiner Quellenkenntnis und einer Berufserfahrung aus über 40 Jahren auf das Abenteuer dieser Biographie einlassen zu können. Veranschlagt waren drei bis vier Jahre. Um es gleich offen zu sagen, das war eine Illusion. Ich hatte den Arbeitsaufwand und die Recherchen im In- und Ausland, so zu den Bildern, unterschätzt. Zeitweise erwog ich sogar, das Projekt ganz aufzugeben, und es war wieder Eric Kaufman, der mir noch wenige Wochen vor seinem Tode das Versprechen abnahm, das Manuskript, dessen fertige Teile er inzwischen gelesen hatte, zu veröffentlichen. Ihm ist mein Buch gewidmet.

Wer war Alfred Flechtheim?

1878 als Sohn des jüdischen Getreidehändlers Emil Flechtheim und seiner Ehefrau Emma geb. Heymann in Münster geboren, seit etwa 1902 in der Filiale Düsseldorf/Duisburg tätig, und schon als Juniorchef für die Nachfolge in der international agierenden Firma bestimmt, entdeckt Alfred Flechtheim am Standort Düsseldorf seine künstlerischen Neigungen, sammelt er Bücher, Autographen und Grafiken und ist Mitglied der Gesellschaft der Bibliophilen. Er freundet sich mit Düsseldorfer Künstlern an, führt Bucheignerzeichen, darunter das Exlibris „Sammlung Alfred Flechtheim".

Abb. 1: Porträt Alfred Flechtheim 1911, Foto: Thea Sternheim / © Heinrich Enrique Beck-Stiftung / DLA Marbach

Im Frühjahr 1904 lernt ihn die Schauspielerin Carla Mann, eine Schwester von Heinrich und Thomas Mann, im Düsseldorfer Karneval kennen. In ihrer ausführlichen Korrespondenz mit ihrem Bruder Heinrich beschreibt sie den jungen Flechtheim als einen Getreidehändler, der „gänzlich mit Literatur und Kunst angefüllt" sei. Die Korrespondenz hat sich im Archiv der Akademie der Künste in Berlin erhalten, Heinrich Mann den Stoff literarisch verarbeitet. Zwei Jahre später begegnet Flechtheim der jungen Thea Löwenstein, der späteren Frau des Dramatikers Carl Sternheim, die in Oberkassel am Kaiser-Wilhelm-Ring wohnt. Gemeinsam treten sie bei einem Wohltätigkeitsbazar in der „Rheinlust" auf, bringen „lebende Bilder" auf die Bühne, wobei Thea die

Abb. 2: Ludwig Hohlwein: Exlibris-Sammlung Flechtheim

Rolle zufällt, in „Flechtheims Harem die Oberodaliske" darzustellen. Von keinem Zeitzeugen liegen so detaillierte schriftliche Äußerungen über Flechtheim vor wie von Thea Sternheim. Sie hat über mehr als zwei Generationen hinweg, von 1903 bis 1971, kontinuierlich Tagebuch geführt und über 19.000 Einträge hinterlassen, von denen im Jahre 2002 rund 25 Prozent mustergültig von den Schweizer Bibliothekaren Thomas Ehrsam und Regula Wyss ediert worden sind. Die Originale der Tagebücher liegen im Deutschen Literaturarchiv Marbach, werden in der gedruckten Version viel zitiert, doch kaum jemand machte sich die Mühe, die nicht edierten Einträge einzusehen und auszuwerten. Für mich waren es Entdeckungen zu Alfred Flechtheim, und ich habe sie in den Anmerkungen auch besonders gekennzeichnet.

Die Konversion zur Malerei

Der kunstbegeisterte Flechtheim hat seine, wie er es nennt, „Konversion" zur modernen Malerei später auf die Zeit um 1906 datiert, ausgelöst durch seine regelmäßigen Geschäftsbesuche bei der weltberühmten Getreidefirma Dreyfus in Paris. In der Stadt kommt er in Berührung mit deutschen Künstlern und Sammlern, mit französischen Kunsthändlern sowie mit den jungen Franzosen im Umfeld von Picasso und seinen Freunden. Seine Sammlungsschwerpunkte verändern sich radikal. Die Eheschließung mit Betti Goldschmidt, einer Tochter aus vermögendem Hause in Dortmund, macht ihn liquide (1910). Die Hochzeitsreise führt das junge Paar nach Paris. Ob die beiden zum Schrecken von Eltern und Schwiegereltern tatsächlich ohne einen Pfennig zurückkamen und einen nicht unerheblichen Teil der Mitgift in moderne Kunst angelegt hatten, ist oft kolportiert worden. Wer will es den Verwandten verdenken, wenn sie einem Bild von Picasso mit Unverständnis begegneten, war Picasso doch noch in keinem französischen Museum und in Deutschland nur in Elberfeld durch eine Schenkung des Museumsvereins (1911) vertreten. In der privaten Wohnung und im Kontor der Firma sollen sich die Kunstwerke deutscher und französischer Künstler gestapelt haben. „An den Bronzen und Gipsen de Fioris hingen die Getreideagenten, die meinem alten Herrn Weizen verkaufen wollten, ihre Hüte und Mäntel auf", so Flechtheims Erinnerungen.

Mit seiner Beteiligung an den Ausstellungen des Sonderbundes westdeutscher Kunstfreunde und Künstler seit 1909, vornehmlich durch seine Beteiligung an der vierten Sonderbund-Ausstellung in Köln vom 24. Mai bis 30. September 1912, wird Flechtheim als Sammler überregional bekannt. Diese Ausstellung von 1912, die wichtigste deutsche Ausstellung bis zur Documenta I von 1955, besitzt aus heutiger Perspektive epochalen Rang und bezeichnet den Durchbruch der modernen Kunst in Deutschland. Die Präsentation der europäischen Moderne wird auch zum Vorbild der legendären „Armory Show" in den USA 1913.

Flechtheim besitzt um die Jahreswende 1912/13 drei Gemälde von Vincent van Gogh (heute gibt es in Deutschland noch etwa ein Dutzend), acht von Paul Cézanne, zwei von Edvard Munch, drei von Henri Rousseau, zwei von Paul Gauguin, zwei von Henri Matisse, sechs von Georges Braque, drei von Juan Gris und über dreißig Gemälde und Grafiken von Pablo Picasso. Man konnte demnach mit einem überschaubaren Einsatz die französische und deutsche Moderne noch relativ preiswert erwerben. In einer Streitschrift aus dem Jahre 1911, in der es um die angebliche Überbewertung der französischen vor der deutschen Kunst ging, hat Flecht-

Flechtheim als Kunsttrommler   Rudolf Grossmann

Abb. 3: Flechtheim als Kunsttrommler,
Zeichnung von Rudolf Grossmann
(undatiert)

heim dies an konkreten Beispielen illustriert. „Ich habe in den letzten Jahren in Paris bei Kunsthändlern Bilder junger Franzosen erworben, Werke von Braque, Derain, Girieud, Friesz, Picasso und anderen. Keines dieser Bilder kostete 400 Franken ... Von meinen drei Bildern van Goghs, die ich gleichfalls 1910 kaufte, hat keines 8.000 Mark gekostet." 1912 kauft er von Picasso das Gemälde „Femme aux poires" (Frau mit Birnen), das mit dem Entstehungsjahr 1909 zu den frühen kubistischen Bildern zählt, für 1.000 Mark. Das Gemälde bildete bis 1933 einen Blickfang seiner Wohnung. Heute gehört es zu den kostbarsten Schätzen des Museum of Modern Art in New York und wird nicht mehr ausgeliehen.

Flechtheims instinktsichere und erfolgreiche Erwerbungspolitik in der Kunst steht in einem auffälligen Gegensatz zu seinem Handel mit Getreide. Hier fehlt ihm, wie der Vater kritisch vermerkt, „eine gesegnete Hand", schlimmer noch, er neigt zu spekulativen Geschäften, zu denen er sogar Freunde animiert und bei denen die Firma Schaden nehmen muss. Die Leidenschaft des jungen Sammlers, um jeden Preis Geld zu verdienen, um seine Kunstankäufe zu finanzieren, treibt ihn in ruinöse Abenteuer und trägt zur Schieflage der Firma bei. Den drohenden Kollaps vor Augen, schließt Flechtheim eine hohe Lebensversicherung zugunsten seiner Ehefrau ab, um ihr ein Leben in Schande zu ersparen, und erwägt für sich nach den ungeschriebenen Regeln der Gesellschaft den Griff zur Pistole.

In tagebuchähnlichen Aufzeichnungen zwischen dem 11. Juni und dem 22. August 1913 reflektiert er seine Situation. Sollte ihm das Schicksal eine zweite Chance geben, will er sich neu erfinden und als Kunsthändler etablieren. Überschrieben sind die Einträge mit einem Vers des in England geborenen französischen Autors George du Maurier (1834–1896), beginnend mit der Zeile „La vie est brève ...".

Im Tagebuch findet sich auch der Satz, den ich über meinen heutigen Vortrag gestellt habe. So notiert er am 11. Juni 1913: „Mich hat sie gepackt die Kunst. Ich spiele wegen der Kunst, und ich saufe drum. Um zu vergessen. Mir ist die Kunst alles, ich bin der Kunst nichts."

Darlehen von Verwandten und befreundeten Privatbanken retten die Firma vor dem Konkurs, doch kann sie sich von diesem Schlag nicht mehr erholen. Für Flechtheim sind die Würfel gefallen, und endlich lässt ihn auch der Vater ziehen. Mit Mitteln seiner Frau und einer Bürgschaft des Berliner Kunsthändlers Paul Cassirer kann sich Flechtheim seinen Traum als „marchand de tableaux" erfüllen und zu Weihnachten 1913 eine Galerie in Düsseldorf auf der Alleestraße (heute Heinrich-Heine-Allee) eröffnen.

Aus dem Kunstsammler, der nebenbei mit Kunst handelt, ist ein Kunsthändler geworden, der nebenbei sammelt. Diese Metamorphose ist Segen und Fluch zugleich, denn ein Leben lang befinden sich bei ihm der Kunsthändler und der Kunstsammler im Widerstreit, lebt er den Konflikt des Händlers, Geld verdienen zu müssen, vielleicht sogar mit Kunst reich zu werden, und seiner Leidenschaft für ein Kunstwerk ohne Ansehen seines Preises und seines Wertes aus, so wenn er 1913 notiert, er könne den Tag nicht beginnen, ohne vor einem bestimmten Bild von Picasso zu meditieren, das er aber 1915 schon wieder an einen schwedischen Freund verkauft und das heute bei der Fondation Beyeler in Basel-Riehen zu sehen ist. Einer der von ihm geförderten Künstler, der Maler Max Schulze-Sölde, hat sich zu diesem Zwiespalt einmal wie folgt geäußert: „Nie habe ich jemanden Bilder so zärtlich lieben sehen. Er streichelte sie wie Kinder, nahm sie in den Arm und tanzte mit ihnen im Zimmer herum, um sich eine Woche später ohne Bedauern von ihnen zu trennen."

Die Eröffnung der Galerie

Die Eröffnung der Galerie ist ein gesellschaftliches Ereignis für Düsseldorf. Der in der ULB erhaltene Eröffnungskatalog trägt, wie alle bis 1933 erschienenen rund 170 Kataloge, das von dem Graphiker Richard Schwarzkopf entworfene Signet der Galerie „AF", das auf allen Publikationen der Galerie in den beiden folgenden Jahrzehnten erscheinen sollte und ihr Erkennungssymbol darstellt.

Der Katalog ist von dem Architekten Paul Mahlberg opulent aufgemacht und bietet auf jeder der 160 Textseiten mindestens eine Abbildung. Ein weiteres Markenzeichen bilden die Textbeiträge ausgewählter Autoren wie Hugo von Hofmannsthal oder Guillaume Apollinaire. Sie sind durch-

Abb. 4: Katalog zur Eröffnung der Galerie Flechtheim 1913

mischt mit einem Angebot erstklassiger Kunstwerke aus Paris, die ihm von seinem Partner und späteren Freund Daniel-Henry Kahnweiler in Kommission geliefert worden sind. Auch die bewusste Aufnahme deutscher Künstler verrät seine Handschrift. Flechtheims Vorwort lehnt sich an das berühmte Vorwort der Berliner Sezession von 1899 an, zeigt Mut und Selbstbewusstsein: „Nur die gewerbsmäßige Routine und die oberflächliche Mache derer, die in der Kunst nur eine milchende Kuh sehen, bleiben grundsätzlich ausgeschlossen."

Die ersten 50 Exemplare sind auf besonderem Papier gedruckt, nummeriert, mit seiner Unterschrift versehen und nicht im Handel, eine Praxis, die Flechtheim regelmäßig in seinen Katalogen wiederholen sollte. Gerade seine privilegierten Sammler waren an niedrigen Nummern interessiert, und die Exemplare sind heute im Antiquariatshandel hoch begehrt.

Alle großen deutschen Tageszeitungen erhalten Freiexemplare. Eine geschickte Öffentlichkeitsarbeit, der Aushang der Galerieplakate im Foyer des Schauspielhauses, individuelle Einladungen bis Berlin, Stockholm und Paris, so an Picasso, tun ein Übriges, um die Eröffnung zu einem Erfolg zu machen, und sichern öffentliche Aufmerksamkeit. Im Unterschied zum Getreidehandel beweist Flechtheim mit der Kunst vom ersten Tag an Fortune.

Zwischenbilanz und Erster Weltkrieg

Ich bin mit Absicht auf jenes Jahr 1913 ausführlicher eingegangen, das durch Florian Illies und seinen Bucherfolg in das öffentliche Bewusstsein gerückt ist. Illies beschreibt die fieberhafte Situation der Zeit, den Tanz auf dem Vulkan, den grenzenlosen Optimismus wie die Angst vor der Zukunft. Für Flechtheim ist es ein Schicksalsjahr gewesen.

Mit einer größeren, ambitiöseren Geste, die über 150 Künstler aus sechs europäischen Ländern, die Gemälde, Aquarelle, Zeichnungen, Grafiken und plastische Werke vereinte, hätte Flechtheim kaum beginnen können. Eine atemlose Folge von Ausstellungen schließt sich an und bis Oktober 1914 können noch elf Kollektivausstellungen realisiert werden.

Der Kriegsausbruch und die deutsche Kriegserklärung an Frankreich bedeuten für Flechtheim eine persönliche Katastrophe. In beiden Ländern, in beiden Kulturen und Sprachen fühlt er sich zuhause. Wie schon im Sommer 1913 greift er in dieser existentiellen Situation erneut zum Tagebuch und notiert am 5. August 1914: „Nun kommt der Krieg. Alles ist aus."

Flechtheim, der seinen Militärdienst in einem der elitären preußischen Kavallerieregimenter absolviert hatte, meldet sich freiwillig, feiert mit seinen Freunden, wie Thea Sternheim notiert, „ein lärmendes Abschiedsessen" im „Breidenbacher Hof", kommt an die Westfront und wird schon nach wenigen Wochen zum Offizier (Leutnant) befördert. Das hatte es in Preußen für jüdische Staatsbürger seit 1878 nicht mehr gegeben. Seines Alters wegen, Flechtheim ist 36 Jahre alt, wird er vornehmlich im Hinterland und in der Militärverwaltung eingesetzt und gehört in Brüssel der sogenannten literarischen „Kriegskolonie" an, einem Zusammenschluss von Künstlern und Schriftstellern in Uniform. Aus dieser Zeit rührt auch seine Freundschaft mit Gottfried Benn.

In Düsseldorf ist die Galerie nicht zu halten. Der eingesetzte Vertreter fällt schon nach wenigen Wochen, die Ehefrau ist überfordert, die Verkäufe stocken, die Schulden drücken. Am 5. Juni 1917 kommt es in Berlin bei Cassirer zur Versteigerung der Galeriebestände, wohlgemerkt der Kommissionsware, nicht der privaten Sammlung. Ein Exemplar des Versteigerungskatalogs mit Notizen zu den Preisen von der Hand Cassirers hat sich erhalten. Die französischen Künstler finden sogar mitten im Krieg und ungeachtet der Propaganda gegen den „Erbfeind" ihre Käufer. Die Sammler wissen um die Qualität des Angebots, und der Ruf der Galerie hat keinen Schaden erlitten.

Wiedereröffnung und Expansion

„Ostern 1919 machte ich die Bude wieder auf", so die saloppe Bemerkung Flechtheims zur Wiedereröffnung der Galerie unter neuer, man muss sagen feiner, besserer Adresse in der Königsallee 34 im ersten Stock eines privaten Bankhauses.

Folgen wir wieder der Sammlung der ULB und dem wie eine Fanfare wirkenden Vorspruch des bekannten Düsseldorfer Schriftstellers Herbert Eulenberg im Ausstellungskatalog *Auf dem Weg zur Kunst unserer Zeit* vom Juli/August 1919, so fällt der modernen Kunst, so die tiefe Überzeugung von Flechtheim, die Aufgabe zu, eine Brücke zu schlagen zwischen den beiden Nachbarländern und Deutschland, „dem armen, geschundenen Land" wieder seine Seele zu geben. Das schreibt Flechtheim wenige Tage nach dem Friedensschluss von Versailles und inmitten eines aufgeheizten innenpolitischen Klimas.

Er bekennt sich zu den Franzosen, wird aber auch der jungen deutschen Kunst mit Ernst Barlach, Paul Klee, Wilhelm Lehmbruck, August Macke, Franz Marc, Paula Modersohn-Becker und Heinrich Nauen gerecht. Der Vorwurf, er habe nur die „französische peinture" gepflegt, wie es im Umfeld des „Jungen Rheinland" kolportiert wird, geht ins Leere. Dabei weicht Flechtheim keinem Streit aus und pflegt liebevoll Feindschaften mit auch politisch radikalen jungen Künstlern in Düsseldorf, was die Formulierung von Otto Pankok noch nach 1945 erklären mag: „Er war ein Prachtkerl, aber ein Hund."

Die „goldenen" Zwanzigerjahre

Wie schon 1913/14 überschlagen sich die Ausstellungen. Die Inflation und das billige Geld begünstigen den Ankauf von Kunst und die Flucht in die Sachwerte. Nur der Nachschub aus Paris stockt noch wegen der Zollbarrieren.

Als sich Flechtheim im Frühjahr 1921 gezwungen sieht, „bei Nacht und Nebel" nach Berlin auszuweichen, um einem grundlosen Auslieferungsbegehren Belgiens zu entgehen, erweist sich dieser Schritt sogar als Glücksfall für ihn und die Galerie. In Berlin sitzt das leichte Geld, eine Filiale in der Reichshauptstadt eröffnet daher völlig neue Chancen. Düsseldorf bleibt als Hauptsitz bestehen, rückt aber in den Folgejahren wirtschaftlich in den Hintergrund.

Das Publikationsprogramm mit den Katalogen, den Mappenwerken, den

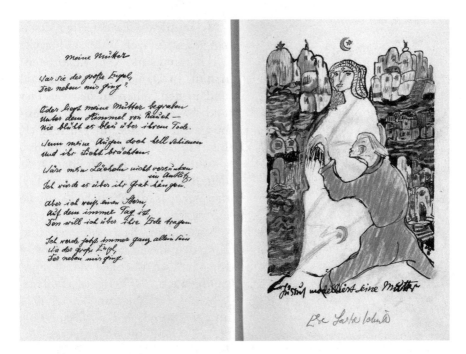

Abb. 5: Else Lasker-Schüler: Gedicht: Meine Mutter und Lithographie, 1923

Ausgaben und Drucken der Galerie Flechtheim wird fortgesetzt. Darunter befinden sich Kostbarkeiten wie *Theben*, Gedichte und Lithographien von Else Lasker-Schüler (1923). Die Vorzugsausgabe A mit 50 Exemplaren ist handkoloriert. Wegen der Bezahlung im Inflationsjahr 1923 gibt es noch einen bizarren Streit mit der inzwischen bettelarmen Künstlerin, deren Streitschrift *Ich räume auf* in dem gegen Flechtheim gerichteten Satz gipfelt: „Rottet ihn aus."

Spektakulärer jedoch und noch in Düsseldorf in einer Weinlaune im „Muschelhaus Reusch" konzipiert, ist die Begründung der Zeitschrift *Der Querschnitt*, deren erstes Heft im Januar 1921 erscheint. Sie vereint Kunst und Kultur, Avantgarde, Sport und Unterhaltung, ohne Berührungsängste und in lebhaftester „Mesalliance" dicht beieinander. Fragt man heute nach den Zeitschriften, die Geist und Kultur der Weimarer Jahre repräsentieren, dann fallen drei Periodika ins Auge: Es sind des Verlegers Samuel Fischer *Neue Rundschau*, des Publizisten Siegfried Jacobsohn *Die Weltbühne* und eben Flechtheims *Der Querschnitt*.

Abb. 6: Der Querschnitt, Titelblatt, Heft 10, 1929

Wo wurde dieses neuartige Magazin gelesen? Nach Wilmont Haacke „rechts und links vom Kurfürstendamm, in Dahlem, im Grunewald und in den Villen an den Berliner und bayerischen Seen, an Hamburgs Elbchaussee, in Düsseldorf-Benrath, im Taunus um Frankfurt, auf dem Weißen Hirsch über Dresden, ferner an allen Ecken und Enden Europas, die ähnliche Domizile aufwiesen".

Nach dem Kunstsammler und Kunsthändler hatte sich Flechtheim für die Öffentlichkeit damit endgültig auch als Verleger etabliert. Obwohl das Magazin bereits 1924 an den Propyläen-Verlag, eine Ullstein-Tochter, übergeht, erscheint Flechtheims Name als Begründer bis 1930 auf der Umschlagseite, wird das Magazin in der publizistischen Wahrnehmung als Zeitschrift der Galerie Flechtheim registriert.

Alfred Flechtheim wird in Berlin binnen kürzester Zeit zu einem „man about town", der sich inszeniert, der an Litfaßsäulen die jeweils neue Nummer des *Querschnitt* annonciert, der bei den großen Sportveranstaltungen Berlins in der ersten Reihe sitzt, sich als der maßgebliche Förderer von Max Schmeling versteht, dessen Galeriefeste mit einem „cross over" sozialer Schichten vom alten Adel bis zum Schieber endlosen Gesprächsstoff für die Boulevard-Blätter liefern und ab und an auch zu einem kleinen vergnüglichen Skandal führen.

Mit immer neuen und originellen Ausstellungen arbeitet er sich in die erste Reihe der deutschen Kunsthändler vor. Die finanziellen Probleme indes bleiben, nachdem die Inflation die Reserven aufgezehrt hat. Drei außergewöhnliche Ausstellungen, von denen die Kataloge in der ULB vorhanden sind, sollen näher erwähnt werden. Im November 1925 zeigt er eine Ausstellung der Fotografin Frieda Riess, deren Porträts der Berliner Gesellschaft zu einer der ersten Fotoausstellungen in einer deutschen Kunstgalerie führen. Im Mai 1926 gelingt ihm der nächste Coup mit einer Ausstellung über Südsee-Plastiken, die angeblich aus seiner privaten

Sammlung stammen, in Wahrheit jedoch von dem Freund und Bankier Eduard von der Heydt in Hamburg angekauft worden sind. Gezeigt wird sogenannte Stammeskunst aus den ehemaligen deutschen Kolonien der Südsee, eine Ausstellung, die über Berlin hinaus sogar in Paris und London und Zürich wahrgenommen wird. Das gilt erst recht für die Ausstellung zu Fernand Léger vom Februar 1928. Sie ist die bislang umfassendste Werkschau innerhalb und außerhalb Frankreichs. Prominente Besucher aus Paris sind angereist, „hunderte von Autos vorgefahren", so eine Gesellschaftsreporterin, und Flechtheim genießt seinen Triumph.

Und dann erst sein 50. Geburtstag am 1. April 1928! Der Freundeskreis hatte sich bereits seit Monaten mit den Vorarbeiten für das Fest beschäftigt, befreundete Künstler zu einem Beitrag in Wort oder Bild für eine Festschrift eingeladen, einen ausgewählten Kreis zu einem Abendessen in den „Kaiserhof" gebeten, bei dem die Gäste, auch dies ein Zeichen von Exklusivität, für ihr Abendessen selbst zahlen durften. Mit Musik von Friedrich Hollaender kommt ein Stück mit Miniaturen über Flechtheims Leben zur Aufführung, bei dem sich u.a. Napoleon und „Alfred le Grand" in der Nacht am Denkmal von Waterloo begegnen.

Die Festgabe versammelt 140 Beiträge aus dem In- und Ausland, weitere rund 100 Beiträge sind verspätet eingegangen und werden auf einer „Tabula gratulatoria" erwähnt. Unter den Gratulanten, den Malern und Bildhauern, den Kunstsammlern und Kunsthändlern, den Schauspielern und Regisseuren, den Kunstkritikern und Journalisten, den Schriftstellern und Dichtern finden sich so bekannte Namen wie Ernest Hemingway, Jean Cocteau und André Gide, Pablo Picasso, Georges Braque und Henri Matisse, Jean und Pierre Renoir, Max Beckmann, Paul Klee und Renée Sintenis, deren Plastik *Fohlen* den Vorgarten der Galerie ziert.

Nur die Wenigsten wissen, dass in diesen Wochen Flechtheim seine Düsseldorfer Wohnung am Martin-Luther-Platz auflöst, in der Berliner Bleibtreustraße 15/16 unweit des Kurfürstendamms eine großbürgerliche und elegante Wohnung von ungefähr 400 qm bezieht und endlich seine auf bisher fünf Standorte verteilte private Sammlung zusammenführen kann. Aus dem Gesamtkunstwerk dieser Wohnung, die den Krieg äußerlich unversehrt überstanden hat und deren Aura auch heute noch nachzuempfinden ist, sind 13 Fotoaufnahmen überliefert, die eine Vorstellung von der kostbaren privaten Sammlung französischer und deutscher Kunstwerke vermitteln. Das Speisezimmer, ebenfalls mit Kunst ausgestattet, war der Ort froher Tafelrunden wie einer denkwürdigen Begegnung mit Josef Sternberg, dem Regisseur des Films *Der Blaue Engel*. Dirigiert werden diese Abende von Betti Flechtheim, die parkettsicher und mit erlesenen

Diners eine Atmosphäre schafft, die Verkaufsgespräche fördert. Dazu werden die interessierenden Bilder aus der Galerie in die Wohnung transloziert.

Die große Krise und das Ende der Galerie

Der Ausbruch der Weltwirtschaftskrise im Oktober 1929, der sensationelle Anstieg der NSDAP in den Septemberwahlen 1930 und die Bankenkrise im Juli 1931 verändern die Welt.

Drückende Zinszahlungen nach Krediten für Umbaumaßnahmen der Galerie, ausbleibende Mieteinnahmen, stagnierende Verkaufszahlen, mehr aber noch ein ordinärer Antisemitismus machen dem Ehepaar Flechtheim zu schaffen und bedrohen seine Existenz. Die bisher nicht edierten Einträge in den Tagebüchern von Thea Sternheim als einer unmittelbaren Zeitzeugin vermitteln ein erschütterndes Bild von dem Abstieg großbürgerlicher Familien wie der Flechtheims und dem befürchteten Absturz in die Armut.

Nach Ausweis der Sammlungen der ULB steht dieser Befund nur vordergründig im Widerspruch zu den rastlosen Aktivitäten Flechtheims, mit denen er selbst in den Jahren der großen Krise 1929–1932 ein anspruchsvolles Galerieprogramm realisiert, mit dem Übermut der Verzweiflung eine neue Zeitschrift mit Namen *Omnibus* gründet, dafür hochangesehene Autorinnen und Autoren des In- und Auslandes wie Gottfried Benn, Jean Cocteau, Le Corbusier, Tilla Durieux, Ernest Hemingway und andere gewinnt und bei den oft ganzseitigen Abbildungen sich auf reiche Sammlungen des Auslandes wie Albert Barnes, Anson Conger Goodyear, Salomon R. Guggenheim in den USA, André Gide und Jean Renoir in Frankreich, auf Harry Graf Kessler, Franz von Mendelssohn, Hugo von Oppenheim, Max Silberberg in Deutschland stützen kann. Es ist eine großartige

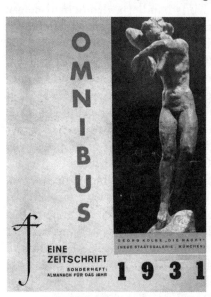

Abb. 7: Omnibus, Titelblatt, 1931

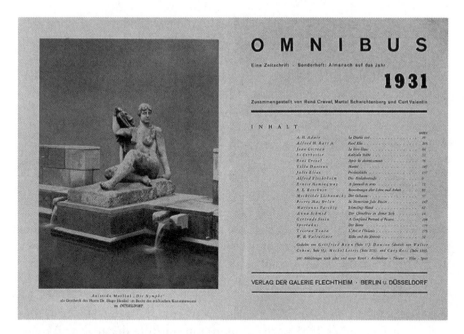

Abb. 8: Omnibus, Inhaltsverzeichnis 1931

Zeitschrift, die als Jahresalmanach für 1931 erstmals im November 1930 im Verlag der Galerie Flechtheim erscheint, international ausgerichtet und mit mehrsprachigen Artikeln versehen ist. Aber die Zeitschrift kommt zur falschen Zeit und am falschen Ort, und der für 1933 geplante Band über amerikanische Architektur wird aufgrund der veränderten politischen Lage nicht mehr realisiert.

Sollte Flechtheim mit dieser Publikation ein Standbein in Amerika vorbereitet, an die potente Sammlerklientel und die dort möglichen Spitzenpreise für die französische Moderne gedacht haben, dann überschätzt er seine Möglichkeiten. Es fehlt das Kapital, es fehlt an Liquidität, sein Dauerproblem aus 20 Jahren Galerietätigkeit. Der Kunsthändlerkollege Hugo Perls formuliert es eleganter und zurückhaltender, wenn er andeutet, dass die „reiche, künstlerische Natur" Flechtheims „ständig und erfolgreich den Kaufmann in ihm bekämpfte." Selbst seine Frau, die klaglos den aufwendigen Haushalt mitfinanziert, ist nicht mehr bereit, um jeden Preis Mittel in die Galerie einzuschießen. Das zeigt sich im Dezember 1933, als der Liquidationsverwalter Betti Flechtheim bedrängt, die Schulden der Galerie in Höhe von rund 120.000 Reichsmark aus ihrem privaten Vermögen zu begleichen, und sie ablehnt.

Inzwischen hatten der 30. Januar 1933 und die sogenannte Machtergreifung Deutschlands Weg in den Abgrund eingeleitet. Der deutsche Patriot, der Offizier des Ersten Weltkrieges, der international angesehene Kunsthändler sieht sich öffentlichen Angriffen ausgesetzt und als „Kunstjude" diffamiert. Eine Versteigerungsauktion im „Breidenbacher Hof" in Düsseldorf am 11. März muss nach massiven Störungen durch die örtliche SA abgebrochen werden. Obwohl er seine wertvollsten persönlichen Bilder unter Assistenz seiner Frau und von Thea Sternheim schon eine Woche später in die Schweiz transferieren lässt, kann Flechtheim sich erst Ende September 1933 zur Emigration entschließen. Die Düsseldorfer Galerie ist bereits Ende März 1933 an den dortigen Leiter der Filiale Alex Vömel übergegangen, der durch seine Ehe mit der Witwe des Aachener Kunstsammlers Edwin Suermondt zu Geld und einer Kunstsammlung gekommen ist. In der ULB erinnert nur eine Postkarte an den Besitzerwechsel. In Berlin treibt die Situation auf einen Konkurs zu. Betti verbleibt vorerst noch in der leer gewordenen und ohne Personal nicht zu haltenden Wohnung, um das Kapital- und Immobilienvermögen zu schützen, Flechtheim dagegen geht auf Rat seines Freundes und Partners Daniel-Henry Kahnweiler im Dezember 1933 nach London, um mithilfe der hier ansässigen „Mayor Gallery" den englischen Kunstmarkt und die englischen Sammler für die Kubisten zu interessieren.

Das Ende der Geschichte

Das Ende der Geschichte ist schnell erzählt. Flechtheim entgeht dem völligen Konkurs nur durch einen Liquidationsvergleich zum 1. April 1934, muss aber dafür seinen privaten Bildbesitz opfern, der zum Aufbau einer neuen Existenz im Ausland gedacht war. Durch Honorarpauschalen von Kahnweiler und Mayor kann er sich über Wasser halten, subjektiv, nach seiner Selbsteinschätzung aber, lebt er zeitweise „von der Wand in den Mund".

Nach 1913 wird 1936 zum zweiten Schicksalsjahr. Im Februar lässt sich Flechtheim von seiner in Berlin immer noch ausharrenden Frau scheiden, um sie vor einer Erpressung durch das Regime zu schützen. In London findet er zwar als Kunstberater und Ausstellungskurator zunehmend Anerkennung, ist aber innerlich gebrochen und gesundheitlich angeschlagen. Der Diabetiker Flechtheim zieht sich eine schwere Beininfektion mit folgender Blutvergiftung zu und verstirbt am 9. März 1937 in London. Betti Flechtheim ist in seinen letzten Lebenstagen mit dem Flugzeug angereist und sorgt für eine würdige Beisetzung. Die vornehme Urne im Columbarium von „Golders Green" ist nach meiner Wiederentdeckung zum Pilgerziel von Kunstenthusiasten geworden. Dagegen gibt es nur eine bescheidene Grabstätte von Betti Flechtheim auf dem jüdischen Friedhof in Berlin-Weißensee. Die drohende Deportation vor Augen, wählt sie den Freitod durch Veronal und verstirbt am 15. November 1941. Als meine Frau und ich die Grabstätte im Jahre 2003 aufsuchten, war sie völlig zugewuchert und musste erst von Gestrüpp und Efeu befreit werden. Noch im Januar 1938 war Betti in Paris Picasso und Max Ernst begegnet und allen Warnungen zum Trotz wieder nach Berlin zurückgekehrt. „Wenn Steine reden könnten ...", so lautet der letzte Satz meines Buches, und er bezieht sich auf das Schicksal dieser lange unterschätzten und vergessenen Frau. Damit könnte ich meinen Vortrag enden lassen. Gestatten Sie mir aber noch eine Nachbemerkung.

Nachbemerkung

Als ich vor etwa zehn Jahren die Akten zu den Wiedergutmachungsverfahren Flechtheim beim Oberfinanzpräsidium in Berlin einsah, war ich noch allein. Was mich aber damals schon irritierte, war die Art und Weise, wie die Justiz die Ansprüche früherer Eigentümer und Erben in den Wiedergutmachungsverfahren der 1950er-Jahre abwehrte. Selbst wenn wir unterstellen, dass moderne Kunst nach dem Zweiten Weltkrieg unter Wert gehandelt wurde, war das Urteil der zuständigen Kammer des Landgerichts Berlin, das dem Neffen Alfred Hulisch/Hulton für den durch eine Zeugin nachgewiesenen Kunstbesitz mit Bildern von Picasso, Braque u.a. eine Entschädigungssumme/einen Wiederbeschaffungswert von 8.000 D-Mark zusprach, ein Skandal.

Das damalige Versäumnis einer „gerechte(n) und faire(n) Lösung" von Restitution und/oder Veräußerung zu einem angemessenen Preis rächt sich heute. So wie Hulisch erging es zahllosen anderen Emigranten. Erst die veränderten Rahmenbedingungen seit 1989, die Preisexplosion für moderne Kunst seit den 1990er-Jahren, die Selbstverpflichtung Deutschlands aufgrund der Washingtoner Erklärung von 1998, eine Enkelgeneration, die die Verfahren noch einmal aufrollte, und Anwälte, die den Kunstmarkt für sich entdeckten, schufen eine neue Situation.

Flechtheim wurde sogar für Fälscher attraktiv. Der Prozess Beltracci fand daher ein großes öffentliches Echo. Tatsächlich hatte mein Gewährsmann Eric Kaufman die Fälschungen schon um 1995 erkannt. Man hätte nur, nach seinen Worten, häufiger auf die Rückseite der Bilder schauen sollen. Was für uns als Historiker bei der Analyse von Urkunden immer selbstverständlich war, die Rückseite einer Urkunde und deren Rückvermerke in eine Untersuchung zur Quellenechtheit mit einzubeziehen, war im Kunsthandel und in den Museen bei der Provenienzbestimmung vielleicht unterschätzt worden. Die aktuelle Diskussion um die „causa Gurlitt", die im Ausland schieres Unverständnis wegen des schleppenden Procedere ausgelöst hat, zeigt einmal mehr, wie sensibel mit Themen wie „Provenienz" und „Restitution" umgegangen werden muss.

Und nun kommt die ULB wieder ins Spiel, denn nur mithilfe ihrer Sammlung war es möglich, meinem Buch eine CD-ROM beizugeben, die alle Künstler und Kunstwerke auflistet, die zwischen 1913 und 1933 in den Galerien Flechtheims zu sehen waren, sie nach Ausstellungen gliedert und Hinweise zu Leihgebern, Preisen und Provenienzen aufnimmt. Zusätzlich, und das betraf die Rekonstruktion der privaten Sammlung Flechtheim, ist im Anhang noch eine dreistellige Zahl von Objekten erfasst worden, die sich Flechtheim und seiner Galerie zuordnen lassen, Kunstwerke also, die ihm dauernd oder vorübergehend, allein oder zum Teil („à meta", wie die Kunsthändler sagen) gehört haben. Diese Nachforschungen kosteten bei aller Unvollständigkeit bald so viel Zeit wie das Buchmanuskript, haben aber dazu beigetragen, dass der Anhang und die CD in vielen Museen, Kunsthandlungen und Auktionshäusern des In- und Auslandes ein willkommenes Hilfsmittel für Flechtheim-Recherchen geworden sind. Es wäre ein „nobile officium" der ULB, diesen so intensiv benutzten Katalog-Bestand zu digitalisieren und mit dieser Geste die in ihrer Substanz gefährdeten Originale zu schonen.

Heute wird die erste Ausgabe der Flechtheim-Biographie von Bibliophilen schon dreistellig gehandelt. Aber was wir dabei nicht vergessen wollen, und damit komme ich wieder auf den Ausgang meiner Überlegungen zurück: Die Intention des Buches, und so haben Eric Kaufman und ich unser gemeinsames Interesse an der Arbeit stets verstanden, richtete sich gegen das Vergessen, war Teil einer Rehabilitierung jüdischer Familien in Deutschland, die sich als Mäzene, und ich betone: Mäzene und nicht als Sponsoren, um die Kunst der Impressionisten, der Kubisten, der Klassischen Moderne und der Surrealisten unendlich verdient gemacht haben. Wie sagte doch Thea Klestadt, die 2005 in Ohio verstorbene Lieblingsnichte von Alfred Flechtheim, die sich stets als die eigentliche Erbin betrachtete: „Wir wollten die Bilder eigentlich gar nicht zurück, aber wir hätten uns gewünscht, dass in den großen Museen dieser Welt, wo Bilder aus dem Kunstbesitz von Alfred hängen, ein kleines Schildchen angebracht worden wäre mit dem Zusatz ‚ehemals Sammlung Flechtheim‘. Das hätte genügt." Sie sagte es mit leiser Stimme, aber wer hören konnte, verstand, es war ein Schrei.

Einführende Literatur:

Alfred Flechtheim Sammler. Kunsthändler. Verleger. Hrsg. vom Kunstmuseum Düsseldorf von Hans Albert Peters und Stephan von Wiese. Düsseldorf: Kunstmuseum 1987.

Alfred Flechtheim: „Nun mal Schluss mit den blauen Picassos". Hrsg. von Rudolf Schmitt-Föller mit einer Einführung von Ottfried Dascher. Bonn: Weidle Verlag 2010.

Ottfried Dascher: „Es ist was Wahnsinniges mit der Kunst". Alfred Flechtheim. Sammler, Kunsthändler, Verleger. Mit einer Bibliographie von Rudolf Schmitt-Föller und einer Stammtafel von Rico Quaschny. Wädenswil: Nimbus Kunst und Bücher 2011, 2. Auflage 2013.

Abb. 1: Hans-Otto Mayer (1903–1983), Gemälde von Helga Tiemann, 1973. TMS: Porträtsammlung

UTE OLLIGES-WIECZOREK

Die Thomas-Mann-Sammlung der Universitäts- und Landesbibliothek Düsseldorf. Eine Sondersammlung auf dem Weg ins digitale Zeitalter

„Sie haben aber viel mehr, als ich noch besitze ..."[1] – so brachte Thomas Mann bei seinem Besuch in Düsseldorf im August 1954 seine Wertschätzung für die Thomas-Mann-Sammlung des Düsseldorfer Buchhändlers, Historikers und Germanisten Dr. Dr. h. c. Hans-Otto Mayer zum Ausdruck, die zu dieser Zeit in der Schrobsdorff'schen Buchhandlung in der Königsallee in Düsseldorf aufgestellt war. 1969 wurde diese Sammlung dank einer großzügigen Spende des Bankiers Rudolf Groth vom Verein der Freunde und Förderer für die Universität Düsseldorf angekauft. Seit 1980, als der Neubau für die Universitätsbibliothek vollendet war, wird sie im Sonderlesesaal der Universitäts- und Landesbibliothek (ULB) zur Präsenznutzung bereitgestellt. Neben dem Thomas-Mann-Archiv der Eidgenössischen Hochschule in Zürich und dem Buddenbrookhaus in Lübeck stellt sie heute eine der bedeutendsten Forschungsstätten zu Thomas Mann und seiner Familie dar. Archiv, Museum und Dokumentationsstätte – so könnte man die Zielsetzungen dieser drei Thomas-Mann-Gedächtniseinrichtungen grob unterscheiden. Die Thomas-Mann-Sammlung ist die am meisten frequentierte Sondersammlung der Universitäts- und Landesbibliothek Düsseldorf. Forscher aus der ganzen Welt nutzen sie und/oder lassen sich über den dreimal jährlich erscheinenden Newsletter zur Thomas-Mann-Sammlung über neue Publikationen informieren.[2] Etwa 500 Abonnenten aus der ganzen Welt erhalten diesen kostenlosen Rundbrief.

Die Entstehungsgeschichte und einige besondere „Schätze" dieser Sammlung sollen hier vorgestellt und die Entwicklungsmöglichkeiten der Sammlung im digitalen Zeitalter aufgezeigt werden.[3] Dabei sollen vor

---

[1] Mayer, Hans-Otto: Aus einem sechzigjährigen Sammlerleben. Vortrag vor der Thomas-Mann-Gesellschaft in Lübeck am 28.1.1981. 1981 (Manuskript, S. 2, TMS B XI, 102).

[2] Zu abonnieren durch Mail an folgende Adresse: olliges@ub.uni-duesseldorf.de.

[3] Über die Entstehungsgeschichte und für eine Beschreibung der Thomas-Mann-Sammlung siehe auch: Olliges-Wieczorek, Ute: Ein „wahres Arkadien" – Die Thomas-

allem der Bezug, den die Sammlung zur Stadt Düsseldorf hat, sowie die Beziehungen Thomas Manns und seiner Familie zur Stadt herausgearbeitet werden.

Entstehungsgeschichte der Sammlung

Die Anfänge der Sammlung von Hans-Otto Mayer reichen bis in die zwanziger Jahre des letzten Jahrhunderts zurück. Der im Jahr 1903 in Stuttgart geborene Hans-Otto Mayer begann bereits in dieser Zeit mit der Sammlung der Werke Thomas Manns. Zur Konfirmation im Jahr 1919 erhielt er die *Buddenbrooks* in der einbändigen Volksausgabe aus dem Jahr 1903[4] geschenkt. Die Geschichte vom Verfall der Lübecker Kaufmannsfamilie faszinierte ihn wie viele seiner Zeitgenossen, sodass der Roman zu einem Bestseller wurde, für den Thomas Mann 1929 den Nobelpreis erhielt. Der Einband der Volksausgabe war mit einer Illustration von Wilhelm Schulz versehen. Viele Leser glaubten darin das Haus der Großmutter Thomas Manns, Elisabeth Mann, in der Mengstraße 4 in Lübeck zu entdecken. Der Kunsthistoriker Manfred Fischer hat im Jahr 2000 jedoch überzeugend dargelegt, dass der Graphiker hier keinen Lübecker Straßenzug darstellte, sondern einen aus seiner Heimatstadt Lüneburg.[5] Der Handlungsort wird in *Buddenbrooks* nicht explizit genannt. Typische Lübecker Erkennungsmerkmale, etwa das Holstentor oder die Marienkirche, zeigt der Einband nicht. Dies dürfte auch ganz im Sinne Thomas Manns gewesen sein, hatte er sich doch insbesondere in seinem Essay *Bilse und ich* (1906)[6] davon distanziert, einen „Schlüsselroman" geschrieben zu haben, den viele Lübecker in dem Werk sahen. Der

---

Mann-Sammlung Dr. Hans-Otto Mayer (Schenkung Rudolf Groth) in der Universitäts- und Landesbibliothek Düsseldorf. In: Jahrbuch der Heinrich-Heine-Universität Düsseldorf 2005/6, S. 655–669 und Olliges-Wieczorek, Ute: „Sie haben aber viel mehr als ich noch besitze …". Geschichte, Sammlungsprofil und Nutzungsmöglichkeiten der Thomas-Mann-Sammlung der Universitäts- und Landesbibliothek Düsseldorf. In: Albracht, Miriam; Hansen, Sebastian; Keutken, Melanie u.a. (Hrsg.): Düsseldorfer Beiträge zur Thomas-Mann-Forschung. Schriftenreihe der Thomas Mann Gesellschaft Düsseldorf, Bd. 2. Düsseldorf: Wellem 2011, S. 183–202.

[4]   Mann, Thomas: Buddenbrooks. Verfall einer Familie. Roman. Berlin: S. Fischer 1903.

[5]   Fischer, Manfred: Unter fremder Flagge. Das Stadtbildmotiv des Einbandes der Volksausgabe von W. Schulz (1903). In: Eickhölter, Manfred; Wißkirchen, Hans (Hrsg.): „Buddenbrooks" – neue Blicke in ein altes Buch. Lübeck: Verlag Dr. Dräger 2000, S. 204–211, hier S. 208.

[6]   Mann, Thomas: Bilse und ich. In: Essays I 1893–1914. Hrsg. und textkritisch durchgesehen von Heinrich Detering. Frankfurt am Main: Fischer 2002, S. 95–111 (Mann, Thomas: Große kommentierte Frankfurter Ausgabe; 14,1).

Abb. 2: Thomas Mann: Buddenbrooks.
Verfall einer Familie. Roman.
Berlin: S. Fischer 1903. Titelblatt.
Einbandgestaltung: Wilhelm Schulz
(1865–1952). Sign.: tmse050.s32

günstige Preis dieser Volksausgabe für fünf Mark sowie die biedermeierliche Umschlaggestaltung trugen wesentlich zum Verkaufserfolg der *Buddenbrooks* bei. Später erwarb Mayer auch die handsignierte zweibändige Erstausgabe der *Buddenbrooks* aus dem Jahr 1901, die in einem schlichten Jugendstileinband von A. Schäfer erschien.[7]

„Die ‚Buddenbrooks‘ waren nun mein erstes großes Leseerlebnis. Ich habe das Buch auf Anhieb verschlungen und es immer wieder voll Bewunderung für den jungen Schriftsteller gelesen. […] Auch in der weiteren Familie las man die *Buddenbrooks* mit heller Freude. Häufig wurde daraus zitiert […]“, heißt es in einem Aufsatz in der Zeitschrift *Imprimato*r, den Mayer im Jahr 1969 über seine Sammlung publizierte.[8] Besonders berührte Hans-Otto Mayer der Schluss des Romans, „als die leidgeprüften Letzten der Buddenbrooks noch ein letztes Mal versammelt sind und nach all den Schicksalschlägen an der Gerechtigkeit, an der Güte, an allem zweifeln […]“[9] – wohl auch deshalb, weil er Parallelen zum Schicksal seiner Familie sah.

---

[7] Mann, Thomas: Buddenbrooks. Verfall einer Familie. 2 Bde., Berlin: Fischer 1901.
[8] Mayer, Hans-Otto: Ein paar Worte über meine Thomas-Mann-Sammlung. In: Imprimatur. N. F. 6, 1968/69, S. 26–32, hier S. 27.
[9] Ebd.

Mayers Begeisterung für Thomas Mann ging weit über die *Budden-brooks* hinaus. Er sammelte nicht nur die gängigen Buchhandelsausgaben der Werke, sondern auch Beiträge Thomas Manns in Zeitschriften, Sammelbänden und Zeitungen. In der Zeit des Nationalsozialismus konnten die Werke Thomas Manns in Deutschland nicht mehr erscheinen, sodass Mayer seine Sammlung nicht wesentlich erweitern konnte. Erst nach dem Zweiten Weltkrieg begann er mit dem systematischen Ausbau der Sammlung und öffnete diese auch für die Forschung.

Obwohl Hans-Otto Mayer und Thomas Mann Zeitgenossen waren, gab es zu Lebzeiten kaum einen direkten Kontakt. Eine „gewisse Schüchternheit", so Mayer selbst, hielt ihn davon ab, mit Thomas Mann näher in Verbindung zu treten. Nach seiner persönlichen Beziehung zu Thomas Mann gefragt, antwortete Mayer in einem Vortrag vor der Thomas-Mann-Gesellschaft in Lübeck am 28. Januar 1981: „Man erwartet bei mir zahlreiche Briefe [Thomas Manns] an mich, Dedikationsstücke seiner Bücher mit Widmungen, Erinnerungen an Besuche bei ihm. Leider kann ich damit nicht aufwarten. Eine gewisse Scheu hielt mich davon ab, mich in irgendeiner Form an ihn persönlich zu wenden."[10]

Erst im August 1954, als Thomas Mann Düsseldorf anlässlich einer Lesung aus dem Roman *Felix Krull* besuchte, stattete er mit seiner Frau Katia auch der Schrobsdorff'schen Buchhandlung einen Besuch ab. Mayer hatte hier eine Ausstellung zu Thomas Manns Werk organisiert und diesen in seine Sammlung eingeladen. Ausführlich dokumentiert wird die Begegnung Mayers mit Thomas Mann in einem Aufsatz von Sebastian Hansen und Dirk Heißerer aus dem Jahr 2013.[11]

Anlässlich des Besuchs signierte Thomas Mann körbeweise Ausgaben seiner Werke, die sich heute in der Thomas-Mann-Sammlung der Universitäts- und Landesbibliothek (ULB) befinden.

Nach dem Tod Thomas Manns am 12. August 1955 pflegte Mayer intensive Kontakte zur Familie Mann und zu den bedeutendsten Thomas-Mann-Forschern, die seine Sammlung benutzten und bereicherten. In der Buchhandlung entstand nun in einem separaten Raum ein Forschungszentrum zu Thomas Mann. Auch Mayer selbst wurde in der Thomas-Mann-Forschung aktiv. Im Jahr 1965 erschien das mit Hans Bürgin gemeinsam

---

[10] Mayer, Hans-Otto: Aus einem sechzigjährigen Sammlerleben (wie Anm. 1).
[11] Hansen, Sebastian; Heißerer, Dirk: Besuch beim Buchhändler. Thomas Mann in der Düsseldorfer Buchhandlung Schrobsdorff auf der Königsallee im August 1954. In: Albracht, Miriam (Hrsg.): Düsseldorfer Beiträge zur Thomas-Mann-Forschung, Bd. 1. Düsseldorf: Wellem Verlag 2011, S. [121]–136.

Abb. 3: Besuch in der Buchhandlung: Thomas Mann und Hans-Otto Mayer (Foto: Thomas-Mann-Sammlung, ULB Düsseldorf)

verfasste Werk *Thomas Mann. Eine Chronik seines Lebens*[12], das auch ins Englische übersetzt wurde.

In den Jahren 1977 bis 1982 bzw. 1987 erschien das wohl bedeutendste Werk Mayers, das fünfbändige Briefregestenwerk[13], das er wiederum zusammen mit Hans Bürgin verfasste. In Regesten hatten Mayer und Bürgin hier mehrere tausend Briefe Thomas Manns inhaltlich zusammengefasst und mit Schlagwörtern erschlossen. Der letzte Band dieses Werks wurde erst im Jahr 1987 publiziert, vier Jahre nach Mayers Tod.

---

[12] Bürgin, Hans; Mayer, Hans-Otto: Thomas Mann. Eine Chronik seines Lebens. Frankfurt am Main: Fischer 1965.

[13] Bürgin, Hans; Mayer, Hans-Otto: Die Briefe Thomas Manns. Regesten und Register. Frankfurt am Main: Fischer. Bd. 1: Die Briefe von 1889 bis 1933 (1976). Bd. 2: Die Briefe 1934 bis 1943 (1980). Bd. 3: Die Briefe 1944 bis 1950 (1982). Bd. 4: Die Briefe von 1951 bis 1955 und Nachträge (1987). Bd. 5: Empfängerverzeichnis und Gesamtregister (1987), bearbeitet von Yvonne Schmidlin.

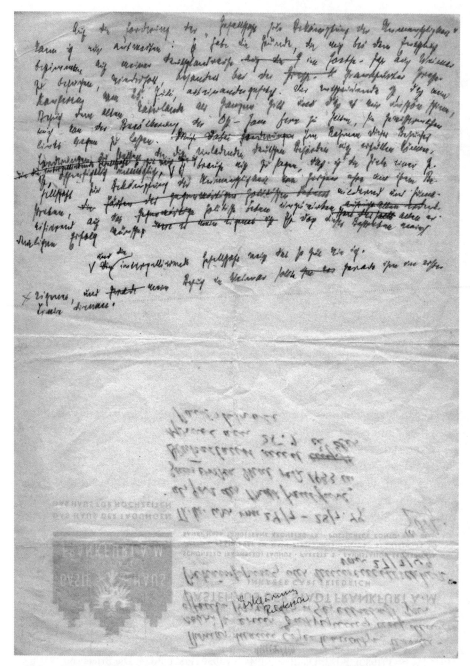

Abb. 4: Thomas Mann: Erklärung zu der Aufforderung der „Gesellschaft zur Bekämpfung der Unmenschlichkeit", Buchenwald zu besuchen (1949).

Die Thomas-Mann-Sammlung

Originale

Bei der Thomas-Mann-Sammlung handelt es sich um eine Dokumentationseinrichtung, nicht um ein Archiv. Deshalb enthält die Sammlung auch nur zwei Manuskripte: den Aufsatz *In memoria Menno ter Braak*[14] und Thomas Manns *Erklärung zu der Aufforderung der „Gesellschaft zur Bekämpfung der Unmenschlichkeit", Buchenwald zu besuchen* aus dem Jahr 1949. Zur Sammlung gehören außerdem 40 von Thomas Mann handgeschriebene Briefe und Postkarten.

Das Manuskript des Aufsatzes *In memoria Menno ter Braak* vom 25. April 1947 war ein Geschenk der Familie Mann zu Mayers 65. Geburtstag. Thomas Mann schrieb diese Erinnerung für die Amsterdamer Tageszeitung *Het Parool*, in der der Text am 28. August 1947 in niederländischer Übersetzung abgedruckt wurde.[15]

Menno ter Braak (1902–1940) war ein bekannter niederländischer Schriftsteller, den Thomas Mann wegen seiner „schöpferischen" und „kreativen" Kritik sehr schätzte und der sich schon früh der „Schmutzflut des Nazismus" widersetzt hatte.[16] Er betätigte sich im niederländischen Widerstand gegen die Nationalsozialisten. Um die Einführung und Verbreitung der Werke Thomas Manns in den Niederlanden hatte er sich sehr verdient gemacht. Ter Braak nahm sich beim Einmarsch der Deutschen in die Niederlande am 14. Mai 1940 das Leben. Thomas Mann erinnert sich an diesen „guten Europäer"[17] auf seiner Rückreise nach Amerika, die er von Rotterdam aus antrat. Das Konzept für diese Gedenkschrift lieferte Klaus Mann, sodass hier „Lebensgefühl und Vokabular von Vater und Sohn"[18] verschmolzen.

Thomas Manns Antwort auf die *Aufforderung der „Gesellschaft zur Bekämpfung der Unmenschlichkeit", Buchenwald zu besuchen* erhielt Mayer als Geschenk von Gottfried B. Fischer. Die Gesellschaft unter der Leitung von Rainer Hildebrandt hatte es sich zum Ziel gesetzt, auf die Verletzung der Menschenrechte in der sowjetischen Besatzungszone aufmerksam zu

---

[14] Mann, Thomas: In memoria Menno ter Braak. Manuskript 25.4.1947 (TMS ULB Düsseldorf).

[15] Het Parool: (28.8.1947), 7. Jg., Nr. 805, S. 1.

[16] Mann, Thomas: In memoria Menno ter Braak (wie Anm. 14).

[17] Ebd.

[18] Hanssen, Leon: Diese Zeit braucht Geister wie ihn. In: Delabar, Walter; Plachta, Bodo (Hrsg.): Thomas Mann. Berlin: Weidler 2005, S. 181–202, hier S. 200.

machen, war doch im Jahr 1949 das ehemalige Konzentrationslager Buchenwald schon wieder mit 12.000 Häftlingen belegt, diesmal Verfolgte aus der kommunistischen Ostzone. Anlässlich seines Deutschland-Besuchs im Jahr 1949 hatte die Gesellschaft Thomas Mann in einem offenen Brief aufgefordert, bei seinem Weimar-Besuch darauf zu bestehen, auch das Lager Buchenwald zu besuchen. Thomas Mann schrieb seine Antwort, in der Empfangshalle des Gästehauses der Stadt Frankfurt stehend, in Hut und Mantel hastig auf die Rückseite des Hotelbriefpapiers. Er war in großer Erregung darüber, dass man seinen beabsichtigten Besuch in der Ostzone falsch auslegte, und begründete seine Stellungnahme damit, dass sein Besuch dem ganzen Deutschland gelte und er im Rahmen dieses Besuches der Ostzone keine Forderungen stellen könne, die „die einladenden deutschen Behörden nicht erfüllen könnten"[19].

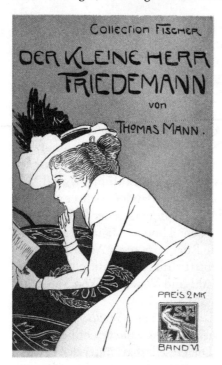

Abb. 5: Thomas Mann: Der kleine Herr Friedemann. Novellen. Berlin: S. Fischer 1898. Titelblatt. Erstausgabe. Sign.: tmsf400.r980

Erstausgaben und Werke

Fast alle Erstausgaben der Werke Thomas Manns, häufig vom Autor signiert, gehören zur Sammlung. Thomas Manns erstes publiziertes Werk, die frühen Erzählungen, die 1898 unter dem Titel *Der kleine Herr Friedemann*[20] in der „Collection Fischer" erschienen, zeigt auf dem von Baptist Scherer gestalteten Umschlag eine Frau mit einem breitrandigen, üppig verzierten Sommerhut, die fasziniert ein Buch liest. Als Vorbild diente dem Künstler wahrscheinlich Thomas Manns Schwester Carla, die als Schauspielerin

[19]   Mann, Thomas: Erklärung zu der Forderung der Gesellschaft zur Bekämpfung der Unmenschlichkeit betreffend den Besuch Weimars in der Ostzone 1949 (TMS ULB Düsseldorf).
[20]   Mann, Thomas: Der kleine Herr Friedemann. Novellen. Berlin: Fischer 1898 (Collection Fischer; 6).

auch am Düsseldorfer Stadttheater arbeitete und eine freundschaftliche Beziehung zu dem Düsseldorfer Kunstsammler Alfred Flechtheim unterhielt.

Eine Besonderheit in der Sammlung ist die hektographierte Erstausgabe des *Doktor Faustus*[21], die in nur 50 Exemplaren in den USA hergestellt und veröffentlicht wurde, um Thomas Mann den US-amerikanischen Urheberrechtsschutz zu sichern. Gleichzeitig erschien der Roman als Nachdruck im Rahmen der von Bermann Fischer herausgegebenen Stockholmer Gesamtausgabe der Werke Thomas Manns. Wollte Thomas Mann in den Genuss des US-amerikanischen Urheberrechts kommen, so musste das Werk zunächst als US-amerikanisches Druckerzeugnis publiziert werden. Ähnlich ging er bei der *Betrogenen* und dem *Erwählten* vor – auch von

Abb. 6: Porträtradierung Thomas Mann von Max Liebermann, 1925. Sign.: TMS Porträtsammlung

diesen Werken gibt es diese seltenen hektographierten Erstausgaben.

Sämtliche Werkausgaben sind ebenfalls in der Sammlung vorhanden. Die erste Gesamtausgabe der Werke von Thomas Mann erschien ab 1922 in Einzelbänden im Fischer-Verlag.[22] Anlässlich des 50. Geburtstags Thomas Manns 1925 entstand eine Gesamtausgabe[23] mit einem Porträt Thomas Manns, das der Fischer-Verlag bei Max Liebermann in Auftrag gab. Mayer erstand dazu später die Entwurfszeichnungen Liebermanns für dieses Porträt[24].

Alle später publizierten Werkausgaben befinden sich in der Sammlung,

[21] Mann, Thomas: Doktor Faustus – das Leben des deutschen Tonsetzers Adrian Leverkühn, erzählt von einem Freunde. Stockholm: Bermann-Fischer 1947. Exemplarnummer 40 von 50 nummerierten Exemplaren mit handsigniertem Namenszug des Verfassers.
[22] Mann, Thomas: Gesammelte Werke [in Einzelausgaben]. Berlin: S. Fischer 1922–1935.
[23] Mann, Thomas: Gesammelte Werke in zehn Bänden. Berlin: Fischer 1925.
[24] Von Liebermann, Max: Thomas Mann. Porträtradierung, 1925.

die Stockholmer Gesamtausgabe[25], die nach der Verlagerung des Sitzes des Fischer-Verlags nach Stockholm ab 1939 entstand, die ab 1960 gedruckten Gesammelten Werke Thomas Manns (GW)[26], die die Basis für die weltweite Thomas-Mann-Forschung über viele Jahre darstellte, die DDR-Ausgaben der Werke Thomas Manns, die im Aufbau-Verlag erschienen[27], die von Peter de Mendelssohn von 1980 bis 1986 publizierte Frankfurter Ausgabe[28] und die Große kommentierte Frankfurter Ausgabe[29], die seit 2001 erscheint und auf 38 Bände angelegt ist.

Die Sammlung der verschiedenen Einzel- und Werkausgaben erfolgt aus verschiedenen Gründen: Unterschiedliche Ausgaben zeigen unter Umständen bedeutende Textvarianten oder Korrekturen, die der Autor nach der Erstveröffentlichung vorgenommen hat. So unterscheidet sich beispielsweise die Erstausgabe der *Betrachtungen eines Unpolitischen* aus dem Jahr 1918 von der ersten Werkausgabe durch die Abschwächung der Kritik an den „Zivilisationsliteraten", die Thomas Mann nach der Bereinigung des Streits mit seinem Bruder zu Beginn der Weimarer Republik und seinem Bekenntnis zur Republik vorgenommen hatte. Die Auswahl der Texte für eine Werkausgabe, die Kommentierungen, Annotationen, Vor- und Nachworte lassen zum einen wesentliche Rückschlüsse auf den zeithistorischen Kontext zu und geben zum anderen Hinweise auf die Beurteilung der Bedeutung eines Textes für das Gesamtwerk durch den Autor selbst bzw. durch den Herausgeber. So wurden beispielsweise die *Betrachtungen eines Unpolitischen* in die erste DDR-Ausgabe der Werke Thomas Manns nicht aufgenommen.

---

[25] Mann, Thomas: Stockholmer Gesamtausgabe der Werke von Thomas Mann. Stockholm: Bermann-Fischer 1939–1965.

[26] Mann, Thomas: Gesammelte Werke in dreizehn Bänden. Frankfurt am Main: Fischer 1960–1974.

[27] Mann, Thomas: Gesammelte Werke in zwölf Bänden. Berlin: Aufbau-Verlag 1955 (Lizenzausgabe für die Deutsche Demokratische Republik).

[28] Mann, Thomas: Gesammelte Werke in Einzelbänden. Frankfurter Ausgabe. Hrsg. von Peter de Mendelssohn. Frankfurt am Main: Fischer 1980–1986.

[29] Mann, Thomas: Große kommentierte Frankfurter Ausgabe. Hrsg. von Heinrich Detering. Frankfurt am Main: S. Fischer 2001–2011 (bisher erschienen 23 Bd.).

Bibliophile Ausgaben

Mayer bemühte sich jedoch nicht nur um die Buchhandelsausgaben der Werke Thomas Manns, sondern sammelte auch die im Rahmen der Buchkunstbewegung zu Anfang des 20. Jahrhunderts besonders gepflegten Privat- und Pressendrucke sowie vielfältig illustrierte Ausgaben, die häufig von Autor und Künstler signiert wurden.

Zu nennen sind an erster Stelle die neun farbigen Lithographien zum *Tod in Venedig* von Wolfgang Born (1893–1949).[30] Thomas Mann hatte in der 1912 erstmals publizierten Erzählung die Tragödie der Entwürdigung des leistungsorientierten, pflichtbewussten 50-jährigen Schriftstellers Gustav von Aschenbach thematisiert, der sich auf einer Reise nach Venedig in einen schönen Knaben verliebt und dort stirbt. Die Lithographien Borns wurden 1921 in München in nur 60 Exemplaren auf Büttenpapier gedruckt. Jedes Blatt ist vom Künstler signiert. Mit abgedruckt wurde der Brief Thomas Manns an den Künstler vom 25. März 1921, in dem Thomas Mann seine Wertschätzung für die Illustrationen zum Ausdruck brachte[31]: „Mit Vergnügen betrachte ich Ihre graphischen Phantasien zu meiner Erzählung *Der Tod in Venedig*", heißt es hier.

„Immer ist es für den Dichter eine schmeichelhafte und rührende Erfahrung, ein Werk seines Geistes durch eine sinnenunmittelbarere Kunst, die bildende oder etwa das Theater, aufgenommen, wiedergegeben, gefeiert, verherrlicht zu sehen. In diesem Fall aber scheint mir sogar, daß die Versinnlichung zugleich und vielmehr eine Vergeistigung des Gegenstandes, oder doch ein starkes Betonen und Heraustreiben seiner geistigen Elemente bedeutet, – womit ohne Frage das Glücklichste gesagt ist, was über ein illustratives Werk wie über eine theatralische Aufführung gesagt werden kann."[32]

Das Titelblatt mit dem Tod als kalkigem Knochenmann, der über das in einer trüben Atmosphäre liegende Venedig mit der irreal erscheinenden Stadtsilhouette hinwegsteigt, fasst den Inhalt der Erzählung zusammen. Zu sehen ist Venedig, das im Wasser schwimmt, zu ertrinken scheint angesichts der Übermacht der Todesfigur. Danach werden vor allem Episodisches, Visionen und Gedanken Aschenbachs dargestellt, nicht das,

---

[30] Born, Wolfgang: Der Tod in Venedig. 9 farbige Lithographien zu Thomas Manns Novelle – mit einem Brief des Dichters an den Maler. München: Bischoff 1921. Exemplarnummer 35 von 60 nummerierten Exemplaren.

[31] Ebd. Siehe auch: Brief Thomas Mann an Wolfgang Born, München [25.] 18.3.1921. In: Mann, Thomas: Briefe 1889–1936. Hrsg. v. Erika Mann, Frankfurt am Main: Fischer 1962, S. 184. (Hier ist der Brief irrtümlich auf den 18.3.1921 datiert. In die Große kommentierte Frankfurter Ausgabe der Werke Thomas Manns wurde der Brief nicht aufgenommen.)

[32] Ebd., S. 184.

Abb. 7: Wolfgang Born: Der Tod in Venedig. 9 farbige Lithographien zu Thomas Manns Novelle mit einem Brief des Dichters an den Maler. München: Bischoff 1921 (Titelblatt). Sign.: tmsh100.b736

Abb. 8: Wolfgang Born: Reisevision, Lithographie

was dem Protagonisten in der Erzählung real begegnet. Borns Illustrationen beziehen sich auf die Träume und Gedanken Aschenbachs und sind „Sinnbilder, die die geistigen Elemente der Erzählung sinnlich erfahrbar machen"[33]. In seinem Brief an Wolfgang Born hebt Thomas Mann die „Vergeistigung des Gegenstandes" besonders hervor[34] und zeigt damit seine Verbundenheit mit den zeitgenössischen expressionistischen Strömungen in der Kunst, die die Darstellung des Geistigen und Subjektiven sowie einen freieren Umgang mit Farbe und Form forderten.

Die erste Lithographie illustriert die Reisevision, die Aschenbach am Münchener Nordfriedhof nach der Begegnung mit dem fremdländischen Wanderer hat – Aschenbachs Sehnsucht nach exotischer Ferne, die ihn von seiner Arbeit befreien, von den Zwängen des Daseins entbinden soll.

„Es war Reiselust, nichts weiter; aber wahrhaft als Anfall auftretend und ins Leidenschaftliche, ja bis zur Sinnestäuschung gesteigert. [...] er sah, sah eine Landschaft, ein tropisches Sumpfgebiet unter dickdunstigem Himmel, feucht, üppig und ungeheuer, eine Art Urweltwildnis aus Inseln, Morästen und Schlamm füh-

[33] Vgl. Bastek, Alexander: Einsatz für die Literatur. Illustrationen zu Werken Thomas Mann. In: Bastek, Alexander u.a. (Hrsg.): Thomas Mann und die Bildende Kunst – Katalog zur Ausstellung im Museum Behnhaus Drägerhaus und im Buddenbrookhaus Lübeck 13. September 2014 bis 6. Januar 2015. Petersberg: Imhof 2014, S. 258–259.

[34] Brief Thomas Mann an Wolfgang Born, München [25.] 18.3.1921 (wie Anm. 31).

renden Wasserarmen, – sah aus geilem Farrengewucher, aus Gründen von fettem, gequollenem und abenteuerlich blühendem Pflanzenwerk haarige Palmenschäfte nah und ferne emporstreben, sah wunderlich ungestalte Bäume ihre Wurzeln durch die Luft in den Boden, in stockende, grünschattig spiegelnde Fluten versenken, wo zwischen schwimmenden Blumen, die milchweiß und groß wie Schüsseln waren, Vögel von fremder Art, hochschultrig, mit unförmigen Schnäbeln, im Seichten standen und unbeweglich zur Seite blickten, sah zwischen den knotigen Rohrstämmen des Bambusdickichts die Lichter eines kauernden Tigers funkeln – und fühlte sein Herz pochen vor Entsetzen und rätselhaftem Verlangen."[35]

Born lenkt die Aufmerksamkeit des Betrachters in seiner Lithographie auf den gelben Tiger, der am anderen Ufer des Flusses liegt. Der Mythologie nach zieht der Tiger den Wagen des Dionysos, verkörpert also das Rauschhafte, Bedrohliche, das Dämonische. Die weißen Lotusblumen blühen auf modrigem Untergrund, das Wasser wirkt schlammig. Die Schönheit wird hier also bereits mit dem Tod verbunden. Im 5. Kapitel der Erzählung heißt es, dass auch die Cholera „aus den warmen Morästen des Ganges-Deltas" nach Venedig gekommen sei, „aufgestiegen mit dem mephitischen Odem jener üppig-untauglichen, von Menschen gemiedenen Urwelt- und Inselwildnis, in deren Bambusdickichten der Tiger kauert [...]".[36]

Der pflichtbewusste Schriftsteller träumt hier – angeregt durch die Gestalt des Wanderers – vom Rauschhaften, von der Schönheit, die schon mit dem Tod in Verbindung gebracht wird. Durch dieses Bild werden die zentralen Motive der Erzählung, „Schönheit" und „Tod", die „Exotik", die Verlockung und Bedrohung zugleich ist, angesprochen.

In der nächsten Illustration ist der Heilige Sebastian mit seinem furchtlosen Gesichtsausdruck und der gefassten Haltung trotz seines Martyriums zu sehen, der „Heldentyp, den dieser Schriftsteller bevorzugte"[37], wie es in der Erzählung heißt.

„Aschenbach hatte es einmal an wenig sichtbarer Stelle unmittelbar ausgesprochen, daß beinahe alles Große, was dastehe, als ein Trotzdem dastehe, trotz Kummer und Qual, Armut, Verlassenheit, Körperschwäche, Laster, Leidenschaft und tausend Hemmnissen zustande gekommen sei. Aber das war mehr als eine Bemerkung, es war eine Erfahrung, war geradezu die Formel seines Lebens und Ruhmes, der Schlüssel zu seinem Werk [...]. Denn Haltung im Schicksal, Anmut in der Qual bedeutet nicht nur ein Dulden; sie ist eine aktive Leistung, ein positi-

---

[35]   Mann, Thomas: Der Tod in Venedig. In: Mann, Thomas: Frühe Erzählungen 1893–1912. Hrsg. von Terence J. Reed unter Mitarbeit von Malte Herwig. Frankfurt am Main: Fischer 2004, S. 504 (Mann, Thomas: Große kommentierte Frankfurter Ausgabe; 2,1).
[36]   Ebd., S. 578.
[37]   Ebd., S. 511.

Abb. 9: Wolfgang Born: Der Heilige   Abb. 10: Wolfgang Born: Der Tod,
Sebastian, Lithographie   Lithographie

ver Triumph, und die Sebastian-Gestalt ist das schönste Sinnbild, wenn nicht der
Kunst überhaupt, so doch gewiss der in Rede stehenden Kunst."[38]

Der Heilige Sebastian steht also für das Leistungsethos, das seine Haltung trotz aller Widrigkeiten bewahrt. Er symbolisiert den Heroismus der
Schwäche, den Triumph über Qual und Leiden.

   In seinem Brief an Wolfgang Born hebt Thomas Mann insbesondere die
letzte Lithographie *Der Tod* hervor, die Aschenbachs Vision vom Tod und
den winkenden Hermes-Knaben Tadzio zeigt. Das Bild belegt eine genaue Wiedergabe des Textes. Tadzio lockt mit seiner Geste – „als ob er,
die Hand aus der Hüfte lösend, hinausdeute"[39] – Aschenbach in den Tod.
Himmel und Meer gehen ineinander über. Tadzio wird hier zu Hermes,
zum Seelenführer in die mythische Unterwelt, stilisiert.

   Wolfgang Borns Darstellung Aschenbachs entspricht genau der Figu-
renbeschreibung im zweiten Kapitel: „der Kopf erschien ein zu wenig zu
groß", „edel gebogene Nase", „sein rückwärts gebürstetes Haar", „rand-
lose Gläser".[40] Thomas Mann ist überrascht darüber, wie genau das Bild
seinem Text entspricht. Er erkennt den „Mahler'schen Typ"[41] wieder, den
er als Vorbild für Gustav von Aschenbach wählte. Thomas Mann hatte
während seiner Reise nach Brioni im Frühsommer 1911 durch die Wiener

---

[38]   Ebd.
[39]   Ebd., S. 592.
[40]   Ebd., S. 515.
[41]   Brief Thomas Mann an Wolfgang Born, München [25.] 18.3.1921 (wie Anm. 31),
S. 185.

Presse vom Tod Mahlers erfahren und seine Eindrücke von Mahlers Tod in den Ideen der Novelle verarbeitet.

Im Brief Thomas Manns an Born heißt es:

„[Ich] gab [...] meinem orgiastischer Auflösung verfallenen Helden nicht nur den Vornamen des großen Musikers, sondern verlieh ihm auch, bei der Beschreibung seines Äußeren, die Maske Mahlers, – wobei ich sicher sein mochte, daß bei einem so lockeren und versteckten Zusammenhange der Dinge von einem Erkennen auf seiten der Leserschaft gar nicht würde die Rede sein können. Auch bei Ihnen, dem Illustrator, war nicht die Rede davon. Denn weder hatten Sie Mahler gekannt, noch war Ihnen von mir über jenen heimlich-persönlichen Zusammenhang etwas anvertraut worden. Trotzdem – und dies ist es, worüber ich beim ersten Anblick fast erschrak, – zeigt der Kopf Aschenbachs auf Ihrem Bilde unverkennbar den Mahler'schen Typ."[42]

Der Bezug der Erzählung zu Gustav Mahler wurde durch den Brief an Born offenkundig. Borns Illustrationen trugen wesentlich dazu bei, „die Aufmerksamkeit auf die geistige Handlungslinie [zu lenken], die, im Gegensatz zur pathologischen von Thomas Mann selbst immer wieder als die wichtigere betont wurde"[43].

Mit Wolfgang Born unterhielt Mann zeitlebens eine freundschaftliche Beziehung. Er unterstützte Born, der jüdischer Herkunft war, auch im US-amerikanischen Exil mit Gutachten und Empfehlungen.

Erwähnt werden soll noch eine weitere illustrierte Ausgabe des *Tod in Venedig*, die von Helmut Werres gefertigt wurde[44]. Werres, der 1953 in Nettetal-Lobberich geboren wurde und in den Jahren 1974 bis 1976 an der Düsseldorfer Kunstakademie studierte, verzierte die Erzählung mit 21 Pinselzeichnungen. Die in schwarzem Oasenziegenleder mit Silberschnitt gebundene Vorzugsausgabe erschien im Verlag der Buchhandlung Matussek in Jahr 1990 in nur 30 Exemplaren. Werres' Illustrationen stellen stärker konkrete Ereignisse der Erzählung in den Mittelpunkt: den Mann von bajuwarischem Schlag mit Basthut, den in der Gondel sitzenden Aschenbach, der sich gemütlich zurücklehnt, während eine skelettartige Charons-Gestalt ihn nach Venedig bzw. über den Hades bringt, Tadzio mit seiner polnischen Familie, den Solosänger bzw. die Musiker, die Aschenbach auf

---

[42] Ebd.
[43] Baron, Frank: Wolfgang Born und Thomas Mann. In: Baron, Frank (Hrsg.): Thomas Manns *Der Tod in Venedig*. Wirklichkeit, Dichtung, Mythos. Lübeck: Schmidt-Römhild 2003, S. 139–148, hier S. 147.
[44] Mann, Thomas: Der Tod in Venedig. Mit 21 Pinselzeichnungen von Helmut Werres. Nettetal: Verlag der Buchhandlung Mattussek 1990.

Abb. 11: Helmut Werres: Der Gondolier.
In: Thomas Mann: Der Tod in Venedig.
Novelle. Mit 21 Pinselzeichnungen von
Helmut Werres. Nettetal: Verlag der
Buchhandlung Matussek 1990.
Sign.: tmsf600.s901

seinem Weg durch Venedig trifft, und den schönen Jüngling Tadzio. Werres wählt eine sehr viel realistischere Darstellungsweise als Born, seine Bildauswahl ist an den zentralen Ereignissen orientiert.

Neben diesen Beispielen lassen sich noch eine Fülle von besonders illustrierten Ausgaben in der Sammlung finden, die zu den „Schätzen" der Sammlung zählen. Zu nennen sind etwa die Steindrucke von Thomas Theodor Heine zu der Erzählung *Wälsungenblut*[45] oder Helmut Werres' *14 Radierungen zu Thomas Manns Theaterstück Fiorenza*[46]. Auch einige Illustrationen, die Armin Mueller-Stahl zu den *Buddenbrooks* durch die Übermalung des Drehbuchs zum Film schuf, sind in der Sammlung vorhanden.[47]

[45] Mann, Thomas: Wälsungenblut. Mit Steindrucken von Th. Th. Heine. München: Phantasus-Verlag 1921 (mit handschriftlichen Namenszügen des Verfassers).
[46] Werres, Helmut: Thomas Mann. 14 Radierungen zu Thomas Manns Theaterstück Fiorenza. [S.l.]: Werres 1994. Nr. 7 von 28 Ex. – Handkoloriertes Ex.
[47] Mueller-Stahl, Armin: Niedergang der Buddenbrooks – eine Originallithographie. Limit. Auflage von 180 Exemplaren. [S.L.] 2008.

Besondere Ausgaben

Zu den Schätzen der Sammlung gehören auch einige besondere Ausgaben der Werke Thomas Manns, die insbesondere die politische Bedeutung Thomas Manns bzw. seinen Kampf gegen den Nationalsozialismus dokumentieren.

Zu erwähnen ist hier vor allem die Tarnausgabe des *Briefwechsels mit Bonn,* der anlässlich der Streichung Manns aus der Liste der Ehrendoktoren der Universität Bonn publiziert wurde. Thomas Manns offizielle Ausbürgerung aus dem Deutschen Reich im Dezember 1936 hatte zur Folge, dass ihm auch die Ehrendoktorwürde, die ihm 1919 von der Universität Bonn verliehen worden war, aberkannt wurde. Als Reaktion auf die Aberkennung schrieb Thomas Mann einen offenen Brief an den Dekan der Philosophischen Fakultät der Universität Bonn, der 1937 unter dem Titel *Brie-*

Abb. 12: Briefe deutscher Klassiker. Wege zum Wissen. Berlin: Ullstein 1936. 16 S. Tarnschrift des Werkes: Thomas Mann: Ein Briefwechsel, 1937. Sign.: tmsg180.s373

fe deutscher Klassiker. Wege zum Wissen[48] im Kleinstformat 8,5 x 13 cm publiziert wurde. Die Verbreitung dieser Schrift konnte in der Zeit des Nationalsozialismus nur unter der Hand erfolgen, enthielt der Brief doch eine scharfe Verurteilung und Abrechnung mit dem Nationalsozialismus. In dem Brief, der Neujahr 1936/37 datiert ist, heißt es:

„Wohin haben sie [die Nationalsozialisten], in noch nicht vier Jahren, Deutschland gebracht? Ruiniert, seelisch und physisch ausgesogen von einer Kriegsaufrüstung, mit der es die ganze Welt bedroht, die ganze Welt aufhält und an der Erfüllung ihrer eigentlichen Aufgaben, ungeheuren und dringenden Aufgaben *des Friedens* hindert [...]. Sinn und Zweck des nationalsozialistischen Staatssystems ist einzig der und kann nur dieser sein: das deutsche Volk unter unerbittlicher Ausschaltung, Niederhaltung, Austilgung jeder störenden Gegenregung für den

---

[48] Briefe deutscher Klassiker. Wege zum Wissen. Berlin: Ullstein 1937.

‚kommenden Krieg' in Form zu bringen, ein grenzenlos willfähriges, von keinem kritischen Gedanken angekränkeltes, in blinde und fanatische Unwissenheit gebanntes Kriegsinstrument aus ihm zu machen."[49]

Thomas Mann erkennt hier die Kriegsgefahr, die von den Nazis ausgeht, und prangert Terror und das gewalttätige Ausschalten der Opposition an. In dem Brief zeigt er die Alternative zu den außenpolitischen und militärischen Strategien der Nationalsozialisten auf, die man auf die Kurzformel „Europa und Frieden" bringen kann. Mithilfe rhetorischer Fragen bringt er seine Vorstellungen von einer am europäischen Gedanken ausgerichteten Politik zum Ausdruck:

„Warum nicht lieber Deutschlands Rückkehr nach Europa, seine Versöhnung mit ihm, seine freie, vom Erdkreis mit Jubel und Glockengeläut begrüßte Einfügung in ein europäisches Friedenssystem mit all ihrem inneren Zubehör an Freiheit, Recht, Wohlstand und Menschenanstand? Warum nicht? Nur weil ein das Menschenrecht in Wort und Tat verneinendes Regime, das an der Macht bleiben will und nichts weiter, sich selbst verneinen und aufheben würde, wenn es, dass es denn nicht Krieg machen kann, wirklich Frieden machte?"[50]

Thomas Mann zieht 1938 die Konsequenz: Er emigriert in die USA.

Thomas Manns politisches Engagement gegen den Nationalsozialismus zeigte sich auch an den Radiobotschaften, die er über BBC aus seinem US-amerikanischen Exil während des Zweiten Weltkriegs an die Deutschen richtete.

Die Texte einiger dieser Radiobotschaften sind als Flugblätter unter dem Titel *Die andere Seite* gedruckt und von der Royal Air Force in den Jahren 1942/43 über Deutschland abgeworfen worden. Sie gehören zu den bedeutenden Stücken der Thomas-Mann-Sammlung, weil nur sehr wenige dieser Hefte erhalten geblieben sind. Abgedruckt wurden in diesen vier Heften die Radiobotschaften *Nachruf auf einen Henker*[51], *Die Idee Europa*[52], *Die apokalyptischen Lausbuben*[53] und *Ein neuer Glaube*[54]. Tho-

---

[49] Ebd., S. 10f.

[50] Ebd., S. 13.

[51] Mann, Thomas: Nachruf auf einen Henker. In: Die andere Seite. Erstes Heft. London 1942, S. 17–18.

[52] Mann, Thomas: Die Idee Europa. In: Die andere Seite. Zweites Heft. London 1942, S. 17–18.

[53] Mann, Thomas: Die apokalyptischen Lausbuben. In: Die andere Seite. Drittes Heft. London 1943, S. 15–16.

[54] Mann, Thomas: Ein neuer Glaube. In: Die andere Seite. Viertes Heft. London 1954, S. 14–15.

Abb. 13: Die andere Seite. Flugblätter; von der Royal Air Force über Deutschland abgeworfen. London 1942–[1943]. Sign.: tmsz100.a495

mas Mann unterscheidet in diesen Radiobotschaften zwischen Deutschen und Nationalsozialisten, nimmt zu aktuellen Ereignissen Stellung, etwa zur Bombardierung Rotterdams und Coventrys, verurteilt den Holocaust aufs Schärfste. Er wendet sich gegen die Pervertierung der Begriffe „Revolution", „Sozialismus", „Freiheit" und „Vaterlandsliebe" und gegen die „Verhunzung" der „Idee Europa" durch die Nationalsozialisten. Aus seiner Radioansprache vom August 1942, die in diesem Heft „Idee Europa" betitelt ist, heißt es: „Auch er [der Nationalsozialismus] sagt ‚Europa' – aber genauso, wie er ‚Revolution' oder ‚Friede' oder ‚Vaterland' sagt. Nicht Deutschland soll europäisch werden, sondern Europa soll deutsch werden."[55]

---

[55] Mann, Thomas: Die Idee Europa (wie Anm. 52), S. 17.

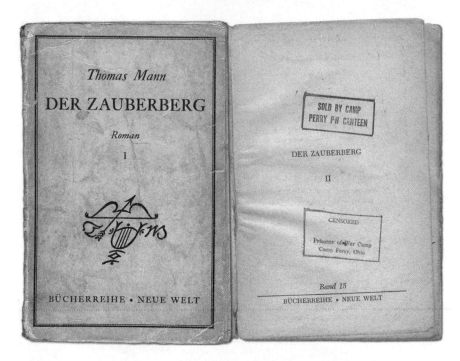

Abb. 14: Thomas Mann: Der Zauberberg. Verbilligter Sonderdruck für deutsche
Kriegsgefangene. Nachdr., unveränd. u. ungekürzte Ausgabe. Stockholm: Bermann-
Fischer 1945 (hergestellt in den USA). 2 Bde. (Bücherreihe Neue Welt; 15).
Sign.: tmse150.s450

Welche Bedeutung die Alliierten Thomas Mann und seinem Werk für
die demokratische „Umerziehung" der Deutschen in der unmittelbaren
Nachkriegszeit zumaßen, zeigt die viel gelesene Ausgabe des *Zauberbergs*,
die als verbilligter Sonderdruck für deutsche Kriegsgefangene in der Bücherreihe „Neue Welt" erschien[56]. Abgedruckt wurde zur Einleitung Thomas Manns *Einführung in den Zauberberg für die Studenten der Universität Princeton*. Interessant ist die Ausgabe deshalb, weil ein Stempel auf
dem Titelblatt den Besitz nachweist: „Censored. Prisoner of War Camp,
Camp Perry Ohio". Die Publikation als verbilligte Sonderausgabe sowie
die zahlreichen Gebrauchsspuren, die dieses Exemplar aufweist, belegen
das große Interesse der deutschen Kriegsgefangenen an Thomas Manns
Werken unmittelbar nach dem Zweiten Weltkrieg.

[56]   Mann, Thomas: Der Zauberberg. Roman. Verbilligter Sonderdruck für deutsche
Kriegsgefangene. Nachdruck. Stockholm: Bermann-Fischer 1945.

Übersetzungen

Bestandteil der Sammlung sind außerdem rund 1.200 Übersetzungen der Werke Thomas Manns in 40 verschiedene Sprachen – ebenfalls wichtige Zeugnisse für die Rezeptionsgeschichte der Werke Thomas Manns weltweit.

Ausschnittarchiv

Nachdem auf einige besonders schöne bzw. politisch bedeutsame Dokumente der Sammlung aufmerksam gemacht wurde, sollen jetzt einige Besonderheiten der Sammlung vorgestellt werden, die vor allem für die Forschung interessant sind. Zu nennen ist in diesem Zusammenhang das mehr als 30.000 Dokumente umfassende Ausschnittarchiv der Thomas-Mann-Sammlung.

Für die Erforschung des Wirkens und der Wirkung Thomas Manns sowie für die Rezeptionsgeschichte seiner Werke stellt das Ausschnittarchiv eine herausragende Quelle dar. Thomas Mann selbst hat sich sehr häufig in Tageszeitungen geäußert, Stellung bezogen zu politischen Problemen der Zeit. Viele seiner Texte sind erstmals in Zeitungen erschienen. Über Veranstaltungen und Lesungen Thomas Manns wurde in der Presse ausführlich berichtet, Reaktionen des Publikums auf seine Reden wurden hier festgehalten. Auch die Rezensionen seiner Werke sind dokumentiert.

Nach dem Zweiten Weltkrieg hatte Mayer mit dem Aufbau dieses Ausschnittarchivs begonnen, das auch heute durch einen Presseausschnittdienst weiter ergänzt wird. Das Ausschnittarchiv enthält nicht nur Ausschnitte aus Zeitungen und Aufsätze aus Zeitschriften, sondern auch Fotos, Porträt-Kopien, Prospekte, Antiquariats- und Auktionskataloge. Die Mappen sind systematisch nach Themen geordnet. Erst die seit 2006 neu hinzugefügten Dokumente sind im Online-Katalog der Thomas-Mann-Sammlung nachgewiesen. Hier ist noch jahrelange Erfassungsarbeit zu leisten, die momentan aufgrund von Personalmangel nicht durchgeführt werden kann.

Sekundärliteratur und Erschließung

Neben den Zeitungsartikeln wird selbstverständlich auch die Sekundärliteratur, die zu Thomas Manns Werken erscheint, umfassend dokumentiert. Sämtliche Literatur von und über Thomas Mann, auch die Aufsätze
aus wissenschaftlichen Zeitschriften und Sammelbänden sowie die Zei-
tungsartikel, die seit 2006 erschienen sind, wurden bereits im Online-Katalog der Thomas-Mann-Sammlung erfasst. Insgesamt sind etwa 28.000
Titelnachweise in dem Katalog vorhanden. Das Ausschnittarchiv ist noch
weitgehend unerschlossen. Die Dokumente sollen in den nächsten Jahren
zunächst katalogisiert und dann – vor allem aus Bestandserhaltungsgrün-
den – digitalisiert werden. Aufgrund des Urheberrechts wird es allerdings
nicht möglich sein, diese frei ins Internet zu stellen. Bei einer derartig großen Titelmenge ist die sachliche Erschließung durch Schlagwörter und
über eine Systematik sehr wichtig, um eine sinnvolle Suche durchführen
zu können. Nach Möglichkeit wird auf den elektronischen Volltext ver-
linkt. Dies ist bei etwa 1.000 Titelaufnahmen der Fall.

Abschriften, Kopien und Durchschläge von Briefen Thomas Manns

Von großer Bedeutung für die wissenschaftliche Forschung sind auch die
mehr als 5.000 Kopien, Abschriften und Durchschläge von Briefen Thomas Manns – er schrieb rund 30.000 Briefe –, die zur Sammlung gehören,
aber noch nicht im Online-Katalog der Sammlung verzeichnet sind. Sie
entstanden im Zusammenhang mit dem von Hans-Otto Mayer und Hans
Bürgin erarbeiteten Briefregestenwerk (s.o.). Mayer erhielt die Briefkopien
aus anderen Archiven und von zahlreichen Privatpersonen. Häufig sind
diese Briefe nur über diese Kopien zugänglich, sodass sie in der Forschung
fast wie Originale behandelt werden. Die Briefkopiensammlung wird lau-
fend ergänzt. Häufig stellen Privatpersonen Kopien ihrer Thomas-Mann-
Briefe für die Forschung zur Verfügung. Die Briefkopien sollen nach der
Katalogisierung auch in die Datenbank Kalliope[57] eingebracht werden. Die
Erfassung in dieser zentralen deutschen Nachlass- und Autographenda-
tenbank bietet den Vorteil, dass hier eine virtuelle Zusammenführung der
gesamten Thomas-Mann-Korrespondenz erfolgen kann. So hat beispielsweise die Monacensia in München bereits eine große Anzahl der Briefe aus

---

[57] Kalliope Verbundkatalog. URL: http://kalliope-verbund.info/de/index.html [Stand
15.12.2015].

der Familie Mann in Kalliope verzeichnet und einzelne Volltexte auf ihren Internetseiten zugänglich gemacht. Eine Publikation der Briefe Thomas Manns im Internet wird erst dann möglich sein, wenn 2025 die urheberrechtliche Schutzfrist ausgelaufen ist. Vorher werden die Digitalisate nur an einem PC im Lesesaal der Universitäts- und Landesbibliothek zugänglich gemacht werden können.

Porträts

Ergänzt wird die Sammlung durch audiovisuelle Medien und Thomas-Mann-Porträts bedeutender Künstler, etwa von Max Liebermann, Gunter Böhmer, Horst Janssen, Eugen Spiro und Helmut Werres.

Nachlässe

In der Sammlung befinden sich neben dem Nachlass von Hans-Otto Mayer auch die Nachlässe von mit Mayer befreundeten Thomas-Mann-Forschern, wie beispielsweise von Harry Matter, Hans Bürgin oder Georg Potempa. Der Nachlass des bekannten Thomas-Mann-Bibliographen Georg Potempa ist erst vor Kurzem in die Sammlung gekommen. Die Nachlässe werden über ein lokales Findbuch sowie über die Nachlassdatenbank Kalliope erschlossen werden.

Thomas Mann und Düsseldorf

Nachdem die Sammlung präsentiert und einige „Schätze" der Sammlung
vorgestellt wurden, soll auf die Beziehung Thomas Manns zu Düsseldorf
eingegangen werden. Durch die Thomas-Mann-Sammlung hat die Stadt
Düsseldorf eine besondere Verbindung zu Thomas Mann. Aber welche
Beziehung hatte er zu Düsseldorf und welche Rolle spielt die Stadt in seinem Werk?

Königliche Hoheit

Thomas Manns Beziehung zu Düsseldorf beginnt im Oktober 1903 mit
dem Besuch bei seiner Schwester Carla, die in der Theatersaison 1903/04
am Düsseldorfer Stadttheater als Schauspielerin engagiert war. Carla, die
1910 Selbstmord beging und Thomas Mann in seinem Roman *Doktor
Faustus* als Vorbild für die Figur Clarissa diente, spielte in Schillers *Kabale
und Liebe* die Luise[58]. Wahrscheinlich besuchte Thomas Mann 1903 die
Premiere. Die Theaterzettel, die in der Universitäts- und Landesbibliothek
Düsseldorf erhalten sind, legen Zeugnis von Carlas Bühnenengagement in
Düsseldorf ab. Ob Thomas Mann auch den Verleger Alfred Flechtheim
(1878–1937) kennenlernte, mit dem Carla eine enge „Seelenfreundschaft"[59]
verband, ist nicht überliefert.

Niederschlag findet Thomas Manns erster Düsseldorf-Aufenthalt in seinen Notizbüchern[60]. Untergebracht im Park-Hotel am Corneliusplatz gegenüber dem Theater, beobachtete er hier das Leben „luxuriöser Isolation"
und eine Atmosphäre „lautloser Eleganz".[61] Das neu errichtete Luxushotel
beeindruckte den jungen Thomas Mann zutiefst. Er notiert diese Eindrücke im 6. Notizbuch, später übernimmt er diese auch noch einmal in das

---

[58]   Die Theaterzettel des Düsseldorfer Stadttheaters sind in der ULB erhalten: Kabale
und Liebe: Samstag, den 3. Oktober 1903; ein bürgerliches Trauerspiel in 5 Aufzügen. URL:
http://dfg-viewer.de/show/?set[mets]=http%3A//digital.ub.uni-duesseldorf.de%2Foai%
2F%3Fverb%3DGetRecord%26metadataPrefix%3Dmets%26identifier%3D4414615
(15.12.2015).
[59]   Jasper, Willi: Carla Mann. Das tragische Leben im Schatten der Brüder. Berlin:
Propyläen 2012, S. 81–90.
[60]   Mann, Thomas: Notizbücher. Hrsg. von Hans Wysling und Yvonne Schmidlin.
[Edition in zwei Bänden.] Frankfurt am Main: Fischer Bd. 1 (1991), Bd. 2 (1992).
[61]   Detering, Heinrich (Hrsg.): Mann, Thomas: Königliche Hoheit. Roman. Kommentar
von Heinrich Detering in Zusammenarbeit mit Stephan Stachorski. Frankfurt am Main:
Fischer 2004, S. 15 (Mann, Thomas: Große kommentierte Frankfurter Ausgabe Werke –
Briefe – Tagebücher; 4,2).

7. Notizbuch. Die im Park-Hotel in Düsseldorf gewonnenen Eindrücke verwendete Thomas Mann später in seinem zweiten, 1909 publizierten Roman *Königliche Hoheit* für die Beschreibung des Fürstenschlosses. Im Notizbuch heißt es: „Gala-Umgebung: Park-Hotel. Lift-Boy mit der Mütze am Oberschenkel. Die noblen Bediensteten dürfen nicht reden, sonst verlieren sie stark. Treppen und Korridore mit weißen Marmorböden u. Läufern. (Schloß) Bett, Spiegel, Beleuchtung, – Luxus. Wieviel leichter es dennoch die Nicht-Hervorragenden haben."[62]

Dann folgt im Notizbucheintrag der direkte Bezug auf die geplante Fürstennovelle, die sich zum Roman *Königliche Hoheit* ausweiten wird: „Niemand spricht zu ihm. Niemand geht laut in seiner Nähe. Befehle werden in etwas geneigter Haltung, ernst mit hochgezogenen Brauen u. einem ganz gedämpften ‚Jawohl, kgl. Hoheit' entgegengenommen."[63]

Derartige Details benötigte Thomas Mann für die Konzeption seiner Werke. An die Opernsängerin Hilde Distel (1880–1917) schreibt er am 14. März 1902: „Ich bemerke dabei, daß die Détails mir die Hauptsache sind. Sie sind so anregend!"[64]

Königliche Hoheit, das meint Ausgeschlossenheit vom Leben der Gewöhnlichen, Einsamkeit, Beobachtet- und Erkanntsein, eine formale Existenz – Charakteristika, die Thomas Mann bereits in der Erzählung *Tonio Kröger* dem Künstler zugeschrieben hatte. In *Königliche Hoheit* wird das Künstlerthema, das er in vielen frühen Erzählungen immer wieder variiert, ins aristokratische Milieu übertragen. Erwähnt wird im selben Düsseldorfer Eintrag auch ein „amerikanischer Geldmann", der im Gegensatz zum Künstler bzw. zu dem Protagonisten Klaus Heinrich konzipiert wird. Dies zeigt, dass Thomas Mann schon früh nicht nur an der aristokratischen Variante vornehm-einsamer Lebensformen interessiert war, sondern auch an ihrem großbürgerlich-kapitalistischen Gegenstück, das in *Königliche Hoheit* durch Spoelmann zum Ausdruck gebracht wird.[65]

Nach einem Vorabdruck in der Zeitschrift *Neue Rundschau* wurde die Erstausgabe von *Königliche Hoheit* 1909 mit einem Umschlag und Einband von Karl Walser publiziert.[66] Bis Ende 1911, also in nur zwei Jahren,

---

[62] Mann, Thomas: Notizbücher 1–6, Bd. 1, S. 289f.

[63] Ebd., S. 290.

[64] Zitiert nach: Wysling, Hans: Die Fragmente zu Thomas Manns „Fürsten-Novelle". In: Scherrer, Paul; Wysling, Hans (Hrsg.): Quellenkritische Studien zum Werk Thomas Manns. Bern, München: Francke 1967, S. 48–105, hier S. 67.

[65] Vgl. Detering, Heinrich (Hrsg.): Thomas Mann (wie Anm. 61), S. 15.

[66] Mann, Thomas: Königliche Hoheit. Roman. Berlin: Fischer 1909. Erstausgabe.

erschienen 30 Auflagen. 1920 wurde die 70. Auflage gedruckt, bis dahin waren 70.000 Exemplare verkauft.

Die Betrogene

Der Bezug Thomas Manns zu Düsseldorf ergibt sich vor allem über seine späte Erzählung *Die Betrogene*, das einzige Werk, für das er Düsseldorf als Schauplatz wählt.

Den Inhalt der umstrittenen Erzählung fasst Thomas Mann in einem Brief an die US-amerikanische Journalistin und Mäzenin Agnes Mayer vom 5. Juli 1952 zusammen:

„Die Geschichte nenne ich *Die Betrogene*. Es ist eine wahre Geschichte. Sie spielt in Düsseldorf am Rhein und handelt von einer Frau naiven Charakters, Witwe, herzlich naturliebend, in vorgerückten Jahren, der es wie es in der Bibel heißt ‚schon nicht mehr nach der Weiber Weise geht‘, die sich aber plötzlich leidenschaftlich in einen jungen Amerikaner, Englisch-Lehrer ihres Sohnes, verliebt.“[67]

Sie fühlt sich verjüngt, als ihre Blutung wieder einsetzt, ist glücklich und erlebt einen „Seelenfrühling“, der sich jedoch als trügerisch erweist, da die Blutung Folge eines fortgeschrittenen Gebärmutter-Krebses ist. Trotz dieses grausamen „Betrugs“ stirbt sie versöhnt mit der Natur und empfindet ihre Liebesbeziehung als Gnade.

Dem Schauplatz Düsseldorf stattet Thomas Mann erst nach der Publikation der Erzählung im August 1954 einen zweitägigen Besuch ab. Er wählt ihn als Reverenz an seine homoerotische Begegnung mit dem Düsseldorfer Klaus Heuser, Sohn des Düsseldorfer Malers, Zeichners und Professors an der Kunstakademie Düsseldorf Werner Heuser (1880–1964). Den damals achtzehnjährigen Klaus Heuser hatte er 1927 auf Sylt kennengelernt. Im Tagebuch vom 22. September 1933 berichtet Thomas Mann von seinem Verhältnis zu Klaus Heuser: „Nach menschlichem Ermessen war das meine letzte Leidenschaft – und es war die glücklichste.“[68]

Die Opposition von Natur und Kunst, in der Erzählung durch die Gegenüberstellung von Frau von Tümmlers Naturliebe und der durch die

---

[67] Thomas Mann an Agnes Mayer 5.7.1952. In: Vaget, Rudolf (Hrsg.): Thomas Mann – Agnes Meyer. Briefwechsel 1937–1955. Frankfurt am Main: Fischer 1992, S. 771–772, hier S. 771.

[68] Mann, Thomas: Tagebücher 1933–1934. Hrsg. von Peter de Mendelssohn. Frankfurt am Main: Fischer 1977, S. 185.

Abstraktion gekennzeichneten Kunstauffassung ihrer Tochter Anna präsentiert, ließ sich durch den Schauplatz Düsseldorf als Kunst- und Gartenstadt besonders gut zum Ausdruck bringen.

Da Thomas Mann Düsseldorf nur wenig kennt, bemüht er sich um Informationen. Auch hier geht es ihm wieder um Detailgenauigkeit. Wichtigstes Hilfsmittel, um über Düsseldorf selbst Informationen zu erhalten, die sich als Realienbeschreibungen kennzeichnen lassen, ist der Brief. Im Fall der Lokalitäten von Düsseldorf wendet er sich an die familiär befreundete Sopranistin Grete Nikisch (1887–1970), Schwiegertochter des Dirigenten Arthur Nikisch, und an deren angeheirateten Neffen, den Düsseldorfer Rechtsanwalt Dr. Rudolf Oberloskamp. Ein weiterer Strang führt zu Hedda Eulenberg (1876–1960), der Witwe des mit Düsseldorf

Abb. 15: Thomas Mann:
Die Betrogene. Erzählung.
Frankfurt am Main:
S. Fischer 1953. 127 S.
Erstausgabe. Sign.: tmsf100.
s532

eng verbundenen Schriftstellers Herbert Eulenberg (1876–1949), der auf Wunsch Thomas Manns darauf verzichtet hatte, 1925 die Porträtähnlichkeit zwischen Gerhart Hauptmann und Mynheer Peeperkorn publik zu machen.

Kopien dieser Briefe befinden sich in der Thomas-Mann-Sammlung.[69] Sie zeigen, wie genau Thomas Mann an den Details zur Gestaltung seines Schauplatzes interessiert ist. In Hedda Eulenbergs Antwort erfährt er beispielsweise Wesentliches über die rechtsrheinische Lage von Schloss Benrath, die Dauer einer Bootsfahrt, die Landschaft bei dieser Fahrt vom Stadtzentrum in den Düsseldorfer Süden.[70]

Bei Grete Nikisch erkundigt er sich nach einer treffenden rheinischen Redewendung für „da ist was unterwegs". Im rheinischen Dialekt – so Nikisch – heiße es wohl eher „da ist was im Kommen". Diese Redewendung

---

[69] Brief Thomas Mann an Grete Nikisch, Pacific Palisades vom 17.5.1952 (Kopie TMS), Brief Thomas Mann an Grete Nikisch, Erlenbach vom 20.2.1953 (Kopie TMS). Brief Thomas Mann an Dr. Rudolf Oberloskamp, Erlenbach vom 7.2.1953 (Kopie TMS). Brief Thomas Mann an Hedda Eulenberg, undatiert (Kopie TMS). Brief Thomas Mann an Hedda Eulenberg, Erlenbach 6.2.1953 (Kopie TMS). Brief Thomas Mann an Rudolf Oberloskamp, Erlenbach 12.10.1953 (Kopie TMS).
[70] Brief Hedda Eulenberg an Thomas Mann, Haus Freiheit Kaiserswerth 8.2.1953 (Kopie TMS).

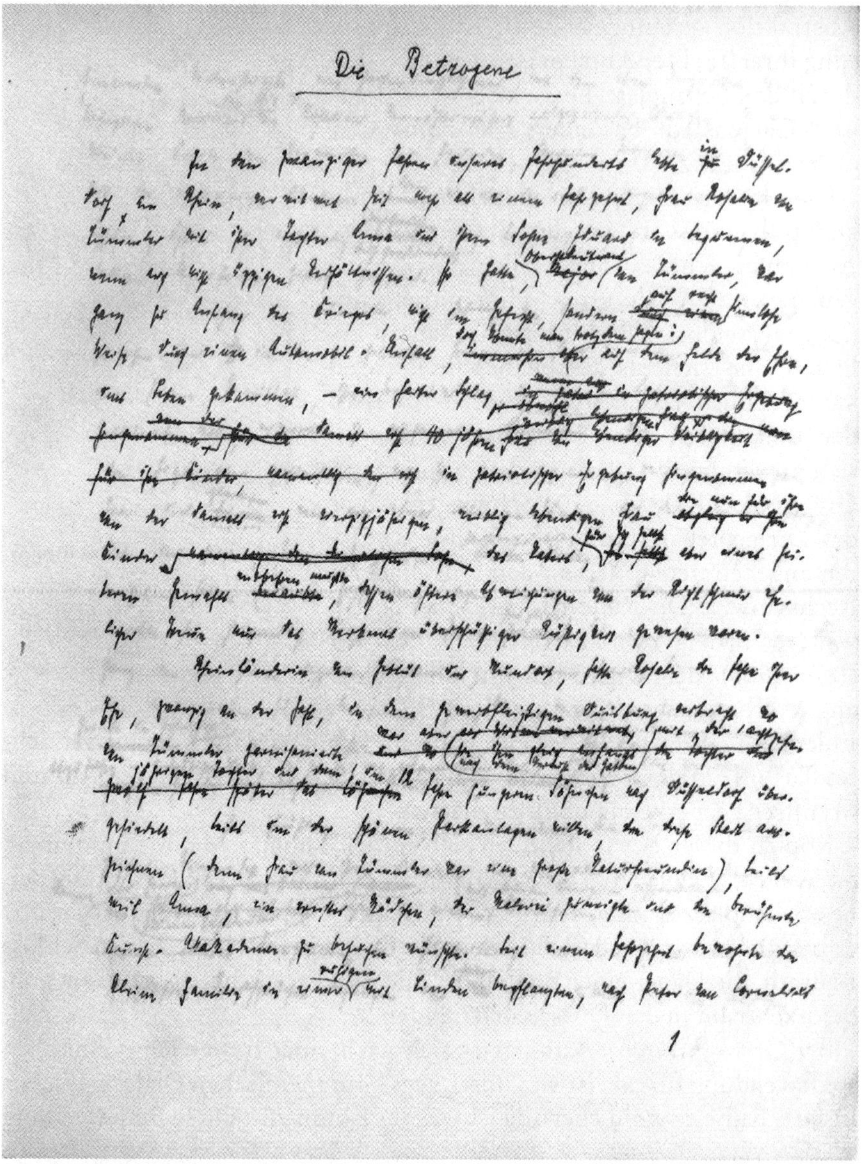

Die Betrogene

1

Abb. 16: Thomas Mann: Die Betrogene. Erzählung. Lausanne: Walli 1953. Faksimile-Ausgabe auf Büttenpapier, zugunsten bedürftiger Kinder und Jugendlicher in Israel. Sign.: tmsf100.s530-4o findet Eingang in die Erzählung. Mann benutzt sie, um Frau von Tümmlers scheinbar gute Menschen- bzw. Naturkenntnisse zum Ausdruck zu bringen.

Von den Düsseldorfer Korrespondenten erhält Thomas Mann u.a. das *Merianheft Düsseldorf* (1951)[71], das eine zentrale Rolle für die Gestaltung des Lokalkolorits der Erzählung spielt. Ein hier abgedruckter Auszug aus Emil Barths Roman *Der Wandelstern*, im Merian-Heft mit *Schlosszauber*[72] betitelt, dient als Vorbild für den in der Erzählung beschriebenen Ausflug nach Schloss Holterhof, für das Schloss Benrath als Vorbild diente. Die Unterstreichungen, die Thomas Manns Lektüre bezeugen, sind aus dem Züricher Exemplar von Hans-Otto Mayer in das Düsseldorfer übertragen worden. Einige Passagen aus Barths Roman finden sich fast wörtlich in Manns Erzählung wieder.

In der Sammlung befindet sich nicht nur die Erstausgabe der zum 1. Oktober 1953 publizierten Erzählung[73], sondern auch die Faksimile-Ausgabe mit einer Widmung Thomas Manns, die bereits im September 1953 erschien. Die Ausgabe wurde von den Freunden des Schweizer Kinderdorfes „Kiriath Yearim" herausgegeben.[74] Das Porträt Thomas Manns, eine Lithographie von Ernst Morgenthaler, ist vom Künstler signiert.

In dieser Faksimile-Ausgabe ist nachzuvollziehen, dass Thomas Mann sich erst während des Schreibprozesses entschlossen hat, Schloss Benrath nicht direkt zu benennen, sondern durch ein fiktives Schloss Holterhof zu ersetzen. In der Handschrift korrigiert er den schon geschriebenen Text, später folgt unmittelbar „Holterhof".

Die Erzählung *Die Betrogene* rief sowohl in der Presse als auch in der wissenschaftlichen Forschung sehr konträre Meinungen hervor, brach die von einigen Rezensenten scharf kritisierte Erzählung doch gleich mit mehreren gesellschaftlichen Tabus: die Liebe einer älteren Frau zu einem jungen Mann, die Problematik der Wechseljahre der Frau sowie das Thema „Krebs" – Themen, die in der Literatur bis dato nur sehr selten bzw. gar nicht behandelt worden waren.

Die zeitgenössische Rezeption der Erzählung in der Tagespresse ist im Ausschnittarchiv der Thomas-Mann-Sammlung ausführlich dokumentiert.

---

[71]   Merian Düsseldorf. Hamburg: Hoffmann und Campe 1951.

[72]   Barth, Emil: Schloßzauber. In: Merian Düsseldorf. Hamburg: Hoffmann und Campe 1951, S. 56–60.

[73]   Mann, Thomas: Die Betrogene. Erzählung. Frankfurt am Main: Fischer 1953. Erstausgabe.

[74]   Mann, Thomas: Die Betrogene. Erzählung. Mit einer Originallithographie von Ernst Morgenthaler. Lausanne: Walli 1953. Faksimile der Handschrift im Folioformat.

Während der langjährige Redakteur der *Frankfurter Zeitung* und Herausgeber der Zeitschrift *Die Gegenwart* Max von der Brück (1904–1988) die Erzählung überaus positiv zur Kenntnis nimmt, sie als „literarische Sensation" bezeichnet und fasziniert davon ist, wie „dieses Wechselspiel von Natur und Geist mit seinen Symbolen, symbolischen Kernverkürzungen, mit seinen an- und vorausklingenden Motiven, seinen biblischen Anlehnungen und seinen modern-medizinischen, die holde Lebensillusion zertrümmernden Vorstellungsketten [...] bis in die kleinsten Teile durchkomponiert" sei[75], ist die Reaktion in Düsseldorf angesichts des heiklen Themas deutlich reservierter. Erwin Laaths, Mitarbeiter der in Düsseldorf erscheinenden Zeitung *Der Mittag*, hebt zwar die Bedeutung Thomas Manns hervor, hält die Erzählung jedoch für ein vergleichsweise „schwächeres" Werk, vor allem weil der Autor dem Leser oft seitenlange Erörterungen über die „Erlebnisse des Weibes vor und nach dem Klimakterium [...]" zumute. „Das tödliche Ende gar [...] gleicht durchaus dem Referat eines chirurgisch tätigen Frauenarztes."[76]

Neben positiven Würdigungen, etwa in der *Westdeutschen Allgemeinen*[77], der *Rheinischen Post*[78] oder durch Walter Jens in der *Welt am Sonntag*[79], stehen Rezensionen, die aus christlich orientierten Zeitungen stammen, etwa die Wochenzeitschrift *Christ und Welt*[80] oder die in Münster erscheinenden *Westfälischen Nachrichten*, die – dem Katholizismus verpflichtet – nicht nur an der Thematik, sondern auch an dem „geschmacklosen Gebrauch von religiöser Sprache als Metapher Anstoss"[81] nahmen.

Schon im Frühjahr 1954 setzt eine rege Kritik außerhalb des deutschen Kulturraums ein, sodass eine dichte Folge von Übersetzungen nicht erstaunt. Ein Blick auf die frühe Kritik im Ausland zeigt, dass die Erzählung in den einzelnen Ländern sehr unterschiedlich aufgenommen wurde. Überwiegend positiv bewertet wurde sie in der Schweiz, wie die Besprechungen von Jonas Lesser in der *Neuen Schweizer Rundschau*[82], von Mo-

---

[75]   Von der Brück, Max: Frühling im Zwielicht. In: Die Gegenwart, Frankfurt am Main (18.7.1953).
[76]   Laaths, Erwin: Die „Betrogene" und der „Hochstapler". In: Der Mittag (1.8.1953).
[77]   Baukloh, Friedhelm: Ein Amerikaner in Düsseldorf. In: Westdeutsche Allgemeine (8.8.1953).
[78]   Stommel, M. A.: Thomas Manns neue Erzählung. In: Rheinische Post (7.11.1953).
[79]   Jens, Walter: Thomas Mann – problematisch. In: Welt am Sonntag (4.10.1953).
[80]   Westecker, Wilhelm: Gibt es einen Rang der literarischen Motive? In: Christ und Welt (3.9.1953).
[81]   Zöller, J. O.: Der Schwanengesang eines Hedonisten. In: Westfälische Nachrichten (26.9.1953).
[82]   Lesser, Jonas: Thomas Mann: Die Betrogene: In: Neue Schweizer Rundschau Nr. 21 (1954), S. 686f.

ritz Alexander Frey in der *Neuen Zürcher Zeitung*[83] und von Jakob Wyrsch in der *Schweizer Rundschau*[84] zeigen. Thomas Mann konnte sich hier auf seine „literaturkritische Hausmacht" verlassen, „die denn auch alles tat, dem ersten Werk des in ihre Mitte Zurückgekehrten das Verständnis zu ebnen."[85]

Auch die französischen und italienischen Zeitungen brachten zahlreiche Kritiken. Bereits am 8. Dezember 1953 notiert Thomas Mann im Tagebuch: „guter Artikel" in *Il Mondo*[86], am 28. Januar 1954 „treuer Artikel" von Leibrich in *Allemagne d'aujourd'hui*[87]. In Amerika war die Erzählung weder ein kritischer noch ein buchhändlerischer Erfolg. Die Mehrheit der Kritik war ablehnend, wie Thomas Mann im Tagebuch am 4. Juli 1954 feststellt.[88] Eine Freude sei lediglich die „herzlich positive Besprechung" in *The Nation* von Carlos Baker gewesen.[89]

Zur Rezeptionsgeschichte der *Betrogenen* gehören nicht nur die im Ausschnittarchiv der Thomas-Mann-Sammlung aufbewahrten Rezensionen, sondern auch die malerischen, filmischen, musikalischen und literarischen Umsetzungen, auf die hier noch kurz eingegangen wird. Zu Lebzeiten Thomas Manns erschienen keine illustrierten Ausgaben der Erzählung. Erst in den letzten Jahren sind einige veröffentlicht worden. Erwähnt seien die amerikanische Ausgabe mit sieben farbigen und einer monochromen Lithographie von John Hejduk (1929–2000) aus dem Jahr 1990[90] und die Illustration *Anna von Tümmler* von Robert Gernhardt[91]. Von der Düsseldorfer Künstlerin Theresia Schüllner wurden ein Faltbuch und ein il-

[83] Frey, Moritz Alexander: Thomas Manns neue Erzählung. In: Neue Zürcher Zeitung (1.10.1953).

[84] Wyrsch, Jakob: Die Betrogene oder Rückkehr in die Jugend. In: Schweizer Rundschau Nr. 54 (1954/55), S. 122f.

[85] Vgl. Vaget, Hans-Rudolf: Thomas Mann Kommentar zu sämtlichen Erzählungen. München: Winkler 1984, S. 309f.

[86] Zampa, Giorgio: Thomas Mann e L'Inganno. In: Il Mondo (3.11.1953).

[87] Leibrich, Louis: „La Vie littéraire": Situation de Thomas Mann. In: L'Allemagne d'aujourd'hui Nr. 1 (1953), 8, S. 932–941.

[88] Mann, Thomas: Tagebücher 1953–1955. Hrsg. von Inge Jens. Frankfurt am Main: Fischer 1995, S. 244. Eintrag vom 4.7.1954.

[89] Baker, Carlos: Facts of Life – and Death. In: Nation, New York Nr. 25 (1954), 1, 19.6.1954.

[90] Mann, Thomas: The Black Swan with lithographs by John Hejduk. New York: Limited Edition Club 1990.

[91] Hoffmeister, Barbara: Das Randfigurenkabinett des Doktor Thomas Mann, vorgestellt von Barbara Hoffmeister und dargestellt von Robert Gernhardt. Frankfurt am Main: Fischer 2005, S. 273.

lustrierter, fast synoptischer Auszug aus Thomas Manns Erzählung und Emil Barths Roman illustriert.[92]

Im Jahr 1992 präsentierte der französische Regisseur Jean-Claude Guiguet (1948–2005) die erste und einzige Verfilmung, die auf der Erzählung basiert: *Le Mirage*.[93]

Nicht nur malerisch und filmisch, sondern auch musikalisch wurde die Erzählung umgesetzt. Der 1960 geborene amerikanische Komponist Thomas Whitman schuf auf der Grundlage der Erzählung eine Kammeroper in zwei Akten unter dem Titel *The Black Swan*[94], die an Benjamin Brittens musikalische Umsetzungen von *Tod in Venedig* erinnert.

Thomas Manns Besuch in Düsseldorf im August 1954

Erst nach der Publikation der *Betrogenen* stattete Thomas Mann auf Einladung des Düsseldorfer Theaterleiters Professor Dr. Gustav Lindemann (1872–1960) dem Schauplatz der Erzählung im August 1954 einen Besuch ab. Öffentlicher Höhepunkt des Düsseldorf-Besuchs war die Lesung im Schumann-Saal aus dem Roman *Felix Krull*. Wie das Plakat zur Ankündigung der Lesung beweist, war der Andrang zur Lesung so groß, dass nachträglich der Eintrittspreis heraufgesetzt wurde. 1.500 Personen nahmen an der Lesung teil.[95]

Bei dem anschließenden Empfang im Malkasten waren auch die Düsseldorfer „Helfer", die Thomas Mann bei der Konstruktion des Schauplatzes seiner Erzählung geholfen hatten, geladen: Grete Nikisch und Hedda Eulenberg, aber auch die Mutter von Klaus Heuser, Mira. Emil Barth, der mit seinem Roman *Der Wandelstern* die entscheidende Vorlage für die Szene in Schloss Holterhof geliefert hatte, nahm Thomas Mann diese Anleihe keineswegs übel, wie er in einem Brief an Willem Enzinck schreibt[96] und wie seine tiefe Verbeugung vor Thomas Mann im Malkasten bezeugt.

---

[92]   Schüllner, Theresia: Thomas Mann. Die Betrogene. Faltbuch. [S.l.]: Schüllner 2007. Mann, Thomas; Barth, Emil: Das Rokokoschloss. Schloss Benrath in den Werken von Thomas Mann und Emil Barth. Aquarelle von Theresia Schüllner. Düsseldorf: Edition Gentenberg 2007.

[93]   Guiguet, Jean-Claude: Le mirage. Un film de Jean-Claude Guiguet d'après la nouvelle de Thomas Mann *Die Betrogene*. Paris: K-Films 2002.

[94]   Whitman, Thomas: The Black Swan. Chamber Opera in Two Acts. 2 CDs. [S.l.]: [S.N.] 2013.

[95]   Heute und Morgen. Monatszeitschrift für Kunst-Literatur-Wissenschaft und Zeitgeschehen Nr. 10 (1954), S. 785.

[96]   Emil Barth an Willem Enzinck vom 5.3.1955. In: Keller, Hans Peter (Hrsg.): Emil Barth: Briefe aus den Jahren 1939–1958. Wiesbaden: Limes-Verlag 1968, S. 241.

Abb. 17: Thomas Mann und Emil Barth (1900–1958) im „Malkasten" in Düsseldorf, 26.8.1954. Sign.: TMS Fotosammlung

Am nächsten Tag besuchte Thomas Mann mit seiner Frau Katia die Ausstellung „Meisterwerke aus Sao Paulo", von der er sich sehr beeindruckt zeigte, obwohl er die Ausstellung in seinen nachträglichen Tagebuchaufzeichnungen versehentlich Köln zuordnet. Nach dem Besuch der „großen schönen Buchhandlung" – gemeint ist die Schrobsdorff'sche Buchhandlung, in der Hans-Otto Mayer eine Ausstellung der Werke Thomas Manns präsentierte – erfolgte die Besichtigung des Schlosses Benrath in Begleitung des nordrhein-westfälischen Kultusministers Werner Schütz, des Direktors des Kunstmuseums Gert Adriani und Frau sowie von Prof. Gustav Lindemann. „Merkwürdige nachträgliche Kenntnisnahme" heißt es dazu im Tagebuch.[97] Nach seiner Rückkehr nach Kilchberg fasst Thomas Mann im Tagebuch den gesamten Aufenthalt im Rheinland, in Köln und in Düsseldorf zusammen und kommt zu dem Ergebnis: „Der Düsseldorfer Aufenthalt weit festlicher u. reicher als der Kölner, von Sommerwetter begünstigt".[98] Der Düsseldorf-Besuch Thomas Manns im August 1954 hat

---

[97] Mann, Thomas: Tagebücher 1953–1955 (wie Anm. 88), S. 268. Eintrag vom 29.8.1954.
[98] Ebd., S. 269.

durch den Roman *Königsallee* von Hans Pleschinski, der ein Zusammen-
treffen Thomas Manns mit dem geliebten Klaus Heuser in Düsseldorf fin-
giert, an Aktualität gewonnen.

Ausblick

Durch die Thomas-Mann-Sammlung der Universitäts- und Landesbibliothek verfügt die Stadt Düsseldorf über eine der bedeutendsten Forschungsstätten bzw. Gedächtniseinrichtungen zu Thomas Mann. Nicht
nur über die Sammlung, sondern auch über die Beziehungen, die Thomas
Mann zu Düsseldorfer Bürgern pflegte, sowie über sein Werk, insbesondere durch seine Erzählung *Die Betrogene*, ist die Stadt eng mit Thomas
Mann verbunden. Wenn sie auch nicht die Bedeutung Lübecks oder Mün-
chens im Leben Thomas Manns hatte, so sollte die Verbindung nicht unterschätzt werden. Das Bewusstsein für dieses kulturelle Erbe wird durch
die Thomas-Mann-Sammlung der ULB, die seit 2009 durch die Thomas
Mann Gesellschaft Düsseldorf erheblich unterstützt wird, gefördert.

BARBARA ENGEMANN-REINHARDT

Bücher auf dem Weg von Ost nach West.
Das Korczak-Archiv in der Universitäts- und Landesbibliothek Düsseldorf

Die Auseinandersetzung mit der eigenen Vergangenheit ist niemals abgeschlossen und es ist allgemein bekannt, dass Geschichte leichter begreifbar wird, wenn man sie aus der Perspektive einzelner Menschen betrachtet. In diesem Sinne möchte ich meinen Ausführungen ein Korczak-Zitat voranstellen:

„... jeder einzelne wird sagen, was er weiß und versteht, und dann wird es eine Wahrheit für uns alle geben."[1]

Ohne Bücher bliebe unsere Geschichte sprachlos; Bücher sind somit Zeugen des Wandels, können darüber hinaus aber auch Brückenbauer und Wegbereiter sein – vor allem während politischer Eiszeiten. Die Literaturgeschichte zeigt außerdem, dass manche Schriftsteller zu den besten Protokollanten gravierender gesellschaftlicher Probleme gehören. In den vorangegangenen Vorträgen haben wir Bücher als Beweis hoher kultureller und wissenschaftlicher Leistungen aus tiefer Vergangenheit kennengelernt und vom großen Engagement bekannter Düsseldorfer Sammler erfahren. In meinem Beitrag geht es um eine Zeit, die noch nicht lange zurückliegt, aber viele Menschen in unserem damals noch geteilten Land geprägt hat. Für jeden, der mit Büchern lebt, können einige von ihnen zu Lebensereignissen werden. So war es auch bei mir, als ich vor etwa 40 Jahren mein erstes Korczak-Buch las: *Wie man ein Kind lieben soll*. Seitdem begleiten mich Korczaks Bücher und ich möchte sie nicht mehr missen. Wenn man sich erst einmal auf Korczak eingelassen hat und ihn kritisch anzunehmen bereit ist, kann man das Kind, den Menschen neben sich, besser verstehen und von dessen innerem Reichtum erfahren.

Angeregt durch Frau Professor Gisela Miller-Kipp und Herrn Professor Kurt Düwell übergab ich vor zehn Jahren mein Korczak-Archiv der

---

[1] Korczak, Janusz: Die Kinder der Bibel. Gütersloh: Gütersloher Verlagshaus 1982, S. 15.

Universitäts- und Landesbibliothek Düsseldorf (ULB) und nicht, wie ich es als Berlinerin ursprünglich vorgesehen hatte, dem Jüdischen Museum. Die Materialien des Archivs stammen aus meiner ehrenamtlichen Tätigkeit in der Forschungsgemeinschaft Janusz Korczak in der DDR sowie aus der Mitgliedschaft in der Internationalen Korczak-Gesellschaft mit Sitz in Warschau. In diesem Archiv liegen also viele, in zahlreichen Ländern publizierte Werke des polnischen Schriftstellers Janusz Korczak sowie Sekundärliteratur und Diplomarbeiten, die mich Zeitumstände und Funktion damals sammeln ließen. Darüber hinaus gibt es viele Konferenzmaterialien, Bulletins nationaler und internationaler Korczak-Gesellschaften sowie Korczak betreffende Filme und Theaterstücke, Lieder und Partituren, vor allem aber ‚Graue Literatur‘, die woanders nicht zu finden ist.

Um den Bücher betreffenden DDR-Alltag verständlich zu machen, hole ich etwas aus: Neben umfangreicher Parteiliteratur gab es auch sehr schöne, preiswerte Belletristik-Ausgaben, doch wegen des knappen Papierkontingents oft nur in geringer Auflage. Diese wurden als ‚Bückware‘ unter dem Ladentisch verkauft oder in der großen Buchhandlung am Alexanderplatz in Berlin angeboten, wo viele westdeutsche Besucher die umgetauschten 25 DM für Schallplatten und Bücher ausgaben. Die Ausfuhr war gestattet, anders die Einfuhr. Schon als Studentin geriet ich mit den Behörden in Konflikt. Ich bat meine in Westdeutschland lebende Familie um die Originalausgabe von Vercors (Ps. für Jean Bruller) *Le silence de la mer*, die ich zum Studium brauchte. Glücklicherweise hatte man das Büchlein per Einschreiben geschickt, sodass der Zoll es zurückschicken musste und nicht einbehielt. Auch der zweite Versuch scheiterte. Protest sinnlos. Kurioserweise fand ich nach langem Suchen in der Internationalen Buchhandlung Unter den Linden eine in Moskau publizierte Ausgabe mit russischen Erläuterungen, doch im Studienplan war vorgesehen, die russische Sprache noch vier Semester zu „pflegen“ – unabhängig von der gewählten Fachrichtung. Jahre später, als ich für den ersten Auswahlband (*Die Liebe zum Kind*, Berlin 1975) recherchierte und mein Schwager mir bei einem Treffen in Prag ein Buch über Korczak mitbrachte, wurde mir dieses bei der Rückreise in Bad Schandau abgenommen, denn nach den Bestimmungen der DDR waren Einfuhr und Weitergabe von ‚Druckerzeugnissen aus dem kapitalistischen Ausland‘ nicht erlaubt.

Nach dem Studium arbeitete ich zunächst in der Schule und dann im Verlag Volk und Wissen, dem größten Verlag der DDR. Er unterstand dem Ministerium für Volksbildung, d.h. Margot Honecker. Neben den vorwiegend Lehrplan-gebundenen Schulbüchern und pädagogischer Literatur wurden auch literaturwissenschaftliche Werke und bibliophile Ausgaben publiziert, die im deutschsprachigen Raum einen guten Absatz fanden. Für jedes einzelne Buch war die Druckgenehmigung des Ministeriums erforderlich. In Vorbereitung des Luther-Jubiläums arbeitete ich an den von Günter Schulze herausgegebenen *Pfeffernüssen,* einer sehr schönen, mit Holzstichen versehenen Zitatensammlung aus Luthers Tischreden.

Das Vorwort musste mehrfach verändert werden; erst als ich ein Zitat von Friedrich Engels einfügte, das den Choral *Ein feste Burg ist unser Gott* als die „Marseillaise des 16. Jahrhunderts" bezeichnete, erhielten wir die Druckgenehmigung. Neben zwei Auflagen und der Lederausgabe aus Resten der Schuhproduktion bei Salamander

Abb. 1: Pfeffernüsse. Aus den Werken von Doktor Martin Luther. Berlin 1982

gab es sogar eine Lizenzausgabe für den Stauda Verlag in Kassel – d.h., die *Pfeffernüsse* brachten dem Verlag Valuta und trugen somit zur Planerfüllung bei. Soweit also meine erste Geschichte eines Buches auf dem Weg in den Westen. Umgekehrt sind wir, d.h. Günter Schulze und ich, durch einen befreundeten Kollegen aus dem christlichen Union Verlag an die dreibändige Korczak-Ausgabe von Vandenhoeck & Ruprecht gekommen. Wir profitierten vom offiziellen Bücheraustausch zwischen West und Ost, den es bei Volk und Wissen nicht gab. So begann mein Leben mit Korczak. 1975 publizierten wir den ersten Auswahlband von Korczaks Schriften. Als die Vorbereitungen zum großen Jubiläum in Warschau begannen, nutzte die Akademie der Pädagogischen Wissenschaften, die dem Volksbildungsministerium unterstand, unsere Aktivitäten und aus der Kür wurde eine Pflicht. Die Genossen wurden nach Warschau geschickt, ich aber reiste privat, denn Igor Newerly, 16 Jahre lang Korczaks engster Mitarbeiter, hatte mir eine Einladung zu den Feierlichkeiten geschickt. Dies wiederum hatte Hanka Daube, der einzige in Deutschland (Berlin-Ost) lebende Korczak-Zögling, in die Wege geleitet. Alle weiteren Reisen waren dienstlich. Für die Symposien in Warschau packte ich meinen Koffer voller Bücher, um im Tausch an die Korczak-Ausgaben aus anderen Ländern zu gelangen, denn bei Dienstreisen wurde man kaum kontrolliert. In Berlin kopierte ich Texte für die Arbeit in der Forschungsgemeinschaft, nur ohne Quellenangabe – die innere Zensur funktionierte –, und die Grenzen, die uns gesetzt waren, ließen uns Schleichwege erfinden.

Nach einem kurzen Überblick zu Leben und Werk Korczaks sowie zu seiner Rezeption in Deutschland stelle ich einige besonders wertvolle Bücher des Korczak-Archivs vor, jedoch keine Diplomarbeiten, die die Korczak-Rezeption in der DDR belegen. Die umfassende ‚Graue Literatur' zu erforschen und in die Kultur- und Erziehungsgeschichte einzuordnen, bleibt Aufgabe nachfolgender Generationen.

Janusz Korczak

Über Janusz Korczak ist von vielen vieles gesagt worden. Zwischen authentischer Erinnerung und Legende wurde sein Leben mehrfach beschrieben, nicht nur in seinem Heimatland Polen. Legendäre Gestalten wie Korczak sind für viele Menschen wichtige Orientierungspunkte. So haben sich Kinder und Erwachsene, Biografen und Wissenschaftler, Dichter, Maler, Komponisten und Filmemacher von Leben und Werk dieses außergewöhnlichen Menschen inspirieren lassen. Damit wurde Korczak – trotz der noch immer spürbaren Last der Geschichte, vor allem der deutsch-polnischen und deutsch-jüdischen Geschichte, zur Symbolgestalt der Annäherung zwischen Menschen unterschiedlicher Konfessionen und Kulturen, zur „Pons inter nationes", wie es Josef Bogusz bereits 1978 auf dem Internationalen Symposion ausdrückte. Menschlichkeit, Moral und Verantwortung – für Korczak waren dies Werte, die er wahrhaftig gelebt hat, bis zur letzten Stunde in Treblinka.

Hinter dem Pseudonym Janusz Korczak verbirgt sich der polnische Jude Henryk Goldszmit, ein Kinderarzt aus Warschau, zudem Schriftsteller und Pädagoge. Seine Persönlichkeit ist gekennzeichnet durch diese drei sich durchdringenden und ergänzenden Tätigkeiten. In den Büchern für und über Kinder proklamiert und verteidigt er als einer der Ersten die Kinderrechte, die seit 1989 in der Kinderrechtskonvention der UNO verankert sind. Wer also war dieser Mann, der von sich selbst sagt:

„Ich bin nicht dazu da, um geliebt und bewundert zu werden, sondern um selbst zu wirken und zu lieben. Meine Umgebung ist nicht verpflichtet, mir zu helfen, sondern ich habe die Pflicht, mich um die Welt, um den Menschen zu kümmern."[2]

Er wusste nicht genau, ob er 1878 oder 1879 geboren war, und auch sein Todesdatum ist auf keiner Urkunde vermerkt. Seine jüdische Familie war in der polnischen Sprache und Kultur tief verwurzelt und gehörte zum aufgeklärten Bürgertum in Warschau, das damals dem russischen Zaren unterstand. Vor drei Jahren hat die Enkelin von Korczaks Verleger in Polen ein neues Buch über ihn vorgelegt: *Próba biografii (Versuch einer Biografie)*. Darin heißt es: „Der utopische Glaube, er könne gleichermaßen Jude *und* Pole sein, begleitete Korczak sein ganzes Leben. Er wusste nur zu gut, wie schwierig eine solche doppelte Identität war, leugnete sie aber dennoch nie."[3]

Abb. 2: Janusz Korczak. Rötelzeichnung von Marek Rudnicki (Deutsche Korczak Gesellschaft)

Diese seine doppelte Identität wirkt bis in die Gegenwart und ich stimme dem Schweizer Pädagogen Gérard Kahn zu, wenn er sagt: „Zu oft wurde Korczak im Laufe der letzten Jahrzehnte für religiöse, politische oder pädagogische Zwecke vereinnahmt. Die Auseinandersetzung mit seinem jüdischen Hintergrund erlaubt es aber, seine Ideen besser zu verstehen."[4]

Aus Korczaks Kindheit gibt es nicht viel zu berichten, ausgenommen ein Erlebnis, das den Fünfjährigen tief beeindruckte: Er will seinen Kanarienvogel auf dem Hof begraben und ein Kreuz auf sein Grab setzen. Das Dienstmädchen und der Sohn des Hausmeisters sagen, das sei Sünde, weil der Vogel Jude sei, wie er. „Auch ich bin Jude, und er Pole und Katholik [...] ich würde nach meinem Tod in etwas kommen, das zwar nicht die Hölle sei, aber es sei dort finster. Und ich hatte Angst in einem dunklen

[2] Korczak, Janusz: Die Liebe zum Kind. Berlin: Union Verlag 1975, S. 370.

[3] Olczak-Ronikier, Joanna: Korczak, Próba biografii. Warszawa: wydawnictwo ab 2012, S. 11. Hervorhebung durch B. E.-R.

[4] Godel-Gaßner, Rosemarie; Krehl, Sabine: Facettenreich im Fokus. Jena: Edition Paideia 2013, S. 197.

Zimmer. Tod – Jude – Hölle. Das schwarze jüdische Paradies. – Überge-
nug, um mir Gedanken zu machen."⁵ Als Sechsjähriger hatte er den Plan,
die Welt zu verändern. Er wollte das Geld abschaffen und suchte nach einer Antwort auf die Frage: Was war zu tun, damit es die schmutzigen,
verwahrlosten und hungrigen Kinder nicht mehr gab, mit denen er auf
dem Hof nicht spielen durfte?⁶

Krankheit und Tod des Vaters lassen die Familie verarmen und belasten
Korczaks weiteres Leben. 18 Jahre alt, übernimmt er die Verantwortung
für Mutter und Schwester, erteilt Nachhilfe und veröffentlicht erste kleine Artikel. Er gewinnt einen Literaturwettbewerb und gebraucht seitdem
vorwiegend das Pseudonym Janusz Korczak. 1898 beginnt er in Warschau
Medizin zu studieren, belegt aber auch Vorlesungen zu Erziehung und
Politik an der illegalen „Fliegenden Universität", wodurch sein Hang
zu sozialer Verantwortung noch verstärkt wird. An Pestalozzis Wirken
interessiert, reist Korczak in den Semesterferien in die Schweiz. Er bekennt: „Ich bin ein Mensch, den die Fragen der Erziehung unbeschreib-
lich interessieren."⁷ Bereits mit 21 Jahren formuliert der Student Henryk
Goldszmit in einem Aufsatz die Grundthese des künftigen Pädagogen Janusz Korczak, die wir in allen seinen Schriften finden können: „Kinder
werden nicht erst Menschen, sie sind es bereits, ja sie sind Menschen und
keine Puppen; man kann an ihren Verstand appellieren, sie antworten uns,
sprechen wir zu ihren Herzen, fühlen sie uns"⁸. Diese Grundhaltung spiegelt sich bereits in seinem ersten, 1901 erschienenen Roman *Kinder der
Straße* wider, dem einige Jahre später *Das Salonkind* folgt.

Korczak wird Mitglied in einem Wohltätigkeitsverein und betreut während der Semesterferien in den Sommerkolonien mehrfach Kinder aus
„schmutzigen, stinkenden Hinterhöfen", das „Proletariat auf kleinen Füßen", wie er es nennt. Hier sammelt er erste pädagogische Erfahrungen
und begreift, dass man nicht von heute auf morgen Erzieher werden kann:
„Hier begegnete ich zum ersten Mal einer Kinderschar und lernte in selb-
ständiger Arbeit das ABC der pädagogischen Praxis. Reich an Illusionen,
arm an Erfahrung, sentimental und jung glaubte ich, vieles schaffen zu
können, weil ich viel erreichen wollte."⁹ Nach dem Studium arbeitet er in

---

⁵ Korczak, Janusz: Sämtliche Werke. Hrsg. von Friedhelm Beiner und Erich Dauzenroth. Bd. 15. Gütersloh: Gütersloher Verlagshaus 2005, S. 301.
⁶ Ebd.
⁷ Korczak, Janusz: Sämtliche Werke. Hrsg. von Friedhelm Beiner und Erich Dauzenroth. Bd. 2. Gütersloh: Gütersloher Verlagshaus 2002, S. 67.
⁸ Korczak, Janusz: Sämtliche Werke. Hrsg. von Friedhelm Beiner und Erich Dauzenroth. Bd. 9. Gütersloh: Gütersloher Verlagshaus 2004, S. 50.
⁹ Korczak, Janusz: Wenn ich wieder klein bin. Berlin: Union Verlag 1978, S. 308.

einer Warschauer Kinderklinik, in der er als Stationsarzt auch wohnt. Außerhalb seiner pädiatrischen Arbeit bleibt er publizistisch aktiv, wobei er neben sozialmedizinischen Themen auch die Missstände in der polnischen Gesellschaft scharfsinnig kritisiert. Die Warschauer Bourgeoisie interessiert sich sehr für den gut diagnostizierenden und schreibenden Mediziner und oft dient die ärztliche Beratung nur als Vorwand, ihn kennenzulernen. In den *Erinnerungen* schreibt Korczak: „Für die täglichen Konsultationen bei den Reichen in den vornehmen Straßen ließ ich mir drei bis fünf Rubel zahlen, eine Unverschämtheit! [...] Ich behandelte kostenlos die Kinder von Sozialisten, Lehrern, Rechtsanwälten – alles Fortschrittler."[10] Nach dem Russisch-Japanischen Krieg, an dem er als Militärarzt teilnimmt, ergänzt er seine Ausbildung durch Aufenthalte in Berlin, Paris und London. Interessant ist der Vergleich zwischen Berlin und Paris: „Berlin, das war ein Arbeitstag voller kleiner Sorgen und Anstrengungen. Paris, das ist das Fest des morgigen Tages [...] Die Wonne des Forschens vermittelte mir Paris. Die Technik der Vereinfachung, den Erfindungsreichtum im Detail, die Ordnung im Kleinen – das lernte ich in Berlin kennen."[11]

Das Schreiben gewinnt zunehmend an Bedeutung. Auffallend ist die Übereinstimmung von Wirklichkeit und Literatur, wo sich Erinnerungen und Träume vermengen.[12] Korczaks Publikationen behandeln das Leben der Benachteiligten, vor allem das Denken und Fühlen, Hoffen und Wünschen eines Kindes. Somit wird die Gestaltung kindlichen Lebens für ihn immer mehr zur entscheidenden Aufgabe. Er verzichtet auf eine medizinische Karriere und übernimmt die Leitung des „Dom Sierot", ein Waisenhaus für jüdische Kinder. Die Zöglinge leben hier nach demokratischen Regeln in parlamentarischer Selbstverwaltung. Es gibt ein Gericht, dem sich auch Erzieher stellen müssen. Für die Kinder ist Korczak „Pan Doktor", Gestalter ihres Lebens. Er schließt mit ihnen sogenannte Wetten ab und gibt damit Hilfe zur Selbsterziehung. Wenn er in seinem grünen Kittel auf dem Hof mit den Kindern spielt, halten ihn Fremde für den Hausmeister. Korczak ist aber nicht nur Pädagoge, sondern ebenso der medizinische Betreuer, der naturwissenschaftlich exakte Beobachter, der Wachstum und Gewicht genau dokumentiert.

Er sagt: „Der Medizin verdanke ich die Technik des Untersuchens und die Disziplin wissenschaftlichen Denkens. Als Arzt stelle ich Symptome fest: Ich sehe Ausschlag auf der Haut, höre Hustengeräusche, fühle das

---

[10] Mortkowicz-Olczakowa, Hanna: Janusz Korczak, Arzt und Pädagoge. 2. Aufl. Weimar: Kiepenheuer 1967, S. 60, S. 62.

[11] Ebd., S. 58.

[12] Ebd., S. 11.

Ansteigen der Temperatur. Als Erzieher habe ich gleichfalls Symptome vor mir: Lächeln, Lachen, Erröten, Weinen, Gähnen, Schreien, Seufzen. Wie ein Husten trocken, feucht und erstickend sein kann, so gibt es ein Weinen unter Tränen, ein Weinen unter Schluchzen und ein fast tränenloses Weinen." Trotz aller Erfahrung steht er letztlich vor dem Kind als einer „unbekannten Größe"[13].

Bis zu seinem Lebensende bilden Medizin und Pädagogik eine untrennbare Einheit in der Sorge um die ihm anvertrauten Kinder. Und dennoch packen ihn Zweifel. Rückblickend schreibt er im *Tagebuch aus dem Warschauer Ghetto*: „In den Jahren danach wurde ich das unangenehme Gefühl nicht los, desertiert zu sein. Ich hatte das kranke Kind, die Medizin und das Krankenhaus verraten. Falscher Ehrgeiz hatte mich gepackt: Arzt und Bildhauer der kindlichen Seele. Der Seele. Nicht mehr und nicht weniger."[14]

Nach dem Ersten Weltkrieg, zu dem er als Major der russischen Armee eingezogen wird, übernimmt er zusammen mit Maryna Falska die Leitung des „Nasz Dom", ein Heim für katholische Kinder. In den folgenden Jahren entstehen seine wichtigsten Werke: *Wie man ein Kind lieben soll, König Macius, Die Lebensregeln* und *Das Recht des Kindes auf Achtung*. Es ist Korczaks intensivste Lebensphase. Er liest in russischer, deutscher und französischer Sprache Tschechow, Gorki und Proust, die Bibel und das *Kapital*. Die Liebe zur polnischen Sprache, das Sprachgefühl und die Bedeutung des geschriebenen Wortes will er auch den Kindern vermitteln. Im Heim versucht er es mit Wandzeitung, Briefkasten und Tagebuch – doch was ist mit all den anderen Kindern? So gründet er 1926 die erste Kinderzeitung, *Maly Przeglad*, und kann damit vielen Kindern eine Stimme geben. Ich hatte das große Glück, mehrere Kinderreporter kennenzulernen. Ihre Lebensläufe beweisen, dass es Korczak trotz schwieriger Bedingungen gelungen ist, ihnen eine Kindheit der Ruhe und Heiterkeit zu bieten, in der sie reifen konnten. Der DEFA-Film von 1989 *Ich bin klein, aber wichtig* zeigt das in beeindruckender Weise.

Von den modernen Medien Film und Funk begeistert, beginnt Korczak Anfang der 1930er-Jahre mit den *Radioplaudereien*, die schnell einen großen Hörerkreis finden und so populär werden, dass die Bezeichnung „Der Alte Doktor" zu seinem zweiten Pseudonym wird. Auf die letzten Radiosendungen bezogen, möchte ich auf den nachdenklichen Essay *Die Einsamkeit des Alters* hinweisen. Er fragt dort: „Wem hast du Wärme gegeben und

---

[13]   Korczak, Janusz: Die Liebe zum Kind (wie Anm. 2), S. 234f.
[14]   Ebd., S. 342.

wie viel? Wie viele Tränen sind deinetwegen geflossen und wie viele hast du getrocknet?"[15] Korczak reist zweimal nach Palästina, und angesichts des zunehmenden Antisemitismus überlegt er sogar zu emigrieren. Doch er fühlt sich für die Kinder aus dem Heim verantwortlich und bleibt in seinem geliebten Warschau. In einem Brief an Mieczyslaw Zylbertal schreibt er 1937: „... an das Kind ist die Arbeit meines Lebens gebunden ..."[16].

Keinesfalls unerwähnt bleiben darf Pani Stefa, eine liebevolle, aber strenge Erzieherin, ohne deren engagiertes Wirken Korczak seine zahlreichen Projekte niemals hätte verwirklichen können. Sein Arbeitstag ist voll ausgefüllt: Er leitet die beiden Waisenhäuser und bildet Erzieher aus, hält Vorlesungen über Sonderpädagogik, arbeitet in öffentlichen Bibliotheken und als Gutachter für ein Jugendgericht, spricht regelmäßig im Rundfunk. Und all das verarbeitet er literarisch – bis zum letzten Tag im Warschauer Ghetto. Am 5. August 1942 muss Korczak, der jede Rettung für sich selbst ablehnt, mit seinen 200 Kindern und Mitarbeitern zum Umschlagplatz, von wo aus die Züge nach Treblinka fahren. UMSCHLAGPLATZ – für dieses grauenvolle deutsche Wort gibt es keine Übersetzung. Der letzte Tagebucheintrag vom 4. August ist ohne jede Spur von Hass: „Ich wünsche niemandem etwas Böses. Ich kann das nicht. Ich weiß nicht, wie man das macht."[17]

Nach der Einschätzung von Igor Newerly war Korczak damals der polnischen Gesellschaft fremd, auch wenn er respektiert wurde. Die Polen verziehen ihm nicht seine jüdische Herkunft und die Juden sahen in ihm den Repräsentanten der polnischen Kultur, für die Konservativen war er ein Linker und die Literaten sagten: „ein beachtliches Talent, [...] aber von dieser Pädagogik da"![18] Für uns Nachgeborene gehört Korczak zu den bedeutenden Persönlichkeiten, die das moralische und geistige Profil des jungen, fortschrittlichen Polens dieser Zeit mitbestimmten. Damals und auch heute war und ist er mit seinen Fragen und Zweifeln, mit seinen Forderungen nicht immer leicht zu begreifen. Wie aktuell er aber gerade heute ist, beweist u.a. ein Zitat, vor mehr als 100 Jahren geschrieben: „Solange wir nicht allen Menschen Brot, ein Dach über dem Kopf und die Möglichkeit zur geistigen Bildung bieten, solange dürfen wir uns auch

---

[15] Korczak, Janusz: Wenn ich wieder klein bin (wie Anm. 9), S. 417.
[16] Korczak, Janusz: Sämtliche Werke. Bd. 15 (wie Anm. 5), S. 64.
[17] Korczak, Janusz: Tagebuch aus dem Warschauer Ghetto 1942. 2. Aufl. Göttingen: Vandenhoeck & Ruprecht 1996, S. 119.
[18] Korczak, Janusz: Wie man ein Kind lieben soll. 3. Aufl. Göttingen: Vandenhoeck & Ruprecht 1971, S. XXX.

nicht der Illusion hingeben, dass wir den Namen menschliche Gesellschaft verdienen."[19]

Zur Korczak-Rezeption in Deutschland

Nach dem Zweiten Weltkrieg war es der Schriftsteller Erwin Sylvanus,
der Korczak in Deutschland bekannt gemacht hat. Sein Theaterstück
Korczak und die Kinder wurde 1957 an den Vereinigten Bühnen Krefeld-
Mönchengladbach uraufgeführt. In den 1960er-Jahren erschienen Biografie und *Król Macius'* in deutscher Übersetzung. Etwas später publizierte
Vandenhoeck & Ruprecht Korczaks Hauptwerke in drei Bänden. 1972
wurde Korczak posthum der Friedenspreis des Deutschen Buchhandels
zuerkannt.

1977 entstand in Gießen die Deutsche Korczak-Gesellschaft, 1980 in
Berlin (Ost) die Forschungsgemeinschaft Korczak. Im Mai 1991 tagte in
Berlin (Ost) die einzige deutsch-deutsche Korczak-Konferenz unter der
Schirmherrschaft von Johannes Rau und der deutschen UNESCO-Kom-
mission. Das Bundesland Nordrhein-Westfalen ist in der Aneignung von
Korczaks Gedankengut führend; ich denke nur an die Forschungen der
Bergischen Universität Wuppertal, an die Korczak gewidmete Sinfonie des
Düsseldorfers Gottlieb Blarr, an die ersten Publikationen der Deutsch-
Polnischen Gesellschaft in Dortmund sowie an die aktive Korczak-Schule
in Neuss – um nur einiges zu nennen.

Seit 1978, dem von der UNESCO anlässlich des 100. Geburtstags ini-
tiierten Korczak-Jahres, kann man durchaus von einer weltweiten Korczak-
Bewegung sprechen, die sich ein Jahr später in der Internationalen Korczak-
Gesellschaft formierte. Hier treffen Menschen unterschiedlicher Weltanschauung und Nationalität zusammen und versuchen, in vielseitigen
Aktivitäten Korczaks Gedankenreichtum in den Erziehungsalltag einzu-
bringen. Sein Werk ist inzwischen in 30 Sprachen übertragen und so forschen
Praktiker und Wissenschaftler in aller Welt zu den noch ungelösten Fragen
seines Denkens und Handelns. Pädagogische und medizinische Einrichtungen, Straßen und Plätze tragen Korczaks Namen und zahlreiche Denkmale
stehen in aller Welt. Bezeichnend ist auch, dass z.B. die Deutsche Akademie für Kinder- und Jugendmedizin ihre Website mit der wichtigsten These
Korczaks startet: „Das Kind wird nicht erst ein Mensch, es ist schon einer."

---

[19] Korczak, Janusz: Sämtliche Werke. Hrsg. von Friedhelm Beiner und Erich Dauzenroth. Bd. 7. Gütersloh: Gütersloher Verlagshaus 2002, S. 443.

Abb. 3: Korczak-Denkmal in Günzburg von Itzchak Belfer, 2003. © Foto: Siegfried Steiger

Die wichtigsten Biografien

Bereits wenige Jahre nach seinem Tod und dem Ende des Zweiten Weltkriegs erschien 1948 die erste und in meinen Augen authentischste Biografie über Korczak, geschrieben von der Tochter seines Verlegers, Hanna Mortkowicz-Olczakowa. 1961 veröffentlichte der Kiepenheuer Verlag in Weimar die deutsche Übersetzung, 1963 wurde diese in München übernommen – so gelangte das erste Korczak-Buch von Warschau über Weimar in die Bundesrepublik.

25 Jahre später, 1973, publizierte Marek Jaworski eine Biografie, die anlässlich des 100. Geburtstags auch in Englisch, Französisch und Russisch erschien. Die deutsche Übersetzung erarbeitete der Teubner Verlag in Leipzig und veröffentlichte sie 1979 in der Reihe „Humanisten der Tat". Anlässlich des Jubiläums erschien auch die Biografie von Alicja Szlazakowa in mehreren Sprachen. Viele ehemalige Zöglinge hatten Polen aus politischen Gründen verlassen, einige sind zu den Feierlichkeiten wieder angereist, auch Israel Zyngman, der bereits 1976 in Tel Aviv ein Buch in

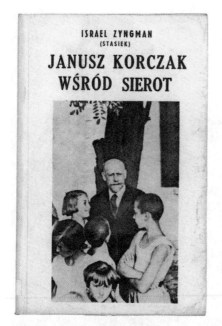

Abb. 4: Israel Zyngman – Janusz
Korczak wsród sierot. Tel Aviv 1976

Abb. 5: Jiro Kondo, Japanische
Korczak-Biografie, 1993

polnischer Sprache über Korczak veröffentlicht hatte: *Janusz Korczak wsród sierot.*

Der deutschen Leserschaft bekannt sind vor allem Erich Dauzenroths Bücher über Korczak, wobei das erste 1978 in Zürich erschien, als Jahresgabe für die Abonnenten der Schweizer Lehrerzeitung: *Janusz Korczak – der Pestalozzi aus Warschau.* Nicht unerwähnt lassen möchte ich die Biografie von Wolfgang Pelzer und den *König der Kinder* von der Amerikanerin Betty Lifton. Eine Rarität dürfte auch die japanische Biografie von Jiro Kondo sein. In der Zeitschrift *Unsere Jugend* nennt er Korczaks Leben mit Kindern „eine Kompassnadel auf den gegenwärtigen Irrfahrten"[20].

[20] Kondo, Jiro: Warum ich mich als Japaner für Korczak interessiere. In: Unsere Jugend 34 (1982), H. 7, S. 316f.

Werkausgaben

Obwohl es nicht so aussieht, ist für mich *Bobo* in der Erstausgabe von 1914 mit einer Widmung von Ida Merżan die wertvollste Perle im Düsseldorfer Korczak-Archiv – sogar das Korczakianum in Warschau beneidet die ULB darum.

Worum geht es in diesem Buch? In dieser poetischen Studie schildert der psychologisch und philosophisch stark interessierte Mediziner Korczak die Entwicklung eines Menschen im ersten Lebensjahr. Der Kinderarzt Lorenz Peter Johannsen aus Düren hat es in seinem 2015 erschienenen Buch *Janusz Korczak. Kinderarzt* so formuliert:

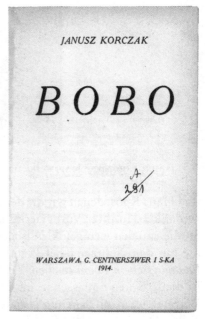

Abb. 6: Janusz Korczak: Bobo. Warszawa 1914. Innentitel der Erstausgabe

„Die pränatale Entwicklung, das schmerzhafte Erlebnis der Geburt, [...] das Kennenlernen der Eltern und des eigenen Körpers werden mit großer Präzision – immer aus Bobos Sicht – beschrieben. In magischen Bildern verfolgt Bobos Geist die eigene ontogenetische Entwicklung, die, zeitlich gerafft, die Stammesgeschichte der Menschheit wiederholt. [...] Die Erzählung endet mit der Feststellung: ‚Bobo kann stehen. Ganz allein. Er triumphiert (...) Bobo, Bobo, mit welch erschreckender Vertrauensseligkeit gehst du dem Leben entgegen.‘ Korczak mischt hier in dichterischer Weise seine Empathie mit dem hilfsbedürftigen, gleichwohl fertigen Menschen, [...] mit der angstvollen Sorge, ob das Kind Bobo dem Leben gewachsen sei."[21]

Im Folgenden stelle ich in chronologischer Reihenfolge Korczaks wichtigste Werke vor. 1957/58, aus Anlass des 80. Geburtstags, initiierte Igor Newely eine vierbändige Werkausgabe, von der nur Band I und II im Archiv vorhanden sind. Geschichtlich interessant ist, dass bereits 1928 eine deutsche Psychologin, die das „Dom Sierot" besucht hatte, das Buch *Wie man ein Kind lieben soll* als Übersetzung veröffentlichen wollte, aber weder Verlag noch finanzielle Unterstützung fand. Es sind Elisabeth Heimpel

[21] Johannsen, Lorenz Peter: Janusz Korczak. Kinderarzt. Berlin: Hentrich & Hentrich 2015, S. 33f.

Abb. 7: Janusz Korczaks Hauptwerke in zwei deutschen Publikationen: BRD und DDR

und Hans Roos, denen wir die deutsche Erstausgabe Ende der 1960er-Jahre verdanken. In ihrer Vorbemerkung schreiben die Herausgeber, dass diese Studie „zu den wenigen klassischen sozialpädagogischen Schriften gehört, die mit dem Stanzer Brief Pestalozzis beginnen und bis zu Makarenkos *Pädagogischem Poem* reichen"[22]. Das Besondere dieser deutschen Ausgabe ist die 25 Seiten umfassende, kenntnisreiche Einleitung von Igor Newerly. *Wie man ein Kind lieben soll* ist als Tetralogie angelegt und besteht aus den Teilen *Das Kind in der Familie – Das Internat – Sommerkolonien – Das Waisenhaus*. Mit diesem pädagogischen Essay begründet Korczak eine neue Sicht auf das Kind, eine Sicht, die oft verblüfft, vor allem, wenn er das Kind als Subjekt betrachtet und nicht als Objekt, wie bis dahin üblich. Er verurteilt falsch verstandene Fürsorge, unnötige Bevormundung und verängstigende Drohungen; er fordert, dem Kind Mitspracherecht in persönlichen Belangen zu gewähren, es Fehler begehen zu lassen, seinen Kummer ernst zu nehmen, „und sei es den um ein verlorenes Steinchen"[23]. Trotz klarer Forderungen hinterfragt Korczak immer wieder seine Erziehungspraktiken, denn seiner Meinung nach sollte auf jedes Kind anders reagiert werden. Das Buch beginnt so: „Wie, wann, wie viel – warum? Ich ahne viele Fragen, die auf eine Antwort warten, Zweifel, die eine Erklärung suchen. Und ich antworte: Ich weiß nicht."[24] Dieses „Ich weiß nicht", aus dem neue Gedanken auftauchen, und die These, dass das Kind bereits seit seiner Geburt ein Mensch ist, durchzieht alle seine Schriften, denn: „In der Kinderwelt ereignet sich alles, was auch in der verderbten Erwachsenenwelt geschieht."[25] – „Die kindliche Seele ist ebenso kompliziert wie unsere, wie die unsere voller Gegensätzlichkeiten, und auch sie kämpft in

---

[22] Korczak, Janusz: Wie man ein Kind lieben soll (wie Anm. 18), S. V.
[23] Korczak, Janusz: Die Liebe zum Kind (wie Anm. 2), S. 190.
[24] Ebd., S. 7.
[25] Ebd., S. 224.

Abb. 8: Janusz Korczak: Wie man ein Kind lieben soll. In fünf Sprachen, Titelblätter

sich den uralten Widerstreit aus: ich möchte gern, aber ich kann es nicht; ich weiß, was sich gehört, aber ich bringe es nicht fertig.“[26]

Die dreibändige Ausgabe aus Göttingen bildete, wie eingangs angedeutet, die Grundlage für die Beschäftigung mit Korczaks Schriften. Eine Publikation im Verlag Volk und Wissen war nicht möglich, also versuchten Günter Schulze und ich es im Union Verlag. Bei unseren Recherchen waren wir auf die Moskauer Ausgabe von 1922 gestoßen, in der Nadeshda Krupskaja, führende Theoretikerin der Sowjetpädagogik und Ehefrau Lenins, das Vorwort geschrieben hatte. Somit war der Weg frei und der Auswahlband *Die Liebe zum Kind* konnte 1975 erscheinen. Er gehörte zur ‚Bückware‘ und war schnell vergriffen, was für pädagogische Literatur recht ungewöhnlich ist. 1978, im Jubiläumsjahr, publizierten wir den zweiten Auswahlband mit dem Titel des wunderschönen Essays *Wenn ich wieder klein bin*.

Seit Mitte der 1990er-Jahre erschien im Gütersloher Verlagshaus die 16-bändige kritische Gesamtausgabe für den deutschen Sprachraum, betreut von den bekannten Korczak-Forschern Professor Erich Dauzenroth, Professor Friedhelm Beiner und Dr. Michael Kirchner. Sie basiert auf der vom Korczakianum in Warschau und von israelischen Forschern neu erarbeiteten Werkausgabe, die rund 1.000 Zeitschriftenartikel und 24 selbstständige Schriften zusammenfasst. Auf die Gegenwart bezogen, möchte ich aus dem Artikel *Der Frühling und das Kind* zitieren, geschrieben im April 1921: „Wann wird die Bosheit oder die Geduld ein Ende haben? Wann wird die sich erbarmende Hand des Friedens die Macht aus den Händen der Brandstifter und Giftmörder nehmen? Wann?“[27] Einige

---

[26] Ebd., S. 111f.
[27] Korczak, Janusz: Von Kindern und anderen Vorbildern. Gütersloh: Gütersloher Verlagshaus 1979, S. 87.

Abb. 9: Janusz Korczak: Das Kind neben dir – Gedanken eines polnischen Pädagogen. Berlin 1990. Außentitel

Seiten weiter heißt es: „Unsere Sorge gilt einer Zukunft nach einem noch größeren Zeitpunkt als es diese zweitausend Jahre sind …"[28]
Neben den vorwiegend polnischen und deutschen Editionen gibt es im Archiv auch zahlreiche Ausgaben in anderen Sprachen. In Russisch liegen z.B. zwei Schriften vor: *Das Kind in der Familie* von 1973 und *Wie man ein Kind lieben soll – Kak ljubitj detey* – aus dem Jahr 1979. Diese Tatsache hat unsere Publikationen sehr erleichtert. Westeuropäische Publikationen von Korczaks pädagogischem Hauptwerk gibt es im Archiv aus Spanien, Frankreich, Italien und Norwegen. Eine Besonderheit ist die von der Schweizer Korczak-Gesellschaft edierte Ausgabe in Arabisch (Genf 2003).

Nach der Wende 1989 war vieles möglich geworden und so nutzte ich die Situation, ein eigenes Buch mit Korczak-Texten bei Volk und Wissen herauszugeben, denn nicht mehr das Volksbildungsministerium entschied über die Druckgenehmigung, sondern der erste von der Belegschaft gewählte Verlagsdirektor. Zum Erscheinungstermin allerdings, im März 1991, gehörte die Redaktion bereits zum Luchterhand Verlag. *Das Kind neben dir* ist also ein ‚Wende-Buch'!

[28] Ebd., S. 93.

Bücher für Kinder

Korczaks Erzählungen sind eine Art Lebenshilfe für die bedrückte Kinderseele. Unter den im Archiv vorhandenen Kinderbüchern gibt es ebenfalls zwei Perlen. Das ist zum einen die Berliner Ausgabe vom *Bankrott des kleinen Jack* von 1935, ein damals neuartiges, spannendes Buch, obwohl es nur den Alltag schildert. Die zweite Perle ist die 1939 in Warschau veröffentlichte *Pedagogika zartobliwa*, die *Fröhliche Pädagogik*. Es sind die im Sommer 1938 gesendeten *Radioplaudereien*, in denen Korczak den Erziehungsalltag mit Humor zu bewältigen versucht, häufig in Dialogform: „Ihr beklagt euch über die Schule? – Ich höre. – Über den Lehrer? – Gut [...]. Der Lehrer schreit euch an? – Pardon, Monsieur: Aber was soll er tun, wenn ihr ihn ärgert? – Auch er ist ein lebendiger Mensch mit Nerven und Beschwerden, er hat Familienprobleme und ein Gallensteinchen. Niemand schreit sich nur zum Vergnügen heiser. – [...] Verlange nicht zu viel, kommandiere nicht herum, drängele nicht, denn nicht nur du, nicht nur deine wichtige Person – hat die Güte zu leben.“[29]

Korczaks weltweit bekanntestes Kinderbuch erzählt die Geschichte vom König Maciuś: Nach dem Tod des Vaters erbt Maciuś, noch keine 10 Jahre alt, das Königreich, kämpft inkognito als Kindersoldat und versucht, eine bessere Welt aufzubauen. Von den Kindern geliebt, von den Erwachsenen verlacht, bricht Chaos aus und wieder Krieg. Maciuś wird verraten, zum Tode verurteilt, aber auf eine Insel verbannt. Dieser erlebnisreiche, poetische Roman mit vielen biografischen Bezügen erschien 1923 und lag 1957 erstmals in deutscher Fassung vor. 1972 nachgedruckt, hielt er endgültig Einzug in die deutschen Kinderzimmer. Hartmut von Hentig äußert sich in einem *Spiegel*-Artikel wie folgt: „Diese Geschichte ist [...] voller Abenteuer, lehrreicher Einzelheiten und aufregender Parallelen zu unserer Gegenwart.“[30] Für mich ist es, ähnlich wie *Der Kleine Prinz*, ein Buch mit tiefgründiger Philosophie, aber auch wohltuendem Humor, wobei Trauer und Traurigkeit ebenfalls thematisiert werden. Dieses wunderschöne Kinderbuch wollten Günter Schulze und ich auch in der DDR herausgeben und entdeckten glücklicherweise, dass es in der Sowjetunion in sechs Sprachen erschienen war. Der Weg war also frei, doch es fehlten die Valuta für eine Lizenzausgabe. Als preiswertere Variante ließ man es neu übersetzen und es erschien 1978 zum 100. Geburtstag Korczaks bei Kiepenheuer in Wei-

---

[29] Zit. n. Beiner, Friedhelm: Janusz Korczak, Themen seines Lebens. Gütersloh: Gütersloher Verlagshaus 2011, S. 243f.
[30] Von Hentig, Hartmut: „König Hänschen I.“ In: Der Spiegel Nr. 51 (1970), S. 161f.

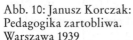

Abb. 10: Janusz Korczak: Abb. 11: Janusz Korczak: König Maciuś. In zwei
Pedagogika zartobliwa.   deutschen Ausgaben: Weimar 1978 und Freiburg
Warszawa 1939   1994

mar, 1980 gab es die zweite Auflage. Nach dem Mauerfall nutzte der Herder Verlag die sprachlich bessere Übersetzung und publizierte diese Anfang der 1990er-Jahre im handlichen Taschenbuchformat. In dem zehnseitigen Nachwort von Günter Schulze fehlen nur zwei Zeilen, denn sie enthalten Begriffe wie „sozialistische Länder" und „kommunistische Erziehung".

Die im Archiv vorhandenen fremdsprachigen Ausgaben vom *König Maciuś* aus Frankreich, Italien, Bulgarien, Estland und Japan zeigen die weltweite Beliebtheit dieses Romans für Leser jeden Alters. Eine Bemerkung noch zu der ersten Ausgabe in Frankreich, die bereits 1967 erschien, also lange, bevor Korczak modern wurde: Während der Jubiläumsfeierlichkeiten 1978 lernte ich Maurice Waydenfeld (1919–1995) kennen, einen humorvollen Polen aus Rouen. Korczaks Bekanntschaft hatte er bei einer Rasur gemacht, als Friseurlehrling. Korczak ermutigte ihn, seinen Traum vom Arztberuf zu verwirklichen. Der Traum erfüllte sich, Maurice wurde Arzt und hat *Król Maciuś* selbst ins Französische übersetzt. „Ein Kilo Gold hab ich gegeben, damit es gedruckt wird", hat er mir erzählt. Nun, dieses Buch ist jedenfalls ganz offiziell im Verlag in Berlin (Ost) angekommen.

Oft werde ich gefragt, welches Buch von Korczak man zuerst lesen sollte; meist empfehle ich die *Lebensregeln*, in denen alle Generationen angesprochen werden, oder die Erzählung *Wenn ich wieder klein bin* von 1925. Dieses Buch beginnt mit dem Wunsch eines gestressten Lehrers, doch wieder Kind sein zu dürfen. Durch märchenhafte Verfremdung wird er tatsächlich wieder Schulkind und erfährt erneut, wie unterschiedlich Kinder und Erwachsene die Welt erleben:

Abb. 12: Janusz Korczak: König Maciuś. In vielen Sprachen

„Ein Kind – das ist wie der Frühling. Entweder Sonnenschein, schönes Wetter, und alles ganz lieblich und heiter. Oder aber plötzlich ein Gewitter: Es blitzt und donnert, der Blitz schlägt ein. Und der Erwachsene erscheint wie im Nebel. Ein düsterer Schleier umgibt ihn. Keine große Freude, keine große Traurigkeit. Alles grau und ernst."[31]

Die Feierlichkeiten zum 100. Geburtstag und Forschungen haben Korczak bekannter gemacht und es gab und gibt immer wieder neue, ihm gewidmete Bücher. Im Kinderbuchverlag Berlin (Ost) erschienen *Eine Chance für Heniek* und eine kindgerechte Monografie *Die Kinder zuerst*. Zu den neueren Veröffentlichungen für Kinder zählen z.B. von Rupert Neudeck *Janusz Korczak – König der Kinder, Fräulein Esthers letzte Vorstellung* und *Blumkas Tagebuch*.

Allein mit Gott und Ghetto-Tagebuch

Korczak hatte sich bei seinem Dienst im Seuchenspital mit Flecktyphus angesteckt. Seine Mutter pflegt ihn, steckt sich ebenfalls an und stirbt. Der Sohn ist wie gebrochen und schreibt in dieser Situation – gläubig, aber keiner Konfession angehörig – 18 Gebete, die in dem Büchlein *Allein mit Gott* zusammengefasst sind. Angelehnt an das jüdische Achtzehnbittengebet sind es *Gebete eines Menschen, der nicht betet*, wie es im Untertitel heißt. Hier wird Gott direkt angesprochen, aus der Alltagssituation heraus, nicht in überlieferten Formulierungen. Zwischen Demut und Revolte werden individuelle Klagen und Bitten vorgetragen, auch die ewige Frage,

---

[31]   Engemann-Reinhardt, Barbara: Janusz Korczak: Das Kind neben dir. Gedanken eines polnischen Pädagogen. Berlin: Volk und Wissen 1990, S. 27.

Abb. 13: Janusz Korczak: Allein mit Gott. In vier Sprachen

warum Gott immer wieder Leiden und Böses zulässt. Wir lesen die Gebete einer Mutter und eines kleinen Mädchens, eines Greises und eines Schuljungen, eines Gelehrten und eines Künstlers – Korczak bezeichnet diese Gebete als „geflüsterte Geheimnisse der Seele"[32]. Erich Dauzenroth und Adolf Hampel publizieren 1980 die deutsche Erstausgabe und schreiben im Nachwort: „Für die einen bleibt es eben schwer, den Juden anzunehmen; für die anderen ist es unverzeihlich, dass Korczak kein Priester war …" An anderer Stelle lesen wir: „Korczaks Gebete sind ebenso Sperrgut, wie seine pädagogischen Ärgernisse."[33] Diese Gebete, ergänzt durch eine Interpretation über Korczaks Todesgedanken, hat Karin Wolff unter dem Titel *Ein Turm aus Sehnsucht* 1987 in Berlin (Ost) herausgegeben. Neben Ausgaben in Französisch, Italienisch und Bosnisch wäre die russische Ausgabe von 1994 hervorzuheben.

Wir verdanken es Igor Newerly, dass das Manuskript der *Erinnerungen*, das Tagebuch aus dem Warschauer Ghetto 1942, erhalten geblieben ist. Er hatte es vor der eigenen Verhaftung in Sicherheit gebracht. 64-jährig, krank und erschöpft, hinterlässt uns Korczak mit seinem Tagebuch eine letzte Aussage, eine Art „Grabstein aus Versuchen, Erfahrungen, Fehlern"[34], wie er schreibt. Zwischen Selbstanalyse und makabrer Wirklichkeit versucht er, einen Rest Vernunft zu bewahren. Man fühlt sich einbezogen in seine Hoffnungen und Zweifel, Fragen und Probleme. Aufgrund der Umstände im Ghetto und seines Gesundheitszustandes ist der Stil sehr unterschiedlich, von ausgefeilten Texten bis zu chiffrierten Gedankensplittern. Seine

[32] Korczak, Janusz: Allein mit Gott – Gebete eines Menschen, der nicht betet. 2. Aufl. Gütersloh: Gütersloher Verlagshaus 1981, S. 5.
[33] Ebd., S. 79, S. 83.
[34] Korczak, Tagebuch (wie Anm. 17), S. 11.

Aufzeichnungen beginnen im Mai 1942. Er überdenkt sein Leben und teilt es in Sieben-Jahres-Abschnitte ein. Am Vorabend seines Geburtstags – also zwei Wochen vor dem Todesmarsch nach Treblinka – schreibt er: „Es ist schwer, geboren zu werden und leben zu lernen. Mir bleibt die viel leichtere Aufgabe: zu sterben [...]. Ich möchte gern bei Bewusstsein und bei voller Besinnung sterben. Was ich den Kindern beim Abschied sagen würde, weiß ich nicht"[35]. Die letzten Zeilen vom 4. August 1942 gelten dem deutschen Soldaten vor seinem Fenster:

„Ich begieße die Blumen. Meine Glatze am Fenster – ein gutes Ziel.
Er hat einen Karabiner. Warum steht er da und betrachtet mich so friedlich?
Er hat keinen Befehl. –
Vielleicht war er im bürgerlichen Leben Dorfschullehrer, vielleicht Notar,
Straßenkehrer in Leipzig oder Kellner in Köln?
Was würde er tun, wenn ich ihm zunickte? Freundlich winken?
Vielleicht weiß er gar nicht, dass es so ist, wie es ist?
Vielleicht ist er erst gestern von weither gekommen ..."[36]

Dank

Diese Vortragsreihe wird von vielen Mitarbeiterinnen und Mitarbeitern der ULB getragen. Sie sorgen dafür, dass Altes bewahrt und erforscht werden kann. Als symbolischen Dank für ihre Arbeit im Hintergrund folgt hier ein etwas gekürzter Text, in dem Korczak den Geist einer Bibliothek und die Ausstrahlung eines Kindes miteinander verknüpft.

Der kleine Schrei im großen Lesesaal

„Ein großer, drei Stock hoher Saal. Ringsum Bücher in dunklen, seriösen Einbänden. Lange, mit grünem Tuch bezogene Tische und ein paar Hundert Menschen, konzentriert darüber gebeugt, vertieft in hundert völlig unterschiedliche Probleme. [...] Und dennoch verbindet sie alle ein unsichtbares Band. Ein einheitlicher Geist herrscht hier, eine einheitliche Stimmung schwebt über den Häuptern der über den Tisch Gebeugten [...]. Stille. Denn Lebende flüstern hier mit den Toten, die weißen Blätter voll mysteriöser Zeichen, voller Gedanken der Abwesenden und Fernen, reden mit den pulsierenden Hirnen der neuen Eroberer der Wissenschaft [...]. Es leben die reglosen Bücher, die in den Regalen, geordnet nach Sachgebieten und Katalognummern, abgestellt sind, leben [...] als ewige Mahnung, ewig

---

[35]   Ebd., S. 106f.
[36]   Ebd., S. 119.

lebendige Losung: Vorwärts, auf zu den Sternen! [...] Stille. Nur das Knirschen der Stahlfedern. Halbdunkel. Nur hier und da zeichnet eine elektrische Lampe einen hellen Kreis vor dem Lesenden. Jeder etwas lautere Schritt, das Geräusch eines beiseite gerückten Stuhls bewirken sogleich unwillige Blicke. [...] Doch einmal fiel in diese arbeitsintensive, makellose, keine Störung duldende, feierliche Stille, die alle achten, der sich alle beugen, fiel von der obersten Galerie direkt unter der Decke eine laute, helle, unbekümmerte und zutrauliche Kinderstimme. Ein Ausruf der Verwunderung oder Freude, des Staunens oder des Übermuts. Ob er in Worten oder nur im Klang zum Ausdruck kam – vermag ich nicht zu sagen. Die Kinderstimme flatterte in diese Stille wie eine aufgescheuchte weiße Taube, schlug laut mit den Flügeln und flog davon. [...] Hier unten aber hatten sich alle Köpfe zur Begrüßung des übermütigen Täubchens erhoben und ihm mit sanftem Lächeln und nachsichtigem Blick verziehen. [...] In diesem Lächeln lag der unbewusste, aber stark verwurzelte und durch tausend Generationen hindurch verfestigte, unbeirrbare und unabdingbare Gedanke, dass alle Kostbarkeiten dieser Schatzkammer, alle hier gesammelten lebenden und verstorbenen Willensregungen, dass alles hier [...] nur einen Wert besitzt, nur einen Sinn hat, wenn von oben die kindlich-naive, unvoreingenommene frische, junge, ungezügelte Stimme der Nachkommen herab hallt, die Stimme derer, die künftig wirken, die nach uns kommen werden"[37].

---

[37] Zit. n. Beiner, Friedhelm: Janusz Korczak (wie Anm. 29), S. 64ff.
   Vgl. zu meiner Tätigkeit als Korczak-Sammlerin: Engemann-Reinhardt, Barbara: Mein Weg mit Korczak – Erfahrungen einer Sammlerin. In: Siebert, Irmgard (Hrsg.): Bibliothek und Forschung. Die Bedeutung von Sammlungen für die Wissenschaft. Frankfurt am Main: Klostermann 2011 (Zeitschrift für Bibliothekswesen und Bibliographie: Sonderbände; 102). S. 11–28.

ANNE LIEWERT

Verborgene Sammlungen der Düsseldorfer Hofbibliothek. Auf den Spuren der Bibliothek Philipp Hedderichs

Die Universitäts- und Landesbibliothek Düsseldorf (ULB), die infolge ihrer Vorgängereinrichtungen auf eine bald 250-jährige Tradition zurückblickt, weist hinsichtlich ihrer Altbestände ein besonderes Charakteristikum auf: Da in der Frühphase der Institutionsgeschichte kaum feste Mittel für den Bucherwerb zur Verfügung standen, stattdessen aber diverse kleinere Bibliotheken, Deposita und Nachlässe aufgenommen wurden, bildete sich im Verlauf der Zeit eine äußerst heterogene Sammlungsstruktur heraus. Aufgenommen wurden insbesondere Bibliotheken von Vereinen, Institutionen und Einzelpersonen aus der Stadt oder der Region um Düsseldorf, sodass sich zudem im Bestandsprofil ein räumlicher Schwerpunkt herausbildete.

Geschlossene Sammlungen konnten besonders zahl- und umfangreich in der Zeit der Landes- und Stadtbibliothek (1904–1970) übernommen werden, so beispielsweise 1907 die Sammlung Binterim, 1921 die Bibliothek des Düsseldorfer Geschichtsvereins, 1933 die der Evangelischen Gemeinde und 1938 die des örtlichen Ärztevereins.[1] Diese Sammlungen erhielten anschließend je eine eigene Signaturengruppe (z.B. Bint., D.G.V., Ev.G., Ae.Ver.), unter der sie geschlossen aufgestellt und verzeichnet wurden. Da diese Systematik bis heute erhalten wurde, sind auch die ursprünglichen Sammlungen bis auf wenige Verluste weiterhin in toto zu erfassen und die jeweilige Provenienz einzelner Bände unmittelbar ersichtlich. Für die buch- und lokalhistorische Forschung bedeutet dies einen besonders vorteilhaften Umstand, da sich eine mühsame Rekonstruktion mittels älte-

---

[1] Die Bibliothek Anton Joseph Binterims und die Bibliothek der Evangelischen Gemeinde wurden als Depositum übergeben. Eine Auflistung weiterer Sammlungen findet sich bei Gießler, Joseph: Die Landes- und Stadt-Bibliothek zu Düsseldorf. Ein geschichtlicher Rückblick. In: Aus der Arbeit der Landes- und Stadt-Bibliothek Düsseldorf. Düsseldorf: 1955 (Veröffentlichungen der Landes- und Stadt-Bibliothek Düsseldorf; 2), S. 5–21, hier S. 11f. Ausführlich legt Hiller von Gaertringen, Julia: Stadt und Bibliothek. Die Landes- und Stadtbibliothek Düsseldorf in den Jahren 1904 bis 1970. Düsseldorf: Grupello 1997 (Schriften der Universitäts- und Landesbibliothek Düsseldorf; 28) die Geschichte der Landes- und Stadtbibliothek einschließlich ihrer Bestandsentwicklung dar.

rer Kataloge oder Inventare erübrigt. Um auch die künftige Forschung in dieser Weise zu befördern, wird noch heute bei der Inventarisierung neuer Sammlungen und Nachlässe in der ULB ein spezifisches Kennzeichen vergeben, anhand dessen das jeweilige Corpus separat recherchierbar ist.

Anders stellt sich die Situation für die älteren Bestände der Hofbibliothek bzw. der Königlichen Landesbibliothek dar.[2] Auch in diesem Zeitraum der Institutionsgeschichte (1770–1904) wurden geschlossene Sammlungen aufgenommen und müssten sich demnach zu großen Teilen noch heute im Bestand befinden. Sie wurden jedoch nicht durch eigene Signaturengruppen ausgewiesen, sondern gemäß der fachlichen Zugehörigkeit jedes einzelnen Bandes in den alten Bestandsgruppen verstreut.[3] Infolge dieser Neuordnung und fehlenden Provenienzverzeichnung sind die Profile dieser Sammlungen heute bedauerlicherweise nicht mehr offenkundig. Deren Ermittlung und Rekonstruktion stellen somit ein Desiderat dar, um eine Grundlage für weiterführende Forschung zu schaffen.

Sammlungen der Hofbibliothek

Den Gründungsbestand und damit die erste Sammlung bilden die Dubletten der Mannheimer Hofbibliothek, vermutlich in Ergänzung zu den Beständen einer schon vor 1770 bestehenden Düsseldorfer Regierungsbibliothek.[4] Die fürstlichen Schenkungen anhand des heutigen Bestandes zu ermitteln, gestaltet sich aufgrund von Verlusten vieler Einbände und

[2]   Die Benennung der Bibliothek wechselte während dieser frühen Phase in Abhängigkeit von den politischen Verhältnissen des Öfteren: Die Gründung erfolgte 1770 durch Kurfürst Karl Theodor als „Kurfürstlich öffentliche Bibliothèque". Schon bald wurde sie gemeinhin auch „Kurfürstliche Hofbibliothek" genannt, obgleich keine Hofprivilegien vorlagen, sondern die Einrichtung tatsächlich der Öffentlichkeit zur Verfügung stand. Nach dem Ende der kurpfälzischen Herrschaft 1806 wurde die Bezeichnung „Großherzogliche Hofbibliothek" gebräuchlich, ab 1818 etablierte sich unter preußischer Verwaltung allmählich der Name „Königliche Landesbibliothek", der bis zur Übergabe an die Stadt im Jahr 1904 bestehen blieb. Vgl. dazu Galley, Eberhard: Die Landes- und Stadtbibliothek Düsseldorf. Ihre Funktion im Wandel einer zweihundertjährigen Geschichte. In: 200 Jahre Landes- und Stadtbibliothek Düsseldorf. Düsseldorf: 1970 (Veröffentlichungen der Landes- und Stadt-Bibliothek Düsseldorf; 6), S. 7–27, hier S. 8–10.

[3]   Eine Ausnahme bildet die Bibliothek Jacob Hermens, die 1873/74 übernommen wurde und gemäß Verfügung des Stifters gesondert aufgestellt werden sollte. Noch heute ist die Sammlung, über die schon 1874 ein gedruckter Katalog veröffentlicht wurde, unter der Signaturengruppe „H" separat im Bestand der ULB zu finden. Analog wurde auch die medizinische Sammlung Günther, die 1892 von der Düsseldorfer Familie Günther gestiftet wurde, gesondert als Signaturengruppe „G" aufgestellt.

[4]   Den Nachweis zur Existenz dieser Residenzbibliothek vor 1770 brachte Stosch, Manfred von: Düsseldorfs „öffentliche Bibliotheque" 1770–1809. In: Kurz, Gerhard (Hrsg.):

der Exlibris äußerst schwierig. Dennoch konnten bereits 69 Titel in 155 Bänden aufgespürt werden, die mit großer Sicherheit aus der Mannheimer Bibliothek stammen.[5]

Den größten Zuwachs erhielt die Hofbibliothek bekanntermaßen infolge der Säkularisation durch die Überführung von etwa 20.000 Bänden aus niederrheinischen und westfälischen Klöstern.[6] Die Einarbeitung und Aufstellung dieser Büchermassen, die ab dem Jahr 1803 nach Düsseldorf verbracht wurden, erwiesen sich als sehr aufwändig und erstreckten sich über mehrere Jahre.[7] Die zugesandten Bände wurden zunächst gereinigt und mit vorliegenden Verzeichnissen der Klosterbibliotheken verglichen; Dubletten wurden ausgesondert und alles Übrige fachlich in die Bestandsgruppen der Hofbibliothek eingeordnet.

Die Akzession der jungen Landesbibliothek beschränkte sich jedoch nicht auf die Kollektionen aus klösterlicher Provenienz. Durch Heino Pfannenschmid, der anlässlich des hundertjährigen Bestehens der Bibliothek im Jahr 1870 die Geschichte der Institution vorlegte, sind wir über weitere Schenkungen und Sammlungsankäufe unterrichtet.[8] So überreichten etwa schon 1771 die Jülich-Bergischen Landstände der Bibliothek mehr als 150 Bände vornehmlich juristischer Literatur. 1822 habe die Einrichtung die Büchersammlung des Physikalischen Kabinetts im Umfang von 62 naturwissenschaftlichen Werken und sechs Jahre später die Bibliothek der aufgelösten Regierung von Kleve erhalten. Die bedeutendste Schenkung sei die mehr als 1.200 Bände umfassende Privatbibliothek des Neusser Notars und Justizrats Alexander Theodor Ahrweiler gewesen, die 1869 inventarisiert werden konnte. Neben diesen und weiteren kostenfreien Akquisitionen tritt außerdem der Ankauf der Bibliothek von Professor Philipp Hedderich im Jahr 1805 hervor – „die wohlfeilste Erwerbung, welche die Landesbibliothek je gemacht hat", so Pfannenschmid.[9]

Düsseldorf in der deutschen Geistesgeschichte (1750–1850). Düsseldorf: Schwann 1984, S. 37–53, hier S. 45f.

[5] Vgl. Schüler, Jürgen: Ein fürstliches Geschenk für Düsseldorfs „öffentliche Bibliotheque". Dubletten aus der Mannheimer Hofbibliothek. In: Kaiser, Gert (Hrsg.): Bücher für die Wissenschaft. Bibliotheken zwischen Tradition und Fortschritt. München u.a.: Saur 1994, S. 237–259.

[6] Vgl. dazu Siebert, Irmgard (Hrsg.): Kataloge der Handschriftenabteilung. Universitäts- und Landesbibliothek Düsseldorf. Wiesbaden: Harrassowitz 2005ff. und dort angegebene Literatur.

[7] Vgl. Pfannenschmid, Heino: Die Königliche Landesbibliothek zu Düsseldorf seit der Zeit ihrer Stiftung bis auf die Gegenwart. In: Archiv für Geschichte des Niederrheins Nr. 7 (1870), S. 373–431, hier S. 397f.

[8] Vgl. ebd., S. 399–411.

[9] Ebd., S. 406.

Hinzu kamen Einzelkäufe[10] und abgelieferte Pflichtexemplare[11], die vergleichsweise einen kleineren Teil ausmachten. Von dem Gesamtbestand von etwa 40 000[12] Bänden, der im Jahr 1904 an die Stadt Düsseldorf übergeben wurde, stammte demnach der Großteil aus vormals geschlossenen Sammlungen. Schon zu diesem Zeitpunkt zeigt sich also die vornehmlich sammlungsbasierte Entwicklung des Bibliotheksbestandes, die durch weitere große Ergänzungen im 20. Jahrhundert fortgeführt wurde. Unter der Ägide der Stadt standen allerdings auch höhere finanzielle Mittel für die Erwerbung aktueller Literatur zur Verfügung, sodass schließlich im Jahr 1970 etwa 500.000 Bände an die Universität übergeben werden konnten.

Neuordnung und Erschließung

Untergebracht und zur Benutzung aufgestellt war der gesamte Bibliotheksbestand bis zum Jahr 1906 in der berühmten Gemäldegalerie am Burgplatz. Innerhalb dieses dreiflügeligen, zweigeschossigen Gebäudes, das schon 1709 an der Südseite des Düsseldorfer Residenzschlosses errichtet worden war, erfolgten aufgrund des stetigen Wachstums der Bestände und unzureichender klimatischer Bedingungen mehrfache Umzüge der Bibliothek.[13]

Ein erster vollständiger Katalog des Bestandes wurde infolge der zahlreichen Zuführungen aus den Klosterbibliotheken 1814–1818 durch den Hofbibliothekar Joseph Schram und seinen Sekretär und späteren Nach-

---

[10]   Hierzu zählen auch die Erwerbungen aus den Patentgebühren, die jeder Beamte infolge seiner Ernennung zur Subvention der Bibliothek zahlen musste. Statt des vollen Betrags von 14 Reichstalern konnte auch ein Buch gestiftet und die geringere Summe von 4 Talern geleistet werden, vgl. dazu Galley, Die Landes- und Stadtbibliothek Düsseldorf (wie Anm. 2), S. 9. Die gestifteten Bücher wurden bis 1807 in einem Katalog erfasst: Les Fastes de la Bibliothèque Electorale, Findbuch 1/8, 420, vgl. dazu auch Stosch, Düsseldorfs „öffentliche Bibliotheque" (wie Anm. 4), S. 37–53 und Brenner-Wilczek, Sabine: Die „öffentliche Bibliotheque" in Düsseldorf und ihre Beiträger. Denkmodelle zwischen Ancien Régime und Aufklärung. In: Hufschmidt, Anke (Hrsg.): Planspiele. 1716–1795. Stadtleben und Stadtentwicklung im 18. Jahrhundert. Ostfildern-Ruit: Hatje Cantz 2006, S. 47–58.

[11]   Nach Abschaffung der Patentgebühren wurde der Bibliothek im Jahr 1809 das Pflichtexemplarrecht des Großherzogtums Berg und ab 1818 das des Regierungsbezirks Düsseldorf zugesprochen, das bis 1849 Geltung hatte.

[12]   Vgl. Hiller von Gaertringen, Stadt und Bibliothek (wie Anm. 1), S. 7.

[13]   Die räumlichen und baulichen Veränderungen sind ausführlich dargelegt bei Schmettow, Matthias Graf von: Aus der Baugeschichte der Landes- und Stadtbibliothek. In: Bibliothekarische Nebenstunden. Joseph Gießler zum 65. Geburtstag gewidmet. Düsseldorf: 1964 (Veröffentlichungen der Landes- und Stadt-Bibliothek Düsseldorf; 5), S. 5–27.

folger Theodor Lacomblet erstellt.[14] Dieser handschriftliche Katalog, der noch heute in der ULB erhalten ist, weist eine alphabetische Verzeichnung der Titel auf losen Blättern auf, die zu 69 Faszikeln zusammengebunden wurden. Eine fachliche Einordnung und Systematik lässt jedoch erst der gedruckte Katalog von 1843 erkennen, wenngleich sie für die örtliche Aufstellung möglicherweise schon vorher verwendet wurden.[15] Dieser Katalog sieht zwölf wissenschaftliche Fächer vor, innerhalb derer die Bücher alphabetisch nach Verfassernamen sortiert und auch entsprechend in den Regalen aufgestellt wurden. Da man auf Einzelsignaturen verzichtete, konnten Neuerwerbungen mühelos in ihre jeweiligen Gruppen eingeordnet werden.[16] Erst als ab 1869 unter Woldemar Harleß allmählich Signaturen eingeführt wurden, wurden die zwölf mittlerweile stark besetzten Hauptfächer aufgespalten und insgesamt 62 Signaturengruppen gebildet.[17] Diese Gruppen wurden auch unter der Verwaltung der Stadt Düsseldorf fortgeführt und erst in den 1970er-Jahren durch die modernen Signaturen der Universitätsbibliothek abgelöst.

Da die beschriebenen Kollektionen in der Königlichen Landesbibliothek somit physisch nicht zusammengehalten wurden und die großen Kataloge aus dem 19. Jahrhundert bedauerlicherweise die Provenienzen der verzeichneten Bände nicht angeben, ist die Erforschung dieser Sammlungen auf eine aufwändige Rekonstruktion angewiesen, die aufgrund des starken Landesbezugs der Bestandsentwicklung auch für die Regionalgeschichte von großer Bedeutung ist.[18]

---

[14] Pfannenschmid weist darauf hin, dass die Vollständigkeit der Verzeichnung nicht ganz erreicht wurde. Einige Deduktionen und Abhandlungen seien noch nicht erfassbar gewesen, vgl. Pfannenschmid, Die Königliche Landesbibliothek (wie Anm. 7), hier S. 424.

[15] Vgl. Katalog der Königlichen Landesbibliothek zu Düsseldorf, Düsseldorf: 1843.

[16] Dazu ausführlich Pfannenschmid, Die Königliche Landesbibliothek (wie Anm. 7), S. 423–425 und Galley, Die Landes- und Stadtbibliothek Düsseldorf (wie Anm. 2), S. 15f.

[17] Vgl. Galley, Die Landes- und Stadtbibliothek Düsseldorf (wie Anm. 2), S. 16.

[18] Zu Rekonstruktionsprojekten älterer Bibliotheken anderer Orte vgl. z.B. Klosterberg, Brigitte: Zur Rekonstruktion frühneuzeitlicher Privatbibliotheken in der Bibliothek der Franckeschen Stiftungen. In: Archiv für Geschichte des Buchwesens Nr. 67 (2012), S. 107–124; Universitätsbibliothek Heidelberg: Bibliotheca Laureshamensis digital. Virtuelle Klosterbibliothek Lorsch. URL: http://www.bibliotheca-laureshamensis-digital.de/ [Stand 15.03.2016]; Universität Paderborn: Nova Corbeia. Die virtuelle Bibliothek Corvey. URL: http://nova-corbeia.uni-paderborn.de/ [Stand 15.03.2016].

Philipp Hedderich (1744–1808)

Am Beispiel der Bibliothek Philipp Hedderichs soll im Folgenden aufgezeigt werden, dass, wenngleich eine vollständige Rekonstruktion wohl nie erreicht werden kann, doch immerhin eine Ermittlung von Teilen einer Sammlung und ihres ursprünglichen Profils möglich ist.

Zur Person Hedderichs kann an dieser Stelle nur eine grobe Skizze dessen gegeben werden, was durch die Forschung mittlerweile sehr umfassend dargelegt wurde:[19] Geboren am 7. November 1744 in Bodenheim bei Mainz, trat Hedderich, der den Geburtsnamen Franz Anton erhalten hatte, schon mit 15 Jahren in Köln in den Minoritenorden ein, in dem er den Namen Philipp annahm. Hier studierte er zwei Jahre Philosophie und vier Jahre Theologie und widmete sich zusätzlich der Rechtswissenschaft und Kanonistik. Nach seiner Priesterweihe 1767 lehrte er am Kölner Minoritenkonvent Philosophie und hielt private Vorlesungen zur Theologie und zum Kirchenrecht. 1771–1774 setzte er sein Studium der Rechtswissenschaft in Trier fort und unterrichtete fortan am dortigen Konvent. In dieser Zeit trat er in Kontakt mit dem Febronianismus, einer innerkatholischen Reformbewegung, die für eine Stärkung des Bischofsamtes gegenüber dem Papsttum und für eine Unterordnung des Papstes unter ein allgemeines Konzil eintrat. Hedderich verfasste in Trier seine ersten kirchenrechtlichen Schriften, die aber noch von sehr gemäßigtem Charakter waren. 1774 erhielt er einen Ruf auf den Lehrstuhl für Kirchenrecht in Bonn, wo drei Jahre später offiziell die Kurkölnische Akademie eingerichtet wurde. 1778 wurde er zum Doktor der Theologie promoviert und im folgenden Jahr zum Wirklichen Geistlichen Rat ernannt. Seine Schriften wurden in dieser Zeit merklich schärfer und riefen zahlreiche Gegenschriften hervor. Schon bald wurde Hedderich als Febronianer angesehen und in einen langjährigen und erbitterten kirchenpolitischen Kampf verwickelt. Seitens des Domkapitels und des Vatikans wurden mehrfach Bemühungen angestellt, ihn seiner Stellung zu entheben, was insbesondere durch den Schutz des Erzbischofs Maximilian Friedrich jedoch nie erfolgte.

Hedderichs Hauptwerk *Elementa juris canonici*, das als grundlegendes

---

[19] Vgl. besonders Frowein, Peter: Philipp Hedderich. 1744–1808. Ein rheinischer Kanonist aus dem Minoritenorden im Zeitalter der Aufklärung. Köln; Wien: Böhlau 1973, außerdem Braubach, Max: Die erste Bonner Hochschule. Maxische Akademie und kurfürstliche Universität 1774/77 bis 1798. Bonn: Bouvier, Röhrscheid 1966 (Academia Bonnensia; 1), insb. S. 120–131; Fischer, Guntram: Düsseldorf und seine Rechtsakademie. Ein Beitrag zur Düsseldorfer Universitätsgeschichte. Düsseldorf: Triltsch 1983, insb. S. 265–268, und Tönnies, Paul: Die Dozenten der juristischen Fakultät zu Düsseldorf. In: Zeitschrift des Düsseldorfer Geschichtsvereins Nr. 2 (1883), S. 73–98, insb. S. 78–83.

Lehrbuch des Kirchenrechts angelegt war, erschien 1778–1783 und schon bald darauf in einer zweiten Auflage. 1788 folgte seine zweite Promotion zum Doktor beider Rechte, im selben Jahr wurde er zum Rektor der Universität ernannt. Als Bonn 1794 durch die Franzosen besetzt wurde, verließ Hedderich wie die meisten Professoren die Stadt und nahm eine Pfarrstelle in Bad Honnef an. 1803 erhielt er einen Ruf als Professor für das Kanonische Recht an der Rechtsakademie in Düsseldorf, den er sogleich annahm. Hier verstarb er nur fünf Jahre später im Alter von 63 Jahren an den Folgen einer Lungenentzündung.

Zeugnisse der Bibliothek Hedderichs

Über den Kauf der Bibliothek Hedderichs durch die Düsseldorfer Hofbibliothek berichtet Pfannenschmid in seiner oben zitierten Chronik.[20] Demzufolge habe die Büchersammlung stolze 976 Werke, 1.753 Dissertationen und 179 Deduktionen im Gesamtwert von mehr als 4.000 Talern umfasst, die der Kanonist über 40 Jahre hinweg zusammengetragen hatte. 1805, also nur zwei Jahre nach Hedderichs Berufung an die Rechtsakademie, trat das Kurfürstentum durch das General-Landes-Kommissariat mit ihm in Verhandlung und vereinbarte die Übernahme seiner Bibliothek. Im Gegenzug gewährte man ihm eine Pension auf Lebenszeit von jährlich 100 Reichstalern aus dem Klosterfonds, die Hedderich leider nicht mehr lange auskosten konnte. Die Bibliothek wurde zunächst im Lyzeum aufgestellt und stand dort für Entleihungen zur Verfügung.[21]

Pfannenschmid erwähnt auch einen Bestandskatalog, den Hedderich selbst angelegt hatte, um seine Bestände zu verzeichnen. Die jüngste, nähere Befassung mit dem Sammlungserwerb brachte die Gewissheit, dass eben dieser Katalog noch heute im Aktenbestand der ehemaligen Landes- und Stadtbibliothek verwahrt und benutzbar ist.[22] Es handelt sich um ein handschriftliches Verzeichnis in Folio auf 152 Seiten mit 976 Einträgen, das in einen marmorierten Pappeinband eingebunden ist. Zusätzlich zu Hedderichs Einträgen sind Markierungen in roter Kreide zu erkennen, die Joseph Schram bei der ersten Bestandsrevision nach dem Ableben des Vorbesitzers vorgenommen hat. Die Kreidestriche geben an, ob der jeweilige

---

[20] Vgl. Pfannenschmid, Die Königliche Landesbibliothek (wie Anm. 7), S. 407–409.
[21] Es handelt sich hierbei um das ehemalige Franziskanerkloster, in dem Hedderich auch seine Wohnung hatte, vgl. Frowein, Philipp Hedderich (wie Anm. 19), S. 201.
[22] Vgl. Catalogus librorum qui in Bibliotheca Hedderichiana continentur, Findbuch 1/8, 23.

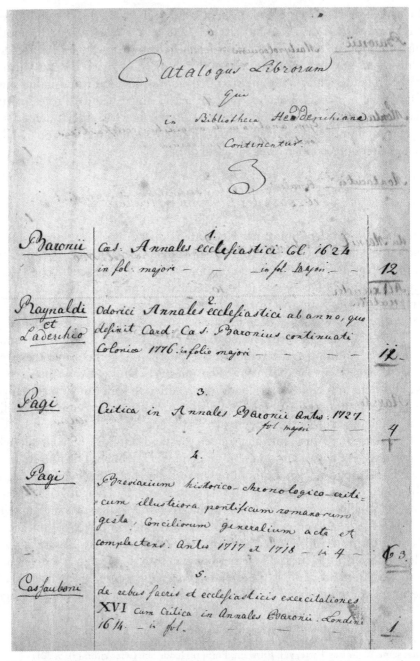

Abb. 1: Der Katalog Philipp Hedderichs mit den Revisionsmarkierungen durch Joseph Schram

Band tatsächlich vorgefunden wurde und ob der Titel in derselben oder einer anderen Auflage schon im Bestand der Hofbibliothek vorhanden war. Ergänzend hat Schram auf 11 zusätzlichen Seiten am Ende des Katalogs weitere Bände eingetragen, die Hedderichs Verzeichnung noch nicht enthielt.[23]

Die Anlage des Katalogs erscheint vollkommen chaotisch, sie lässt weder eine alphabetische noch eine chronologische oder systematische Ordnung der Titel erkennen. Die Einträge enthalten meist den Verfasser, Titel, Ort und Jahr jedes Werks sowie zusätzlich die Zahl zugehöriger Bände. Das bibliographische Format ist oft, jedoch nicht durchgängig zu finden, nur vereinzelt werden Ausgabenbezeichnungen angegeben. Grundsätzlich nicht erfasst sind Kollationsvermerke oder Provenienzen. Signaturen verwendete Hedderich in seiner Privatbibliothek offensichtlich nicht, die Einträge sind schlicht aufsteigend durchnummeriert. Jedoch verzeichnete er einige Werke versehentlich doppelt, z.B. 547 und 580, auch sind das angegebene Erscheinungsjahr und die Orthographie der Namen und Titel nicht immer korrekt.[24] Eine bibliographische Identifikation der Ausgaben ist dennoch in den meisten Fällen mühelos und eindeutig durchführbar, da Hedderich immerhin die Titel in sehr ausführlicher Form angab und diese in Verbindung mit dem Erscheinungsvermerk gerade bei den älteren Drucken eine präzise Bestimmung ermöglichen.

So lässt sich schon anhand des Katalogs die Sammlungsstruktur der Bibliothek Hedderichs rekonstruieren, da wir ihm Angaben über die Fach- und Themengebiete, die Herkunftsländer, Sprachen und den zeitlichen Rahmen entnehmen können. Dank dieser Überlieferung wissen wir, dass die Bibliothek des Kanonisten tatsächlich vor allem theologische und rechtswissenschaftliche Publikationen enthielt. Auch sind einige philosophische Werke und Klassikerausgaben enthalten, was angesichts von Hedderichs Bildungsweg ebenfalls nicht überrascht.[25] Die Zusammenstellung zeugt somit weniger von einer bibliophilen Sammeltätigkeit, sondern vielmehr von nutzungsorientierten Erwerbungen für seine eigene Forschung und Lehre. Die vorherrschende Sprache ist selbstverständlich Latein, einige deutsche Titel sind enthalten, aber nur äußerst wenige französische. Die Erscheinungsorte erstrecken sich auf den europäischen Raum, wobei viele

---

[23] Zur Person Joseph Schram vgl. Erman, Wilhelm: Geschichte der Bonner Universitätsbibliothek (1818–1901). Halle: Karras 1919 (Sammlung bibliothekswissenschaftlicher Arbeiten; 37/38), S. 24–26, und Fischer, Düsseldorf (wie Anm. 19), S. 249–253.

[24] Vgl. dazu Frowein, Philipp Hedderich (wie Anm. 19), S. 406f.

[25] Hier könnte auch Hedderichs Teilnahme an der Bonner Lesegesellschaft eine Rolle spielen, vgl. ebd., S. 136f.

Werke auf deutschem Gebiet gedruckt wurden, aber es sind auch zahlreiche Publikationen aus Frankreich, Italien und den Niederlanden darunter. Die zeitliche Spanne der enthaltenen Werke ist durchaus beachtlich: So sind neben unzähligen Drucken des 18. Jahrhunderts auch viele ältere, sogar zehn Inkunabeln, enthalten.

Vor diesem Hintergrund ist es nicht verwunderlich, dass sich das Kurfürstentum für den Erwerb der Bibliothek des berühmten Kanonisten einsetzte. Wenngleich theologische Werke zu dieser Zeit schon sehr umfangreich aus den Klöstern übernommen wurden, so stellen doch zumindest die kirchenrechtlichen und allgemein rechtswissenschaftlichen Werke eine große Bereicherung für den Düsseldorfer Bestand dar. Auch lassen die Markierungen Schrams im Katalog erkennen, dass nur 63 Werke dublett zum Bestand der Hofbibliothek und weitere 50 Werke in anderer Auflage vorhanden waren. Die übrigen bildeten eine willkommene Ergänzung, zumal diesbezüglich auch der außerordentliche Umfang der Sammlung hervorgehoben werden muss.[26] Für die noch junge Düsseldorfer Bibliothek war der letztlich günstige Erwerb ein großer Gewinn.

Wiederentdeckung einer verborgenen Sammlung

Neben der gewissermaßen „virtuellen" Rekonstruktion auf bibliographischer Ebene lassen sich erfreulicherweise auch physische Bände im Bestand der ULB aus dem Besitz Philipp Hedderichs nachweisen. Schon im Inkunabelkatalog wurde bei zwei Exemplaren auf die Provenienz Hedderichs verwiesen, die sich mittels eines handschriftlichen Eintrags bzw. eines Exlibris offenbart.[27] Zusätzlich konnten im Zuge der Altbestandsrevision und -katalogisierung weitere Zufallsfunde im Bestand gemacht werden, die nun ebenfalls als Provenienz erfasst sind.

Das jüngst erfolgte Studium des Katalogs führte zu zahlreichen weiteren Bänden aus dem früheren Besitz Hedderichs. Dafür wurde bislang für etwa ein Drittel der Einträge zunächst eine bibliographische Recherche ge-

---

[26] Die Sammlung ist damit weit größer als z.B. die „Bibliothek Lambert Krahe", die im Umfang von 148 Bänden laut Heinz Finger schon eine „absolute Sonderstellung unter den Sammlungen" einnehme, vgl. Finger, Heinz (Hrsg.): Bücherschätze der rheinischen Kulturgeschichte. Aus der Arbeit mit den historischen Sondersammlungen der Universitäts- und Landesbibliothek Düsseldorf 1979 bis 1999. Düsseldorf: Droste 2001 (Studia humaniora; 34), hier S. 41.
[27] Vgl. Gattermann, Günter (Hrsg.): Universitäts- und Landesbibliothek Düsseldorf. Inkunabelkatalog. Wiesbaden: Reichert 1994 (Schriften der Universitäts- und Landesbibliothek Düsseldorf; 20), hier Nr. 252 und 263.

Abb. 2: Das Exlibris Philipp
Hedderichs

tätigt und anschließend ein Abgleich am Katalog der ULB vorgenommen.
Diese Ermittlung ergab tatsächlich für die meisten der geprüften Einträge
mindestens ein Exemplar, das den Angaben Hedderichs entspricht. Nur
wenige Titel, die von Schram im Katalog als vorhanden abgezeichnet wurden, sind in der ULB nicht mehr nachgewiesen. Diese „Verluste" dürften
durch Verkäufe, Abgaben an andere Bibliotheken, Kriegsschäden oder auf
andere Weise zustande gekommen sein. Mindestens zwei Handschriften
aus der Sammlung wurden beispielsweise bei der Auflösung der Landes-
und Stadtbibliothek an das Heinrich-Heine-Institut gegeben, wo sie noch
heute verwahrt werden.[28]

In mehr als 50 Bänden im Bestand der ULB ließen sich tatsächlich Be-
sitznachweise Hedderichs in Entsprechung zu einem seiner Katalogein-
träge finden.[29] Davon kennzeichnete der Kanonist nur sehr wenige Bücher
handschriftlich, im Regelfall verwendete er sein Exlibris, das er meist mit-
tig in der oberen Hälfte des Vorsatzes einklebte. Dieses misst 7 cm x 3 cm
und betitelt Hedderich als Professor und Geistlichen Rat. Aufgrund dieser
Bezeichnung ist anzunehmen, dass das Exlibris in den 1780er-Jahren gestaltet wurde und fortan Verwendung fand. Da der Sammler dann auch für
ältere Bände, die schon früher in seinen Besitz gelangten, den Nachweis
eingeklebt haben mag, lässt sich mittels der Titelverwendung jedoch kein
Rückschluss auf einen späteren Bucherwerb des jeweils gekennzeichneten
Bandes ableiten.

Die so markierten und damit eindeutig der Bibliothek Hedderichs zuzu-
ordnenden Bände zeigen kein einheitliches Bild. Es handelt sich um sehr

---

[28] Es handelt sich um HH 38 (ehemals E 8 b) und HH 41 (ehemals E 12). Beide Bände
sind durch handschriftliche Einträge eindeutig als sammlungszugehörig gekennzeichnet,
aber mit großer Wahrscheinlichkeit nicht von Hedderich selbst geschrieben. Zu HH 38
vgl. Frowein, Philipp Hedderich (wie Anm. 19), S. 405f.
[29] Zusätzlich tragen auch zahlreiche Dissertationen sein Exlibris, die aber im Katalog
nicht einzeln verzeichnet sind.

unterschiedliche zeitgenössische Pergament- oder Ledereinbände, teilweise wurden die Bücher auch später neu in Bibliothekseinbände gebunden. Sie zeigen in den meisten Fällen kaum Annotationen oder Anstreichungen, sodass sich abgesehen von dem Besitzvermerk keine Spuren des Vorbesitzers nachweisen lassen. Insbesondere die älteren Drucke lassen jedoch bisweilen weitere Provenienzen erkennen. Diese sind allerdings von so großer Diversität, dass sich beim aktuellen Forschungsstand noch kein Hinweis auf den Erwerb einer größeren Sammlung durch Philipp Hedderich ergibt.

Die Exemplare der ULB mit sicherem Indiz für die Provenienz Hedderichs sind in mindestens 20 der ursprünglich 62 Signaturengruppen nachzuweisen. Die oben dargelegte Verstreuung von ehemals geschlossenen Sammlungen durch die bibliothekarische Neuordnung in der Königlichen Landesbibliothek lässt sich daher am Beispiel der Sammlung Hedderichs eindrucksvoll belegen. Dem Inhalt der Werke entsprechend sind die rechtswissenschaftlichen Fachgruppen besonders häufig vertreten (z.B. D.R.: Deutsches Recht, K.R.: Kirchenrecht, St.u.R.G.: Staats- und Rechtsgeschichte), ebenso wie die theologischen Fächer (z.B. K.G.: Kirchengeschichte, P.Eccl.: Patres ecclesiae, Syst.Th.: Systematische Theologie). Andere Bereiche wie die philologischen und historischen Signaturengruppen sind jedoch nicht davon ausgenommen. Auf eine Auflistung aller bislang gefundenen Exemplare wird an dieser Stelle verzichtet, da diese zu umfangreich wäre und die Recherchen zudem noch fortgeführt werden. Alle gefundenen Bände werden jedoch im Zuge der Sammlungserschließung künftig mit einem Provenienzkennzeichen versehen, sodass die Bibliothek Hedderichs über den Katalog der ULB wieder recherchierbar ist.

Neben denjenigen Exemplaren, die beispielsweise durch Hedderichs Exlibris einen sicheren Nachweis des Vorbesitzers geben, lässt sich auch bei vielen weiteren Bänden vermuten, dass sie aus seinem Verkauf stammen. Dies ist insbesondere der Fall, wenn der entsprechende Katalogeintrag von Schram als vorhanden (und nicht dublett)[30] markiert wurde und das Exemplar der ULB mit dem Stempel der Königlichen Landesbibliothek versehen sowie in einer alten Signaturengruppe eingeordnet ist. Da diese Schlussfolgerung aber hypothetisch bleibt, wird man bei diesen Exemplaren wohl auf eine Provenienzverzeichnung verzichten müssen.

Für ein besonders beachtenswertes Beispiel soll, obgleich ein definitiver

---

[30] Bei den durch Schram als dublett markierten Bänden lässt sich in vielen der entsprechenden Exemplare der ULB eine Stiftung im Rahmen der Patentregelung feststellen, wie es durch den Vermerk „Donné à la Bibliothèque Électorale par Monsieur ..." im Buch erkennbar ist. Das Exemplar aus Hedderichs Besitz wurde in solchen Fällen wohl meist verkauft.

Beweis nicht erbracht werden kann, dennoch die Hypothese aufgestellt werden, dass sich ein Band ohne Provenienzmerkmal der Sammlung zuordnen lässt: Unter Nr. 882 verzeichnet der Katalog einen Titel, der zwölf Bücher zur Ethik mit Auszügen der Werke von Horaz, Persius, Juvenal, Ennius, Baptista Mantuanus, Sulpicius Severus, Cato und aus den *Parabolae* von Alanus enthalte. Dieses Buch sei 1492 in Lyon gedruckt worden. Der entsprechende Band lag Schram bei seiner Prüfung 1808 vor, wie die Markierung bezeugt.

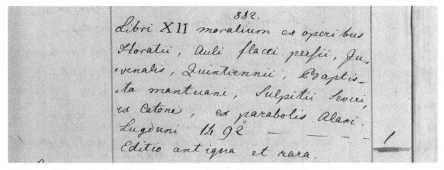

Abb. 3: Nachweis eines Wiegendrucks in Hedderichs Katalog

Tatsächlich verwahrt die ULB eine Inkunabel, auf die diese Beschreibung exakt zutrifft. Es handelt sich dabei um die *Silvae Morales* von Jodocus Badius Ascensius, die am 14. November 1492 bei Johannes Trechsel in Lyon erschienen sind (GW 3154). Badius hatte aus eben den Werken in exakt der von Hedderich genannten Reihenfolge eine Kompilation in zwölf Büchern zusammengestellt und herausgebracht. Das Düsseldorfer Exemplar trägt die Signatur N.Lat.8 (Ink.) und ist mit dem Stempel der Königlichen Landesbibliothek versehen. Eine eindeutige Provenienz des Bandes ließ sich bislang nicht nachweisen, nun scheint sie jedoch evident, sodass sich ein dritter Druck aus dem Inkunabelbestand der ULB auf Hedderich zurückführen ließe.

Demgegenüber ist bei der Rekonstruktion einer solchen Sammlung auch zu bedenken, dass manche Bände, die den Namen einer Person tragen, nicht zwingend aus dessen eigenem Besitz stammen. Im Falle dieser Untersuchung lässt sich dies zu Ms. 901 der Binterim-Handschriften[31] und HH 48 (ehemals E 19) aus dem Bestand des Heinrich-Heine-Instituts be-

---

[31] Vgl. Frowein, Philipp Hedderich (wie Anm. 19), S. 266f. und S. 406, und Finger, Heinz: Die Binterimbibliothek und ihr Begründer. In: Ders.: Bücherschätze (wie Anm. 26), S. 287–368, hier S. 332.

merken. Beide enthalten Werke von Philipp Hedderich mit ergänzenden Bemerkungen, sind jedoch vermutlich nicht von seiner Hand geschrieben, sodass es sich um Vorlesungsmitschriften eines Studierenden handeln könnte. Ms. 901 kam durch die Sammlung Binterim als Depositum in die Landes- und Stadtbibliothek, HH 48 trägt einen Stempel des Notars Ahrweiler und lässt sich somit zu dessen oben beschriebener Schenkung von 1869 zählen.

Resümee

Die Bibliothek des Kanonisten Philipp Hedderich, die 1805 von der Düsseldorfer Hofbibliothek erworben wurde, ist nachweislich zu großen Teilen noch heute im Bestand der ULB enthalten. Es handelt sich jedoch um eine „verborgene Sammlung" („hidden collection")[32], die aufgrund einer Neuordnung im Bestand verstreut ist. Mittels des handschriftlichen Katalogs des Sammlers lässt sich die Bibliothek dennoch partiell rekonstruieren. Die Sammlung beeindruckt durch ihre fachliche Breite und durch die besondere Tiefe im Bereich der theologischen und juristischen Wissenschaften. Hedderichs Bibliothek bildet durch den engen Konnex des Stifters zu den kirchenpolitischen Kämpfen seiner Zeit zudem eine bedeutsame Quelle der katholischen Aufklärung. Durch die Wiederentdeckung und Aufbereitung dieser bedeutsamen Sammlung öffnen sich somit neue Perspektiven für die institutions- und regionalgeschichtliche Forschung.

---

[32] Vgl. zur Sammlungstypologie Weber, Jürgen: Sammlungsspezifische Erschließung. Die Wiederentdeckung der Sammlungen in den Bibliotheken. In: Bibliotheksdienst 43 (2009), S. 1162–1178, hier S. 1177.

ULRICH KOPPITZ, ALFONS LABISCH,
MARIE-ISABELLE SCHWARZBURGER

Gelehrtenbibliotheken. Auf den Spuren der Neurowissenschaftler Eccles und Vogt

„[...] The last journey of my odyssey is now ended, again across the ocean to Europe [...]. I have here all my books and journals – many thousands of volumes and a large collection of reprints, so that I can continue my academic life, concentrating on the field that lured me into neurophysiology over 50 years ago – the mind-brain problem."[1]

Zur Einführung

Einleitend wird die historische Entwicklung der Gelehrtenbibliotheken bis ins 21. Jahrhundert in Grundzügen dargestellt, bevor ihr besonderer Wert anhand exemplarisch ausgewählter Bücher aus dem Besitz des Nobelpreisträgers John Eccles und von Atlanten des Cécile und Oskar Vogt-Instituts für Hirnforschung erläutert wird. Den Abschluss bilden bibliometrische Forschungsperspektiven und die Einladung, die vielfältigen Möglichkeiten dieser Sondersammlungen zu nutzen.

Zur Zeit des Übergangs vom Mittelalter in die Frühe Neuzeit verlagerte sich die Verteilung des Wissens in Mitteleuropa vom klösterlich-kirchlichen hin zum privat-städtischen Bereich. Nicht mehr nur Angehörige der Kirchen konnten sich Bücher leisten und somit wissenschaftlich arbeiten, sondern auch private Gelehrte und Studenten. Durch den Buchdruck mit beweglichen Lettern wurden Bücher zur Handelsware und zunehmend erschwinglich. Dennoch waren die deutschen Universitätsbibliotheken wie in Duisburg oder Wittenberg notorisch unzureichend ausgestattet,[2] die Gelehrten und Studenten waren häufig auf privaten Buchbesitz an-

---

[1] Eccles, John C.: My Scientific Odyssey. In: Annual Review of Physiology 39 (1977), S. 1–18, hier S. 17. Die Autoren danken Saskia Trapp für Lektorat und Hinweise aus der Perspektive medizinischer Dokumentation.

[2] Raabe, Paul: Tradition und Innovation. Studien und Anmerkungen zur Bibliotheksgeschichte. Frankfurt am Main: Klostermann 2013, S. 98.

gewiesen[3]. So entstand während des Humanismus und der Renaissance die Gelehrtenbibliothek, eine Form der Privatbibliothek. In Europa gab es im 16. Jahrhundert eine Blütezeit der Buchkultur.[4] Private Gelehrte sammelten, sei es aus Freude an Büchern, wissenschaftlichem Interesse oder Sammelleidenschaft, eine Vielzahl von Büchern.[5] Sammeln und Verbreitung des Wissens wurden im 18. Jahrhundert im Zeichen der Aufklärung programmatisch.[6] Einschlägige historische Forschungen zu Gelehrtenbibliotheken im deutschsprachigen Raum stecken „in vielerlei Hinsicht noch in den Anfängen"[7] und stellen insbesondere methodisch eine Herausforderung dar.[8]

Wurden die Bücher und deren Wissen in der Frühen Neuzeit zwar einem breiteren Publikum zugänglich gemacht, so blieben sie doch in den meisten Fällen gut situierten Personen vorbehalten. Im 19. und 20. Jahrhundert verbesserten sich die Voraussetzungen für private Sammler, denn das Buch wurde mit dem Aufkommen von Holzschliffpapier zu einem Massenprodukt. Seitdem können zahlreiche Akademiker recht umfangreiche Bestände erwerben und sich kleine Privatbibliotheken aufbauen. Im 21. Jahrhundert gibt es eine immense Erweiterung durch digitale Bibliotheken, großenteils im Internet. Auch in qualitativer Hinsicht entstehen dadurch neue Möglichkeiten, etwa neuartige Auswertungsstrategien durch maschinelle Suchfunktionen, doch werden die „digital humanities" den individuellen Prozess des Lesens bzw. ‚Verstehens' schwerlich ersetzen können. Durch E-Books und E-Journals können große Mengen Literatur aller Art auch ohne große Räumlichkeiten auf dem Computer oder Server gespeichert und so den Wissenschaftlern selbst unterwegs zur Verfügung gestellt werden. Digitalisate von Quellen oder Literaturauszügen auf Institutsservern ergänzen die Privat- oder Institutsbibliotheken bzw. Handapparate der Professoren.

---

[3] Schmitz, Wolfgang: Deutsche Bibliotheksgeschichte. Bern u.a.: Lang 1984, S. 95.
[4] Raabe, Tradition und Innovation (wie Anm. 2), S. 112.
[5] Ebd., S. 100.
[6] Ebd., S. 114.
[7] Steiger, Johann Anselm: Der Buchbesitz des Hermann Samuel Reimarus (1694–1768): Zur Morphologie einer Gelehrtenbibliothek. In: Steiger, Johann Anselm; Richter, Sandra (Hrsg.): Hamburg, eine Metropolregion zwischen Früher Neuzeit und Aufklärung. Berlin: Metropolis 2012, S. 253–262, Zitat S. 253.
[8] Rohmann, Ivonne: Aspekte der Erschließung und Rekonstruktion nachgelassener Privatbibliotheken am Beispiel der Büchersammlungen Herders, Wielands, Schillers und Goethes. In: Knoche, Michael (Hrsg.): Autorenbibliotheken. Erschließung, Rekonstruktion, Wissensordnung. Wiesbaden: Harrassowitz 2015, S. 17–59. Steiger, Der Buchbesitz (wie Anm. 7), mit ausf. weiterf. Lit. zur Frühen Neuzeit insbes. S. 253–255.

Für (wissenschafts-)historische Forschungen allerdings bleiben ehemalige Privat- bzw. Gelehrtenbibliotheken von großer Bedeutung. Denn die älteren Buchbestände der wichtigsten Forschungsbibliotheken bestehen zum Teil aus posthum erworbenen Privatbibliotheken.[9] Im Bestand der Universitäts- und Landesbibliothek Düsseldorf (ULB) sind dies etwa die nachgelassenen Autorenbibliotheken des Astronomen Johann Friedrich Benzenberg (1777–1846) und des Historikers Gerhard Ritter (1888–1967), während die Sammlung des Apothekers Helmut Vester (1913–2002) weit darüber hinausgeht.[10]

Ein weiteres Beispiel ist die gut erforschte Privat- bzw. Gelehrtenbibliothek des Kölner erzbischöflichen Leibarztes Gisbert Longolius (1507–1543).[11] Seine Bibliothek umfasste zwei große Sammlungsschwerpunkte, zum einen die Philologie und Philosophie, zum anderen die Medizin. Beides ist durch seine Forschungsgebiete zu erklären. Allerdings sind nur 123 Bücher aus seiner Bibliothek heute noch bekannt.[12] Ob die Bibliothek vollständig ist, lässt sich nicht mehr feststellen, sie ist – bis sie in Düsseldorf ankam – so häufig umgezogen, dass ein Verlust von Büchern durchaus wahrscheinlich ist. Sie wurde zunächst an den Humanisten Johannes Cincinnius (ca. 1485–1555), nach dessen Tod in die Bibliothek des Ludgeruslosters in Werden und dann im Zuge der Säkularisation an die Königliche Landesbibliothek gegeben.[13]

Auch Longolius' privates Interesse spiegelt sich in diesem Bestand wider, denn er besaß fünf geographische Werke, von denen drei von ihm glossiert sind.[14] Antike Autoren sind mit zwölf Werken – neun von ihnen glossiert – zahlreich vertreten. Dies lässt sich anhand seiner vielen veröffentlichten Kommentare zu den klassischen Werken erklären. Mit der Medizin beschäftigen sich ungefähr 50 seiner Bücher.[15] „Longolius hat offensichtlich

[9] Streich, Gerhard: Die Büchersammlungen Göttinger Professoren im 18. Jahrhundert. In: Raabe, Paul (Hrsg.): Öffentliche und Private Bibliotheken im 17. und 18. Jahrhundert. Raritätenkammern, Forschungsinstrumente oder Bildungsstätten? Bremen: Jacobi 1977, S. 241–300, hier S. 241.

[10] Vgl. den Beitrag von Frank Leimkugel in diesem Band sowie die Ausführungen zur Vorgeschichte der Sondersammlungen zu Thomas Mann und Janusz Korczak.

[11] Finger, Heinz: Gisbert Longolius. Ein niederrheinischer Humanist. Düsseldorf: Droste 1990, zum Geburtsdatum S. 48; Finger, Heinz; Benger, Anita: Der Kölner Professor Gisbert Longolius, Leibarzt Erzbischof Hermanns von Wied, und die Reste seiner Bibliothek in der Universitätsbibliothek Düsseldorf. Düsseldorf: Universitätsbibliothek 1987.

[12] Finger; Benger, Gisbert Longolius (wie Anm. 11), S. 84, S. 89ff.

[13] Ebd., S. 86–87.

[14] Ebd., S. 84.

[15] Ebd.

seine Bücher nicht nach der Wichtigkeit für sein eigenes Gelehrtenleben, sondern nach den Bedürfnissen seiner jeweils gegenwärtigen Interessen gesammelt".[16]

Wie wird eine Gelehrtenbibliothek allgemein charakterisiert? Zunächst ist festzuhalten, dass sie klar abzugrenzen ist zu einer Kloster-, Universitäts- oder Fürstenbibliothek. Sie hat keinen besonders repräsentativen Charakter, sondern ist vor allem auf den Nutzen des Sammlers und Lesers ausgerichtet. Die Gelehrtenbibliotheken waren durchaus von unterschiedlicher Größe. Beeinflusst wurden sie von dem Sammeleifer, den materiellen Voraussetzungen, Rang, Dienststellung und dem sozio-kulturellen Umfeld ihres jeweiligen Eigentümers.[17]

Was also macht eine Gelehrtenbibliothek zu einem Schatz? Mittelalterliche Handschriften erscheinen durch ihren einzigartigen Charakter als Kostbarkeiten, gedruckte Inkunabeln werden durch individuelle Illustrationen besonders wertvoll. Dies ist für die Massenproduktionen des 19., 20. und 21. Jahrhunderts nicht mehr gegeben. Wie also könnten solche Bücher zu Schätzen werden? Für die Bibliothek von John C. Eccles (1903–1997) lässt sich dies beispielhaft mit eigens angefertigten Sonderdruckbänden oder Prachtausgaben und durch seine Kommentierungen in Büchern und Artikeln rechtfertigen. Ein Massenprodukt wird durch persönliche Anmerkungen wie Ergänzungen, Zustimmung oder Ablehnung zu einem Unikat, das die Forschungen und zum Teil auch die Persönlichkeit des Lesers widerspiegelt.[18] Es lässt sich erkennen, welche Bücher Eccles selber noch als Student durcharbeitete, indem er relevant erscheinende Inhalte unterstrichen oder hinzugefügt hat. Bücher von Forschungskollegen werden ebenfalls kommentiert und eigene Überlegungen hinzugefügt. Damit ergeben sich weitere Erschließungsmöglichkeiten für den wissenschaftshistorisch unikalen Schatz der umfangreichen Briefkorrespondenz des Australiers John C. Eccles.[19] Es finden sich darunter auch Briefe zu wissenschaftlicher Literatur und darüber hinaus: Anregungen und Kritiken wurden ausgetauscht und intensiv diskutiert.[20]

---

[16]   Ebd., S. 85.

[17]   Streich, Die Büchersammlungen (wie Anm. 9), S. 241–300, hier S. 255.

[18]   Vgl. Wieland, Magnus: Materialität des Lesens. Zur Topographie von Annotationsspuren in Autorenbibliotheken. In: Knoche, Autorenbibliotheken (wie Anm. 8), S. 147–173.

[19]   Für weitere Informationen über das Eccles-Archiv: Freund, Hans-Joachim; Koppitz, Ulrich; Labisch, Alfons (Hrsg.): The Legacy of John C. Eccles. Selected Letters (1937–1963) and Guide to the Archive in Düsseldorf. Aachen: Shaker 2011.

[20]   Beispielsweise wurde Lorente de No, Rafael: A study of nerve physiology, 2 vols., New York 1947, in der Korrespondenz häufig auch als zu umfangreich kritisiert, siehe

Heinz Finger hat beschrieben, wie Longolius in seiner Privatbibliothek durchaus unterschiedliche Arten von Glossen einfügte, indem er in einigen der Bücher Ergänzungen an die Seite schrieb[21], sehr persönliche Anmerkungen – unter anderem durch Selbstporträts – verfasste[22] oder auch den Aussagen im Text widersprach, zum Beispiel durch den Vermerk „Confutatio"[23].

Wie lässt sich eine Gelehrtenbibliothek hinsichtlich ihres inhaltlichen Profils analysieren und interpretieren? Es kann ein Profil des Gelehrten anhand seiner Büchersammlung erstellt werden, die Informationen über die einzelnen Lebensabschnitte bietet. So finden sich Bücher, die er als Student durcharbeitete, Werke, die er im Laufe seiner Karriere selber schrieb, sowie Buchgeschenke, die er dauerhaft behalten hat. Vor allem lässt sich erkennen, welche Werke ihn aus wissenschaftlicher Sicht interessiert und wie sich seine Forschungsschwerpunkte verändert haben.

„Die Bibliothek ist ein Schlüssel zum Verständnis seiner geistigen Persönlichkeit, aber auch seiner privaten Lebensumstände, vor allem seiner beruflichen Bedürfnisse."[24] Welchen Nutzen hat eine Gelehrtenbibliothek darüber hinaus für heutige und zukünftige Forscher? Dieser Kernfrage soll der Schluss dieses Beitrags gewidmet sein.

Selbst wenn in einigen Fakultäten mittlerweile die ersten Professorengenerationen berufen werden, deren Publikationen ausschließlich in Dateiform erschienen sind, erfreuen sich private Buchbestände bei vielen Akademikern noch immer großer Wertschätzung, nicht nur als dekorativer Hintergrund und Statussymbol etwa in den Medien, sondern auch als besonderes akademisches Buchgeschenk sowie als arbeitsreiches Rezensions- oder Belegexemplar. Noch 1981 meinte John C. Eccles: „The doom prophecies of the futorologists should not panic us into a technology where computer storage replaces books. Let us remember the joy of owning a personal library for browsing in, for reading again some treasured work and for searching in for ideas and inspirations in one's own cultural life."[25]

vor allem Eccles an Hodgkin vom 19.3.1948 [EAD 2NZ-2052], veröffentlicht in Freund; Koppitz; Labisch, The Legacy (wie Anm. 19), S. 134.

[21] Finger, Gisbert Longolius (wie Anm. 11), S. 37.
[22] Ebd., S. 39.
[23] Ebd., S. 45.
[24] Raabe, Tradition und Innovation (wie Anm. 2), S. 99.
[25] Eccles, John C.: In praise of books. In: Pflieger, Matthias (Red.): Für Klaus Piper zum 70. Geburtstag. München: Piper 1981, S. 48, S. 50.

Wie sich im 20. Jahrhundert solche Bücherschätze angesammelt haben, soll beispielhaft am Nachlass des australischen Neurophysiologen und Nobelpreisträgers (1963) John C. Eccles illustriert werden.

Eccles' Privatbibliothek

Einer der Pioniere der Neurowissenschaften war der australische Physiologe John Carew Eccles, dessen Nachlass im Düsseldorfer Institut für Geschichte der Medizin aufgearbeitet wird. Den Nobelpreis erhielt John C. Eccles für systematische Laborforschungen zur Signalübermittlung im Zentralen Nervensystem, bekannt wurde er auch mit interdisziplinären Veröffentlichungen zum Falsifizierungsprinzip sowie zum Leib-Seele-Problem.[26]

Bibliothek

In einem autobiographischen Aufsatz hatte John C. Eccles anschaulich geschildert, dass er mit seiner Laborausrüstung gleichsam wie mit einem Schneckenhaus durch die Welt gezogen war, von Neuseeland nach Australien bis in die USA.[27] Dies gilt in zeitlich noch größerem Umfang für seine Korrespondenzen und seine wachsende Privatbibliothek, die zuvor bereits mit ihm von Oxford nach Sydney gereist waren und nach dem Ende seiner Laborforschungen den Umzug ins Tessin begleiteten. Im Gegensatz zu seinem Mentor und Vorbild Charles Sherrington war John C. Eccles kein antiquarischer Sammler, sondern seine Bibliothek spiegelt deutlich den Bücherbedarf seiner Lebensphasen – von den Handbüchern der 1920er-Jahre bis hin zu den Kongressbänden des ausgehenden 20. Jahrhunderts.[28] Zeit-

---

[26] Freund; Koppitz; Labisch, The Legacy (wie Anm. 19), S. 18. Standardliteratur zu Leben und Werk von Eccles: Stuart, Douglas G. (Hrsg.): The Contributions of John Carew Eccles to Contemporary Neuroscience [Themenheft/Special Issue]. In: Progress in Neurobiology 78 (2006), S. 135–326. Curtis, David R.; Andersen, Per: Sir John Carew Eccles, A. C. 27 January 1903 – Elected F.R.S. 1941. In: Biographical Memoirs Fellows of the Royal Society 41 (2001), S. 159–187. Eccles, Helena; Biersack, Hans J. (Hrsg.): Sir John Eccles in memoriam, a tireless warrior for dualism. Landsberg: Ecomed 2000.

[27] Eccles, My Scientific Odyssey (wie Anm. 1), hier S. 1.

[28] Vgl. Sotke, Sophia; Koppitz, Ulrich; De Sio, Fabio: Nachlässe, Netzwerke und Neurowissenschaftler. Zur Sondersammlung John Eccles in der Institutsbibliothek für Geschichte der Medizin. In: Gross, Dominik; Karenberg, Axel; Schmidt, Mathias (Hrsg.): Forschungen zur Medizingeschichte – Beiträge des Rheinischen Kreises der Medizinhistoriker. Kassel: Kassel University Press 2013, S. 371–390.

lebens war er ein ausgesprochener Bücherfreund, der sich gern daran erinnerte, mit welcher Vorfreude in Neuseeland ein Schiff mit Büchern erwartet wurde. Auch als Laborwissenschaftler veröffentlichte er Standardwerke in Buchform und als Sachbuchautor zahlreiche Taschenbücher.[29] Es ist kein Zufall, dass die Fachbibliothek Medizinische Wissenschaften der Australischen Nationaluniversität nach ihm benannt worden war.[30]

Seit 2010 steht die private Nachlassbibliothek von John C. Eccles im Institut für Geschichte der Medizin der Heinrich-Heine-Universität Düsseldorf als Präsenzbestand öffentlich zur Verfügung.

Zunächst war der Nachlass an ein Institut der Universität Basel gegangen, doch nach einer Weile stellte sich heraus, dass man dort kaum ein Viertel der Bestände erhalten konnte, und die Erschließung kam nicht voran.[31] Seine Witwe Dr. Helena Eccles versuchte eine Institution in England zu finden, doch keine sah sich dazu imstande, Archiv und Bibliothek gemeinsam aufzunehmen. Dies sollte zu einem Problem werden, da das Testament besagt, dass der wissenschaftliche Nachlass zusammenbleiben soll, denn die Bücher hatten im Hause Eccles auch als Ablagesystem für Korrespondenzen mit deren Autoren bzw. Kollegen gedient. Der Eccles-Bestand umfasst insgesamt ungefähr 150 Regalmeter, darunter etwa 2.500 Bücher.

Eccles beeindruckte zahlreiche Zeitgenossen als eine kosmopolitische, vielseitig kultur- und geisteswissenschaftlich gebildete Forscherpersönlichkeit. Neben seinen zahlreichen Forschungsthemen publizierte der Neurowissenschaftler zu anthropologischen Fragestellungen wie der Evolution des Selbst und der Leib-Seele-Problematik.

Was lässt sich aufgrund des Bestandes der Privatbibliothek über den gelehrten Sammler John C. Eccles sagen? Es ist nicht verwunderlich, dass zur Sammlung die eigenen Veröffentlichungen gehören, etwa über 40 Belegexemplare seiner Buchpublikationen in Übersetzung oder weiteren Auflagen. Darunter sind französische, italienische oder portugiesische Ausgaben ebenso wie japanische und koreanische. Eccles beschäftigte sich aber nicht nur mit seinen Themenschwerpunkten wie der Neurowissenschaft, seine Bibliothek enthält auch Bücher über die Geisteswissenschaften, Belletristik und sogar Kunstbände und Reiseführer.

---

[29]   Vgl. Eccles, John C.: Reflections on a lifetime of experiences in scientific publications. In: Springer, Konrad F. (Hrsg.): Semper attentus. Beiträge für Heinz Götze zum 8. August 1977. Berlin u.a.: Springer 1977, S. 95–102. Eccles, In praise of books (wie Anm. 25), S. 48–50.
[30]   Vgl. z.B. http://www.worldcat.org/libraries/96790 [Stand 22.12.2015].
[31]   Freund, Hans-Joachim: Securing the Eccles Collection. In: Freund; Koppitz; Labisch, The Legacy (wie Anm. 19), S. 7–8.

Thema	Signatur	Bücher insgesamt	Davon annotiert	Prozent (gerundet)
Bücher mit Beiträgen von Eccles	1C	143	33	23%
Naturwissenschaften allgemein	4B-3000er	76	15	20%
Bücher über Eccles' Forschungsschwerpunkte	4B-1000er	963	158	16%
Belletristik	4B-7000er	356	28	8%
Geisteswissenschaften allgemein	4B-4000er	285	16	6%
Biographien	4B-5000er	175	10	6%
Bücher, von Eccles herausgegeben oder verfasst, div. Aufl./Übers, (keine Korrekturfahnen: Archiv 1G)	1A	70	2	3%
Illustrierte biographische Werke	4B-6000er	94	1	1%
Illustrierte Werke allgemein, Kunst und Reisen	4B-8000er	311	2	1%

Tab. 1: Annotationen in Eccles' Privatbibliothek

Nun soll versucht werden, ähnlich wie es Heinz Finger für die Bibliothek des Longolius getan hat, eine Charakterisierung anhand der Kommentare in den Büchern zu erstellen.

Insgesamt finden sich in 266 von rund 2.500 Büchern handschriftliche Notizen. Im Gegensatz zu Privatbibliotheken etwa von (Medizin-)Historikern, die ihre Bestände nach eigener Systematik katalogisiert haben wie der Pionier der deutschen Medizingeschichte Karl Sudhoff (1853–1938)[32], ist die Ordnung der Bibliothek von John C. Eccles mit der ursprünglichen Aufstellung verloren gegangen, sodass posthum eine Systematik in Anlehnung an die Regeln zur Nachlasserschließung erstellt wurde, die eigene Werke von Sammlungen trennen.

Die meisten Anmerkungen finden sich in Werken, zu denen Eccles selbst Beiträge verfasst hat. Zumeist hat er Beiträge seiner Kollegen durchgearbeitet und mit Notizen versehen, nicht seine eigenen. Es folgen Bücher aus allen Bereichen der Naturwissenschaften, besonders zu denjenigen Themen, über die er selbst veröffentlicht hat.

Die wenigsten bzw. fast gar keine Randbemerkungen weisen die illustrierten Werke und vor allem die Belegexemplare seiner eigenen Bücher auf, die eventuell auch als Kopiervorlagen dienen konnten. Die zahlreichen Manuskripte und Druckfahnen wurden im Archivbestand magaziniert.[33]

---

[32] Vgl. Frewer, Andreas: Bibliotheca Sudhoffiana – Medizin und Wissenschaftsgeschichte in der Gelehrtenbibliothek von Karl Sudhoff. Stuttgart: Steiner 2003, S. 13–17 zu Medi-zinerbibliotheken mit weiterf. Lit.

[33] Veröffentlichungsmanuskripte in der Signaturengruppe 1D, Druckfahnen 1G, vgl. Systematik in Freund; Koppitz; Labisch, The Legacy (wie Anm. 19), S. 88.

Neben der Bibliothek ist auch die Briefkorrespondenz mit bedeutenden
akademischen Persönlichkeiten des 20. Jahrhunderts von großer Bedeutung. Zu diesen Briefpartnern gehörte u.a. sein langjähriger Freund Karl
Popper (1902–1994), mit dem er auch als Co-Autor über Fachkreise hinaus
international bekannt wurde.[34]

Zumeist wird die Sammlung einer Gelehrtenbibliothek mit dem Kauf
der ersten Studienbücher begonnen. Daher werden im Folgenden ausgewählte Bücherschätze chronologisch nach dem Lebenslauf von John C.
Eccles angeordnet.

Lehrbücher und Stipendiatenführer

John C. Eccles nutzte nicht nur wie jeder Student die für sein Studium
nötige Fachliteratur, sondern die Lehrerfamilie, aus der er stammte, be-
schaffte ihm sogar die einschlägigen Handbücher. Hier soll als Beispiel das
dreibändige Werk *A System of Surgery* von 1923 herangezogen werden, das
Eccles als Studien- bzw. Lehrbuch nutzte.[35] Dies lässt sich besonders gut
an seinen vielen Kommentaren, Unterstreichungen und Ergänzungen im
hinteren Teil des Buches festmachen.[36] Es scheint zwei verschiedene Pha-
sen gegeben zu haben, in denen er dieses Werk verwendete, denn es gibt
zwei unterschiedliche Arten von Anmerkungen, einmal mit Bleistift[37] und
einmal mit Tinte[38].

Heute ist kaum nachvollziehbar, welche der Anmerkungen früher entstanden und welche später, an zwei Seiten[39] kann aber vermutet werden,
dass Eccles zunächst die Texte mit Tinte kommentiert und später sowohl
den Buchtext als auch seine Kommentare mit einer durchgehenden Blei-
stiftmarkierung gestrichen hat. Es wäre möglich, dass die gestrichenen Passagen der über 1.000 Seiten umfassenden Texte zum zweiten Zeitpunkt –
der Entstehung der Bleistift-Glossen – nicht mehr prüfungsrelevant erschienen.

Leider ohne persönliche Anmerkungen und Kommentare ist ein weiteres Werk, das für Eccles seinerzeit einen besonderen Schatz dargestellt ha-

[34] Popper, Karl R.; Eccles, John C.: The self and its brain. An argument for interactio-
nism. Berlin u.a.: Springer 1977. Das Buch erfuhr zahlreiche Auflagen und Übersetzungen.
[35] Choyce, Charles C.; Beattie, J. Martin (Hrsg.): A system of surgery. 2. Aufl. London:
Cassell 1923.
[36] Ebd., S. 870ff.
[37] Ebd., Bsp. S. 870.
[38] Ebd., Bsp. S. 855.
[39] Ebd., S. 872f.

ben muss, in seiner Bibliothek zu finden. Als er 1925 als Stipendiat zu Promotionsstudien an die Universität Oxford nach England wechseln konnte,
erhielt er das Buch *Oxford of Today. A Manual for Prospective Rhodes
Scholars*.[40] Unter anderem enthält der handliche Führer eine kurze historische Zusammenfassung über Oxford[41], Informationen zum Studium[42],
dem gesellschaftlichen Leben[43] und zu Institutionen auf dem Campus[44]
einschließlich Bibliotheken und Museen. Zur Motivation legt ein präch-
tiges Schrägluftbild als Frontispiz den Stipendiaten Oxford gleichsam zu
Füßen.[45] Er selbst vermerkt lediglich auf der ersten Seite „J. C. Eccles Magdalen College Oxford". Seine Lehrbücher in Sydney waren dagegen noch
ohne Eigentumsvermerk ausgekommen.[46]

Sonderdrucke

Die Bibliothek von John C. Eccles enthält eine große Anzahl von Sonder-
drucken, auch seiner eigenen Publikationen.[47] Im Bestand befinden sich
601 Originalbeiträge, die in 13 edlen Büchern mit dem Titel *Collected Reprints* gebunden sind. In den einzelnen, chronologisch sortierten Bänden
haben alle Artikel eine fortlaufende Nummer erhalten. Die Sonderdruk-
ke, die jeder Autor über sein Belegexemplar hinaus kostenpflichtig be-
stellen kann, um sie an interessierte Kollegen oder Studenten weiterzuge-
ben, sind in dieser Bibliothek besonders mannigfaltig vorhanden. Eccles
erwarb regelmäßig 100–300 Exemplare, die als ständige Begleiter seiner
wissenschaftlichen Korrespondenz häufig erwähnt werden. Bereitwillig
und gern half er nach dem Krieg Kollegen aus Deutschland oder Japan,
die jahrelang von der internationalen Literaturversorgung abgeschnitten
waren.[48] Als Schatz sind sie insofern bedeutend, weil sie heute nahezu
vollständig und chronologisch für historische Untersuchungen zur Ver-

---

[40]   Crosby, Laurence: Oxford of today – a manual for prospective Rhodes Scholars.
New York: Oxford University Press 1923.
[41]   Ebd., S. 1–28.
[42]   Ebd., S. 48–117.
[43]   Ebd., S. 151–187.
[44]   Ebd., S. 227–234.
[45]   Ebd., Frontispiz.
[46]   Ebd., Vorsatzblatt.
[47]   Eccles-Archiv Düsseldorf (EAD), 1A-537-577, Collected Reprints 1983–1988 J. C.
Eccles.
[48]   Vgl. z.B. die Korrespondenzen mit Richard Jung in Freiburg i. Br. 1947, EAD 2NZ-
2057 bzw. -2058, z.T. veröff. in Freund; Koppitz; Labisch, The Legacy (wie Anm. 19),
S. 128f.

fügung stehen. Dass John C. Eccles sie aufwändig einbinden ließ, zeigt seine besondere Wertschätzung. Und es war wohl eine große Ehre, von befreundeten Wissenschaftlern oder Mentees einen solchen nahezu unikalen Band gesammelter Werke zu bekommen, wie die erhaltenen Exemplare zeigen.[49]

Ähnlich, aber jahrgangsweise eingebunden finden sich die Originalarbeiten seines Instituts an der Australischen National-Universität, die er in seiner Abschiedsvorlesung hervorhob: Er verdeutlichte, dass hier bedeutende Schätze Australiens vorlagen, denn die 411 Artikel und 4 Bücher, die 74 Wissenschaftler aus 20 Nationen in den 14 Jahren unter seiner Leitung veröffentlicht hatten, brachten 10,8 Kilo auf die Waage, mit der Bemerkung: „The cost per Kg would be discouragingly high for a business man".[50] Doch der wahre Wert ihrer medizinischen Grundlagenforschung sei deren Nutzen für die Bevölkerung nicht nur von Australien, sondern in aller Welt.[51]

Kongresse

Wie kaum ein anderer Forscher besuchte John Eccles viele Kongresse, Tagungen und sonstige wissenschaftliche Veranstaltungen.[52] In seinem Bestand finden sich daher zahlreiche Tagungsbände. Zu denen, die ihm als besonders wertvoll erschienen sein dürften, zählt der Band zu einem Symposion anlässlich des 80. Geburtstags von John C. Eccles im April 1983 mit rund 200 Teilnehmern im Max-Planck-Institut für Biophysikalische Chemie in Göttingen. In der Festschrift mit dem Titel *Sensory-Motor Integration in the Nervous System*[53] wurden die Überschriften nach Buchtiteln von John C. Eccles gewählt. So heißt zum Beispiel das erste Kapitel „The Self and its Brain" nach einem Buch von Eccles und Karl Popper[54] aus dem Jahr 1977 oder das zweite „Reflex Activity of the Spi-

---

[49]   Umfangreiche chronologische Sammlungen, teilweise eingebunden, stehen unter der Signatur 4A-01 bis -39 zur Verfügung.

[50]   Eccles, My Scientific Odyssey (wie Anm. 1), S. 15.

[51]   Ebd.

[52]   Vielfach bedauerte er die Isolation Ozeaniens in den Kriegsjahren und suchte stets Kontakt zu relevanten Denkkollektiven, vgl. Sotke; Koppitz; De Sio, Nachlässe (wie Anm. 28), S. 371–390.

[53]   Creutzfeld, Otto; Schmidt, Robert F.; Willis, William D. (Hrsg.): Sensory-Motor Integration in the Nervous System [dedicated to Sir John Eccles on the occasion of his 80th birthday]. Berlin u.a.: Springer 1984.

[54]   Popper; Eccles, The self and its brain (wie Anm. 34).

nal Cord" nach einem Werk von 1932.[55] Zu Beginn eines jeden Kapitels befinden sich einleitende Bilder: So sieht man im ersten Kapitel John C. Eccles mit Karl Popper auf einer Bank sitzen, während sie laut Titel ihr gemeinsames Buch *The Self and its Brain* besprechen.[56] Ein solches Buch, das ihm zu Ehren veröffentlicht worden war, hinderte Eccles nicht, Fehler darin zu korrigieren. So merkt er an, dass ein Bild, welches ihn bei einem Experiment im Labor zeigt, nicht, wie die Bildunterschrift angibt, in Canberra 1953/54 aufgenommen wurde, sondern 1951 in Dunedin.[57] Auch einige Aufsätze scheint er mit besonderer Sorgfalt gelesen zu haben, denn dort sind ausführliche Anmerkungen und Unterstreichungen zu finden.[58] Sogar ein Lesevermerk ist am Schluss eingefügt: „Read 15/6/92 ..." mit anschließender zusammenfassender Kommentierung.[59] John C. Eccles verfolgte Anfang der 1990er-Jahre eine neue Theorie und wurde dadurch anscheinend an diesen Artikel von Karl Popper erinnert, den er knapp zehn Jahre nach Erscheinen noch einmal intensiv durcharbeitete.

Durch die Kongressbände lassen sich die von Eccles besuchten Tagungen und die dort gehaltenen Vorträge nachvollziehen. In Verbindung mit den Briefen lassen sich Forschernetzwerke rekonstruieren: Mit welchen Kollegen hatte er brieflichen Kontakt, was wird von den Kongressen berichtet und wie positionierte sich Eccles in der Forschungslandschaft?[60]

Widmungen und Ehrungen

In seiner Bibliothek befinden sich weitere Bücher, mit denen John C. Eccles geehrt werden sollte, beispielsweise eine Art Illustrierte mit dem Titel *The Nobel Prize. International annual 1963 English edition*[61]. Neben einem Text über das Thema, mit dem die drei Neurowissenschaftler John

---

[55]   Creed, R. S.; Denny-Brown, D. E.; Eccles, J. C.; Liddell, E. G. T.; Sherrington, C. S.: Reflex activity of the spinal cord. London: Oxford University Press 1932.
[56]   Creutzfeld; Schmidt; Willis, Sensory-Motor Integration (wie Anm. 53), S. 17.
[57]   Ebd., S. 411, Exemplar 1C-538.
[58]   Beispiel: Popper, Karl R.: Critical Remarks on the Knowledge of Lower and Higher Organisms, the So-Called Sensory Motor Systems. In: Creutzfeld; Schmidt; Willis, Sensory-Motor Integration (wie Anm. 53), S. 20–31.
[59]   Ebd., S. 31.
[60]   Zur Positionierung in der Forschungslandschaft vgl. Sotke; Koppitz; De Sio, Nachlässe (wie Anm. 28). Mittlerweile bietet auch das Online-Portal Kalliope eine Visualisierungsmöglichkeit von Soziogrammen ausgewählter Korrespondenzpartner an.
[61]   Möllerström, Sten; Nordfeldt, Stig (Hrsg.): The Nobel Prize. Nerve-Cell enigma solved. International annual 1963 English edition. Stockholm: Ahlen & Akerlunds 1963.

C. Eccles, Alan L. Hodgkin (1914–1998) und Andrew F. Huxley (1917–2012) den Nobelpreis gewonnen haben,[62] ist ein ganzseitiges Foto von John C. Eccles am Mikroskop.[63] Ein schon durch sein Überformat hervorragendes Exemplar ist das Faksimile *The signatures in the first journal-book and the charter-book of the Royal Society being a facsimile of the signatures of the founders, patrons and fellows of the society from the year 1660 down to the present time.* Hier findet sich auf Seite 108 die Unterschrift von John C. Eccles, der bereits 1941 in Abwesenheit von der Royal Society aufgenommen worden war, aber erst 1962 nach England reisen und seine Unterschrift leisten konnte.[64]

Um eine besondere Schmuckausgabe handelt es sich bei dem Werk *Selected Writings of John Hughlings Jackson.* Sie wurde John C. Eccles überreicht, als er 1952 der 17. Hughlings-Jackson-Gastredner war. In dieser Ausgabe mit Goldschnitt ist auf dem vorderen Bucheinband auch der Name des Gastprofessors in Gold eingeprägt, und zur Aufbewahrung wurde ein eleganter Schuber mitgegeben. Zu einem der ungewöhnlichsten Bücher in der Privatbibliothek zählt die amerikanische Ausgabe einer illustrierten Anleitung zu deutschen Volkstänzen.[65] Vorne im Buch findet sich eine interessante Widmung von 1948: „To René and Jack Eccles [...] with happy memories of many evenings of folk dancing with you", unterzeichnet vom Gastwissenschaftler Chandler McCuskey Brooks (1905–1989) und seiner Frau Nelle.[66] Irene Frances Eccles (*1904) war von 1928 bis 1968 die erste Gattin von John, mit der er neun Kinder hatte, die in der Widmung graphisch gleichsam im Reigen aufgeführt wurden.[67] Dies bestätigt Anekdoten von Institutsangehörigen, dass der Professor in Neuseeland am Samstagabend zum Square Dance nach Hause einlud.[68] Es verdeutlicht darüber hinaus seine legendäre weltoffene Haltung selbst gegenüber den Kriegsgegnern Deutschland und Japan, die sich stets in seinen Korrespondenzen

---

[62] Ebd., S. 29–31.
[63] Ebd., S. 28.
[64] The Royal Society (Hrsg.): The Signatures in the first Journal-Book and the Charter Book of the Royal Society. Being a facsimile of the signatures of the founders, patrons and fellows of the society from the year 1660 down to the present time. 4. Aufl. London: Royal Society 1980. Zum Hintergrund vgl. Curtis; Andersen, Sir John (wie Anm. 26), hier S. 165.
[65] Burchenal, Elizabeth: Folk-dances of Germany. New York: Schirmer 1938.
[66] Ebd., Vorsatzblatt.
[67] Zur Familie vgl. Mennis, Mary R.: The book of Eccles. A Portrait of Sir John Eccles, Australian Nobel Laureate and Scientist. Aspley: Lalong 2003.
[68] Fillenz, Marianne: Memories of John Eccles. In: Journal of the History of the Neurosciences 21 (2012), S. 214–226, priv. Foto.

findet.[69] In Europa würde dieser recht völkisch anmutende Bildband 1948 eher geringes Interesse gefunden haben.

Kommentierungen

Bestandteil der meisten Gelehrtenbibliotheken sind mehr oder weniger zahlreiche und häufig mit Notizen versehene Rezensionsexemplare. Aber auch ohne Verpflichtungen sah Eccles sich veranlasst, manche seiner Bücher mit Glossen zu versehen. Eines davon, in dem der Eigentümer sehr klar seine Meinung zum Inhalt zum Ausdruck bringt, ist von Daniel C. Dennet, *Brainstorms. Philosophical Essays on Mind and Psychology.*[70] Auf dem Titelblatt hat Eccles zunächst auf „[Jerry A.] Fodor The language of thought 1978" hingewiesen. Darunter hat er den Titelschriftzug „Brainstorms" mehrfach durchgestrichen und mit Großbuchstaben „Mind Seizures" darüber geschrieben: Anstatt zu Deutsch „Geistesblitze" sollte das Buch eher „Geistesanfälle" heißen oder so ähnlich. Darunter konkretisierte er seine Anmerkung und Kritik: „only detail in brain is on E fibers! + Melzack Wall gate! and pain anaesthetics"[71]. Offensichtlich musste er seine – vielleicht durch die humorvolle Umschlagzeichnung, wie Schafe und Männer im Wollzeug sich gegen den Sturm stemmen, noch gesteigerte – Enttäuschung über die Inhalte des Buches durch solche Notizen verarbeiten.

Aber auch vor ihm selbst machen die Kommentierungen keinen Halt. Unter dem abschließenden Ausblick einer Auto-Ergographie, in dem er hoffnungsvoll seine jüngsten quantentheoretischen Ansätze des Geist-Gehirn-Problems präsentiert, findet sich – leider undatiert – von seiner Hand die Glosse: „But I was wrong."[72] Solche Kommentierungen verbieten sich allerdings in einer Institutsbibliothek wie den im gleichen Regal aufgestellten historischen Auswahlbeständen des ehemals Neustädter Cé-

---

[69]   Vgl. z.B. den Briefwechsel mit W. John O'Connor aus Cambridge von August 1940, EAD 2NZ-2083, publiziert in Freund; Koppitz; Labisch, The Legacy (wie Anm. 19), S. 102–103.

[70]   Dennett, Daniel C.: Brainstorms – philosophical essays on mind and psychology. 2. Aufl. Cambridge, Mass.: MIT Press 1985.

[71]   Ebd., Titelblatt.

[72]   Eccles, John C.: Under the spell of the synapse. In: Worden, Frederic G.; Swarzey, Judith P.; Adelman, George (Hrsg.): The neurosciences: paths of discovery. Cambridge, Mass.: MIT Press 1975, S. 159–179, hier S. 179, Exemplar 1C-417. Eccles hatte sich bereits in den 1950er-Jahren um die Falsifizierung seiner eigenen Theorien zur elektrischen Signalübermittlung der Synapsen verdient gemacht und vielfach zum Falsifizierungsprinzip publiziert.

cile und Oskar Vogt-Instituts für Hirnforschung. Diese sollen hier noch knapp präsentiert werden, denn sie stellen aus anderen, gleichsam offensichtlicheren Gründen besondere Bücherschätze dar.

Die Institutsbibliothek der Hirnforscher Cécile und Oskar Vogt

Im Bereich der Naturwissenschaften fungieren Bücher nicht nur als Textmedium, sondern imponieren häufig auch durch aufwändige Abbildungen, dies gilt für Forschungsliteratur und insbesondere Atlanten oder Herbarien. Etwa 250 solcher meist großformatigen Bände aus dem historischen Bestand des Cécile und Oskar Vogt-Hirnforschungsinstituts wurden aus konservatorischen und Platzgründen nicht magaziniert, sondern dem Fachapparat im Institut für Geschichte der Medizin anvertraut.[73]

Das private Forschungsinstitut war vom Gründungsdirektor des Kaiser-Wilhelm-Instituts für Hirnforschung nach seiner Entlassung durch die Nationalsozialisten mithilfe von Sponsoren nach Neustadt im Schwarzwald nahe der französischen und Schweizer Grenze verlegt worden. Nach dem Tode Oskar Vogts (1870–1959) wurde das Institut von der Medizinischen Akademie bzw. späteren Universität Düsseldorf erworben, wo es als GmbH die wissenschaftlichen Sammlungen der Gründer und ihr Andenken bewahrt.[74]

Die privaten Bücher des international renommierten Forscherehepaares Oskar und Cécile Vogt geb. Mugnier (1875–1962), auf deren bemerkenswerte Lebenswege hier nicht eingegangen werden kann, verblieben in Familienbesitz, während die Institutsbibliothek nach Düsseldorf kam und später teilweise in die Fachbibliothek Theoretische Medizin inkorporiert wurde.[75]

---

[73] Demgegenüber bleiben das Archiv und die Hirnschnittsammlung der Vogts als historischer Kern in der Cécile und Oskar Vogt-Institut für Hirnforschung GmbH erhalten.

[74] Als kurze Einführungen zur Geschichte des Instituts und seiner Sammlungen, insbesondere des Archivs: Grell, Ursula: Brain Pool: The C. and O. Vogt-Archives – an invitation to history-based neuroscientific research. In: Freund; Koppitz; Labisch, The Legacy (wie Anm. 19), S. 9–17. Zilles, Karl; Hopf, Adolf: Cécile und Oskar Vogt Institut für Hirnforschung. In: Halling, Thorsten; Vögele, Jörg (Hrsg.): 100 Jahre Hochschulmedizin in Düsseldorf 1907–2007. Düsseldorf: Düsseldorf University Press 2007, S. 289–294.

[75] Das Neustädter Institut zog zahlreiche neurowissenschaftliche Besucher an, denen alle Bücher großzügig zur Verfügung standen; mündliche Mitteilung Gerd E. K. Novotny vom 14.7.2010. Aus der umfangreichen Literatur zum Leben der Vogts vgl. u.a. Wolff, Horst-Peter: Cécile (1875–1962) und Oskar Vogt (1870–1959): eine illustrierte Ergobiographie. Fürstenberg a.d. Havel: [Selbstverlag] 2009 mit weiterf. Lit. der einschlä-

Die eigene Forschungsrichtung der Vogts war anatomisch orientiert. International anerkannt sind sie vor allem als Pioniere detaillierter Darstellungen und Interpretationen von Hirnarealen.[76] Für ihre Institutsbibliothek haben sie daher besonders neuroanatomische Werke beschafft. Schon äußerlich mit über einem Regalmeter im Überformat imponieren als Schatz einer Spezialbibliothek die prächtig eingebundenen histologischen Bände von Gustaf Retzius (1842–1919) mit Widmung vom Verfasser.[77] Sie werden als Klassiker der Bildgebung immer noch zitiert, auch wenn die Hauptphase der über 1.000 auf sie verweisenden Artikel im Web of Science im letzten Drittel des 20. Jahrhunderts lag.[78]

Von der neurowissenschaftlichen Bildgebung geht beispielsweise im Werk von Retzius eine besondere ästhetische Wirkung aus. In der Wissenschaftsgeschichte wird dies gern an den Werken des Pioniers Santiago Ramon y Cajal (1852–1934) verdeutlicht, der seine filigranen Zeichnungen neuronaler Netzwerke mit den Freuden eines Schmetterlingssammlers verglich.[79] Die überaus aufwändigen und künstlerisch anspruchsvollen Arbeiten von Cécile und Oskar Vogt wurden sogar in einem Roman gewürdigt.[80] Denn vom technischen Aufwand erscheinen die Abbildungen in den Hirn-Atlanten der Vogts auch in der Reproduktion wesentlich ausgefeilter als andere. Das schlägt sich letztlich noch in der antiquarischen Preisgestaltung nieder, sodass auch hier von Schätzen gesprochen werden kann.[81]

Mehr als geodätische beinhalten anatomische Atlanten eine Standardisierung, da sie aus unterschiedlichen beweglichen Einzelobjekten zu einem statischen Normalmodell vereinheitlicht werden. Hinsichtlich medizinischer Praxis einerseits, philosophischen Fragen zum Menschenbild andererseits wird die Konstruktion solcher Abbildungen in der Literatur des

gigen Autoren Ursula Grell, Michael Hagner, Bernd Holdorf, Adolf Hopf, Igor Klatzo, Jochen Richter, Helga Satzinger u.a.

[76]   Nieuwenhuys, Rudolf: The myeloarchitectonic studies on the human cerebral cortex of the Vogt-Vogt school, and their significance for the interpretation of functional neuroimaging data. In: Brain Structure and Function 218 (2013), S. 303–352 mit weiterf. Lit.

[77]   Retzius, Gustaf: Biologische Untersuchungen, N.F. Bd. 1–19. Stockholm: Samson & Wallin 1890–1919.

[78]   Eine Abfrage zitierter Werke im Web of Knowledge erbrachte für die 19 Bände der von Retzius unter dem Titel „Biologische Untersuchungen" herausgegebenen Atlanten über 1.123 Artikel, die ihrerseits von fast 43.000 Artikeln zitiert werden.

[79]   Hentschel, Klaus: Visual Cultures in Science and Technology, a comparative history. Oxford: Oxford University Press 2014, S. 363.

[80]   Spengler, Tilman: Lenins Hirn. Reinbek bei Hamburg: Rowohlt 1991.

[81]   Vogt, Cécile; Vogt, Oskar: Die Markreifung des Kindergehirns während der ersten vier Lebensmonate und ihre methodologische Bedeutung, Atlas. Jena: Fischer 1904, mit 124 Lichtdrucktafeln.

Faches Geschichte, Theorie und Ethik der Medizin diskutiert.[82] Grundprobleme, für welche Zwecke fotografische Verfahren oder Zeichnungen zu bevorzugen wären oder Einfärbungen, können bereits anhand der Pionierwerke des 19. und 20. Jahrhunderts analysiert werden. Diese Grundlagen sind für die bildgebenden Verfahren in vivo maßgeblich, die neben den „Neurowissenschaften" seit den 1980er-Jahren zunehmend eine „Neurokultur" entstehen lassen.[83]

Schluss

Die Bibliotheken von Eccles und Vogt, als sich gegenseitig ergänzende Klassiker der modernen Neurowissenschaften, bieten in Auswahl freihändig aufgestellt einen inspirierenden Arbeitsplatz: einerseits, um einen optimalen Handapparat für Forschungen in den Archivalien der Vogts oder von Eccles zur Verfügung zu haben, andererseits, um sich in erweiterter Perspektive mit diesen Themen zu beschäftigen, etwa im Rahmen neurowissenschaftlicher Aufbaustudien. Der benachbarte Fachapparat des Instituts für Geschichte, Theorie und Ethik der Medizin bietet weitere Ergänzungsmöglichkeiten inklusive Fachberatung, etwa für Doktoranden oder Gastwissenschaftler.

Ähnlich wie Korrespondenzen oder Manuskripte ermöglicht eine nachgelassene Privatbibliothek eine begründete Spurensuche zu Leben und Werk eines Gelehrten und Forschers. Wenn auch insbesondere die Literaturwissenschaften dazu neigen, Zusammenhänge zwischen Leben und Werk eines Autors zu bezweifeln, so rücken sie stattdessen Texte als Vorbilder, d.h. rezipierte Veröffentlichungen, in den Vordergrund. Mehr noch erscheinen wissenschaftshistorisch theoretische Grundannahmen und Denkstile bei Laborwissenschaftlern prägend. Zumindest ein Teil dieser wirkungsvollen Veröffentlichungen ist sicherlich in der Privatbibliothek erhalten.

Eigene Werke als Belegexemplare ermöglichten bei John C. Eccles eine ungeahnte Vervollständigung des ohnehin schon recht gut dokumentier-

---

[82] Vgl. u.a. Groß, Dominik; Schäfer, Gereon: Das Gehirn in bunten Bildern. Farbstrategien und Farbsemantiken in den Neurowissenschaften – ein Forschungsaufriss. In: Groß, Dominik; Westermann, Stefanie (Hrsg.): Vom Bild zur Erkenntnis? Visualisierungskonzepte in den Wissenschaften. Kassel: Kassel University Press 2007.

[83] Rolls, Edmund T.: Neuroculture – on the implications of brain science. Oxford: Oxford University Press 2012; vgl. u.a. Groß, Dominik; Duncker, Tobias Heinrich (Hrsg.): Farbe – Erkenntnis – Wissenschaft: Zur epistemischen Bedeutung von Farbe in der Medizin. Münster: Lit 2006, hier Abschnitt C, S. 77–124.

ten Werkverzeichnisses.[84] Die 2001 auf der Basis seiner eigenen Dokumentation von zwei ehemaligen Mitarbeitern veröffentlichte Liste konnte noch um 63 Publikationen (10%) sowie vor allem etwa 250 Ergänzungen und Korrekturen erweitert werden und steht nun in strukturierter Form (706 bibliographische Angaben für 631 Werke mit Übersetzungen und Neuauflagen) im Internet zur Verfügung.[85] Der Zugang an Publikationen betrifft insbesondere späte Buchbeiträge, die der Autor nach 1983 meist gesundheitsbedingt nicht verzeichnen konnte.[86] Das Werkverzeichnis bildet eine zentrale Grundlage der Katalogisierung des Nachlasses und darüber hinaus.

Die möglichst vollständig gesammelten Originalpublikationen erlauben zudem aufschlussreiche bibliometrische Auswertungen. Beispielhaft hat etwa Heiner Fangerau in seiner Habilitationsschrift anhand des Zitationsverhaltens analysiert, wie der 1891 emigrierte Biowissenschaftler Jacques Loeb (1859–1924) sich in die amerikanische Forschungslandschaft integriert und welche mitteleuropäischen Denkkollektive er weiterhin gepflegt hat.[87] Mit solchen Analysen, die auch Soziogramme der zitierten Autoren mit den Korrespondentennetzwerken vergleichen, würden sich anhand des Nachlasses von John C. Eccles wesentliche Erkenntnisse zur Forschungs- und Publikationslandschaft der Neurowissenschaften im 20. Jahrhundert gewinnen lassen.

[84]   Curtis; Andersen, Sir John (wie Anm. 26), S. 159–187.

[85]   Von der zentralen Startseite aus mit dem Shortlink www.uniklinik-duesseldorf.de/eccles auch zum Handschriftenkatalog via Kalliope (Fabio De Sio, DFG La469/9-1).

[86]   Z.B. im Sammelband des Wissenschaftszentrums Nordrhein-Westfalen: Eccles, John C.: Der Dualismus von „Ich" und Gehirn. In: Fedrowitz, Jutta; Matejovski, Dirk; Kaiser, Gert (Hrsg.): Neuroworlds. Gehirn – Geist – Kultur. Frankfurt am Main: Campus 1994, S. 208–222; Exemplar 1A-596.

[87]   Fangerau, Heiner: Spinning the scientific web – Jacques Loeb (1859–1924) und sein Programm einer internationalen biomedizinischen Grundlagenforschung. Berlin: Akademie-Verlag 2010.

FRANK LEIMKUGEL

Vesters Archiv: Ein Düsseldorfer Apotheker und seine Sammlung im Spannungsfeld privater, städtischer und universitärer Interessen

Die Geschichte von „Vesters Archiv" ist untrennbar mit der Biographie seines Gründers und Namensgebers Helmut Vester verbunden.

Hans Helmut Bruno Vester wurde am 3. März 1913 als Sohn des Apothekers Otto Vester (1878–1949) und seiner Ehefrau Maria Susanne, geb. Mathes (1888–1946) in Hanau a.M. geboren. In seinem Geburtshaus befand sich zu dieser Zeit die väterliche Engel-Apotheke.

Das prägende Vorbild und der Einfluss des Vaters sorgten dafür, dass der Sohn bereits von frühester Kindheit an in enger Beziehung zum Apothekerberuf und in ständigem Kontakt mit der Pharmazie aufwuchs, die seine gesamte weitere Existenz beeinflussen sollte. Otto Vester führte die Hanauer Engel-Apotheke in den Jahren von 1911 bis 1919, bevor er mit seiner Familie aus wirtschaftlichen Erwägungen nach Düsseldorf übersiedelte, um dort die größere Löwen-Apotheke am Schwanenmarkt 25 zu übernehmen, die fortan länger als ein halbes Jahrhundert im Familienbesitz verbleiben sollte.[1] Helmut Vester hatte nach dem Abitur, das er am 16. Februar 1932 am heutigen Rethel-Reform Gymnasium in Düsseldorf ablegte, zwar den Wunsch, Bildhauer zu werden, doch nahm er auf ausdrücklichen Wunsch des Vaters zunächst ein Studium der Botanik an der Universität München auf, das er aber schon nach einem Semester unterbrach, um in Düsseldorf als Praktikant in der väterlichen Apotheke zu arbeiten. Am 22.

---

[1] Zu Vesters Leben und Werk s. die Studie von Lischka, Marion: Vesters Archiv. Eine universale Dokumentation und Sammlung zur Geschichte der Pharmazie. In: Medizin im Museum (Jahrbuch der Medizinhistorischen Sammlung der RUB; Beiheft 1). Essen: Klartext 1997. Lischka verfasste ihre Arbeit auf der Grundlage einer nicht veröffentlichten Autobiographie von Vester, die in Vesters Archiv, Basel [o. O., o. J.], o. P. aufbewahrt wurde. Einen Nekrolog schrieb Steingiesser, Bastian: Erinnerungen an Dr. Helmut Vester. In: Deutsche Apotheker Zeitung 142 (2002), S. 801f. Vgl. auch Plassmann, Max: Die Pharmazeutische Bibliothek Dr. Helmut Vester in der Universitäts- und Landesbibliothek Düsseldorf. In: Imprimatur. Ein Jahrbuch für Bücherfreunde N.F. 19 (2005), S. 51–66 sowie Willhardt, Rolf: Die Sammelleidenschaft eines Apothekers. Die pharmaziehistorische Bibliothek des Dr. Helmut Vester. In: Magazin der Heinrich-Heine-Universität Düsseldorf 3 (2015), S. 12–14.

Juni 1934 legte Vester in Düsseldorf das pharmazeutische Vorexamen ab, um ab 1934 mit dem vorgeschriebenen viersemestrigen Pharmaziestudium in Bonn zu beginnen, wobei er in den Semesterferien als Vorexaminierter in verschiedenen Apotheken arbeitete. Am 12. November 1936 bestand der „Kandidat der Pharmazie" das Staatsexamen mit dem Urteil „gut" und erhielt am 21. Juli 1938 die Approbation in Berlin und damit die Bestallung als Apotheker.

Durch seinen akademischen Lehrer angeregt, beschloss Helmut Vester, das botanische Studium fortzusetzen, und studierte ab dem Wintersemester 1936 an den Botanischen Staatsanstalten der Universität München. Dort konnte er 1939 mit einer Doktorarbeit zum Thema *Areale und Arealtypen der Angiospermen-Familie* mit dem Gesamturteil „gut" den Titel eines „Doctor rerum naturalium" erwerben[2]. Bereits nach dem Ende seiner pharmazeutischen Lehrzeit hatte Helmut Vester im Jahre 1937 Gisela Breuckmann geheiratet, in deren Familie sich ebenfalls eine Reihe angesehener Apotheker findet. Im selben Jahr gründete er „Vesters Archiv" in Düsseldorf.[3]

Bereits als Student hatte Vester, angeregt von der Begegnung mit Fritz Ferchl (1892–1953), einem der bekanntesten Pharmaziehistoriker seiner Zeit, damit begonnen, alles zu sammeln, was in früherer Zeit für die Herstellung von Arzneien erforderlich war: Drogen (getrocknete Pflanzen- und Tierteile), Mörser, Waagen, alte Arzneibücher und andere pharmaziehistorische Dinge. Dabei wurde er durch die Arbeiten seines Vaters, der sich intensiv mit der Geschichte der Düsseldorfer Apotheken beschäftigt hatte, unterstützt.[4] So erkannte er bald, wie schnell altes Kulturgut zerstört wurde und in Vergessenheit geriet. Er las sich in die pharmaziehistorische Literatur ein und gewann so einen ersten Einblick in die Geschichte des Faches.

Vesters ambitioniertes Ziel war es, seine Materialien einer wissenschaftlichen Öffentlichkeit zur Verfügung zu stellen. Dazu sammelte er alles, was über Vergangenheit und Gegenwart des Apothekerberufes seit dem Medizinaledikt des Hohenstaufen-Kaisers Friedrich II. in Wort und Bild existierte. In einem zu schaffenden „Archiv für Geschichte des Deutschen

---

[2]   Vester veröffentlichte seine Dissertation als Buch 1940 unter dem gleichen Titel bei der renommierten, 1906 gegründeten Akademischen Verlagsgesellschaft Leipzig, die u.a. auch Wilhelm Ostwalds (1853–1932) „Ostwalds Klassiker der exakten Wissenschaften" publizierte. Zum Verlag s. Links, Christoph: Das Schicksal der DDR-Verlage. Die Privatisierung und ihre Konsequenzen. 2. Aufl. Berlin 2010, S. 306–308.
[3]   Lischka, Vesters Archiv (wie Anm. 1), S. 23–31.
[4]   Vester, Otto: Aus der Geschichte einer alten Apotheke. 150 Jahre Löwenapotheke Düsseldorf. In: Düsseldorfer Stadtanzeiger vom 2.7.1939.

Apothekerwesens" wollte er die Leistungen der Apotheker dokumentieren und über eine rein antiquarische Orientierung hinaus einer wissenschaftlichen Würdigung zuführen. Seine Bemühungen richteten sich nicht zuletzt an die Berufskollegen und die wissenschaftlichen Laien, deren Interesse für die Pharmaziegeschichte er zu wecken versuchte. Dies blieb dem pharmaziehistorischen Autodidakten Vester immer ein zentrales Anliegen, auch wenn sich sein Interesse und damit die Richtung seiner Sammeltätigkeit schon bald auf die Pharmaziegeschichte im weiteren Sinne ausdehnten.

Kriegszeit und Wiederaufbau

Im August 1939 erreichte Vester die Einberufung zum Kriegsdienst. Am 23. Juni 1940 kam der Sohn Sven-Jörg Vester zur Welt, am 6. September 1951 folgte Swantje Vester als zweites Kind. In den sechs Kriegsjahren bis 1945 wurde Vester als approbierter Apotheker im Sanitäts- und Lazarettbereich an verschiedenen Kriegsschauplätzen in Europa eingesetzt.

Der Krieg unterbrach seine pharmaziehistorische Arbeit, doch wurden ihm auch in dieser Zeit von allen Seiten wertvolle Dokumente wie Abschriften von Privilegien und anderen Urkunden zugeleitet. Indes schien das vielversprechende Werk im Ganzen zu scheitern, denn als der Ober- und Stabsapotheker Dr. Vester nach dem Krieg im August 1945 nach kurzer englisch-kanadischer Gefangenschaft heimkehrte, fand er neben seiner Wohnung auch die väterliche Apotheke in Düsseldorf und einen Großteil seiner eigenen Sammlungen zerstört vor. Obwohl der Anblick des in Trümmern liegenden Hauses alles andere als ermutigend wirkte und sich für Helmut Vester durchaus die Möglichkeit geboten hätte, in München zu arbeiten und dort eine Existenz aufzubauen, entschied er sich, in Düsseldorf zu bleiben und den Wiederaufbau der Apotheke zu übernehmen, zumal sich abzeichnete, dass der Vater dazu nicht mehr in der Lage sein würde.

Nach der Beseitigung des Schutts und den gröbsten Aufräumarbeiten kam es vor allem darauf an, Material sowohl zur Ausstattung der Apotheke als auch zur dringend notwendigen pharmazeutischen Grundversorgung der Bevölkerung zu organisieren. Dies war angesichts der desolaten Zustände im Nachkriegsdeutschland keine leichte Aufgabe. Als schließlich die Britische Militärregierung 1946 die Genehmigung zur Wiedereröffnung und Übernahme der väterlichen Löwen-Apotheke am Schwanenspiegel in Düsseldorf erteilte, war diese die erste wieder in Betrieb genommene Apotheke der Stadt.

Dabei handelte es sich zunächst um kaum mehr als einen im ehemaligen Apothekenlaboratorium errichteten Notbehelf, selbst wenn dieser von der damaligen Medizinalbehörde als Vollapotheke akzeptiert wurde. Die Regalbretter der Inneneinrichtung bestanden aus dem Holz ehemaliger Panzersperren, die wenigen überhaupt erhältlichen und schon deshalb überaus kostbaren Rohdrogen und Chemikalien wurden in aus Beständen der Wehrmacht erworbenen Kartuschenkästen, Gasmaskenbüchsen und nicht gebrauchten Benzinkanistern sowie Senfgläsern aus der Fabrik eines Bekannten seines Vaters aufbewahrt. Von 1945 bis 1947 war Vester Pächter der väterlichen Apotheke, bevor ihm der Düsseldorfer Regierungspräsident am 10. Januar 1948 die Erlaubnis erteilte, die Apotheke als Personalkonzession zu übernehmen und fortan im eigenen Namen zu führen. Diese Konzession galt für die von seiner Mutter, die als Witwe das Verpachtungsrecht hatte, erworbene Löwen-Apotheke „nur für seine Person Vester und mit dem ausdrücklichen Vorbehalte der Wiedereinziehung bei seiner dereinstigen Abgabe."[5]

Ausbau der Sammlungen
nach 1949

Mit der 1949 neu errichteten Offizin gelang endgültig der Übergang von einem Provisorium zu einer wieder vollständig ausgestatteten Apotheke und Vester konnte sich endlich seinen pharmaziehistorischen Interessen zuwenden. Da die Archivalien wie durch ein Wunder die Bombennächte überstanden hatten, widmete er sich nun systematisch der Vergrößerung seiner Dokumentensammlung und dem Aufbau einer Fachbibliothek. Als sich ihm im Jahre 1949 die Gelegenheit bot, den Nachlass des Leipziger Apothekers H. (?) Günzel-Linger[6] zu erwerben, der unter anderem eine umfangreiche Sammlung von ca. 2.000 Fragebogen enthielt, die 1925 an alle Apotheker des Deutschen Reichs versandt worden waren, griff Vester

⁵ Lischka, Vesters Archiv (wie Anm. 1), S. 12–14.
⁶ In der Tat lässt sich ein Apotheker Heinz Güntzel in der Stauffenbergstr. 9 in Leipzig nachweisen. Der Name ist von Vester wohl falsch überliefert worden und lautet richtig Güntzel, s. Leipziger Adressbuch 1949 (http:adressbuecher.genealogy.net [Stand 31.12.2015]. Ob dieser Apotheker aus der Familie des Odol-Fabrikanten Karl August Lingner (1861–1996) stammt, dessen Enkel, der Astrophysiker Dr. Ulrich Güntzel-Lindner, zu dieser Zeit auch in Leipzig lebte, muss offen bleiben. Zu Lingner und seiner Schwester Güntzel-Lingner sowie deren Sohn Hans und dem Enkel Ulrich s. Funke, Ulf-Norbert: Leben und Wirken von Karl August Lingner. Lingners Weg vom Handlungsgehilfen zum Großindustriellen. Hamburg: Diplomica-Verlag 2014, S. 90–92.

sofort zu. Dieser Nachlass bildete
den Grundstock für weitere Tätigkeiten, und in den folgenden Jahren
schlossen sich eigene Fragebogenak-
tionen an alle Apotheker des Bun-
desgebietes und der „Ostzone" an;
von den 8.000 Bögen kehrten 4.000
ausgefüllt zurück, die ein umfang-
reiches Material über die deutschen
Apotheken und ihre Inhaber liefer-
ten. 1949 erhielt Helmut Vester die
anlässlich des 75. Geburtstags von
Ernst Urban (1874–1958) von einem
Freundeskreis gestiftete „Urban-
Medaille" für besondere Verdienste
auf dem Gebiet der Pharmaziegeschichte.[7]

Abb. 1: Exlibris Dr. Helmut Vester

Die fortwährende Ergänzung
des Materials führte dazu, dass
die Sammlung bereits 1956 dem
beschränkten Platzangebot der Löwen-Apotheke entwachsen war und
in eigene, dem neu errichteten Privathaus der Familie im Pappelhof in
Neuss angegliederte Räumlichkeiten verlegt werden musste. Bald füllte
die Sammlung, in vielen Regalen systematisch geordnet, katalogisiert und
archiviert, zwei Stockwerke im Privathaus des Apothekers, der nach Ge-
schäftsschluss viel Zeit und Idealismus für seine Sammlungen aufbrachte.
Mit der räumlichen Ausdehnung der Vester'schen Sammlung ging eine
inhaltliche Erweiterung ihrer Zielsetzung einher. Das Herzstück der Bibliothek, die auch die „Hilfswissenschaften" der Pharmazie wie Physik,
Chemie und Botanik umfasste, bildete eine 3.000 Bände umfassende Arz-
neibuchsammlung. Nahezu lückenlos sammelte Vester auch alle pharmazeutischen Fachzeitschriften aus dem gesamten deutschen Sprachgebiet ab
1780[8].

---

[7] Siehe Pharmazeutische Zeitung 85 (1949), S. 557; zur Urban-Medaille s. Müller-
Jahncke, Wolf-Dieter: Apothekerbildnisse auf Medaillen und Plaketten. 1. Deutschsprachiger Raum (Veröffentlichungen der Internationalen Gesellschaft für Geschichte der
Pharmazie; N. F. 48). Stuttgart: Wissenschaftliche Verlagsgesellschaft 1980, S. 108f.
[8] S. Vester, Helmut: Liste selbstständiger deutschsprachiger pharmazeutischer Zeitschriften und periodischer Veröffentlichungen. In: Zur Geschichte der Pharmazie. Beilage
der Deutschen Apotheker-Zeitung 5 (1954), S. 30–33.

Abb. 2: Megenberg, Conradus de: Naturbuch Von nutz, eigenschafft, wunderwirckung vnd Gebrauch aller Geschöpff, Element vnd Creaturn. Franckenfurt am Meyn:
1540. Titelblatt

So entstand die „1. Abteilung" von „Vesters Archiv. Institut für Geschichte der Pharmazie", das 1957 ein Patent des Deutschen Patentamts erhielt.[9] Seitdem versah Vester den Namen mit einem ® als registriertes Warenzeichen.

Es folgten die „2. Abteilung": „Vesters Archiv für Geschichte des deutschen Apothekenwesens" und die „3. Abteilung": „Museum pharmaceuticum (Pharmazeutisches Museum Dr. Helmut Vester)"[10]. Durch die von Vester aufgestellte Systematik wurden alle Materialien zueinander in Bezug gesetzt und schließlich in einen Katalog überführt. Dieser gedruckte Katalog[11] enthielt ein komplexes Verweissystem, sodass Interessierte zu einem bestimmten Thema umfassend suchen und forschen konnten. Im Laufe der Jahre bildeten sich zwei große Gruppen heraus: eine große Fachbibliothek einerseits und das eigentliche Archiv andererseits. Das Archiv enthielt die topographische Kartei der deutschen Apotheken einschließlich der an Polen und die Sowjetunion abgetretenen Ostgebiete vom Mittelalter bis etwa 1950 mit über 25.000 Karten sowie der dazugehörigen Literatur, Archivalien und Korrespondenzen in über 4.000 Mappen. Die „Deutsche Apothekerkartei" bestand einschließlich der deutschen Ostgebiete seit dem Mittelalter aus mehr als zweimal 170.000 Karten, die einmal nach Namen und einmal nach Orten geordnet sind. Hinzu kommen Fotokopien von Konzessions-Unterlagen in großer Zahl und Urkunden wie diejenige einer Magdeburger Apotheke mit der Unterschrift des Bürgermeisters Otto von Guericke (1602–1686). Wissenschaftlichen Niederschlag fand die Sammlung in der vierbändigen *Topographischen Literatursammlung zur Geschichte der deutschen Apotheken*, die von 1956 bis 1961 erschien.[12]

Vesters Archiv umfasste weiterhin eine pharmaziehistorische Bibliographie mit mehr als 30.000 Karten, eine internationale Arzneibuch-Bibliographie mit mehr als 70.000 Karten sowie ein Bildarchiv mit 250 gerahmten Holzschnitten und Kupferstichen. Die Fachbibliothek wurde ergänzt

---

[9] Deutsches Patentamt. Urkunde über die Eintragung des Warenzeichens 720676 „Vesters Archiv. Institut für Geschichte der Pharmazie (Pharmaziehistorisches Institut Dr. Helmut Vester)", s. Lischka, Vesters Archiv (wie Anm. 1), S. 22f.

[10] Deutsches Patentamt, Urkunde (wie Anm. 9), eingetragen unter Warenzeichen 1096085, s. Lischka, Vesters Archiv (wie Anm. 1), S. 70f.

[11] Der Katalog ist in den einschlägigen Bibliographien und Bibliothekskatalogen nicht nachweisbar. So muss offen bleiben, ob es sich um ein gebundenes Typoskript in nur einem Exemplar handelt.

[12] Vester, Helmut: Topographische Literatursammlung zur Geschichte der deutschen Apotheken. 4 Bde. Eutin, Stuttgart 1956–1962 (Veröffentlichungen der Internationalen Gesellschaft für Geschichte der Pharmazie; N.F. Bde. 9, 14, 17, 19).

Abb. 3: Mattioli, Pietro Andrea: Petri Andreae Matthioli commentarii in libros sex Pedacii Dioscoridis Anazarbei, de medica materia. Venetijs: Vincentius Valgrisius, 1554, S. 133. DV2134. In der ULB Düsseldorf digital verfügbar: http://digital.ub.uni-duesseldorf.de/ihd/content/pageview/4306469 [Stand 11.04.2016].

durch über 20.000 Repros und Fotos, darunter ca. 2.000 Titelblätter von Arzneibüchern von 1490 bis 1950 und über 3.000 Abbildungen von Apotheken, ihren Offizinen, Laboratorien, Kräuterkammern sowie den dort verwendeten Geräten. Eine enorme Anzahl von Mikrofilmen, aufgenommen auf insgesamt ca. 22 Kilometer Film, diente als „Sicherungsverfilmung"[13]. Ergänzt wurde die Sammlung durch das numismatische Kabinett „Scientia rerum naturalium in nummis"[14], die philatelistische Motivsammlung „Philatelia medica et pharmaceutica" und eine umfangreiche Kollektion zur „Materia medica", das sogenannte „Pharmakognostische Kabinett"[15]. Naturgemäß brauchte eine solche, der Privatinitiative entsprungene und von persönlichem Einsatz weitgehend ohne fremde Unterstützung getragene Arbeit ein wirtschaftliches Fundament. Dieses boten neben der Apotheke ein „Naturwissenschaftliches Buch-Antiquariat Dr. Helmut Vester" in der Friedrichstr. 7 in Düsseldorf[16] sowie eine für die Industrie betriebene „historische Werbeberatung"[17].

„Ich habe es gerade noch immer geschafft", führte Vester über seine Arbeit im Jahre 1970 in der *Rheinischen Post* Düsseldorf aus.[18] Aber nun wurde die Belastung zu groß und überstieg seine Kräfte, zumal er die Sammlung ausbauen, unterhalten und Auskünfte in alle Welt geben musste.

Teilung und Untergang

Unter Vermittlung des Medizinhistorikers Prof. Dr. Hans Schadewaldt (1923–2009) erwarb die „Medizinische Akademie", die Vorgängerinstitution der Heinrich-Heine-Universität Düsseldorf, bereits im Jahr 1961 einen Teil der Bibliothek, da mit der geplanten Umwandlung der Akademie zu einer Voll-Universität auch ein Studiengang Pharmazie geplant war. Mit diesem Kauf, der immerhin mit 450.000 DM zu Buche schlug, wollte man den Grundstein für eine Institutsbibliothek legen, wobei der Altbestand

---

[13] S. Lischka, Vesters Archiv (wie Anm. 1), S. 31.
[14] S. Vester, Helmut: Pharmacia in nummis. In: Zur Geschichte der Pharmazie 17 (1965), S. 1–3; 21 (1969), S. 4–7 u. 19–22; 22 (1970), S. 14–16; 23 (1971), S. 5; 24 (1972), S. 1–3. Vgl. Lischka, Vesters Archiv (wie Anm. 1), S. 81f.
[15] Die numismatische Sammlung und das Pharmakognostische Kabinett gingen 1991 an die Ruhr-Universität Bochum.
[16] Das Antiquariat war unter der HRA 3187 beim Amtsgericht Düsseldorf eingetragen; der Eintrag wurde erst 2007 aus dem Handelsregister gelöscht.
[17] S. Lischka, Vesters Archiv (wie Anm. 1), S. 14f.
[18] Rheinische Post Düsseldorf vom 13.3.1970.

Abb. 4: Bock, Hieronymus; Sebisch, Melchior (Hrsg.): Kreutterbuch. Jetzundt aber auffs new … verb. Straßburg, 1595, S. 386. DV2133. In der ULB Düsseldorf digital verfügbar: http://digital.ub.uni-duesseldorf.de/ihd/content/pageview/4291383 [Stand 11.04.2016].

eher als „bibliophile, schöne Zugabe"[19] angesehen wurde. In den nächsten Jahren versuchte Vester, auch sein patentiertes „Vesters Archiv. Institut für Geschichte der Pharmazie" für 1 Million DM der Akademie zu verkaufen, allerdings mit der Maßgabe, es weiterhin zu leiten und als An-Institut der Akademie zu führen.[20] Da inzwischen das Institut für Geschichte der Medizin unter Schadewaldt errichtet worden war, bat ihn der Rektor um eine fachliche Prüfung. Schadewaldt schätzte den Kaufpreis als überteuert ein, sodass Vester nachgab und statt des Geldes die Stellung eines unbesoldeten Institutsdirektors mit Professorentitel forderte. Da er in Fachkreisen jedoch als Privatgelehrter und Außenseiter ohne jeden Anschluss an die etablierte Pharmaziegeschichte galt und seine „Geschäftemacherei" berühmt-berüchtigt war, lehnte die Akademie alle Forderungen ab.[21]

Nachdem ein Teil der Bibliothek 1961 an die Akademie verkauft worden war und später in die Bestände der Universitäts- und Landesbibliothek Düsseldorf als „Pharmaziehistorische Bibliothek Dr. Helmut Vester" überging[22], sah sich Vester gezwungen, weitere Bücher auf Auktionen zu verkaufen.

Ende des Jahres 1969 wurden „Vesters Archiv" und das „Institut für Geschichte der Pharmazie" als Depositum in das Hauptstaatsarchiv Düsseldorf auf Schloss Kalkum übernommen, wo rund 100 Quadratmeter zur Verfügung standen. Bis 1990 verblieb das Archiv in Kalkum, doch es fehlte an Personal, um beispielsweise Ausleihen zu ermöglichen. Allerdings war Vester bewusst, dass bei wachsenden Beständen absehbar ein neuer Umzug bevorstand. Am 20. Februar 1986 hielt er einen Vortrag in Schloss Kalkum anlässlich des fast 50-jährigen Bestehens des Vester'schen Archivs. Neben den Erfolgen berichtete er über seine Sorgen, da die Existenz des Archivs über seine Lebenszeit hinaus nicht gesichert sei. Zwar habe die Deutsche Forschungsgemeinschaft schon Beihilfe geleistet, doch dies bedeute letztlich keine endgültige Lösung für die zukünftige Sicherstellung seiner Sammlung.

[19] S. Willhardt, Die Sammelleidenschaft (wie Anm. 1), S. 32.
[20] Universitätsarchiv Düsseldorf (im Folgenden UAD), Kultusminister NRW an Rektor der Medizinischen Akademie vom 17.2.1964.
[21] UAD, Schadewaldt an Rektor vom 22.5.1964 und 29.11.1965; vgl. Lischka, Vesters Archiv (wie Anm. 1), S. 96. Auch der von Schadewaldt zu Rate gezogene Direktor des Instituts für Medizingeschichte in Marburg, Prof. Dr. Gunther Mann, vermutete hinter der Causa Vester eine „ungute Geschäftemacherei", s. UAD, Mann an Rektor der Medizinischen Akademie vom 11.1.1965.
[22] Die Sammlung wurde von 2009 bis 2014 digitalisiert, s. Heppener, Sandra: Vom Original zum Digitalisat – Das DFG-Projekt „Pharmaziehistorische Bibliothek Dr. Helmut Vester". In: Prolibris 18 (2013), S. 30–33.

Mit der Kündigung des Vertrags seitens des Hauptstaatsarchivs im Jahre 1990 zeigte sich, dass es unmöglich war, die Sammlung in privater Trägerschaft weiterhin in ihrer räumlichen Einheit und Geschlossenheit zu erhalten, obgleich Vester zufolge die beste Lösung eine Übernahme durch die Düsseldorfer Universitäts- und Landesbibliothek gewesen wäre. Nach langen und kontroversen Verhandlungen mit deutschen Institutionen, die größtenteils an den überzogenen Geldforderungen scheiterten, entschloss sich Vester 1991, den überwiegenden Teil der Kalkumer Bestände als eine zunächst auf zehn Jahre befristete Leihgabe dem Schweizer Pharmaziehistorischen Museum der Universität Basel zu übertragen. Das „Pharmakognostische Kabinett" und die Münzsammlung gingen im selben Jahr an die medizinhistorische Sammlung der Ruhr-Universität Bochum im dortigen Malakow-Turm, die unter der Leitung der Schadewaldt-Schülerin und Direktorin des Medizinhistorischen Instituts der Universität, Prof. Dr. Irmgard Müller, stand.

Die Apothekentradition der Familie Vester wurde von Helmut Vesters Sohn Sven-Jörg Vester, ab 1974 Besitzer der Düssel-Apotheke am Carlsplatz in Düsseldorf, fortgeführt. Die zwei Jahrhunderte andauernde Tradition der Löwen-Apotheke hatte allerdings bereits mit der 1981 erfolgten Verpachtung und dem sich 1984 anschließenden Verkauf ein Ende gefunden[23]. Vester war bis zu seinem Lebensende immer wieder für seine Passion unterwegs.

Sein Wunsch war es, Archiv und Institut für alle Zeiten in Düsseldorf mit seinen naturwissenschaftlich-medizinischen Institutionen zu verankern, was ihm allerdings nur mit der Bibliothek gelang. Im Jahre 2002 verstarb Dr. Helmut Vester im Alter von 89 Jahren.

---

[23] Bis 2006 befand sich in dem Gebäude die Parfümerie-Drogerie-Boutique Schwanenspiegel Dr. Helmut Vester, die unter HRA 223 Amtsgericht Düsseldorf registriert war.

THORSTEN LEMANSKI, GISELA MILLER-KIPP

Seinerzeit staatliche Bildungssteuerung, heute Fundgrube für Historiker. Die Schulprogramm-Sammlung der Universitäts- und Landesbibliothek Düsseldorf

Zur institutionell durchgängigen Kontrolle derjenigen „Veranstaltungen des Staates, welche den Unterricht der Jugend in nützlichen Kenntnissen und Wissenschaften zur Absicht haben", wurden in Preußen 1824 alle Gymnasien, historisch nachfolgend alle „höheren Lehranstalten"[1] berichtspflichtig. Die Universitäts- und Landesbibliothek Düsseldorf (ULB) bietet die bundesweit größte erschlossene und digitalisierte Sammlung solcher Schulberichte bzw. „Schulprogramme"[2] frei im Internet an, ca. 39.000 Exemplare aus dem Zeitraum 1802–1920 – ein singulärer Schatz, eine Sammlung einzigartig in der Vielfalt ihrer historischen Bezüge. Sie ist nicht nur, wie naheliegend, „eine wahre Fundgrube für sozialwissenschaftliche Studien zum Bildungswesen"[3], sondern auch für historische Studien zu einer Vielzahl von Fächern und universitären Disziplinen quer durch alle Fakultäten.

---

[1] Diejenigen Schulen, die der Aufsicht der Provinzialschulkollegien unterstanden; das „niedere" Schulwesen unterlag lokaler Schulinspektion.

[2] So der Begriff 1824; der sachlich zutreffendere Begriff „Schulberichte" setzte sich nach der Jahrhundertwende durch.

[3] Haubfleisch, Dietmar; Ritzi, Christian: Schulprogramme – zu ihrer Geschichte und ihrer Bedeutung für die Historiographie des Erziehungs- und Bildungswesens. In: Siebert, Irmgard (Hrsg.): Bibliothek und Forschung. Die Bedeutung von Sammlungen für die Wissenschaft. Frankfurt am Main: Vittorio Klostermann 2011 (Zeitschrift für Bibliothekswesen und Bibliographie: Sonderbände; 12). S. 165–205, hier S. 193. Haubfleisch; Ritzi zitieren ebd., Fn. 29, eine Bibliographie der Schulprogramme „in Mathematik und Naturwissenschaften" von 1986. In der bildungshistorischen Forschung hat zuerst Ulrich Herrmann (Tübingen) auf diese Quellengattung hingewiesen, vgl. Herrmann, Ulrich: Über „Bildung" im Gymnasium des wilhelminischen Kaiserreichs. In: Ders.: Historische Bildungsforschung und Sozialgeschichte der Bildung. Weinheim: Dt. Studienverlag 1991, S. 243–256, hier S. 412, Anm. 24. (Auch in: Koselleck, Reinhart [Hrsg.]: Bildungsbürgertum im 19. Jahrhundert. Teil II: Bildungsgüter und Bildungswissen. Stuttgart: Klett 1990, S. 346–368).

Der Beitrag beschreibt diese Sammlung materiell und schließt sie historiographisch auf, dies in vier Abschnitten: Zuerst werden Geschichte und – seinerzeitige – Funktion der Schulprogramme rekonstruiert, danach materieller Bestand und Digitalisierung der Schulprogramm-Sammlung der ULB beschrieben. Alsdann werden die historische Dimension und die historiographische Potenz der Sammlung markiert, dabei jeweils mit Beispielen und Hinweisen additive von innovativer Historiographie unterschieden. Der Beitrag schließt mit einer Anmerkung zum gesellschaftlichen Zusammenhang von Sammlungen und Universitätsbibliothek.

Dem ersten Eindruck allein geschichtlicher Lagerung der Materie sei mit dem Hinweis auf vielfache aktuelle Bezüge entgegengetreten. So liest man etwa im *Jahresbericht des Staatlichen Hohenzollerngymnasiums mit Realgymnasium zu Düsseldorf für das Schuljahr 1929/30* unter „Mitteilungen an die Eltern":

„Die außergewöhnlich große Inanspruchnahme der Schüler durch Interessen außerhalb der Schule (Theater, Konzert, Kino, Radio, Musikunterricht, Tanzstunde, Sport usw.) gefährdet das gedeihliche Fortschreiten in der Schule und führt häufig zur Ueberbürdung"[4].

Dieselbe Überbürdungsklage wird auch heute im Schulsektor geführt, nur sind die konkurrierenden Mittel und Medien der Zerstreuung andere, was sich anhand des zitierten Textes zugleich mit der Kontinuität der Debatte selbst scharf ins Auge fassen und substantiell verfolgen lässt. Das schärft schul- und jugendpolitische Urteilskraft. – Die Geschichte der Schulprogramme verweist jedoch zunächst auf deren bildungspolitische Funktion.

Historischer Anfang, bildungspolitische Funktion

Die moderne deutsche Schulgeschichte beginnt mit einem preußischen Paukenschlag, und zwar mit dem eingangs zitierten berühmten 1. Artikel des ebenso berühmten Allgemeinen Preußischen Landrechts von 1794[5];

---

[4]   Haubfleisch; Ritzi, Schulprogramme (wie Anm. 3), S. 21. Textabbild ebd., S. 198. – Rechtschreibung in allen hier zit. historischen Texten im Original.
[5]   Im Blick auf die institutionelle Durchsetzung von Schule empfiehlt sich als Quellenausgabe Dietrich, Theo; Klink, Job-Günter (Hrsg.): Zur Geschichte der Volksschule. Bd. I. Volksschulordnungen 16. bis 18. Jahrhundert. Bad Heilbrunn: Julius Klinkhardt 1972, vgl. dort S. 161. Vgl. auch: Geißler, Gert: Schulgeschichte in Deutschland.

er lautet vollständig: „Schulen und Universitäten sind Veranstaltungen des Staates, welche den Unterricht der Jugend in nützlichen Kenntnissen und Wissenschaften zur Absicht haben". Damit setzen in Preußen nunmehr unumkehrbar Säkularisierung und insbesondere Verstaatlichung des Schulwesens ein. Letzteres geht mit staatlicher Schulaufsicht in der Form von Schulverwaltungsbürokratie einerseits und steuernder Schulgesetzgebung andererseits einher. Zu dieser Gesetzgebung gehört auch die Verfügung von 1824[6]. Danach soll ein jedes „Gymnasium" jährlich Auskunft geben über Aufbau und Unterricht, über Lehrbücher, Lehrmethode und Lehrgegenstände, auch über die „innere und äußere Schuldisziplin", dazu eine kurze Chronik des verflossenen Schuljahres verfassen sowie Schüler und Lehrer statistisch erfassen.[7]

Dies ist ein weitgreifendes Instrument für den Staat zur Kontrolle der „höheren Lehranstalten", zu ihrer institutionellen Normierung, zur Standardisierung und Ausrichtung des Unterrichts. Aber welch ein Instrument auch, auf der Seite der „Lehranstalten", zur Selbstdarstellung – gegenüber

---

Von den Anfängen bis in die Gegenwart. 2. akt. u. erw. Aufl. Frankfurt am Main: Peter Lang 2013 und Kinzinger, Martin; Steckel, Sita (Hrsg.): Akademische Wissenskulturen. Praktiken des Lehrens und Forschens vom Mittelalter bis zur Moderne. Muttenz: Schwabe 2015 (Veröffentlichungen der Gesellschaft für Universitäts- und Wissenschaftsgeschichte (VGUW); 13).

[6] Circularverfügung (CV) vom 23.8.1824, u.a. in: Neigebaur, Johann Ferdinand: Die preußischen Gymnasien und höheren Bürgerschulen. Eine Zusammenstellung der Verordnungen, welche den höheren Unterricht in diesen Anstalten umfassen. Berlin/Posen/Brombereg: Mittler 1835, S. 314–316. Digitalisat in: http://reader.digitale-samm lungen.de/de/fs1/object/display/bsb10734207_00329.html; ausführliche Zitate bei Haubfleisch; Ritzi, Schulprogramme (wie Anm. 3), S. 166ff. – Mitteilungsschriften traditionsreicher Schulen sind seit dem 17. Jahrhundert überliefert; um 1800 waren sie in vielen Reichsterritorien Usus, freilich „ohne die Absicht einer über den nächsten Kreis der Beteiligten hinausgehenden Verbreitung" (Wiese, Ludwig von (Hrsg.): Das Höhere Schulwesen in Preussen. Historisch-statistische Darstellung, i.A. des Ministers der geistlichen, Unterrichts- und Medizinalangelegenheiten. II. 1864–1868 (1869). Berlin: Von Wiegandt & Grieben 1869, hier S. 702); die CV von 1824 war in Preußen zugleich die erste Maßnahme zur Vereinheitlichung des dortigen Schulprogrammwesens.

[7] Die Verfügung wurde auf dem Erlasswege mehrfach präzisiert, erstmals bereits 1825; im letzten Drittel des 19. Jahrhunderts wurde die Masse der Schulprogramme zum Problem, 1915 wurde ihr Druck wegen kriegsbedingter Papierknappheit eingestellt, 1920/21 lief er wieder an, 1942 wurde er erneut und wiederum kriegsbedingt eingestellt, diesmal endgültig. Zur (Rechts-)Geschichte der Schulprogramme und zur Kritik ihrer Praxis vgl. Seidel, Heinrich: Zur Geschichte des deutschen Aufsatzes bei der Reifeprüfung an den höheren Lehranstalten Preussens. In: Jahresbericht des Königlichen Katholischen Gymnasiums zu Sagan. 1.1901–2.1902. Digitalisat in: http://nbn-resolving.de/urn:nbn:de:hbz:061:1-371453 und Seidel, Heinrich: Der deutsche Aufsatz in der Reifeprüfung 1901–1910. Ein Beitrag zur Geschichte des deutschen Aufsatzes bei der Reifeprüfung an den höheren Lehranstalten. Berlin: Weidmann 1912; zuletzt Haubfleisch; Ritzi, Schulprogramme (wie Anm. 3).

dem Staat, der (Stadt-)Bürgerschaft[8] und der gelehrten Welt[9]! Diesem ursprünglich so nicht intendierten Zweck fügten sich insbesondere die wissenschaftlichen Abhandlungen, die dem Sachstandsbericht beizufügen und abwechselnd in lateinischer und deutscher Sprache abzufassen waren. Sie waren es, in die sich die gymnasiale Lehrerschaft vertiefte, deren wissenschaftlichen Ehrgeiz und ihren Korpsgeist als „Oberlehrer" sie beflügelten. Ihnen verdankt das klassische Gymnasium seine hartnäckige Wissenschaftsorientierung; nicht zuletzt durch sie wurde es zum Modernisierungsverlierer im institutionellen Wettbewerb der „höheren Lehranstalten", der im letzten Drittel des 19. Jahrhunderts einsetzte. Dazu ist zu erläutern, dass die Schulprogramme gegenseitig ausgetauscht werden sollten bzw. mussten; jede „höhere Lehranstalt" in Preußen konnte also jährlich die Programme aller anderen „Lehranstalten" studieren, nach Möglichkeit sollte dafür sogar ein eigener Raum bereitgehalten werden[10]. Überdies sollten die Programme an die Königlichen Bibliotheken[11] und selbstredend auch an „das Ministerio" gehen, dorthin „zehn gebundene und mit einem Umschlag versehene Exemplare"[12].

Gegen die Anstrengung von Wissenschaft durch Schule hat kein Geringerer als Friedrich Daniel Ernst Schleiermacher früh polemisiert. Er meinte, dass es „in vieler Hinsicht ein vortreffliches Zeichen für eine Schule ist, wenn dergleichen [i.e. Schulprogramme] gar nicht von ihr gefertiget werden", denn „literarische Produktionen [...] kommen [den Gymnasien] als solchen gar nicht zu" und verführten nur zu „verderblicher Prahlerei"[13].

---

[8]   Dem dienten in erster Linie die öffentlichen Prüfungen, zu denen jeweils mit dem Schulprogramm eingeladen wurde; sie waren Pflichtveranstaltungen der höheren Schulen, wurden allerdings aufgrund des Verdachts bloßer Schaustellerei 1893 abgeschafft.
[9]   Über die wissenschaftlichen Abhandlungen wetteiferten die Gymnasien mit den örtlichen Akademien und/oder Universitäten. Zur damit einhergehenden Wissenschaftsaspiration vgl. Haubfleisch; Ritzi, Schulprogramme (wie Anm. 3); Kirschbaum, Markus: Litteratura Gymnasii. Schulprogramme deutscher höherer Lehranstalten des 19. Jahrhunderts als Ausweis von Wissenschaftsstandort, Berufsstatus und gesellschaftspolitischer Prävention. Aus Beständen der Rheinischen Landesbibliothek Koblenz. Koblenz: Fuck 2007 (Schriften des Landesbibliothekszentrums Rheinland-Pfalz; 2).
[10]   Was nicht durchgängig gelang. Es adelte allerdings eine „höhere" Schulinstitution, solch eine (Lehrer-)Bibliothek zu besitzen.
[11]   In Berlin, Breslau, Bonn, Halle, Königsberg und Greifswald; zur Bestreitung der Druckkosten sollte eine „angemessene Summe" bereitgestellt werden, vgl. Haubfleisch; Ritzi, Schulprogramme (wie Anm. 3), S. 168.
[12]   Neigebaur, Die preußischen Gymnasien (wie Anm. 6), S. 316.
[13]   Schleiermacher, Friedrich Daniel Ernst: Gelegentliche Gedanken über Universitäten in deutschem Sinn. Nebst einem Anhang über eine neu zu errichtende. Berlin: 1808, S. 141. Digitalisat in: http://edoc.hu-berlin.de/miscellanies/g-texte-30372/123/PDF/123.pdf.

Abb. 1: Lagerung der Schulprogramme vor Beginn des Projekts 2009 im Magazin

In der Schulprogramm-Sammlung der ULB kann man solche Prahlerei nachlesen, das ist bisweilen recht amüsant.

Sowohl aus der Verfügung von 1824 als auch aus dem zeitgenössischen Streit über Nutz und Frommen der Schulprogramme ist das Format des „Schatzes" zu ersehen, den die ULB Düsseldorf mit ihrer Sammlung derselben hütet. An erhofften und beabsichtigten Zwecken werden nämlich genannt: Es könnten „nützliche Ideen in Umlauf" gebracht werden, ein „lebendiger Verkehr" nicht nur zwischen den Gymnasien untereinander, sondern auch zwischen den Gymnasien und den Eltern sowie „einem größeren Publikum" – i.e. der bildungsbürgerlichen Öffentlichkeit – könnte „bewirkt", dieser Öffentlichkeit könnte zur Kenntnis über Unterricht und Disziplin in den Gymnasien verholfen, die „Directoren und Oberlehrer" könnten zur Fortsetzung ihrer Studien und auch „zur Übung im lateinischen Schreiben" ermuntert, teils aber auch „zur öffentlichen Rechenschaft ihrer Leistung [genötigt]" und letztendlich könnte „die Controlle der vorgesetzten Behörden über die Gymn." erleichtert werden[14] – eine be-

---

[14] Wiese, Das Höhere Schulwesen (wie Anm. 6), S. 702.

achtliche Reihe pädagogischer und sozio-kultureller, schul- und bildungs-
politischer Funktionen. Man kann sicher sein, dass sich diese von Zeit zu
Zeit realisierten.

Auf die Materialität der Schulprogramm-Sammlung der ULB geht zurück, dass sie inzwischen frei im Netz verfügbar ist – die Papiere müssen
digitalisiert werden, beim gemeinen Gebrauch drohen sie unter den Händen zu zerbröseln. Die Schulprogramm-Sammlung wechselt mithin ihr
Format aus materieller Notwendigkeit, nicht etwa im Rausche der Digitalisierung von Bibliotheksbeständen, in dem die Frage der Notwendigkeit
ja durchaus vernachlässigt wird.[15] Sichert die Digitalisierung erst einmal
den Bestand der Sammlung, so sichert ihr Netzauftritt deren Gebrauch. Er
enthebt Nutzer der Mühe, sich Karton für Karton (Abb. 1) durcharbeiten
zu müssen.

Erst mit der Veröffentlichung im Internet wird die Schulprogramm-
Sammlung der ULB recht eigentlich für Wissenschaft und Forschung zugänglich.

Materialbestand und Digitalisierung

Der mit knapp 37.000 Heften weitaus größte Teil der Schulprogramm-
Sammlung gelangte 1933 aus dem Städtischen Hindenburg Gymnasium
an die damalige Landes- und Stadtbibliothek Düsseldorf. 1970 wurde der
überwiegende Teil der Bestände der Landes- und Stadtbibliothek der damals noch jungen Universität übergeben und bildete später den Grundstock der neuen Universitäts- und Landesbibliothek.

Insgesamt zählt die Schulprogramm-Sammlung der ULB Düsseldorf
knapp 39.000 Exemplare und umfasst sowohl Jahresberichte als auch wissenschaftliche Abhandlungen aus dem gesamten damaligen Deutschen
Reich (einige wenige auch aus Österreich, den Niederlanden und der
Schweiz). Die Schulschriften datieren aus den Jahren 1802–1920, die Hälfte der Sammlung stammt aus dem 19. Jahrhundert.

Vor Beginn des Erschließungs- und Digitalisierungsprojekts an der
ULB waren nur etwa 1.000 der Schulschriften im Katalog erfasst. Da-

---

[15] Wobei inzwischen aufgrund unkontrollierbaren Verschwindens von Digitalisaten
bereits fraglich ist, ob das Netz die *Jahrhundertprüfung* eines Archivs überhaupt beste-
hen wird. – Kriterien für die Digitalisierung wissenschaftlicher Sammlungen bei Weber,
Cornelia: Einheit in der Vielfalt. Universitätssammlungen als bundesweit koordinierte
Forschungsinfrastruktur. In: Knöll, Stefanie (Hrsg.): Universitätssammlungen. Bewahren –
Forschen – Vermitteln. Düsseldorf: dup 2015, S. 15–26.

mit ähnelte die Situation in der
ULB der in anderen Bibliotheken.
Fast überall stand man – und an
den meisten Standorten ist es noch
heute so – vor einer unzulänglichen
Erschließungs- und Nutzungssi-
tuation. Sammlungen nicht origi-
när bibliothekarischer Materialien
waren lange nicht im Fokus der
Erschließungsbemühungen der Bibliotheken. Im Fall der Schulprogramme ist man wahrscheinlich
allein vor der schieren Masse zu-
rückgeschreckt; darüber hinaus
stellt die Gattung Schulprogramme
ganz besondere Anforderungen an
die Erschließung, denen man in der
ULB mit einem eigens entwickelten
Erschließungskonzept begegnet ist,
was später erläutert werden wird.

Abb. 2: Sortierung der Schulprogramme
in der Restaurierungswerkstatt

Neben die defizitäre Erschlie-
ßungssituation tritt der schlechte
Erhaltungszustand der Originale, sodass in der ULB die Bestände nur
im Sonderlesesaal einzusehen sind. Für die meisten der Schulprogramme
wurde oft minderwertiges, stark holzschliffhaltiges Papier verwendet, das
heute auch bei vorsichtiger Nutzung Gefahr läuft, stark beschädigt zu
werden.

Vor diesem Hintergrund entschied sich die ULB im Jahr 2009, sich dieser und ähnlicher Sammlungen anzunehmen und sie nicht nur zu katalogisieren, sondern auch zu digitalisieren, um sie öffentlich und frei im
Internet zur Verfügung zu stellen. Dies dient dem Erhalt der Originale, da
fast alle wissenschaftlichen Fragen nun am Digitalisat beantwortet werden
können und das Original nicht mehr herangezogen werden muss. Darüber
hinaus ist die Nutzung des digitalisierten Bestands wesentlich komfortabler und einfacher.

Zu Beginn des Projekts galt es zunächst, die Schulprogramme nach einem gemeinsamen Prinzip neu zu ordnen. Bisher waren sie aus historischen Gründen an drei verschiedenen Stellen im Magazin untergebracht
und nach unterschiedlichen Kriterien geordnet. Außerdem war aus Gründen der Bestandserhaltung eine (neue) Umverpackung geboten. Das brü-

Abb. 3: Neu geboxte Schulprogramme

chige Papier der Schulprogramme wurde durch die bis dahin lockere und aufrechte Lagerung besonders belastet.

Die Hefte wurden zunächst in der hauseigenen Restaurierungswerkstatt mechanisch gereinigt, wobei Metallteile weitgehend entfernt wurden (Rostgefahr). Danach wurden die Programme nach einem einheitlichen dreistufigen System geordnet: 1. Ort der Schule, 2. Namen der Schule, 3. Chronologisch.

Gleichzeitig wurden die Hefte in neue Boxen aus alterungsbeständigem Material verpackt. Um die Hefte bei der aufrechten Lagerung zu schonen, wurde ein besonderes Augenmerk darauf gelegt, die Boxen möglichst ganz zu füllen, um die mechanische Belastung des Papiers durch ein Umknicken zu vermeiden. Wo notwendig, wurde Füllmaterial beigegeben. Das Boxing inklusive der Sortierung der Schulprogramme dauerte 9 Monate. Dadurch reduzierte sich die belegte Regalfläche im Magazin von ursprünglich 103 Regalmeter auf nun noch 93 Regalmeter.

Wie bereits erwähnt ist die Katalogisierung der Schulprogramme nicht ohne Hürden. Dies liegt zum einen an den häufigen Namenswechseln der Schulen und zum anderen an der besonderen Gattung der wissenschaftlichen Abhandlungen. Eine genaue Darstellung des an der ULB entwickelten Katalogisierungsmodells wurde bereits an anderer Stelle[16] gegeben, sodass hier eine verkürzte Darstellung genügen soll.

Die Jahresberichte wurden der bibliothekarischen Praxis bei periodisch erscheinenden Publikationen entsprechend in der Zeitschriftendatenbank (ZDB) erfasst. Bei dieser Gelegenheit wurde die publizierende Schule als herausgebende Körperschaft in der Gemeinsamen Normdatei (GND) angelegt und die entsprechenden Aufnahmen aus der ZDB damit verknüpft. Dies ist im Fall der Schulprogramme besonders sinnvoll, weil die Schulen gerade im 19. Jahrhundert recht häufig ihre Namen änderten – beispielsweise trug das renommierte Düsseldorfer Görres-Gymnasium in seiner langen Geschichte acht verschiedene Namen. Jeder der Schulnamen wird in der zentralen GND eingetragen, sodass die Nutzer im Katalog eine Schule unter jedem ihrer Namen finden können – eine sehr lohnenswerte, aber auch arbeitsintensive Aufgabe. Die wissenschaftlichen Abhandlungen warten mit einigen erschließungstechnischen Sonderfällen auf, die Katalogisierung erschweren: Grundsätzlich sind die Abhandlungen im Verbundkatalog zu katalogisieren und mit dem entsprechenden Jahrgang des Berichts in der ZDB zu verknüpfen. Manche Abhandlungen sind allerdings als Teil des Berichts erschienen, andere als selbstständige Veröffentlichung zum Jahresbericht, was eine Erschließung nach unterschiedlichen Katalogisierungsregeln nach sich zieht. Besonders „unschön" sind diejenigen wenigen Abhandlungen, die als Fortsetzung über mehrere Jahre hinweg publiziert wurden.

Die Katalogisierung der gesamten Sammlung hat fast drei Jahre in Anspruch genommen. Insgesamt wurden neben den knapp 5.000 Berichtsreihen in der ZDB über 22.000 Abhandlungen im Verbundkatalog erschlossen. Die Katalogisierung eines Schulprogramms in der ZDB dauerte etwa 18 Minuten; dies deckt im Durchschnitt 9 einzelne Hefte ab. Für die Erschließung einer Abhandlung mussten etwa 28 Minuten veranschlagt werden. Angesichts dieser Zahlen sei der Hinweis gestattet, dass akribische und wohldurchdachte Erschließung und der damit verbundene Aufwand mitnichten einen bibliothekarischen Selbstzweck, sondern eine wichtige forschungsunterstützende Maßnahme darstellen. Durch die Pflege von Normdaten wird die Recherche deutlich erleichtert, da unterschiedliche Namensformen zum gewünschten Ergebnis führen – somit wird der Re-

---

[16] Vgl. Lemanski, Thorsten; Siebert, Irmgard; Weber, Rainer: Erschließung und Digitalisierung von Schulprogrammen. Bericht über ein Projekt der Universitäts- und Landesbibliothek Düsseldorf. In: Bibliotheksdienst 45 (2011), H. 3/4, S. 233–249. Vgl. dazu auch Siebert, Irmgard: ULB Düsseldorf digitalisiert Schulprogramm-Sammlung der Bibliothek des Görres-Gymnasiums. In: b.i.t. online 16, Nr. 6 (2013), S. 478f.

cherchierende deutlich entlastet. Darüber hinaus basieren die meisten der komfortablen Nutzungsfunktionen in den Digitalen Sammlungen auf Erschließungsdaten.

Bei der Digitalisierung der Schulprogramme waren keine besonderen Vorgaben zu berücksichtigen, sodass der im Folgenden dargestellte Digitalisierungs-Workflow als typisch für die meisten Digitalisierungsprojekte anzusehen ist. Grundsätzlich ist das eigentliche Scannen der Vorlagen zu unterscheiden von der fachbibliothekarischen Bearbeitung vor und im Anschluss an den Scanprozess. Diese Bearbeitung macht in der Gesamtschau den Hauptanteil der Arbeit bei der Digitalisierung aus.

Im Vorfeld sind einige Prüfungen durchzuführen: Die sonst übliche und mitunter recht aufwändige Prüfung der Vorlagen auf Gemeinfreiheit, denn nur solche können frei im Internet zur Verfügung gestellt werden, konnten wir dadurch minimieren, dass wir uns entschieden haben, grundsätzlich alle bis 1918 erschienenen Hefte zu digitalisieren. Bei der restauratorischen Prüfung im Vorfeld der Digitalisierung wird festgestellt, ob die Vorlagen gescannt werden können, ohne dass ihnen dabei Schaden zugefügt wird. Gleichzeitig wird festgelegt, auf welchem Scanner die Vorlage zu digitalisieren ist. Das Digitalisierungszentrum der ULB Düsseldorf verfügt über mehrere Spezialscanner, die je nach Anforderungen der Vorlage eingesetzt werden. Besonders wichtig ist die Frage, in welchem Winkel ein Buch geöffnet werden kann. Im Digitalisierungszentrum können Bücher mit einem maximalen Öffnungswinkel von 90 Grad und mehr gescannt werden. Die Schulprogramme waren diesbezüglich unproblematisch, da die recht dünnen Hefte meist mit einem Öffnungswinkel von 180 Grad gescannt werden konnten, sodass Aufsichtscanner unter Verwendung einer Glasplatte eingesetzt werden konnten.

Darüber hinaus sind im Vorfeld einige technische Paramater festzulegen, darunter auch die Frage, ob in Farbe oder in Graustufen digitalisiert werden soll. Da die Schulprogramme selbst fast alle nicht farbig gedruckt sind und hauptsächlich textueller Inhalt mit ganz wenigen Illustrationen vorliegt, wurden die Schulprogramme in Graustufen gescannt, was im Hinblick auf die benötigte Speicherkapazität und Scanzeit erhebliche Einsparungen gegenüber Farbscans bedeutet.

Für die Bearbeitung der Hefte im Digitalisierungszentrum war die Sortierung sehr hilfreich, denn so konnten die zusammengehörigen Berichte und Abhandlungen in der korrekten chronologischen Reihenfolge gescannt werden. Beim Scannen wurden die Hefte vorstrukturiert, d.h., es wurden Marken gesetzt, beim Titelblatt eines Berichts sowie beim Titelblatt einer Abhandlung, die in der späteren bibliothekarischen Bearbeitung mit den entsprechenden Titeln versehen wurden.

Die beim Scannen erzeugten Image-Dateien wurden über Nacht in das Produktionssystem geladen und dabei mit den bei der Katalogisierung erzeugten Metadaten verknüpft.

Dem Scannen zeitlich nachgeordnet folgt eine Qualitätsprüfung auf Vollständigkeit und Bildqualität. Danach werden die Digitalisate strukturiert, d.h., die bereits gesetzten Marken (Strukturknoten) werden entsprechend der Vorlage benannt. Zusätzlich werden – so vorhanden – weitere Kapitel-Überschriften von Hand eingegeben. Nutzer können auf diese Weise später direkt einzelne Kapitel ansteuern und müssen nicht durch das gesamte Werk blättern. Ein weiterer Vorteil

Abb. 4: Scannen an einem Aufsichtscanner

besteht darin, dass die Benennung der Strukturknoten von Suchmaschinen wie Google indexiert wird und entsprechend dort gefunden werden kann.

Einen wichtigen Schritt bei der Bearbeitung der Digitalisate stellt die Volltexterkennung dar, die die ULB grundsätzlich bei allen Digitalisaten durchführt, die ein qualitativ zufriedenstellendes Ergebnis erwarten lassen. Dabei analysiert eine Software die Bilddateien und wandelt die erkannte Schrift in digitalen Text um, sodass Nutzer im Volltext nach bestimmten Worten oder Sätzen recherchieren können, und das über die gesamte Sammlung der Schulprogramme hinweg. Das stellt einen großen Mehrwert dar, der über die Suche in den Metadaten wie Autor, Titel, Erscheinungsdatum und den Strukturknoten deutlich hinausgeht.

Zum Abschluss werden sowohl von einzelnen Kapiteln wie auch vom gesamten Werk PDF-Dateien erzeugt, die heruntergeladen werden können, um die Inhalte auch offline zu nutzen. Am Ende dieses Workflows steht die Freigabe in den Digitalen Sammlungen, bei der automatisch eine sogenannte Sekundäraufnahme erzeugt wird, d.h., im Katalog ist nun auch die digitale Ausgabe recherchierbar.

In Spitzenzeiten wurden bei der Digitalisierung der Schulprogramme bis zu drei Scanner eingesetzt. Insgesamt wurden im Zeitraum von dreieinhalb Jahren über 38.000 Bände mit deutlich über 1,3 Millionen Images digitalisiert und online gestellt.

In den Digitalen Sammlungen der ULB Düsseldorf stehen die digitalisierten Schulprogramme online jederzeit und frei zur Verfügung. Dabei werden verschiedene Recherchemöglichkeiten angeboten: von der schon erwähnten Volltextsuche über die Suche nach bestimmten Autoren und Schulen bis hin zur Nutzung von Facetten, um spezielle Zeiträume oder Orte auszuwählen. Bei der Präsentation kann eine Übersicht über eine bestimmte Anzahl von Seiten eingeblendet werden, bei der Anzeige einer einzelnen Seite steht eine Zoomfunktion zur Verfügung und außerdem kann das Bild gedreht werden.

Über eine spezielle Schnittstelle stellen die Digitalen Sammlungen die Metadaten frei zur Verfügung: Überregionale, nationale oder auch internationale Portale können diese Daten abziehen, sodass die Düsseldorfer Sammlungen auch dort recherchierbar sind und Nutzer den Weg von dort zu den Digitalen Sammlungen der ULB finden können.

Additive Historiographie

Wie eingangs erwähnt, ist die Schulprogramm-Sammlung eine reich sprudelnde historische Quelle, und das nicht nur für die Schulgeschichte. Um ihre historische Dimension und historiographische Potenz übersichtlich zu erfassen, wird im Folgenden systematisch zwischen „additiver" und „innovativer" Historiographie unterschieden, also zwischen ergänzender und zwischen neu ein- oder ansetzender Geschichtsschreibung. Zunächst zur additiven Historiographie, sie liegt in erster Linie in der Schul- und Bildungsgeschichte.[17]

---

[17] Für diese wie für alle im Weiteren genannte Geschichtsschreibung wäre sehr wünschenswert, die Such- und Ordnungskategorien im Netz zumindest um Institutionen und Fächer zu ergänzen.

Schulgeschichte in vielen Facetten

Für die Schulgeschichte geben die Texte vielfach und vielfältig Auskunft zur inneren Schule (Lehrplan, Didaktik, Unterricht, Erziehungs- und Bildungszwecke) und zur äußeren Schule (Schulklientel, Lehrkorpus, Trägerschaft, Finanzierung, bürgerschaftliche Positionierung).[18] All diese Sachverhalte kann man, je nach historiographischem Ansatz, im Blick auf die Institution, den Schulalltag oder die „Akteure", dem derzeit in der Geschichtsschreibung favorisierten Ansatz, verfolgen – die Sammlung bedient alle diese Erkenntnisinteressen. Überdies ermöglicht sie dank der institutionellen und der geographischen Streuung lokale und/oder regionale, einzelne oder vergleichende Rekonstruktion, und dies für die ganze institutionelle Vielfalt der „Lehranstalten" des „höheren" Schulwesens in Preußen nach 1870 in Deutschland. Diese Vielfalt und die institutionelle Ausdifferenzierung zwischen Gymnasium, Realgymnasium und Oberrealschule – hier zwischen Gymnasien und Lyzeen, den „höheren Lehranstalten für Mädchen" – lassen sich anhand der Schulprogramm-Sammlung nachverfolgen. Sie sind höchst erstaunlich, und man entdeckt dabei auch „Perlen" wie etwa ein „berechtigtes privates paritätisches Lyzeums [sic!]"[19].

Beispielhaft für die institutionelle Vielfalt wird hier die Fortbildungsschule vorgenommen, eine jugend- und gesellschaftsgeschichtlich besonders interessante Einrichtung, deren gesellschaftliche Leistung, die schulische Weiterbildung, bis heute institutionell und curricular umstritten ist.

Zur Fortbildungsschule

Die Fortbildungsschule wurde im ausgehenden Kaiserreich „erfunden"[20]. Ihr liegen zwei historische Ursachen zugrunde: zum einen die Notwendigkeit der Weiterbildung der Arbeiterjugend – rund 90 Prozent der Jugendpopulation des Kaiserreiches – über die Volksschule hinaus bzw., von der Arbeiterjugend her gesehen, deren Verlangen nach Anschluss an das

---

[18] Vgl. auch Aspekte bei Haubfleisch; Ritzi, Schulprogramme (wie Anm. 3), S. 193.
[19] 1909 in Düsseldorf aufgemacht.
[20] Vgl. grundlegend Harney, Klaus: Fortbildungsschulen. In: Handbuch der deutschen Bildungsgeschichte. Bd. IV: 1870–1918. München: Beck 1991, S. 380–389; im jugendgeschichtlichen Kontext zuletzt Miller-Kipp, Gisela: Vaterländische Gesinnungsbildung – demokratischer Aufbruch. Jugend und Schule am Vorabend des Ersten Weltkriegs. In: Schleper, Thomas (Hrsg.): Aggression und Avantgarde. Das Rheinland am Vorabend des Ersten Weltkriegs. Essen: Klartext 2014, S. 149–154.

Berechtigungswesen der „höheren" Schulbildung; zum anderen das Interesse der „herrschenden Stände" an der Schließung der sogenannten „Kon-
trolllücke zwischen Schule und Kaserne"[21] – das sind die beiden Jahre zwischen Volksschulabgang und Eintritt in den Militärdienst, in denen die
Arbeiterjugend der „gemeingefährlichen Sozialdemokratie" anheimfallen
konnte[22], da sie staatlicher Sozialkontrolle nicht mehr unterstand. Aus
Sicht der „herrschenden Stände" sollte die Fortbildungsschule also *nicht*
vordringlich qualifizieren, sondern sozial disziplinieren und patriotisch
auf Vordermann bringen. Ersonnen wurde dazu das Fach „Staatsbürgerli-
che Erziehung" bzw. „Bürgerkunde".[23]

Formulierung und Realisierung dieser beiden widerstreitenden schul-
und jugendpolitischen Interesselagen lassen sich in den Schulprogrammen
im institutionellen Einzelfall wie auch in ihrem historischen Verlauf präzise studieren und rekonstruieren – eine wünschenswerte Ergänzung zur
Gesellschaftsgeschichte der deutschen Schule.

Über Schule und Krieg

Ein zweites Beispiel additiver Historiographie ist der kaum vergangenen
Jahrhunderterinnerung an den „Ausbruch" des Ersten Weltkriegs geschul-
det. Gestritten wurde aus diesem Anlass auch über den Anteil der Schule
an der Militarisierung der Jugend. Pädagogen neigen dazu, diesen Anteil
zu überschätzen, Soziologen machen eher das gesellschaftliche Umfeld für
den deplorablen Sachverhalt haftbar. Festzuhalten ist: Patriotische als preu-
ßisch-vaterländische Gesinnungsbildung war der Schule in Preußen und
nachfolgend im deutschen Kaiserreich strukturimmanent. Ihre Mittel waren die notorisch gesinnungsbildenden Fächer Geschichte[24] und Deutsch[25]

---

[21] Kerschensteiner, Gustav: „Wie ist unsere männliche Jugend von der Entlassung aus
der Volksschule bis zum Eintritt in den Heeresdienst am zweckmäßigsten für die bürgerliche Gesellschaft zu erziehen?" Gekrönte Preisschrift. In: Jb. d. Königl. Ak. d. gemeinnüt-
zigen Wissenschaften zu Erfurt, N. F., H. 27 (1901), S. 1–78.
[22] Sc. „Allerhöchste Ordre" Wilhelms II. „Zur Bekämpfung sozialistischer und kom-
munistischer Ideen durch die Schule" von 1889 und die Richtlinien dazu für den
Geschichtsunterricht, die u.a. „Belehrungen über die Verderblichkeit der Sozialdemokratie" empfahlen; vgl. dazu Herrmann, Über „Bildung" (wie Anm. 3).
[23] In Preußen 1911 curricular implementiert.
[24] Vgl. Anm. 22.
[25] Das Unterrichtsfach „Deutsch" wollte Wilhelm II. 1890 (Schulkonferenz der
Höheren Schulen in Preußen) auf „nationale Basis" gestellt wissen, Instrument dessen
sollte der berühmt-berüchtigte „Besinnungsaufsatz" werden. Ein für Preußen nach Schulprovinzen systematisch angelegtes und tabellarisch gegebenes Verzeichnis der Themen des

sowie patriotische Schulfeiern[26]. Ab wann und mit welcher Semantik sich in den „höheren Lehranstalten" patriotische Gesinnung militaristisch einfärbte und/oder ins Militärische kippte, kann man in den Schulprogrammen nachlesen. Damit lässt sich der Beitrag der höheren Schulen zur „mentalen Militarisierung"[27] der bürgerlichen Jugend genauer vermessen.

Das bittere Ende dieser Bildungsfunktion lässt sich an der Trauerrede ablesen, die die Schulen auflegten, als deren patriotisch in den Krieg ziehender Jugend nicht rascher Sieg, sondern Hingemetzel und elender Kriegstod beschieden war. Ab 1915 sind die Schulprogramme voll davon, und man liest sie heute kaum mit Mitleid, eher mit Entsetzen – die „höheren Lehranstalten" des Kaiserreichs berichten über den Kriegstod der „Blüte unserer Jugend" im stereotypen Pathos des nationalkonservativen Militarismus.

Als Beispiel sei der *Jahresbericht der Städtischen Oberrealschule am Fürstenwall zu Düsseldorf* aus dem Jahr 1915 zitiert (Abb. 5). Dort wird „in tiefstem Schmerze, aber mit ebenso großem patriotischen Stolze" der „Heldentod" bzw. der „heldenmütige Tod" der gefallenen oder schwerstverwundet gestorbenen Schulabgänger angezeigt, junge Männer, „Helden" also zwischen 19 und 24 Jahren[28], und der Direktor behauptet, dass sie „mit ihrem Blute die Treue für das Vaterland besiegelt" hätten. Von „feindlichen Kugeln" ist die Rede, vom „Feld der Ehre" usw. usf. – das ganze Elend steht unter dem Leitspruch „Süß und ehrenvoll ist der Tod fürs Vaterland"! Damit wird Horaz zitiert, dessen „dulce et decorum est pro patria mori"[29] zum Standardspruch der Lateinlektionen des klassischen Gymnasiums gehört(e). Er wird hier *nicht* auf Latein zitiert und erschließt sich damit in seinem Ursprung nur Kennern der Materie – in der Oberrealschule wurde Latein nicht unterrichtet. Muttersprachlich also stellt sich eine Oberrealschule 1915 in die antike Redetradition vom Heldentod – ein bemerkenswertes Indiz für die Gesinnung der Institution.

Angeregt, anempfohlen, vielleicht auch befeuert wurde solche Rede

---

„deutschen Aufsatzes" zwischen 1812 (Einzelfälle ab 1790) und 1901 liegt vor (Seidel, Zur Geschichte (wie Anm. 7) und Seidel 1912); diesen Hinweis verdanke ich Ulrich Herrmann, Tübingen. Seidel summiert kulturpessimistisch, die „Ansprüche bei den Prüfungen [werden] mehr und mehr herabgewürdigt und ermäßigt" (Seidel, Zur Geschichte (wie Anm. 7), S. 7).

[26] Den Berichtspunkt „vaterländische Schulfeste" sah schon ein Reskript zur CV von 1824 vor.

[27] Herrmann, Ulrich: Krieg und Frieden. Militarisierung – Kriegsbegeisterung – Friedensbewegungen vor dem Ersten Weltkrieg im Wilhelminischen Deutschland. In: Lehren und Lernen 40, H. 11 (2014), S. 15–21, hier S. 18.

[28] Abiturienten und Einjährige, Geburtsjahrgänge 1891–1895.

[29] Horaz, Carmina („Oden"), III.2.13.

Süß und ehrenvoll ist der Tod fürs Vaterland!

In tiefstem Schmerze, aber mit ebenso großem, patriotischem Stolze berichte ich, daß folgende frühere Schüler mit ihrem Blute die Treue für das Vaterland besiegelt haben.

1. Bruno Gassen, geboren am 24. Juni 1892 zu Düsseldorf, Sohn des Herrn Glasmalers Friedrich Gassen, Abiturient von Ostern 1914. Als Reservist im Inf.-Reg. 30 kam er schwer verwundet nach Düsseldorf und starb hier im Lazarett am 7. September 1914. Seine Lehrer und Klassenkameraden gaben ihm das letzte Geleite.

2. Theobald Schneider, geboren am 10. Juni 1895, trat am 14. Aug. 1914 in das Pion.-Bat. 16 als Fahnenjunker ein, rückte als Unteroffizier am 5. Nov. ins Feld und fiel bei einem Sturmangriff am 17. Nov. in den Argonnen. Nach seinem Tode wurde der Mutter das Eiserne Kreuz für ihren Sohn übersandt.

3. Helmut Bayer, geboren am 27. April 1894, Sohn des Herrn Kaufmanns Adolf Bayer, hier, verließ die Anstalt Ostern 1911 aus Obersekunda und erlernte die Kaufmannschaft. Bei dem Art.-Reg. 3 als Einj.-Unteroffizier kämpfte er in Lothringen, dann im Norden Frankreichs, wo er am 29. Sept. einen heldenmütigen Tod fand.

4. Walter Burberg, geboren am 12. Sept. 1891 zu Düsseldorf, Sohn des Herrn Fabrikanten Johannes Burberg, Abiturient von Ostern 1912. Er lernte Bankfach bei dem hiesigen Schaaffhausenschen Bankverein und trat bei dem Inf.-Reg. Am 20. Dez. fiel er bei einem Angriff in der Nähe von La Bassée, der für die deutschen Waffen siegreich endete, als Gefreiter seiner Gruppe voranstürmend.

5. Albert Hagen, geboren am 3. August 1893, Sohn des Herrn Direktor Heinrich Hagen, hier, Abiturient von Ostern 1912, studierte Mathematik und Naturwissenschaften. Mit Ausbruch des Krieges trat er freiwillig ein und starb als Gefreiter in einem Inf.-Reg. am 26. Dezember 1914 auf dem Felde der Ehre in Rußland.

6. Richard Hilger, geboren am 5. Mai 1894, Abiturient von Ostern 1912, Neffe des Herrn Richard Hilger, hier, Kaufmann, diente als Einjähriger im Großherzoglich Badischen Leibregiment, Unteroffizier, Inhaber der badischen Tapferkeitsmedaille, starb nach schwerer Verwundung am 1. Jan. 1915 im Lazarett zu Lens in Nordfrankreich.

7. Emil Heinrichsdorff, Sohn des Oberzeichenlehrers und Malers Wilhelm Heinrichsdorff, hier, verließ die Anstalt Anfang 1912, stand beim Infanterie-Regiment 39 und fiel am 6. Februar auf dem Kriegsschauplatze in Nordfrankreich.

8. Karl Theegarten, geboren am 23. Juni 1892, Sohn des Herrn Kaufmanns Karl Theegarten, verließ die Anstalt Ostern 1910, stand als Kriegsfreiwilliger beim Infanterie-Regiment 15 und erlitt in der Nacht vom 17. auf den 18. Februar bei Fournes in Frankreich den Heldentod.

9. Wilhelm Bringer, geboren am 21. Dezember 1895, Sohn des Herrn Oberpostsekretärs Peter Bringer, verließ unsere Anstalt am Schluß der Obersekunda Ostern 1914 und starb als Kriegsfreiwilliger den Heldentod im Monat März 1915 auf dem westlichen Kriegsschauplatz.

10. Emil Heinrich, geboren am 19. November 1894, Sohn des Herrn Baukontrolleurs Emil Heinrich, hier, verließ die Anstalt Ostern 1912. Er stand im Infanterie-Regiment 261. Bei dem siegreichen Angriff auf die Stadt Sztabin in Rußland setzte eine feindliche Kugel dem Leben des jungen Helden ein schnelles Ende.

11. Georg Stroehlein hatte Ostern 1913 unsere Schule mit dem Einjährigen-Zeugnis verlassen und war zu Beginn des Krieges in das Feld-Art.-Reg. 7 eingetreten. Er starb den Heldentod am 10. März in dem Gefechte bei Neuve Chapelle.

12. Ernst Gottschalk, Abiturient von Ostern 1908, Vizefeldwebel der Reserve im Inf.-Reg. 174, wurde zur großen Armee abberufen am 9. März. Er starb in Rußland infolge einer schweren Verwundung.

Ehre dem Andenken unserer jungen Helden!

21

Abb. 5: Jahresbericht der Städtischen Oberrealschule am Fürstenwall zu Düsseldorf, 1915

durch einen Erlass des preußischen Kultusministers[30] vom 6. November 1914. Darin heißt es, der Minister habe „mit Befriedigung" notiert, dass „an vielen höheren Lehranstalten in vortrefflicher Weise angestrebt wird", Unterricht und Schule „zu den großen kriegerischen Ereignissen, die unser aller Herz und Sinn erfüllen, in lebendige Beziehung zu setzen". Und weiter: dass „jeder Jugendbildner" es als „Teil [seines] schuldigen Dankes" ansehen solle, „die „Heldentaten" des Heeres zu „verkünden" und „durch stete Bezugnahme auf die Großtaten unseres Volkes und auf die gewaltigen Leistungen unseres tapferen Heeres [...] den Samen vaterländischer Begeisterung" in „die Seele der Jugend [...] einzupflanzen"[31].

Abb. 6: 12. Jahresbericht des Städtischen Realgymnasiums mit Realschule an der Rethelstraße, 1914/15, Düsseldorf

Der *Jahresbericht des Städtischen Realgymnasiums mit Realschule an der Rethelstraße* (Düsseldorf) von 1914/15 (Abb. 6) zitiert diesen Erlass wörtlich – warum? Wird um Verständnis dafür geworben, dass sich die Schule entsprechend „bemüht [hat], den Unterricht im Sinne dieses Erlasses zu erteilen"[32]? Oder sollen vaterländische Pflichterfüllung und Gesinnungstreue demonstriert werden? Warum mischt sich die Schule in die Kriegsschuldfrage ein mit bedenkenlosen Sätzen wie: „Wir alle sahen den Kaiser mit heißem Bemühen um den Frieden der Welt besorgt, sahen, wie er trotz aller Ränke der Franzosen, Russen und Engländer mit ganzer Kraft [...] versuchte, [...] den Frieden zu bewahren"[33]?

Die Schulprogramme können also in puncto „Jugend und Krieg", genauer über die „Militarisierung" der Jugend durch Schule, eigene Antworten geben. Man kann im Übrigen an sie auch ganz andere Fragen stellen,

---

[30] Amtlich: Preußisches Ministerium der geistlichen, Unterrichts- und Medizinalangelegenheiten.
[31] Städtisches Realgymnasium mit Realschule an der Rethelstraße: 6. Jahresbericht des Städtischen Realgymnasiums mit Realschule an der Rethelstraße. Schuljahr 1914/15, S. 18.
[32] Ebd.
[33] Ebd.

etwa: Unterscheiden sich die Trauersemantiken einzelner Schultypen oder in einzelnen Schulprovinzen, gibt es humanistische oder gar pazifistische Anklänge oder Schulinseln, wie berichteten die Lyzeen, wandelt sich das militaristische Pathos im Kriegsverlauf?

Mit diesen Fragen deutet sich auch an: Die Schulprogramme bieten über additive Geschichtskapitel hinaus Stoff und Quellenmaterial für noch nicht geschriebene Geschichte, hier für die Kriegsgeschichte der „höheren Lehranstalten". Sich diese einmal vorzunehmen, wäre durchaus an der Zeit. Auf weitere, bislang nicht geschriebene Geschichte(n) weisen wir im Folgenden. Die Schulprogramme liefern historisches Material für alle wissenschaftlichen Disziplinen, deren Entsprechung sich im Fächerspektrum der „höheren Lehranstalten" findet, hier und dort auch darüber hinaus.[34]

Innovative Historiographie

Sprachgeschichte

Die Sprachhistoriker dürfen die Schulprogramm-Sammlung noch für sich entdecken. Dazu wurden bereits Semantiken angesprochen und zitiert, mit denen neue Kapitel deutscher Sprachgeschichte geschrieben werden können: die Semantik zur „Staatsbürgerkunde", die „vaterländische" Semantik seit 1824, die militaristische Semantik im Kaiserreich, die Trauersemantik im Ersten Weltkrieg.

Mentalitätsgeschichte

Ebenso öffnet die Schulprogramm-Sammlung der ULB den Blick für noch nicht geschriebene Kapitel deutscher Mentalitätsgeschichte. Sie ermöglicht etwa, nach der Mentalität des deutschen Oberlehrers[35] zu fragen, also nach dem kollektiven Selbstbewusstsein dieser gesellschaftlichen Formation,

---

[34] Vgl. im vorliegenden Text unter „Regionalgeschichte" die Abhandlung über eine Sühneurkunde; sie spricht auch die Jurisprudenz an.
[35] Eine sozio-kulturelle Klasse für sich. Zum Ende des 19. Jahrhunderts setzte sich „Philologe" als Begriff für den akademisch gebildeten Lehrer durch. Zu deren wissenschaftlichem Ehrgeiz Kirschbaum, Litteratura (wie Anm. 9); zum Gymnasiallehrer als gesellschaftlicher Formation zuletzt Kluchert, Gerhard: Der Gymnasiallehrer – Kontinuität und Wandel in beruflichem Selbstverständnis und Handeln. In: Ritzi, Christian; Tosch, Frank (Hrsg.): Gymnasium im strukturellen Wandel. Bad Heilbrunn: Klinkhardt 2014, S. 35–64; Kluchert zieht die Schulprogramme nicht als Quelle heran.

sowie nach ihrem fachlichen und schulischen Ehrgeiz, dabei auch nach fachspezifischen Differenzen. Ferner gibt die Sammlung Einblick in und Auskunft über die Bildungsgesinnung der „höheren Lehranstalten", deren Prüfungshabitus und Wissensattitüde. Diese werden von Institution zu Institution variieren. Besonders reizvoll wäre, einmal der Mentalitätsgeschichte der „höheren Mädchenschule" nachzugehen, dieser späten Institution in der Reihe der privilegierenden bürgerlichen Bildungsanstalten[36].

Regionalgeschichte

Die Geschichtslehrer der „höheren Lehranstalten" pflegten eigenen historiographischen Ehrgeiz; das tun sie bis heute, dabei sind sie in der Regel akribisch mit regionalen Studien befasst. Als Hinweis und Beispiel genügt hier die Inhaltsangabe der *Studien zur Niederrheinischen Geschichte*, die der *Festschrift zur Feier des Einzugs in das Neue Schulgebäude des Königlichen Gymnasiums* (Düsseldorf, 30. Juni 1905) beiliegt.[37] Dort schreibt der Direktor Dr. Asbach „Zur Charakteristik Karl Wilhelm Kortüms", Prof. Bone und Oberlehrer Dr. Willemsen schreiben über die Handschriften der Gymnasialbibliothek, Oberlehrer Peters schreibt „Zur Kenntnis des Bergischen Schulwesens in französischer Zeit", Oberlehrer Dr. Berdolet nimmt sich „Eine Sühneurkunde aus der Sammlung des Königlichen Gymnasiums" vor, und Oberlehrer Dr. Mosler berichtet „Zur Geschichte des Mülheimer Zolls" – allesamt heute wahre Leckerbissen für neue einund ansetzende regionalgeschichtliche Forschung.

Wissensgeschichte und Wissenskultur

Die den Schulprogrammen beigegebenen wissenschaftlichen Abhandlungen sind erstklassige Quellen für die Wissenschaftsgeschichte. Als solche sind sie in ihrer thematischen Gewichtung wie in ihrem Quellenwert auch

---

[36] Als jüngste Publikation zum „weiten Schulweg der Mädchen" (Hohenzollern, Johann Prinz von; Liedtke, Max (Hrsg.): Der weite Schulweg der Mädchen. Die Geschichte der Mädchenbildung. Bad Heilbrunn: Klinkhardt 1990) vgl. Jacobi, Juliane: Mädchen- und Frauenbildung in Europa. Von 1500 bis zur Gegenwart. Frankfurt am Main, New York: Campus 2014. – In Preußen wurde das Abgangszeugnis der Höheren Mädchenschule (Lyzeum) erst 1908 als Abitur, damit als Berechtigung zum Universitätsstudium anerkannt.

[37] Deckblatt und Inhaltsverzeichnis bei Haubfleisch; Ritzi, Schulprogramme (wie Anm. 3), S. 179.

Abb. 7: Brewer, J. P.: Ueber den Nutzen der Mathematik als allgemeines Bildungsmittel betrachtet. Beilage zur Einladungsschrift zu den Oeffentlichen Prüfungen der Schüler des hiesigen Königl. Gymnasium, Sept. 1825

schon abgeschätzt worden[38], glücklicherweise gibt es dafür umfangreiche Verzeichnisse.[39] Man kann aber an diese Abhandlungen auch andere als wissenschaftsorientierte Fragen stellen, man kann nach dem *Wissen selbst* fragen, nach seiner logischen Qualität und seinem formalen Gestus. Was wussten die Autoren, die Direktoren und Oberlehrer, eigentlich genau von ihren Gegenständen, woher hatten sie ihr Wissen und, vor allem, wie beglaubigten sie es? Welche Wichtigkeit maßen sie ihm bei, welche Konjunktur hatte ihr Wissen, wo war es außerhalb der Schule gesellschaftlich nachgefragt? Für das Auswerten der Schulprogramm-Sammlung der ULB mit Blick auf Wissensgeschichte und Wissenskultur oder, in summa, auf eine Archäologie des Wissens seien

zwei Fälle von durchaus gegenwärtiger Relevanz vorgestellt:

1825 liegt dem *Jahresbericht des Königlichen Gymnasiums Düsseldorf*, dieser noch im Format einer Einladungsschrift, die Abhandlung *Ueber den Nutzen der Mathematik als allgemeines Bildungsmittel* bei (Abb. 7). Mit ihr schließt Professor Brewer, Oberlehrer am besagten Gymnasium, an Wilhelm von Humboldt an, der annahm, dass die Logik der Mathematik – ebenso wie diejenige der Grammatik – beim Ein- und Ausüben derselben die Verstandeskräfte des Schülers fördere. Was aber wusste Oberlehrer Brewer wirklich von Humboldts Bildungstheorie, was von ihrer kräf-

[38]   Haubfleisch; Ritzi, Schulprogramme (wie Anm. 3).

[39]   Klussmann, Rudolf: Systematisches Verzeichnis der Abhandlungen, welche in den Schulschriften sämtlicher an dem Programmaustausche teilnehmenden Lehranstalten erschienen sind. 5 Bde. Leipzig: Teubner 1889–1916; Reprint: 5 Bde. in 3 Bden., Hildesheim, Zürich, New York: Georg Olms Weidmann 1976; Kössler, Franz: Verzeichnis von Programmabhandlungen deutscher, österreichischer und schweizerischer Schulen 1825–1918. Alphabetisch geordnet nach Verfassern. 4 Bde., München, Berlin: De Gruyter 1987, Bd. 5 (Ergänzungsbd.) 1991.

tepsychologischen Grundlegung[40], wie stellte er sich die Übertragung der formalen Logik des Faches in die Köpfe der Schüler vor? Stellte er sich überhaupt diese curricular wie lernpsychologisch entscheidende Frage? Wissensgeschichtlich ist die zitierte Beilage heute auch deshalb interessant, weil Humboldts Bildungsidee zu zitieren immer noch zu jeder bildungspolitischen Sonntagsrede gehört.

Wen aber können „Die Entwicklungsphasen der geometrisch-ornamentalen Urtypen im Vergleich mit der jetzigen Verzierungskunst der Bewohner des Südseearchipels" (Abb. 8) interessiert haben, von denen der Zeichenlehrer Walter Jost 1892/93 zu berichten weiß? Woher hatte er Kenntnis von den behaupteten „Urtypen"? Mit welcher Begründung stellt er sein Wissen bzw. seine Funde vor und für welches Publikum? Mit dieser letz-

Abb. 8: Jost, W[alter]: Die Entwicklungsphasen der geometrisch-ornamentalen Urtypen im Vergleich mit der jetzigen Verzierungskunst der Bewohner des Südseearchipels. Wissenschaftliche Beilage zum Programm des Städtischen Realgymnasiums und Gymnasiums zu Düsseldorf, Ostern 1892/93

ten Frage wird die Beilage nicht nur wissensgeschichtlich, sondern auch wissenssoziologisch befragt. Für beide Betrachtungsweisen also sind die wissenschaftlichen Beilagen der Schulprogramme aufschlussreich.

---

[40] Herbart fegte sie 1831 vom Tisch mit dem inzwischen klassischen Diktum: „der Verstand [...] der Mathematik bleibt in der Mathematik" (Johann Friedrich Herbart: Kurze Encyklopädie der Philosophie, Kap. 12: Von der Erziehungskunst; hier zit. in: Herbart, Johann Friedrich: Pädagogische Schriften. Hrsg. von Walter Asmus. 1. Bd.: Kleine pädagogische Schriften. Düsseldorf, München: Helmut Küpper 1964, S. 173f.).

Kunstgeschichte

Abb. 9: Bericht über die Kunstgewerbeschule 1883–1893. Düsseldorf

Das Deckblatt der zitierten Beilage lässt kunsthistorisch aufmerken – es ist ein ausgesprochener „Eye-catcher". Die Realien der „Verzierungskunst der Bewohner des Südseearchipels" werden mit hart gebrochener Linienführung im Schwarz-Weiß-Kontrast gegen knallig rote Schrift expressionistisch in Szene gesetzt, graphisch bereits den Holz- und Steinschnitten von Heckel, Kirchner, Schmidt-Rottluff und Co. verwandt. Dazu bedient das Thema die Südsee-Faszination des zeitgenössischen Expressionismus – man darf den Zeichenlehrer des Städtischen Realgymnasiums und Gymnasium in Düsseldorf zur seinerzeitigen Avantgarde der Zunft rechnen. War er damit bei Schülern, Eltern, Kollegen wohl gelitten oder preschte er voraus? Welche Ästhe-

tik, welcher Kunstgeschmack wurde seinerzeit in den „höheren Lehranstalten" gepflegt, vermittelt und herangebildet? Das sind kunsthistorisch auch insofern spannende Fragen, als in den „höheren Lehranstalten" die potenziellen Kunstkäufer saßen: das arrivierte Bürgertum.

Es sind natürlich zuerst die Deckblätter und Umschlagseiten der Schulprogramme und der Beilagen, auf die das Auge des Kunsthistorikers fällt, dies auch mangels fach- bzw. wissenssystematischer Verzeichnung des Bestandes im Netz. Schon und besonders die graphische Gestalt also weckt kunsthistorisches Interesse, lässt nach der Tradierung von „Kunst" und nach ästhetischen Traditionen, nach Gleichzeitigkeit oder Ungleichzeitigkeit zwischen akademischer Lehre und kunstästhetischem Zeitgeschmack, nach schulischer Implementierung einerseits, gesellschaftlicher, auch ökonomischer Steuerung von Kunstgeschmack und Kunstmarkt andererseits fragen. Dazu hier zwei schöne Exempla: das Deckblatt des Schulberichts der Kunstgewerbeschule Düsseldorf aus dem Jahr 1893 (Abb. 9) und Deckblatt sowie Titelblatt des Berichts derselben, jetzt um eine „beson-

 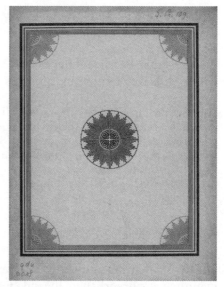

Abb. 10: Kunstgewerbeschule mit besonderer Architekturabteilung. Düsseldorf.
Bericht für das Schuljahr 1909/10. Deckblatt und Titelblatt

dere Architektur-Abteilung" erweiterten Schule aus dem Jahr 1910 (Abb.
10) – im biedermeierlichen Jugendstil die eine (Abb. 9), im sezessionisti-
schen Muster die andere (Abb. 10). Beide „schwimmen" im seinerzeitigen
„Mainstream", anders die Graphik zum Bericht des Zeichenlehrers Jost
(Abb. 8), eine für Kunsthistoriker spannende Differenz – kurzum, sie dürfen die Schulprogramme noch als inspirierende Quelle und aufschlussrei-
ches Material für sich entdecken.

Kulturgeschichte

Selbstredend bietet die Schulprogramm-Sammlung darüber hinaus reich-
lich kulturhistorischen Stoff – mit dem Zitat der Überbürdungsklage aus
dem *Jahresbericht des Staatlichen Hohenzollerngymnasiums* von 1929/30
wurde eingangs schon ein Hinweis gegeben. Im Bericht liest man, ebenfalls unter „Mitteilungen an die Eltern":

„Gewisse Vorkommnisse der letzten Zeit geben Anlaß, die Eltern dringend zu
warnen, den Schülern Schußwaffen zu überlassen, auch nicht die sog. Schreck-
pistolen. Das Mitbringen von Schußwaffen in die Schule ist strengstens verboten,

die Mindeststrafe ist die Androhung der Verweisung, unter Umständen die Verweisung von der Schule"[41].

Nun liest man bereits im Bericht 1913/14 desselben, seinerzeit noch Königlichen Hohenzollerngymnasiums zu Düsseldorf:

„Im Hinblick darauf, daß ungeachtet aller Warnungen immer noch so manchem jungen, hoffnungsreichen Leben durch unbefugten und unvorsichtigen Gebrauch von Schußwaffen ein jähes Ende bereitet wird, sei nachdrücklich darauf hingewiesen, daß Schüler, die [...] im Besitze von gefährlichen Waffen, insbesondere von Pistolen und Revolvern, betroffen werden, mindestens mit der Androhung der Verweisung, im Wiederholungsfalle aber unnachsichtig mit Verweisung zu bestrafen sind"[42].

Alle „unnachsichtige" Androhung, aller Nachdruck der Schule scheint wenig gefruchtet zu haben, mutmaßlich stehen auch die Elternhäuser in puncto Waffentragen nicht hinter der Schule – was also ist hier los in der männlichen bürgerlichen Jugend, was hat sie für ein Selbstbewusstsein bzw. mit welchem Bewusstsein von Männlichkeit wird sie erzogen, woher und warum der Waffenbesitz? Man sieht: Die zitierten Dokumente führen geradewegs in die Kulturgeschichte von Männlichkeit.

Ein Dauerthema der Schul- und Bildungsgeschichte ist die erzieherische Aufgabe der Schule, dabei auch das Verhältnis zu den Elternhäusern. Thema und Problem werden dann kulturgeschichtlich interessant, wenn sich diese Aufgabe *gegenständlich* über längere Zeiträume, am besten kontinuierlich verfolgen lässt. Eben dies ist auf der Basis der Schulprogramme möglich. Sie weisen fast durchgängig „Mitteilungen an die Eltern" als eigene Rubrik auf. Diese „Mitteilungen" erstrecken sich breit über (jugend-) kulturelle Phänomene, über Habitus, Sozialverhalten und soziale Disziplin, über „Sitte und Anstand" – der kulturhistorische Zugriff liegt mehr als nahe.

Damit soll der historiographische Reichtum der Schulprogramm-Sammlung der ULB hinreichend umrissen sein. Zum Schluss seien ihre historische Würde und ihre gesellschaftliche Lagerung als Sammlungsbestand einer Universitätsbibliothek pointiert.

---

[41] Staatliches Hohenzollerngymnasium mit Realgymnasium zu Düsseldorf: Bericht über das Schuljahr 1929/30, S. 21.
[42] Ebd., S. 23. Auf dem Deckblatt dieses Berichts (Abb. bei Haubfleisch; Ritzi, Schulprogramme (wie Anm. 3), S. 185) werden die Eltern mit Aufkleber „dringend" um Kenntnisnahme ersucht.

Zum gesellschaftlichen Zusammenhang von Sammlungen und Universitätsbibliothek

Es waren von jeher die Bürger, die in Sorge für die Bildung und Ausbildung der je nachwachsenden Generation auf die lokale Präsenz von Wissensspeichern den größten Wert legten. Der renommierteste dieser Speicher ist die Universitätsbibliothek – von der platonischen Akademie über die Universitäten der Renaissance bis zu denjenigen des Neuhumanismus wurden sie im besagten bürgerlichen Interesse gegründet. Bis heute gibt es für ihre gesellschaftliche Leistung der nachhaltigen Bewahrung von Wissen sowie dessen beglaubigter Klassifizierung kein funktionales Äquivalent – das Internet ist es nicht. Geradewegs lebensnotwendig ist diese Leistung für die „Wissensgesellschaft", von der heute auch diejenigen reden, die ignorieren oder gar keine Ahnung davon haben, dass die Bibliothek historischer Geburtshelfer eben der „Wissensgesellschaft" war[43]. Ihnen sei gesagt, dass diese „Wissensgesellschaft" ohne die lokal präsente Offerte wissenschaftlicher Bibliotheken im Chaos beliebiger Information implodieren würde, ja, dass die anhaltende „Explosion des Wissens"[44] wissenschaftliche Bibliotheken in angegebener Speicher- und Ordnungsfunktion geradezu erzwingt.

Zur benannten Funktion gehören Sammlungen, denn sie zeichnen *ab ovo* Universitätsbibliotheken *als solche* aus, heute gehören sie unverzichtbar zur „Forschungsinfrastruktur"[45] einer Universität. Mit ihnen wird Wissen überprüft, aus ihnen wird neues Wissen generiert. Mit ihnen lassen sich aktuelle und historische Wissensanfragen aus der Stadtbürgerschaft beantworten, mit denen man immer dort rechnen kann, wo das bürgerliche Vereinsleben ausgeprägt ist, und Bildungs- und Kulturinstitutionen traditionsbewusst sind, in Düsseldorf etwa. In dieser Hinsicht trägt auch die Schulprogramm-Sammlung der ULB zum Prädikat „Bürgeruniversität" bei, das sich die Heinrich-Heine-Universität in der Feierrede zu ihrem 50-jährigen Jubiläum 2015 zugeschrieben hat.

---

[43] Burke, Peter: Papier und Marktgeschrei. Die Geburt der Wissensgesellschaft. Berlin: Wagenbach 2001 (Cambridge: Polity Press 2000).
[44] Burke, Peter: Die Explosion des Wissens. Von der Encyclopédie bis Wikipedia. Berlin: Wagenbach 2014 (Cambridge: Polity Press 2012).
[45] Weber, Einheit (wie Anm. 15).

KATRIN JANZ-WENIG

Die mittelalterlichen juristischen Handschriften der Signaturengruppe E in den Historischen Sammlungen der Universitäts- und Landesbibliothek Düsseldorf

Die Sammlung mittelalterlicher Handschriften der Universitäts- und Landesbibliothek (ULB) Düsseldorf umfasst heute 421 Kodizes. Sie geht zum überwiegenden Teil auf Säkularisationsgut aus den rund zwei Dutzend zu Beginn des 19. Jahrhunderts aufgehobenen niederrheinischen und westfälischen Klöstern zurück. So gelangten ab 1803 die wertvollen Bestände der Klöster aus dem Herzogtum Berg, dem rechtsrheinischen Teil des Herzogtums Kleve und der Grafschaft Mark in die damalige Düsseldorfer Hofbibliothek.[1] Der größte Teil der Kodizes stammt aus den Kreuzbrüderkonventen Düsseldorf und Marienfrede, der Zisterzienserabtei Altenberg, der Benediktinerabtei Werden und dem Kanonissenstift Essen. Neben den Handschriften bewahrt die ULB Düsseldorf zudem ca. 750 zumeist mittelalterliche Fragmente auf, die aus etwa 1.500 Blättern bestehen. Sie sind heute in den Signaturengruppen K und M zusammengefasst. Zumeist handelt es sich bei den vorwiegend aus Pergament bestehenden Fragmenten um Makulatur – also eigentlich um Abfall –, die beim Binden bzw. Neubinden von Büchern als Innenspiegel oder Rückenhinterklebung verwendet wurde.[2] Die Handschriften und Fragmente stammen aus der Zeit vom 8.

[1] Die Sammlung besteht aus 387 Bänden und 34 Fragmenten mit eigener Signatur, vgl. Karpp, Gerhard: Mittelalterliche Bibelhandschriften am Niederrhein. Frankfurt am Main, New York: Peter Lang 2014, S. 93. Zur Entstehung der Sammlung sowie zu dem klösterlichen Vorbesitz: Die mittelalterlichen Handschriften der Signaturengruppe B in der Universitäts- und Landesbibliothek Düsseldorf. Teil 1: Ms. B 1 bis B 100. Beschrieben von E. Overgaauw, J. Ott und G. Karpp. Wiesbaden: Harrassowitz 2005 (Universitäts- und Landesbibliothek Düsseldorf der Handschriftenabteilung; 1), S. 9f.; zuletzt Karpp, Bibelhandschriften, S. 68–72, 81–96.
[2] Vgl. Karpp, Bibelhandschriften (wie Anm. 1), S. 76 und Kat. Düsseldorf, Bd. 1 (wie Anm. 1), S. 10. Informationen über die 750 Fragmente können in einem über die Homepage der ULB Düsseldorf zugänglichen Inventar abgefragt werden: https://www. ulb.hhu.de/recherchieren/recherche-in-den-sammlungen-der-ulb/inventar-der-hand schriftenfragmente.html [Stand 31.03.2016]. Zudem liegen ausführlichere Analysen zu den Fragmenten des 8. und 9. Jahrhunderts vor, vgl. Zechiel-Eckes, Klaus: Katalog der frühmittelalterlichen Fragmente der Universitäts- und Landesbibliothek Düsseldorf. Vom beginnenden achten bis zum ausgehenden neunten Jahrhundert (Schriften der Uni-

bis zum frühen 16. Jahrhundert. Sie sind hauptsächlich in den Konventen, von denen sie nach Düsseldorf kamen, gefertigt worden.[3] Theodor Joseph Lacomblet (1789–1866), der Direktor des preußischen Provinzialarchivs Düsseldorf und spätere Leiter der Düsseldorfer Bibliothek, teilte noch in der ersten Hälfte des 19. Jahrhunderts den Kernbestand der mittelalterlichen Handschriften in sieben Gruppen ein, die die Grundlage für das heutige Signaturensystem bilden.[4] Im folgenden Beitrag stehen die juristischen Handschriften, die Lacomblet der Signaturengruppe E zuordnete, im Mittelpunkt der Betrachtung.[5] In seinem *Katalog der Handschriften der Königlichen Landesbibliothek zu Düsseldorf* überschrieb er diese Gruppe E mit „Conzilien, Dekretalen, Römisches Recht, Medizin"[6], worunter sich insgesamt zwölf Handschriften juristischen Inhalts befinden.[7] Weitere

versitäts- und Landesbibliothek Düsseldorf; 34). Wiesbaden: Harrassowitz 2003. Eine besondere Fragmentengruppe bilden die unter der Signatur D 37 zusammengefassten 59 liturgischen Fragmente. Sie entstammen verschiedenen liturgischen Büchern, aus denen sie wegen ihres hochwertigen Buchschmucks herausgelöst und einst zu einem eigenen Band zusammengefasst worden waren, vgl. Müller, Monika E.: Beschreibungen Fragmente D 37,1–59. In: Die mittelalterlichen Handschriften und Fragmente der Signaturengruppe D in der Universitäts- und Landesbibliothek Düsseldorf. Beschrieben von Katrin Janz-Wenig, Monika E. Müller und Gregor Patt. Teil 1 und 2. Wiesbaden 2015. (Universitäts- und Landesbibliothek Düsseldorf: Kataloge der Handschriftenabteilung, Bd. 4).

[3] Vgl. Karpp, Bibelhandschriften (wie Anm. 1), S. 69–72.

[4] Vgl. Kat. Düsseldorf, Bd. 1 (wie Anm. 1), S. 10 und „A Bibelhandschriften, B Theologische Schriften, C Martyrologische Schriften, Heiligen-Viten, geistliche Ordenssachen, Ritualien, D Ritualien mit vorzüglicher Kunstausstattung, E Konzilien, Dekretalen, Römisches Recht, Medizin, F Scholastik, Philologie, G Geschichte" (vgl. Lacomblet, Theodor Josef: Findbuch 1/8, Best. Nr. 6. Katalog der Handschriften der Königlichen Landesbibliothek zu Düsseldorf. Düsseldorf 1850; urn:nbn:de:hbz:061:1-227567). Diese wurden um die Signaturengruppen N (Neuerwerbungen) und P (Zugänge) erweitert. Die von Lacomblet vorgenommene Einteilung ist, vor allem bei den Signaturengruppen C und D, wegen etwaiger Vermischung inhaltlicher und äußerer Kriterien, nicht konsequent und entsprechend kritisiert worden.

[5] Die im Vortrag präsentierten Ergebnisse der Handschriftenuntersuchungen sind im Zuge der wissenschaftlichen Erschließung des mittelalterlichen Handschriftenbestandes der Signaturengruppen D, E, F, G, N, P der Historischen Sammlungen der ULB Düsseldorf gewonnen worden. Seit 1998 fördert die Deutsche Forschungsgemeinschaft (DFG) mehrere aneinander anschließende Einzelprojekte zur wissenschaftlichen Tiefenschließung des Bestandes. Detaillierte wissenschaftliche Katalogbeschreibungen nach den Vorgaben der DFG zu den juristischen Handschriften der Signaturengruppe E finden sich im Katalogband: Die mittelalterlichen Handschriften und Fragmente der Signaturengruppe E, F, G, N und P in der Universitäts- und Landesbibliothek Düsseldorf, Teil 5. Beschrieben Monika E. Müller und Katrin Janz-Wenig, (Universitäts- und Landesbibliothek Düsseldorf: Kataloge der Handschriftenabteilung, Bd. 5) Wiesbaden 2016. Nahezu alle Kodizes sind vollständig digitalisiert. Über die Homepage der Bibliothek sind die Digitalisate frei zugänglich (http://digital.ub.uni-duesseldorf.de/nav/classification/507874).

[6] Lacomblet, Findbuch (wie Anm. 4), Inhaltsverzeichnis.

[7] Es handelt sich hierbei um die Handschriften E 1–E 7, E 8a, E 9a, E 9b, E 27 und E 28;

Rechtstexte finden sich vereinzelt auch in den anderen Signaturengruppen sowie sehr zahlreich unter den Fragmenten.[8]

Diese zwölf juristischen Handschriften entstanden in einem Zeitraum vom 9. bis zum 16. Jahrhundert. Sie tradieren überwiegend Standardwerke des kanonischen Rechts (*Corpus iuris canonici*). Ein Manuskript enthält Überlieferungen, die in den Bereich des römischen Rechts (*Corpus iuris civilis*) gehören. Des Weiteren finden sich in zwei Kodizes rechtsverbindliche Texte bzw. Statuten der lokalen Kirche sowie ein Stadtrecht.

Unter dem Begriff des kanonischen oder des kirchlichen Rechts ist ganz allgemein das Kirchenrecht der römisch-katholischen Kirche zu verstehen.[9] Es hat seine Wurzeln im Neuen Testament und regelte zunächst das

---

vgl. auch die Übersicht über die juristischen Handschriften der Signaturengruppe E am Ende des Beitrags.

[8]   Aufgrund der stetigen Weiterentwicklung der Gesetzgebung und der Jurisprudenz wurden juristische Bücher für die alltägliche Praxis nach und nach unbrauchbar und fanden sehr häufig als Einbandmakulatur eine weitere Verwendung (vgl. Vennebusch, Joachim: Fragmente aus dekretalistischen Handschriften. In: Neuheuser, Hanns Peter (Hrsg.): Quellen und Beiträge aus dem Prosteiarchiv Kempen. Bd. II. Köln et al.: Böhlau 1998, S. 141–171, hier S. 142). Zahlreich sind solche Fragmente in den Historischen Sammlungen der ULB Düsseldorf. Eine eingehendere Betrachtung kann hier nicht geleistet werden. Es seien an dieser Stelle lediglich einige Beispiele genannt, die die Breite der Überlieferung juristischer Texte in anderen Handschriftengruppen und unter den Fragmenten veranschaulichen sollen. So finden sich kleinere Abschnitte von Texten juristischen Inhalts beispielsweise in Kodex Ms. B 5: De poenitentiis et remissionibus aus Henricus' de Segusio ‚Summa super titulis Decretalium' (fol. 358r–359v) und Tilmannus de Roede ‚Tractatus de interdicto ' (fol. 362r–363r). Exzerpte, Nachträge und Hilfsmittel tradieren bspw. die Handschriften Ms. B 24: Petrus de Palude ‚De pauperitate Christi et apostolorum' (fol. 17r–18v); ‚Regimen conscientiae' (fol. 42ra–186ra); ‚Divisio librorum legalium et iuris canonici' (fol. 186v–187r) und Ms. B 53 ‚Decisio de contractibus emptionis reddituum' (fol. 255v–257r). Exzerpte zum ‚Corpus iuris canonici' finden sich in Mss. B 165, B 172 und B 190; zum ‚Decretum Gratiani' in Mss. B 147, B 165 und B 184 sowie ein Exzerpt aus dem ‚Liber Sextus' in Ms. C 34. Es haben sich in den Kodizes auch einige Spiegelfragmente erhalten, die juristische Inhalte tradieren: Ms. B 91 (‚Corpus iuris canonici'); Ms. B 207 (Kommentar zu den ‚Libri feudorum'); Ms. C 13 (Kapitelverzeichnisse zu den Dekretalen Gregors IX.). Unter den 750 herausgelösten Fragmenten der heutigen Signaturengruppen K und M finden sich weitere Fragmente zum ‚Corpus iuris canonici' (z.B. K07:002; K10:010) sowie zu den einzelnen Büchern des ‚Corpus iuris civilis' (z.B. K10:011/012; K20:Z13/09a; M1027; M1036a); vgl. Dolezalek, Gero: Verzeichnis der Handschriften zum Römischen Recht. Bd. 1–4. Frankfurt am Main 1972 und die Online-Datenbank der ULB Düsseldorf (siehe Anm. 2).

[9]   Vgl. Weigand, Rudolf: Kanonisches Recht. In: Bautier, Robert-Henri et al. (Hrsg.): Lexikon des Mittelalters. 9 Bde. München, Zürich: Artemis-Verlag 1977–1999 (im Folgenden: LMA), Bd. V, 1991, Sp. 904–907. Der Beitrag kann naturgemäß nur einen groben und oberflächlichen Einblick in die Rechtsgeschichte bzw. die Rechtsquellen geben. Es werden hier nur die Textgattungen näher betrachtet, denen die im Mittelpunkt stehenden Überlieferungen zuzurechnen sind. Zu fast jedem der in den Handschriften tradierten Texte gibt es zahlreiche und umfassende Studien. Ein- und weiterführende Beiträge zum kanonischen Recht finden sich beispielsweise in: Stickler, Alphonsus

Zusammenleben der Christen sowie die Angelegenheiten der christlichen
bzw. kirchlichen Gemeinschaft, wofür eine eigene Gerichtsbarkeit entwickelt wurde. Das Recht wurde anfänglich gewohnheitsmäßig ausgeübt,
jedoch bald in verbindlichen Regelungen aufgezeichnet, die in Synoden
und Konzilien ab der Zeit um 300 n. Chr. beschlossen wurden. Die als
Kanones bezeichneten Regelungen wurden bald danach aufgrund der
Entwicklungen der Gesetzgebung und der Vermehrung der Beschlüsse in
Sammlungen zusammengefasst. Dort finden sich ebenso die ergänzenden
Papstbriefe und die darin festgehaltenen rechtskräftigen päpstlichen Beschlüsse, die sogenannten Dekretalen.[10] Unter den zahlreichen Kanones-
sammlungen ist die Zusammenstellung des skythischen Mönchs Diony-
sius Exiguus (gest. vor 556) von besonderer Bedeutung, da sie durch die
Verwendung in der römischen Kirche beinahe amtlichen Charakter erhielt

M.: Kanonistik. In: Lexikon für Theologie und Kirche. Begr. von Michael Buchberger,
bearb. von Josef Höfer und Karl Rahner. 2. völlig neu bearb. Aufl. 14 Bde. Freiburg i.
Br.: Herder 1957–1968 (LThK), hier Bd. 5, ²1960, Sp. 1289–1296; Nörr, Knut Wolfgang:
Die Kanonistische Literatur. In: Coing, Helmut (Hrsg.): Handbuch der Quellen und
Literatur der neueren europäischen Privatrechtsgeschichte. Bd. 1. München: Beck 1973,
S. 365–382; May, Georg: Kirchenrechtsquellen I. Katholische. In: Krause, Gerhard (†) und
Müller, Gerhard (Hrsg.): Theologische Realenzyklopädie. In Gemeinschaft mit Horst
Robert Balz u.a. Bd. 1ff. Berlin, New York: De Gruyter 1977ff. (TRE), hier Bd. 19, 1990,
S. 1–45; Weigand, Rudolf: Kanonistik. In: Kasper, Walter (Hrsg.): Lexikon für Theologie
und Kirche. Begr. von Michael Buchberger, 3. völlig neu bearb. Aufl. 11 Bde. Freiburg
i. Br.: Herder 1993–2001 (LThK), hier Bd. 5, ³1996, Sp. 1188–1192; Vennebusch, Frag-
mente (wie Anm. 8); Michael, Bernd: Juristische Handschriften aus der Sicht des
Handschriftenbeschreibers. In: Colli, Vincenzo (Hrsg.): Juristische Buchproduktion im
Mittelalter. Frankfurt am Main: Klostermann 2002, S. 39–68. Wichtige Handbücher und
Standardwerke sind: Coing, Helmut (Hrsg.): Handbuch der Quellen und Literatur der
neueren europäischen Privatrechtsgeschichte. Bd. 1. München: Beck 1973; Schulte, Friedrich von: Die Geschichte der Quellen und Literatur des canonischen Rechts von Gratian bis
auf die Gegenwart (im Folgenden GQ). 3 Bde. Graz: Akademische Druck- und Verlagsanstalt
1956 (unveränderter Abdruck der Ausg. Stuttgart: Ferdinand Enke 1875–1880). Als regelmäßig erscheinendes Organ sei hier genannt: Zeitschrift für Rechtsgeschichte (ZRG),
Weimar 1861–1878 (fortgesetzt als Zeitschrift der Savigny-Stiftung für Rechtsgeschichte).
http://www.savigny-zeitschrift.com, mit ZRGKan = ZRG. Kanonistische Abteilung,
Weimar 1911ff. Auf Probleme der aktuellen Forschung macht folgender Beitrag aufmerksam: Bertram, Martin: Spätmittelalterliches Kirchenrecht: Vier Anmerkungen zur
Forschungslage. In: ZRGKan (2014), S. 563–579. Aspekte der Entstehung, Ausstattung
und Überlieferung von Rechtshandschriften werden in folgenden Darstellungen thematisiert: Carmassi, Patrizia; Drossbach, Gisela (Hrsg.): Rechtshandschriften des deutschen Mittelalters. Produktionsorte und Importwege. Wiesbaden: Harrassowitz 2015
(Wolfenbütteler Mittelalter-Studien; 29); Die Handschriften des 13. und 14. Jahrhunderts
der Staatsbibliothek Bamberg mit Nachträgen von Handschriften und Fragmenten des
10. bis 12. Jahrhunderts. Beschrieben von Karl-Georg Pfändtner und Stefanie Westphal.
Mit einem Beitrag von Gude Suckale-Redlefsen. 2 Bde. Wiesbaden: Harrassowitz 2015
(Katalog der illuminierten Handschriften der Staatsbibliothek Bamberg; 3,2).
[10] Weigand, Kanonisches Recht (wie Anm. 9), Sp. 903f.

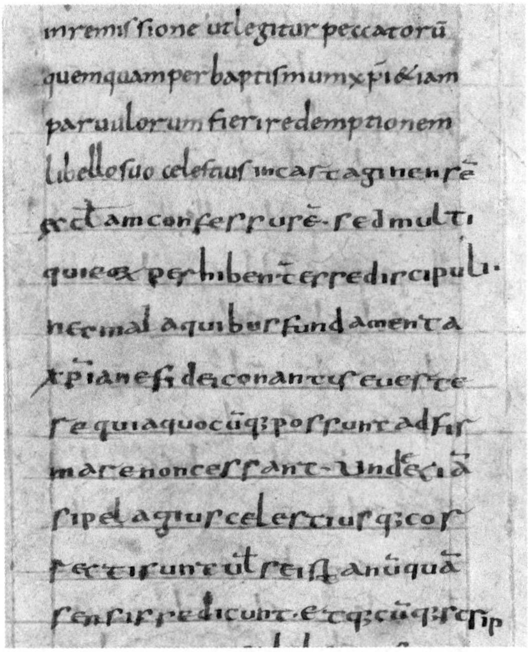

Abb. 1: Ms. E 1, fol. 40va, Handwechsel: Hand eines griechischen Schreibers

und die späteren kanonischen Sammlungen diese benutzen.[11] So bildet sie die Grundlage der durch Papst Hadrian I. (gest. 795) in Auftrag gegebenen erweiterten und überarbeiteten Version, die er Ostern 774 in Rom dem damaligen Frankenkönig Karl I. übergab. Im Zuge der Karolingischen Reform- und Vereinheitlichungsbemühungen avancierte diese *Collectio Dionysio-Hadriana* zur amtlichen „Kirchenrechtssammlung des Frankenreichs und [zum] Rechtsbuch der Karolingischen Reform"[12].

[11] Vgl. Mordek, Hubert: Dionysius Exiguus. In: LMA (wie Anm. 9), Bd. III, 1986, Sp. 1088–1092; May, Kirchenrechtsquellen (wie Anm. 9), S. 4f: „Sie [die Sammlung] besteht einmal aus einer Sammlung von Konzilien, die (wenigstens) drei Redaktionen durchlief, und einer Sammlung von 38 Dekretalen, die von Siricius (384–399) bis Anastasius (496–498) reichen. Die Sammlungen sollten nach der Absicht des Kompilators ein Corpus des universalen Rechts bilden und wurden auch tatsächlich so behandelt. Das Werk ist unter formalem und systematischem Gesichtspunkt eine vorzügliche Leistung, weil es den Text verbessert, den Rechtsstoff unterscheidet und aufteilt, die Chronologie einhält und das universale Recht zusammenfügt. Es erfaßte die übergreifende Einheit von Konzilskanones und päpstlichen Dekretalen, schied sie voneinander und faßte sie gleichzeitig in einer Sammlung zusammen."

[12] Vgl. Zitat: May, Kirchenrechtsquellen (wie Anm. 9), S. 9. Mordek, Hubert: Dionysio-Hadriana. In: LMA (wie Anm. 9), Bd. III, 1986, Sp. 1074f., hier Sp. 1075: „Die [...] klar und einfach gegliederte D.-H. stieg trotz ihrer begrenzten Stoffauswahl nach einer gewissen Anlaufzeit zum meistbenutzten hist. geordneten Codex canonum der Karolingerzeit auf (insgesamt über 100 erhaltene Hss.) [...], ohne daß er freilich vom Staat (Karl d. Gr. 802)

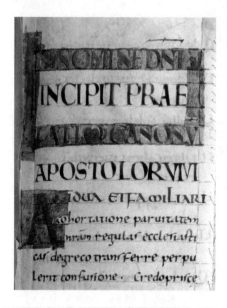

Abb. 2: Ms. E 1, fol. 3ra, Beginn der Collectio Dionysio-Hadriana mit der Vorrede des Dionysius Exiguus

Die Sammlung der ULB Düsseldorf besitzt mit den Handschriften E 1 und E 2 gleich zwei Überlieferungszeugen dieses wichtigen Werkes. Beide stammen aus der zweiten Hälfte des 9. Jahrhunderts und stellen somit die beiden ältesten Kodizes der Signaturengruppe dar.

Von besonderer Bedeutung ist die in Rom angefertigte und nach Essen gelangte Handschrift E 1. Auch wenn der Kodex keinen eindeutigen Schreibervermerk aufweist, kann aufgrund der etwas steifen und wohl in der lateinischen Schrift ungeübten Hand eines griechischen Schreibers auf den Blättern 40va–44ra von der Fertigung in Rom ausgegangen werden. Zu jener Zeit gab es dort nachweislich eine große Zahl griechischer Schreiber.[13]

Die beiden Pergamentkodizes, die die *Collectio Dionysio-Hadriana* tradieren, fanden in der Wissenschaft große Beachtung. Besonders die Handschrift E 1 hat wegen ihrer außerordentlichen Gestaltung sowie ihres weiten Weges in das Kanonissenstift Essen, in das sie noch im 11. Jahrhundert gelangt sein muss, die Aufmerksamkeit auf sich gezogen.[14]

Eine weitere Besonderheit dieser Handschrift stellt eine Notiz aus dem 12. Jahrhundert dar, der zu entnehmen ist, dass die Handschrift zeitweilig in Werden als Pfand für an das Stift Essen ausgeliehene Bücher benutzt wurde.[15]

---

oder von der Kirche (Nikolaus I. 865) offiziell anerkannt worden oder gar in der Praxis zu ausschließlicher Geltung gelangt wäre."

[13] Vgl. Bischoff, Bernhard: Paläographie des römischen Altertums und des abendländischen Mittelalters. Berlin: Schmidt 1979 (Grundlagen der Germanistik; 24), S. 249.

[14] Vgl. beispielsweise die Zierseite mit zwei Kolumnen, die zeilenweise zwischen Violett, Gelb und Grün abwechselt. Eine sorgfältig gestaltete karolingische Minuskel dient als Schrift des Textes; als Auszeichnungsschriften finden sich Monumentalcapitalis, Rustica, Unziale. Der Kodex enthält zudem mehrere Randleisteninitialen wie z.B. auf fol. 17vb oder 21va.

[15] Siehe fol. 144v: „Liber iste canonum et decretorum cum Boetio de consolatione et aliis quibusdam eiusdem Boetii libris uno uolumine contentis pro quadam parte psalterii Werthenensi ecclesie et de archiuo ecclesie Astnidensis pro memoriali relictus est." Vgl.

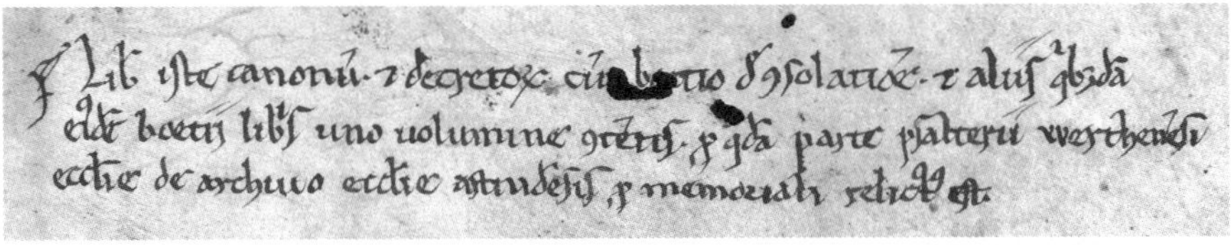

Abb. 3: Ms. E 1, fol. 144v, Notiz des 12. Jahrhunderts, dass die Handschrift in Werden als Buchpfand benutzt wurde

Beide Kodizes wurden bereits – wie zahlreiche andere Handschriften des Bestandes – sachgemäß restauriert. Sie tradieren nahezu dieselben Inhalte. Ein zusätzliches Vorwort des Cresconius Africanus, der im 6. oder 7. Jahrhundert eine eigene Kanonessammlung erstellte[16], sowie weitere Briefe der Päpste Hormisdas (gest. 523) und Gregorius II. (gest. 731) am Ende der *Collectio* in Ms. E 1 stellen Abweichungen dar.[17] Wann genau und wo der über das Benediktinerkloster Werden a.d. Ruhr nach Düsseldorf gelangte Kodex E 2 gefertigt wurde, ist heute nicht mehr zu bestimmen. Das Manuskript selbst gibt hierzu keine eindeutigen Hinweise und so finden sich bezüglich der Datierung und der Entstehung in der Forschungsliteratur verschiedene Ansichten: Bernhard Bischoff geht von einer Entstehung im zweiten Drittel des 9. Jahrhunderts im Rheinland, möglicherweise auch in Werden selbst aus[18]. Denkbar ist jedoch auch der Import aus einer rheinischen Metropole, wie z.B. Köln[19] oder die Herkunft aus Fulda[20]. Spätestens seit dem 15. Jahrhundert muss sich der Kodex jedoch in der Benediktinerabtei Werden befunden haben, wie der Besitzvermerk zu Beginn

auch Karpp, Gerhard: Bemerkungen zu den mittelalterlichen Handschriften des adeligen Damenstiftes in Essen (9.–19. Jh.). In: Scriptorium 45 (1991), 2, S. 163–204, hier S. 202 so wie Bodarwé, Katrinette: Bibliothek, Archiv und Schatz, in: … wie das Gold den Augen leuchtet. Schätze aus dem Essener Frauenstift (Essener Forschungen zum Frauenstift, Bd. 5), hrsg. von Birgitta Falk, Thomas Schilp, Michael Schlagheck, Essen: Klartext 2007, S. 53-66, hier S. 54.

[16] Zum unbekannten Verfasser der Sammlung ‚Concordia (canonum)‘ vgl. Mordek, Hubert. Cresconius. In: LMA (wie Anm. 9), Bd. III, 1986, Sp. 345f.

[17] Siehe Ms. E 1, fol. 1va–2vb Cresconius: Concordia canonum. Beginn: „Hęc habetur prefatio Cresconii de concordia canonum" und siehe Ms. E 2, fol. 190r–196v.

[18] Vgl. Bischoff, Bernhard: Katalog der festländischen Handschriften des neunten Jahrhunderts (mit Ausnahme der wisigotischen). Teil 1: Aachen–Lambach. Wiesbaden: Harrassowitz 1998, S. 231.

[19] Vgl. Das Jahrtausend der Mönche: Klosterwelt Werden 799–1803. Ausstellungskatalog. Essen 1999, S. 387.

[20] Vgl. Handschriftencensus Rheinland. Erfassung mittelalterlicher Handschriften im rheinischen Landesteil von Nordrhein-Westfalen mit einem Inventar, hrsg. v. Günter Gattermann, bearb. von Heinz Finger, Marianne Riethmüller u.a. Bd. 1-2 und Reg.-Bd. Wiesbaden 1993 (Schriften der Universitäts- und Landesbibliothek Düsseldorf, 18), Nr. 791.

des Buches sowie der aus der Zeit um 1500 stammende neue Einband der Werdener Werkstatt beweisen.[21]

Bis zum 12. Jahrhundert gab es – wie bereits angedeutet – zahlreiche unterschiedliche, teils unübersichtliche, teils auch sich widersprechende kirchliche Rechtssammlungen. Notwendig wurde für die rechtliche Praxis eine diese Widersprüche und Unterschiede aufhebende bzw. auflösende und rechtsverbindliche Form. Der Bologneser Kirchenrechtler Gratian schuf diese mit dem nach ihm benannten *Decretum Gratiani* um 1140.[22] Dieses Werk stellte die gewünschte systematische Rechtsharmonie, die *Concordia discordantium canonum*, her: Gratian formuliert mit eigenen Worten die Inhalte und versucht, bestehende Widersprüche aufzulösen. Es wurde parallel zur an der Universität Bologna betriebenen neuen Wissenschaft der Legistik entwickelt und avancierte durch die Verwendung als Lehr- und Handbuch des kanonischen Rechts zur Grundlage der Kanonistik als eigenem Wissenschaftszweig. Mit diesem Werk setzt die ‚klassische Periode‘ des abendländischen Kirchenrechts ein.[23]

Von den nachfolgenden Kanonisten, den sogenannten Dekretisten, wurde es fortlaufend bearbeitet, erweitert, verbessert und kommentiert. Keine andere Sammlung konnte das *Decretum Gratiani* in der Folgezeit ersetzen. Über Jahrhunderte hinweg diente es als Grundlagenwerk des Studiums des kanonischen Rechts, zu dem zahlreiche Hilfsmittel bzw. Lehrmittel entwickelt wurden.[24]

Eines dieser Hilfsmittel hat sich auch im Bestand der ULB erhalten. Das Manuskript mit der Signatur E 28 überliefert die *Margarita decreti* des Martinus Oppaviensis (um 1220/1230–1278), das eine Realkonkordanz

---

[21] Vgl. Besitzvermerk des 15. Jahrhunderts in Ms. E 2, fol. 1ʳ: „Liber sancti Liudgeri in Werdena“. Zum Einband bzw. zu den Einbänden der Werdener Werkstatt ausführlicher: Jacottet, Sylvie: Repertoire der Einzelstempel und Rollen aus der Buchbinderwerkstatt der Benediktinerabtei Essen-Werden. In: Einband-Forschung Heft 31 (2012), S. 42–64, hier S. 46f.

[22] Vgl. u.a. Schulte, GQ (wie Anm. 9), Bd. 1, S. 39–75; Zapp, Hartmut: Gratian. In: LMA (wie Anm. 9), Bd. IV, 1989, Sp. 1658 und May, Kirchenrechtsquellen (wie Anm. 9), S. 23ff.

[23] Zu den Epochen des Kirchenrechts vgl. Haering, Stephan: §1 Kirchliche Rechtsgeschichte. In: Haering, Stephan; Rees, Wilhelm; Schmitz, Heribert (Hrsg.): Handbuch des katholischen Kirchenrechts. Dritte, vollständig neubearb. Aufl. Regensburg: Pustet 2015, S. 3–11, hier S. 5. Ebd.: „Es besteht gegenwärtig unter den Fachleuten allgemeiner Konsens, das Erscheinen der ‚Concordia discordantium canonum‘ des Magisters Gratian von Bologna (‚Decretum Gratiani‘, um 1140/42) als eine Epochenwende in der kirchlichen Rechtsgeschichte einzustufen. Dieses Werk wird als Geburtsstunde der Kanonistik als einer eigenständigen wissenschaftlichen Disziplin angesehen.“

[24] Weigand, Kanonisches Recht (wie Anm. 9), Sp. 906; May, Kirchenrechtsquellen (wie Anm. 9), S. 23; Haering, Rechtsgeschichte (wie Anm. 23), S. 5.

zum *Decretum Gratiani* darstellt. Es schlüsselt dieses Lehrbuch in insgesamt 787 Einträge von Begriffen und Eigennamen alphabetisch auf. Die *Margarita decreti* erfuhren im Mittelalter eine außerordentlich große und zeitlich bis ins 15. Jahrhundert reichende Verbreitung, was die noch heute erhaltenen ca. 120 handschriftlichen Zeugnisse belegen.[25] Der Düsseldorfer Kodex umfasst lediglich 79 Papier- und Pergamentblätter und wurde dem Einband nach[26] im dortigen Kreuzherren-Konvent an eine Inkunabel, die die *Summa casuum conscientieae* des Baptista de Salis sowie die Bulle *Etsi dominici gregis* Papst Sixtus' IV. enthält[27], angebunden. Somit stellt die Handschrift eine inhaltlich

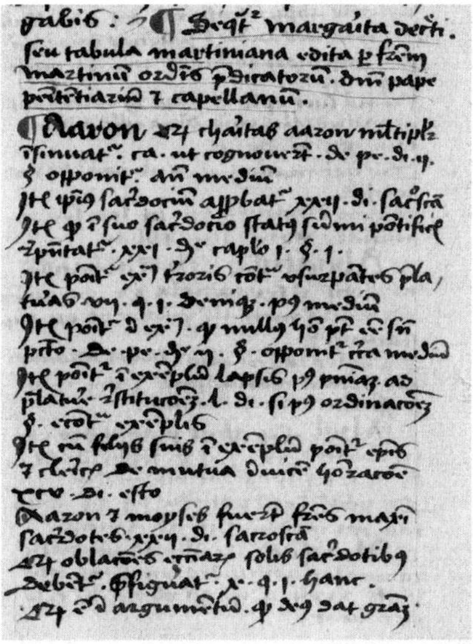

Abb. 4: Ms. E28, fol. 276rb, Beginn der Margareta decreti des Martinus Oppaviensis.

sinnvolle Ergänzung zu diesen juristischen Texten dar. Die Notizen und Glossen zum Druck sind von derselben Hand wie das Inhaltsverzeichnis des gesamten Bandes und die handschriftlichen Teile. Es könnte einem der damaligen Kreuzherren als Studienwerk gedient haben. Dafür spricht auch die schlichte bzw. normale Ausstattung einer Gebrauchshandschrift des ausgehenden Mittelalters mit einfachen Initialen zur Abschnittsgliederung, roten Strichen, Paragraphenzeichen sowie Unterstreichungen als Leseorientierung. Neben diesem Standardwerk des Martinus Oppaviensis

---

[25] Vgl. Brincken, Anna-Dorothee v. den: Martin von Troppau. In: Ruh, Kurt u.a. (Hrsg.): Die deutsche Literatur des Mittelalters. Verfasserlexikon. 2. völlig neu bearb. Aufl. Unter Mitarbeit zahlreicher Fachgelehrter. Berlin: De Gruyter 1978–2005 (VL²), Bd. 6, 1987, Sp. 158–166.

[26] Der Einband stammt eindeutig aus der Werkstatt des Düsseldorfer Kreuzherren-Konvents. Dies belegen die verwendeten Stempel. Er wurde im frühen 16. Jahrhundert gefertigt, vgl. Jacottet, Sylvie: Stempelrepertoire der Werkstatt der Kreuzherren in Düsseldorf (15.–Anfang 16. Jh.), in: Habent sua signa libelli. Beiträge zum Bucheinband in Geschichte und Gegenwart. Konrad von Rabenau anlässlich seines 90. Geburtstags am 3. Februar 2014 gewidmet (Beiträge aus der Staatsbibliothek zu Berlin - Preußischer Kulturbesitz 48), hrsg. v. Barbara Schneider-Kempf, Berlin: Staatsbibliothek zu Berlin 2015, S. 85–100.

[27] Die Signatur der Düsseldorfer Inkunabel lautet: Inkunabel M.Th.u.Sch 177 und wurde von Anton Koberger in Nürnberg gedruckt (vgl. Gesamtkatalog der Wiegendrucke (GW) Nr. 3322, Nürnberg: Anton Koberger, 14.4.1488).

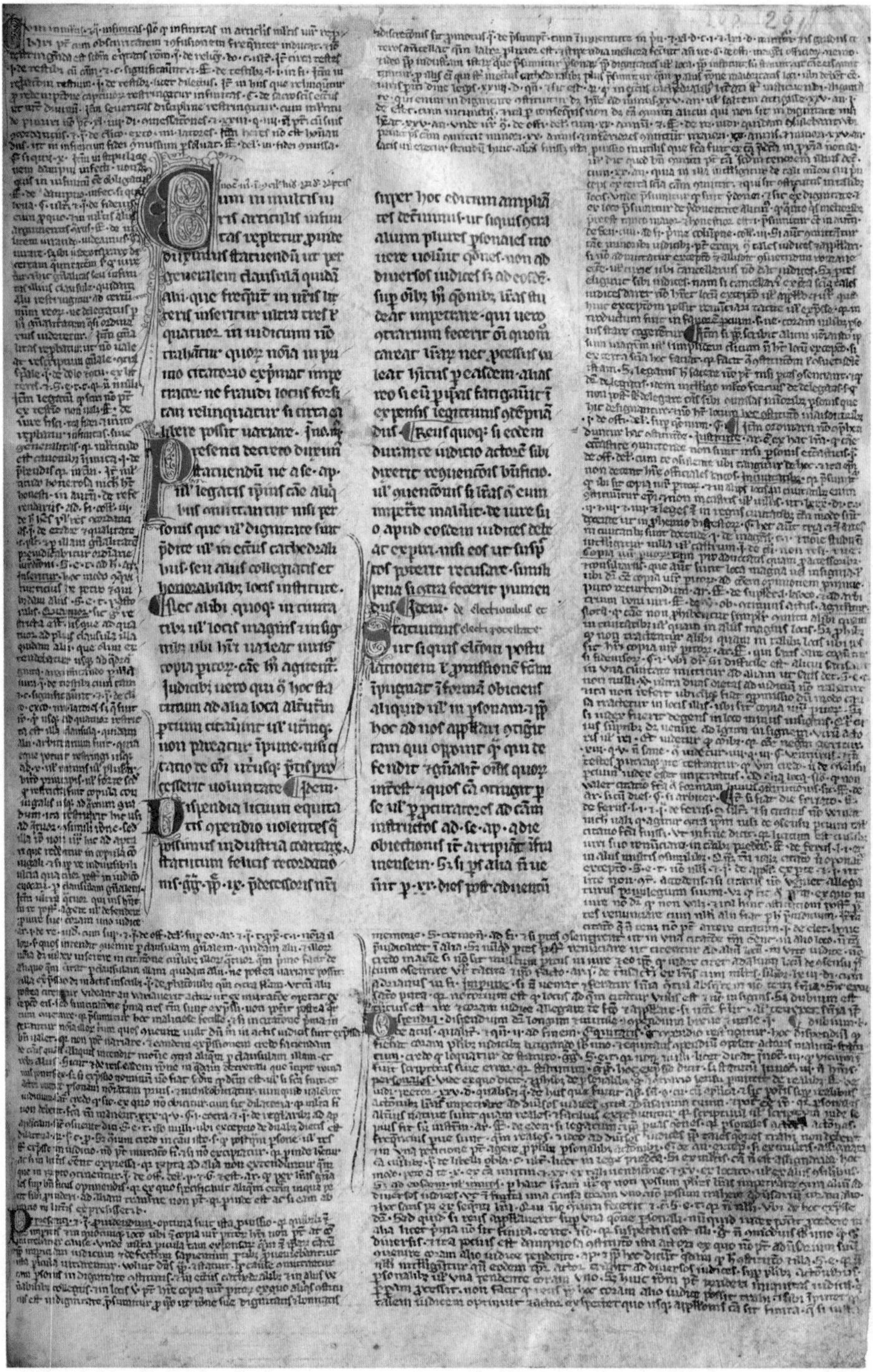

Abb. 5: Ms. E 4, fol. 298r, Beginn der Novellae Innozenz' IV. mit Apparat

finden sich noch weitere kleine Texte, die als Hilfsmittel bzw. Nachträge im Zuge juristischer Studien dienen konnten, wie beispielsweise eine der unzähligen sogenannten *Summae metricae*, die Merkhilfen und kurze inhaltliche Zusammenfassungen der fünf Bücher der Dekretalen Gregors IX. darstellen.[28]

Nach der Grundlegung der Kanonistik als Wissenschaft wurden in der Folgezeit die verschiedenen päpstlichen Beschlüsse in unterschiedlichen Dekretalensammlungen vereinigt. Es entstanden zahlreiche, oftmals nicht thematisch geordnete Sammlungen stark unterschiedlichen Umfangs. Nur fünf davon fanden eine allgemeinere Anerkennung. Zu diesen als *Quinque compilationes antiquae* bezeichneten Kollektionen gehören z.B. die Dekretalensammlungen der Päpste Innozenz III. (promulgiert 1210) und Honorius III. (promulgiert 1226), die den Weg zu den in ihrer Bedeutung nicht zu unterschätzenden Dekretalen Gregors IX. bereiteten.[29] Diese Sammlung Gregors IX. wurde notwendig, da auch die fünf Kompilationen nicht vollständig und ohne Widerspruch waren. Zur Klärung des geltenden Rechts beauftragte Papst Gregor IX. (gest. 1241) den Pönitentiar Raimundus de Pennaforti (gest. 1275), die päpstlichen Beschlüsse des 12. und 13. Jahrhunderts in einer neuen und umfassenden Auswahl zusammenzustellen. Das Werk, auch *Liber Extra* genannt, wurde am 5. September 1234 promulgiert, erhielt hierdurch die ausschließliche Gesetzeskraft und stellte rechtliche Verbindlichkeiten her.[30] Dieses Datum ist der Beginn der Blütezeit der Dekretalistik[31] und zugleich Ausgangspunkt für die intensive Beschäftigung mit den nun rechtsverbindlichen Kanones. In der Folgezeit entwickelten sich – ähnlich wie in der Legistik des römischen Rechts – eigene Literaturtypen. Zahlreiche Glossenapparate, Kommentare und Summen, aber auch Quaestiones-Sammlungen und Monographien sowie umfängliche Hilfsmittel – wie die *Margarita decreti* – entstanden.

---

[28] Schulte, Friedrich von: Zur Geschichte der Literatur über das Dekret Gratians. Dritter Beitrag. In: Sitzungsberichte der Phil.-Hist. Classe der Kaiserlichen Akademie der Wissenschaften. Wien 1870, Bd. 65,2, S. 21–76, hier § 2.
[29] Schulte, GQ (wie Anm. 9), Bd. 1, S. 76–239; May, Kirchenrechtsquellen (wie Anm. 9), S. 25–28; Weigand, Kanonistik (wie Anm. 9), Sp. 906.
[30] Vgl. Schulte, GQ (wie Anm. 9), Bd. 2, S. 3–74; May, Kirchenrechtsquellen (wie Anm. 9), S. 28f.; Weigand, Kanonistik (wie Anm. 9), Sp. 906. Die Studien zu den Dekretalen Gregors IX. sind so zahlreich, dass hier nur auf eine exemplarische Auswahl verwiesen sei: Vennebusch, Fragmente (wie Anm. 8) und zuletzt mit weiterführender Literatur: Bertram, Martin: Überlegungen zu einem qualifizierten Überlieferungsbild der Dekretalen Gregors IX. (Liber Extra). In: Carmassi/Drossbach, Rechtshandschriften (wie Anm. 9), S. 285–302.
[31] Nörr, Kanonistische Literatur (wie Anm. 9), S. 376–380; Haering, Rechtsgeschichte (wie Anm. 23), S. 5.

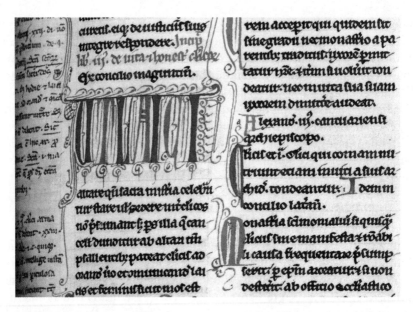

Abb. 6: Ms. E 4, fol. 145r, Dekretalen Gregors IX. mit Glossa ordinaria, Beginn des dritten Buches, Zierüberschrift

Man muss daher die kanonischen Rechtsquellen von kanonistischen Texten, die gleichsam als Sekundärliteratur zu verstehen sind, unterscheiden.[32]

Die ULB Düsseldorf besitzt gleich drei Überlieferungen aus dieser Blütezeit der Dekretalistik. Zu den besonderen Zeugnissen kanonistischer Texte gehört Ms. E 4. In seinem ersten Teil überliefert der Kodex den *Liber Extra* Gregors IX. mit der *Glossa ordinaria* des Bernardus Bottonius (gest. 1266). Der zweite Teil tradiert den Dekretalenkommentar Papst Innozenz' IV. (gest. 1254), der wiederum mit dem ausführlichen Glossenapparat des Bernardus Compostellanus iunior versehen ist. Nicht selten sind diese Texte gemeinsam überliefert.

In der Forschungsliteratur wurde der Kodex bisher kaum beachtet. Lediglich in allgemeinen Darstellungen zum Bestand der Handschriften, die sich aus der Benediktinerabtei Werden erhalten haben, wurde er erwähnt.

Wo und wann die einzelnen Teile des Kodex entstanden sind und zusammengebunden wurden, lässt sich nicht feststellen. Ebensowenig ist der Weg der Handschrift nach Werden nachzuzeichnen. Aufgrund der Textgestalt und der Ausstattung lässt sich jedoch die Entstehung in der zwei-

---

[32]   Vgl. Stickler, Kanonistik (wie Anm. 9); Nörr, Kanonistische Literatur (wie Anm. 9), S. 376–380.

ten Hälfte des 13. Jahrhunderts annehmen. Wenigstens der erste Teil des Kodex könnte in Oberitalien gefertigt worden sein, da dessen Ausstattung norditalienische Merkmale aufweist.[33] So finden sich Zierüberschriften zu Beginn eines jeden der fünf Bücher der Dekretalen mit langgezogenen, abwechselnd roten und blauen Buchstaben. Auch zu Beginn des Textes und in der in einer Klammer um diesen geschriebenen Glosse sind Initialen mit Fadenranken zu sehen, die Oberitalien als Entstehungsregion nahelegen[34]. Es ist weiterhin anzunehmen, dass der Kodex als Studienbuch verwendet wurde, da sich an einigen Stellen zum einen die hierfür üblichen weisenden Hände, Verweiszeichen und zusätzliche Glossen sowie Anmerkungen finden, zum anderen menschliche Profilgesichter und Köpfe, die darauf hindeuten, dass die so gekennzeichneten Passagen besonders in den universitären Veranstaltungen ausführlicher besprochen wurden.[35]

Der zweite Teil des Manuskriptes weist in der Ausgestaltung eher französischen Einfluss auf[36]. Spätestens im 15. Jahrhundert muss es sich in der heutigen Form in der Benediktinerabtei Werden befunden haben, wie dem Besitzeintrag dieser Zeit auf fol. 2[r] „Liber sancti Ludgeri in Werdena" zu entnehmen ist. Dass juristische Handschriften oftmals lange Wege zurückgelegt haben, auf deren Stationen sich weitere Schreiber, Illustratoren oder Nutzer in ihnen verewigten, ist gerade auch in jüngster Zeit an einigen Beispielen anschaulich dargelegt worden.[37]

[33] Vgl. Seibt, Ferdinand (Hrsg.): Vergessene Zeiten. Mittelalter im Ruhrgebiet. Katalog zur Ausstellung im Ruhrlandmuseum Essen, 26. September 1990 bis 6. Januar 1991. Essen: Pomp 1990, Bd. 1, S. 49.

[34] Die Zierüberschriften zu Beginn eines jeden der fünf Bücher finden sich auf den Blättern 82va, 145ra, 212[v], 230[r]; die Initiallombarden mit Fleuronnée im Buchstabenbinnenfeld und Fadenranken auf fol. 1ra, 1rb; vgl. hierzu die Handschrift Bamberg, Staatsbibliothek, Msc.Jur.6 (Pfändtner/Westphal, Handschriften (wie Anm. 9), Nr. 180).

[35] Menschliche Profilgesichter und Köpfe u.a. auf den Blättern 151[v], 152[r], 211[v], 212[v], 221[v]. Zu Anmerkungen und Hinweisen auf universitäre Lehrinhalte und deren Kennzeichnung in juristischen Kodizes vgl. L'Engle, Susan: The Pro-active Reader: Learning to learn the law. In: Baswell, Christopher (Hrsg.): Medieval manuscripts, their makers and users: A special issue of Viator in Honour of Richard and Mary Rouse. Turnhout: Brepols 2011, S. 51–75.

[36] Vgl. Bamberg, Staatsbibliothek, Theol.150, Msc.Can.56 (Pfändtner/Westphal, Handschriften (wie Anm. 9), Nr. 122, 127).

[37] Vgl. beispielsweise Pfändtner, Karl Georg: Die Anziehungskraft der Universitäten. Quellen zu Migrationsbewegungen von Schreibern und Buchmalern in der mittelalterlichen Boom-Region Bologna. In: Beier, Christine; Kubina, Evelyn Theresia (Hrsg.): Wege zum illuminierten Buch. Herstellungsbedingungen für Buchmalerei in Mittelalter und früher Neuzeit. Wien u.a.: Böhlau 2014, S. 45–65 sowie im Sammelband von Carmassi/Drossbach, Rechtshandschriften (wie Anm. 9) die Beiträge: Drossbach, Gisela: Bologna – München – Halberstadt. Die Collectio Halensis – ein Werk des Johannes Teutonicus (Halle, ULB, Ye 2° 80), S. 189–208; L'Engle, Susan: The transmission of Legal Manuscripts from Bologna and Padua to German Collections, S. 305–319 und Lesser, Bertram: Von

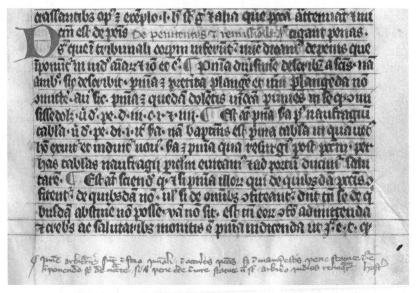

Abb. 7: Ms. E 5, fol. 92r, Godefridus de Trano, Kapitel: De poenitentiis et remissionibus aus der Summa super titulis decretalium

Aufgrund seiner Bedeutung in der Rechtspraxis wurde der *Liber Extra* immer wieder überarbeitet und neu ausgelegt. So entstanden nicht nur die Glossenapparate oder Kommentare, die Text und Auslegung fast immer gemeinsam in den Handschriften überlieferten, sondern auch eigenständige, rein systematische Summen, die die entsprechenden Gesetzestexte nicht mehr mittradierten, sondern als eigenständige Lehrbücher gedacht waren.[38]

Ein solches Lehrbuch ist die vor 1245 entstandene sogenannte *Summa super titulis decretalium* des Godefridus de Trano. Dieser Text hat sich in den zwei Handschriften E 5 und E 6 erhalten. Auch bei diesen beiden Manuskripten ist der jeweilige Entstehungsort unbekannt. Von Ms. E 5 kennen wir nicht einmal einen Vorbesitzer, sodass in diesem Fall sogar die Frage unbeantwortet bleiben muss, wie die Handschrift in die Düsseldorfer Sammlungen gelangte. Wir wissen lediglich, dass sie sich schon zu Beginn des 19. Jahrhunderts im Bestand befunden haben muss, weil sie im Katalog von Theodor Joseph Lacomblet Erwähnung findet. Auch

Leipzig nach Niedersachsen: Der Braunschweiger Stadtschreiber Gerwin von Hameln (gest. 1496) als Sammler und Benutzer juristischer Literatur, S. 71–105.

[38] Vgl. Schulte, GQ (wie Anm. 9), Bd. 2, S. 89ff.; Stickler, Kanonistik (wie Anm. 9); Nörr, Kanonistische Literatur (wie Anm. 9), S. 378.

die Datierungen der beiden Textzeugen basieren lediglich auf Auswertungen einzelner weniger Indizien. Im Falle von Manuskript E 5 weisen der Schriftduktus sowie das sehr feine und dünne Pergament auf eine Entstehung in Nordfrankreich oder auch in das dieser Region kulturell eng verbundene niederrheinische Gebiet. Geschrieben wurde der Kodex vermutlich Ende des 13. Jahrhunderts.

Es ist denkbar, dass diese Rechtshandschrift als Studienwerk mit ins Rheinland gebracht worden ist und im Privatbesitz beispielsweise eines Weltgeistlichen verblieb. Hierfür könnte ein Vermerk aus dem 15. Jahrhundert sprechen, der einen Verbleib des Buches bei den leiblichen Brüdern vorsah.[39] Die schlichte Ausstattung mit den üblichen Rubrizierungen als Lese- und Gliederungshilfe des Textes und die verschiedenen Marginalhände des 14. Jahrhunderts unterstreichen den Charakter einer Gebrauchshandschrift.

Die zweite Godefridus-Handschrift E 6 könnte aufgrund des Schriftbefundes und ihrer Ausstattung um 1300 in Frankreich gefertigt worden sein[40]. Sicher ist, dass sich der Kodex ab dem 17. bzw. frühen 18. Jahrhundert in Essen befunden haben muss. Der entsprechende Besitzeintrag zu Beginn des Buches beweist dies: „Bibliothe[cae] canonicorum Essen-

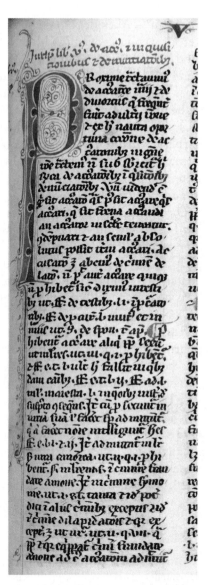

Abb. 8: Ms. E 6, fol. 184ra, Godefridus de Trano, Beginn des fünften Buches der Summa super titulis decretalium

---

[39] Vgl. Eintrag auf dem hinteren Spiegel: „Iste liber pertinet fratribus meis carnalibus".
[40] Vgl. Pfändtner/Westphal, Handschriften (wie Anm. 9), Nr. 122, 127.

diensem"[41]. Auch der erhaltene Einband des 14. Jahrhunderts, der 1988 unter Verwendung der alten Materialien restauriert wurde, weist in der Wahl und Verwendung der Stempel charakteristische Parallelen zu einer weiteren Handschrift des Essener Domschatzes auf und stützt die Vermutung, dass sich der Kodex schon bald nach seiner Fertigung in Essen befunden haben könnte. Im Gegensatz zu Ms. E 5 ist er aufwendiger ausgestattet. So besitzt er zu Beginn der einzelnen Bücher der Summa mehrzeilige zweifarbige Initiallombarden mit teils über die ganze Seite gezogenen Fadenranken sowie zur Kennzeichnung einzelner Textabschnitte abwechselnd rote und blaue Lombarden mit oftmals die gesamte Kolumnenhöhe umspannenden feinen Ranken.

Die Blütezeit der Dekretalistik reicht von der Promulgation des *Liber Extra* 1234 bis in die Mitte des 14. Jahrhunderts. In der heute allgemein angenommenen Periodisierung der mittelalterlichen Rechtsgeschichte schließt sich dieser auch als die klassische Periode bezeichneten Zeit eine nachklassische Periode (1350–1550) mit den sogenannten Postglossatoren an.[42] Das bedeutendste Werk aus dieser Zeit ist die von Nicolaus de Tudeschis (1386–1445) verfasste Auslegung des dritten Buches der Dekretalen, die *Lectura super tertium librum decretalium*. Das Werk war nicht nur handschriftlich, sondern auch in mehreren Inkunabeldrucken weit verbreitet.[43] Bis heute haben sich viele Textzeugen erhalten. Die Handschrift E 7 der Düsseldorfer Sammlung enthält diesen Klassiker des kanonischen Rechts. Die Papierhandschrift weist zwei Datierungen in das Jahr 1469 auf.[44] Zahlreiche Benutzerspuren belegen ihren Gebrauch bis ins 16. Jahrhundert. Wie und wann sie in den Bestand einer der Vorgängereinrichtungen der ULB gelangte, ist auch bei diesem Objekt nicht festzustellen. Antoine van de Pasch ordnet das Manuskript dem Kreuzherren-Konvent in Düsseldorf zu.[45] Fraglich bleibt, ob es in dem Konvent geschrieben wurde. Der Kodex wurde höchstwahrscheinlich nicht bei den Düsseldorfer Kreuzherren

[41]   Hierbei handelt es sich um die sog. Bibliothekshand C, die Gerhard Karpp ins 17./18. Jahrhundert datiert, vgl. Karpp, Bibelhandschriften (wie Anm. 1), S. 175, S. 199f.

[42]   Stickler, Kanonistik (wie Anm. 9); Haering, Rechtsgeschichte (wie Anm. 23), S. 5.

[43]   Schulte, GQ (wie Anm. 9), Bd. 2, S. 312f.; Stickler, Kanonistik (wie Anm. 9), Sp. 1296; Nörr, Kanonistische Literatur (wie Anm. 9), S. 381; Pennington, Kenneth: Panormitanus' Lectura on the Decretals of Gregory IX. In: Fälschungen im Mittelalter 2 (MGH Schriften; 33, 2). Hannover: Hahn 1988, S. 363–373.

[44]   Vgl. fol. 3rb und fol. 9ra zu Beginn der Kapitel nach den Rubriken jeweils: „anno lxviiii etc.".

[45]   Vgl. Pasch, Antoine van de: Bibliotheca manuscripta fratrum Sanctae Crucis. Cuyk 1951 (Cruciferana; N.S. 14), S. 8.

Abb. 9: Ms. E 7, fol. 1r, Beginn der Lectura super tertium librum decretalium des Nicolaus de Tudeschis, Löwen mit Wappenschild

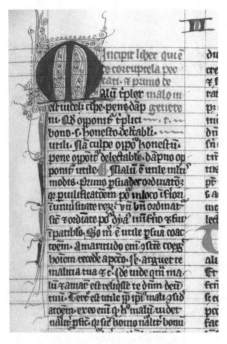

Abb. 10: Ms. E 9b, fol. 126r, Beginn des dritten Buches des Compendium theologicae veritatis

gebunden, da keiner der aus dieser Werkstatt bekannten Einbandstempel Verwendung fand.

Auch ein Wappen auf dem ersten Blatt bleibt wenig aufschlussreich. Es zeigt zwei Löwen, die gemeinsam einen Wappenschild halten, der drei weiße Vogelklauen auf rotem Grund aufweist. Vielleicht handelt es sich hierbei aufgrund der Farben um ein Wappen aus dem Bereich Geldern oder wegen der dargestellten Vogelklauen um das Wappen der niederrheinischen Familie Duvelshofen.[46]

Der Kodex E 9b ist eine zweiteilige Handschrift mit juristischen und theologischen Texten. Beide Teile entstanden vermutlich in Frankreich an der Wende vom 13. zum 14. Jahrhundert. Auch hier weisen wie bei der Handschrift E 5 verschiedene Indizien – das sehr feine Pergament sowie der Schriftduktus – auf eine Fertigung in Frankreich. Höchstwahrscheinlich wurde das Buch im 15. Jahrhundert in Köln neu gebunden bzw. vielleicht überhaupt erstmals zusammengesetzt.[47] In die Düsseldorfer Hofbibliothek gelangte dieser Überlieferungszeuge 1803 über die Zisterzienserabtei Altenberg, wohin er nach der Neubindung gekommen sein muss, wie an einem Besitzvermerk auf dem vorderen Spiegel „Liber est sancte Marie virginis Veteri monte" sowie dem charakteristischen Altenberger Signaturvermerk zu erkennen ist. Eine getilgte, nicht mehr lesbare Zeile auf demselben Spiegel enthielt höchstwahrscheinlich einen älteren Besitzhinweis. Beide Teile der Handschrift weisen

---

[46] Zum Wappen: Expertise durch Dr. Nils Bock, vgl. zudem Spießen, Max von (Hrsg.): Wappenbuch des westfälischen Adels. Mit Zeichnungen von Professor Adolf Matthias Hildebrandt. Münster: Starke 1901–1903, Bd. 1, S. 45.

[47] Vgl. Karpp-Jacottet, Sylvie und Karpp, Gerhard: Einbandkunst aus Altenberg. Spätmittelalterliche Einbandstempel auf den Handschriften der bergischen Zisterzienserabtei. In: 1894–1994. Einhundert Jahre Altenberger Dom-Verein e.V., Bergisch-Gladbach 1994, S. 31–51.

Gebrauchsspuren des 14. und 15. Jahrhunderts auf. Der erste Abschnitt überliefert unterschiedliche Hilfsmittel zu verschiedenen Rechtstexten. Er enthält u.a. ausführliche Kapitelverzeichnisse zu den Dekretalen Gregors IX., den Büchern des römischen Rechts sowie ein alphabetisches Glossar zur *Summa de poenitentia* des Raimundus de Pennaforti.

Im zweiten Teil finden sich vier kurze juristische Texte. Wegen fehlender Blätter zu Beginn der ersten Lage dieses Abschnitts ist der *Libellus de quaestionibus casualibus* des Iohannes de Friburgo (gest. 1314) hier nur fragmentarisch erhalten.[48] Inhaltlich bietet der Text eine sinnvolle Ergänzung zur *Summa de poenitentia* des Raimundus de Pennaforti bzw. zum im ersten Teil überlieferten alphabetischen Glossar hierzu. Die Bußsummen, wie die des Raimundus, stellten zunehmend Rechtsquellen dar. Für Beichtväter war die Kenntnis dieser Bußsummen von besonderer Bedeutung, da Sünde eine bewusste Missachtung des göttlichen, kirchlichen und weltlichen Rechts war. Für die richtige aufzuerlegende Buße wurden zunehmend – wie beim römischen Recht – auch Einzelfallentscheidungen bzw. die Berücksichtigung der Umstände der gegen das Recht verstoßenden Tat wichtig.[49] Die weiteren kurzen Rechtstexte sind als Ergänzungen der überlieferten Zusammenstellung anzusehen.[50] Den eigentlichen Überlieferungsschwerpunkt bilden zwei theologische Abhandlungen: die im Mittelalter oft Augustinus zugeschriebene, aber von Alcherus Claraevallensis (12. Jahrhundert) stammende Abhandlung *De spiritu et anima* und das bedeutende und häufig tradierte *Compendium theologicae veritatis* des Hugo Argentinensis.[51] Die Handschrift stellt ein gutes Beispiel für den Zusammenhang und die gegenseitige Beeinflussung der Legistik und der Theologie ab dem 12. Jahrhundert dar.

Neben dem kanonischen Recht entwickelte sich das sogenannte römische Recht, das auch als *Corpus iuris civilis* bezeichnet wird. Es umfasst seit der Antike als Gesetzgebungswerk die Digesten, den Codex Iustinianus, die Institutionen sowie die justinianischen Novellen. Diese Rechtstexte gewinnen ab der Mitte des 12. Jahrhunderts vor allem in der Schule von

---

[48]   Vgl. Schulte, GQ (wie Anm. 9), Bd. 2, S. 419–423.
[49]   Ebd., S. 409–413; Brieskorn, Norbert: Bußsummen. In: LMA (wie Anm. 9), Bd. II, 1983, Sp. 1154.
[50]   Vgl. fol. 86ra–87ra *Lectura super capitulum ‚Omnis utriusque sexus'* (X. 5. 38.12); fol. 87ra–rb Martinus IV. Papa: *Dekretale* (10. Januar 1282) und verschiedene kurze Notizen zu den Dekretalen auf fol. 87va–vb.
[51]   Zum Autor, dessen Werk und Überlieferung vgl. Steer, Georg: Hugo Ripelin von Straßburg. Zur Rezeptions- und Wirkungsgeschichte des ‚Compendium theologicae veritatis' im deutschen Spätmittelalter. Tübingen: Niemeyer 1981 (Texte und Textgeschichte; 2) sowie Ders.: Hugo Ripelin von Straßburg. In: VL² (wie Anm. 25), Bd. 4, 1983, Sp. 252–266.

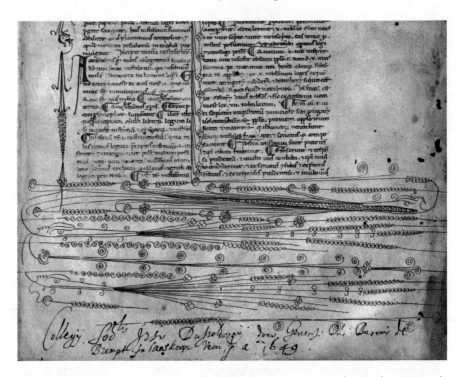

Abb. 11: Ms. E 9a, fol. 1r: Summen des Placentinus, ornamentale Winde mit Vogel-
sowie Kugelköpfen, Schenkungsvermerk des Barons Brempt zu Landskron Ween an
das Jesuitenkolleg Düsseldorf

Bologna wieder an Bedeutung. Von nun an erläutern die Glossatoren die
römischen Texte. Die von diesen zu unterscheidenden Kommentatoren
hingegen arbeiten die Rechtstexte zu entsprechenden praktisch orientierten Werken aus.[52]

Texte aus dem Bereich des *Corpus iuris civilis* haben sich lediglich in Kodex E 9a erhalten. Diese aus Oberitalien stammende und aus zwei Teilen
bestehende Handschrift überliefert mit den Werken des Placentinus (gest.
1192) sowie den *Casus Codicis* des Guilelmus de Cabriano Studienbücher
zum römischen Recht. Sie wurde vermutlich gegen Ende des 12. Jahrhun-

[52] Wie zum kanonischen Recht ist auch zum römischen Recht die Forschungsliteratur reichhaltig. Auch an dieser Stelle seien nur einige ein- und weiterführende Literatur-
hinweise gegeben: Weimar, Peter: Corpus Iuris Civilis. In: LMA (wie Anm. 9), Bd. III,
1986, Sp. 270–277; Zapp, Hartmut: Corpus Iuris Canonici. In: LMA (wie Anm. 9), Bd.
III, 1986, Sp. 263–270; Lange, Hermann: Römisches Recht im Mittelalter. Bd. I: Die
Glossatoren. München: Beck 1997; Bd. II: Die Kommentatoren. München: Beck 2007.
Zur handschriftlichen Überlieferung: Dolezalek, Verzeichnis (wie Anm. 8); Michael,
Handschriften (wie Anm. 9).

derts oder um 1200 gefertigt. Der paläographische Befund, die Ausstattung des Kodex sowie der Vergleich mit weiteren Kodizes belegen dies.[53] Im Hinblick auf die Erforschung der mittelalterlichen Rechtsgeschichte ist dem Manuskript eine besondere Stellung einzuräumen. Als der Rechtshistoriker Gero Dolezalek die Handschrift 1970 entdeckte, konnte er damit eine Forschungslücke schließen. Mit dem Text des Guilelmus de Cabriano ist ein Werk überliefert, das lange Zeit als verloren galt und von dem bis 1970 nur kurze Zitate in den Kommentaren bzw. Glossenwerken anderer Autoren bekannt waren.[54]

Der Weg dieser Handschrift in die Düsseldorfer Hofbibliothek ist im Gegensatz zu den bisher vorgestellten Kodizes recht gut nachzuzeichnen. Zwar lässt sich ein Vermerk des 14. Jahrhunderts auf fol. 1[r], „pro v. libris treuensis", nicht eindeutig auflösen, doch könnte er darauf deuten, dass sie sich zu dieser Zeit in Trier befunden hat.[55] 1649 gelangte sie als Schenkung des Barons Brempt zu Landskron Ween ins Jesuitenkolleg Düsseldorf.[56] Im Jahr 1773 wurde das Düsseldorfer Jesuitenkolleg aufgelöst; die Bibliotheksbestände wurden 1785 eingezogen und gelangten zunächst ins Düsseldorfer Schloss und von dort 1808 in die Landesbibliothek, von wo sie später in den Besitz der ULB.

Die Handschrift weist eine für den Düsseldorfer Bestand außergewöhnliche Ausstattung auf. Neben den die beiden Teile durchziehenden farblichen Hervorhebungen in den Texten und den zahlreichen Anmerkungen verschiedener Schreiber sind die Verzierungen einzelner Seiten mit sogenannten ornamentalen Winden und die Seitenränder füllenden Ranken sowie Kugel- und Vogelköpfen einzigartig in der Sammlung.

Die letzte inhaltlich zu unterscheidende Gruppe der zwölf juristischen Handschriften der Signaturengruppe E sind die Kodizes mit Überlie-

---

[53] Vgl. u.a. Bamberg, Staatsbibliothek Msc.Jur.15, Msc.Jur.19 (Pfändtner/Westphal, Handschriften (wie Anm. 9), Nr. 159, 160) und München, Bayerische Staatsbibliothek, clm 15951 und clm 28175 (Bauer-Eberhard, Ulrike: Die illuminierten Handschriften italienischer Herkunft in der Bayerischen Staatsbibliothek. Teil 1: Vom 10. bis zur Mitte des 14. Jahrhunderts (Katalog der illuminierten Handschriften der Bayerischen Staatsbibliothek in München 6). Wiesbaden: Harrassowitz 2011, Nr. 36, 35).
[54] Dolezalek, Gero: Die Casus Codicis des Wilhelmus de Cabriano. In: Wilhelm, Walter (Hrsg.): Studien zur Europäischen Rechtsgeschichte. Frankfurt am Main: Klostermann 1972. Bd. 89, 1972, S. 25–52, hier S. 29–32; Wallinga, Tammo: The Casus Codicis of Wilhelmus de Cabriano. Frankfurt am Main: Klostermann 2005 (Studien zur europäischen Rechtsgeschichte; 182), S. XIVff.
[55] Vgl. Dolezalek, Casus Codicis (wie Anm. 54), S. 29.
[56] Vgl. Besitzeinträge auf fol. 1[r]: „Collegii Societatis Jesu Dusseldorpii dono generosi domini Baronis de Brempt in Landkron Veen in anno 1649" und auf fol. 269[v]: „Collegii Societatis Jesu Dusseldorpii 1649".

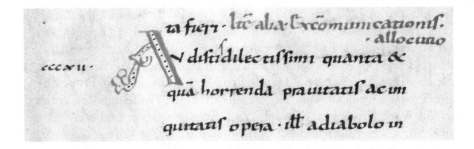

Abb. 12: Ms. E 3, fol. 117v, Beginn des 37. Kapitels über die Exkommunikation aus dem
Handbuch „De synodalibus causis et disciplinis ecclesiasticis" des Regino Prumiensis

ferungen rechtsverbindlicher Texte, die einen begrenzten räumlichen
Geltungsbereich hatten und somit partikulares Kirchenrecht darstellen.
Einen solchen Rechtstext, der hauptsächlich lokale Wirkmacht hatte, bietet die im 10. Jahrhundert wahrscheinlich in Werden entstandene Handschrift E 3.[57] Der in ihr enthaltene Text *De synodalibus causis et disciplinis
ecclesiasticis* des Regino von Prüm (um 840–915) ist mit seiner Darlegung
der Pflichten des Pfarrklerus ein Handbuch für bischöfliche Visitationen.
Wegen seines Praxisbezugs ist er in Werden, angesichts der ausgedehnten
Grundherrschaft der Abtei im 10. Jahrhundert, vermutlich ein nützliches
und hochgeschätztes Handbuch gewesen.[58]

Der Kodex E 8a überliefert sowohl die kirchlichen Statuten der Kölner
Erzbischöfe von 1261 bis ins frühe 15. Jahrhundert als auch die Statuten
des Stiftes St. Marien in Düsseldorf.

Dieses nur 73 Pergamentblätter umfassende Buch wurde für das Düsseldorfer Marienstift geschrieben und verblieb dort bis zu dessen Auflösung.

---

[57] Es ist wahrscheinlich, dass die Handschrift im 10. Jahrhundert in der Benediktinerabtei Werden a.d. Ruhr entstanden ist. Sicher dort befunden haben muss sie sich im
12./13. Jahrhundert, wie wir dem Besitzvermerk „Liber Sancti Ludgeri" und dem Vermerk
„Liudgere tuis clemens succurre ministria" dieser Zeit auf fol. 1ʳ entnehmen können. Auf
fol. 96ᵛ findet sich ein Eintrag, der vermutlich im 13. Jahrhundert hinzugefügt wurde: „An
(?) dej gratia Werdinensis abbas". Ein weiterer Besitzvermerk des 14./15. Jahrhunderts ist
auf fol. 1ʳ erhalten: „Iste liber est conuentus de Werdena".
[58] Vgl. Jahrtausend der Mönche (wie Anm. 19), S. 387. Zu Autor und Werk: Laudage,
Johannes: Regino. In: LMA (wie Anm. 9), Bd. VII, 1995, Sp. 579f.; Schmitz, Gerhard:
Ansegis und Regino. Die Rezeption der Kapitularien in den Libri duo de synodalibus
causis. In: ZRGKanAbt (wie Anm. 9) 74 (1988), S. 95–132; Wasserschleben, Friedrich
Wilhelm (Hrsg.): Reginonis abbatis Prumiensis libri duo de synodalibus causis et disciplinis ecclesiasticis. Leipzig 1840 (Nachdr. Graz: Akademische Druck- und Verlagsanstalt
1964); Das Sendhandbuch des Regino von Prüm. Hrsg. und übers. von Wilhelm Hartmann.
Darmstadt: WBG 2004 (Ausgewählte Quellen zur deutschen Geschichte des Mittelalters =
Freiherr-vom-Stein-Gedächtnisausgabe; 42).

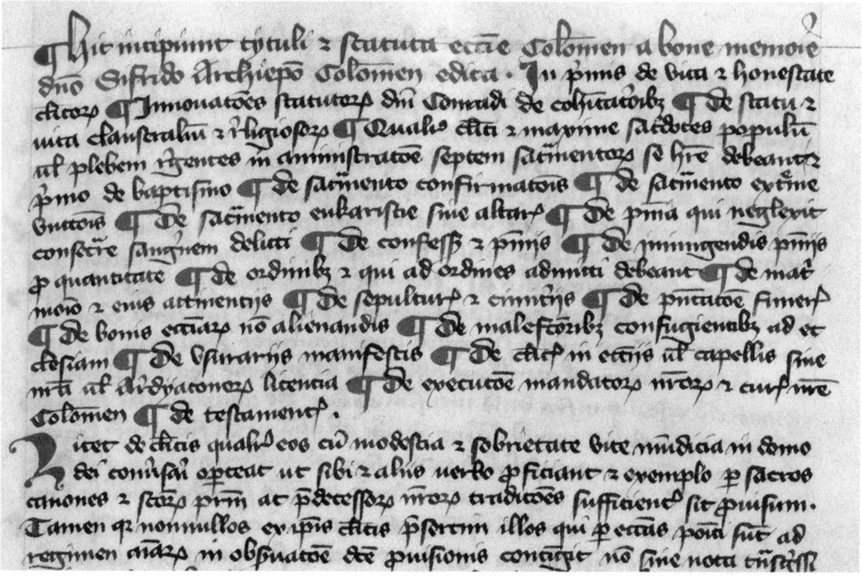

Abb. 13: Ms. E 8a, fol. 12r, Statuten der Kölner Erzbischöfe, hier Beginn der Statuten des Erzbischofs Siegfried von Westerburg (1275–1297)

Der Bibliothekseintrag auf dem vorderen Spiegel von einer Hand des 18. Jahrhunderts bezeugt dies: „Bibliothecae Collegiatae Dusseldorpensii". Über den ursprünglichen Schreibort lassen sich keine Aussagen machen. Anlass der Herstellung dürfte jedoch die Umwandlung des Lambertus- stiftes in das Collegium Beatae Mariae Virginis Ende des 14. Jahrhunderts gewesen sein.[59]

Das Stadtrecht von Kleve ist in der zusammengesetzten Papierhand- schrift E 27 überliefert. Es ist ein Beispiel für verschriftlichtes weltliches Recht in der Volkssprache. Der ältere und umfangreichere Teil des Kodex, fol. 33r–173r, ist gegen Ende des 15. Jahrhunderts von einem anonymen Schreiber gefertigt worden. Als Vorlage diente das heute im Hauptstaats- archiv Duisburg aufbewahrte Ms. K III 11 aus den Jahren 1487–1489.[60] Daraus ergibt sich, dass die Handschrift E 27 jünger sein muss. Der wie- dergegebene Text des Stadtrechts ist etwa ein halbes Jahrhundert älter als

---

[59] Vgl. Finger, Heinz: Düsseldorfer Bibliotheken des Mittelalters und der frühen Neuzeit. In: Kaiser, Gert u.a. (Hrsg.): Bücher für die Wissenschaft. Bibliotheken zwi- schen Tradition und Fortschritt. Festschrift für Günter Gattermann zum 65. Geburtstag. München: Saur 1994, S. 213–236, hier S. 222f.

[60] Vgl. Flink, Klaus: Das Stadtrecht von Cleve. Kleve 1991, S. 35–42, Tafel 1–4.

Abb. 14: Ms. E 27, fol. 32v, Besitzeintrag des Robert van Reydt und Stadtwappen von
Kleve, 16. Jahrhundert

der Textzeuge. Um die Mitte des 16. Jahrhunderts wurden an die bereits
vorhandenen Textpartien weitere Faszikel vor- und nachgebunden, die
dazu dienten, Nachträge aufzunehmen.

So fügte der spätere Besitzer Robert van Reydt zwischen 1582 und 1588,
in der Zeit seiner Mitgliedschaft im städtischen Rat in Kleve, ein Inhaltsverzeichnis sowie seinen Besitzeintrag hinzu: „Dytt boeck komst thoe
Roebert van Reydt boerger binnen dye vry statt Cleve". Wie und wann
der Kodex nach Düsseldorf gekommen ist, bleibt unklar. Im Stadtrecht
sind die Rechtssituationen des Alltags geregelt. Die Handschrift hält u.a.
auch fest, wieviel Wein zu welcher Zeit auszuschenken ist und mit welchen
Zutaten beispielsweise das Bier gebraut werden soll. Mit seinen genauen
Verordnungen stellt dieser Text eine für die lokale Geschichte sehr bedeutende historische Quelle dar.

Der Beitrag zeigt, wie reichhaltig und vielgestaltig die mittelalterlichen
Rechtsquellen waren und in ihrer konkreten Überlieferung auch heute
noch sind. Die zwölf juristischen Handschriften der Signaturengruppe
E in den Historischen Sammlungen der ULB tradieren – wie dargestellt
– hauptsächlich Texte des kanonischen Rechts, jedoch ebenso rechtsverbindliche Texte und Statuten der lokalen Kirche sowie des römischen
Rechts.

Hauptsächlich haben sich in dieser Bestandsgruppe Werke erhalten, die
schon bald nach ihrer Entstehungszeit große Bedeutung und Verbreitung

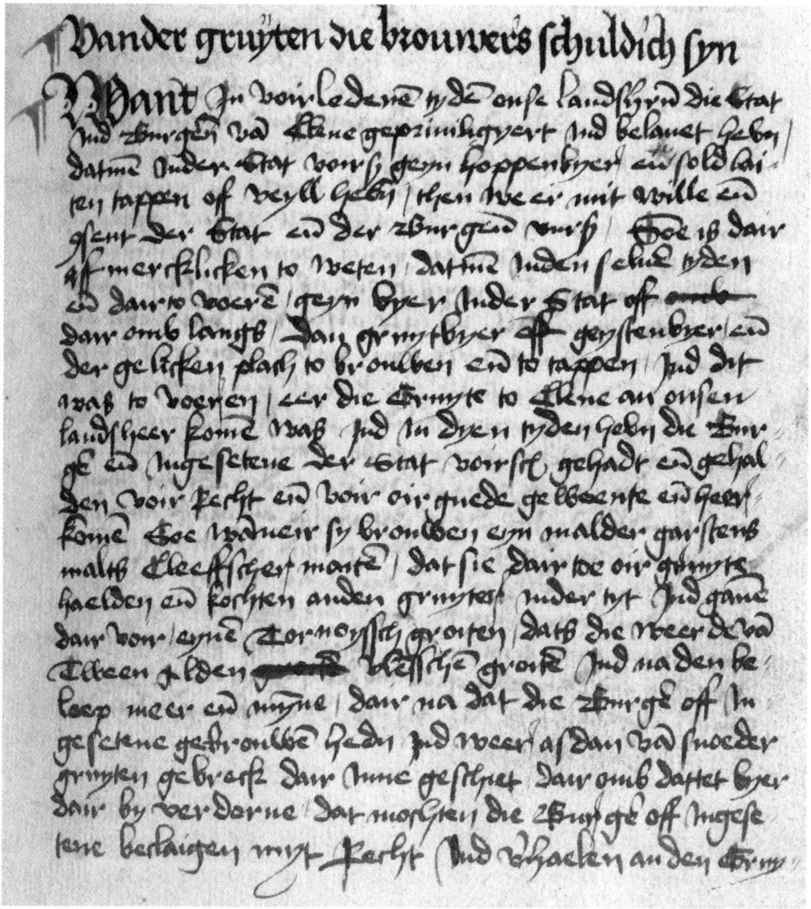

Abb. 15: Ms. E 27, Stadtrecht von Kleve, fol. 158r, Bestimmungen zu Herstellung und Ausschank des Grutbieres, das vor der Einführung des Hopfenbieres im 14. Jahrhundert, vor allem im rheinischen, niederländischen Raum sowie in Flandern weit verbreitet war

erfuhren. Sechs Kodizes tradieren „Klassiker" des kirchlichen Rechts (*Collectio Dionysio-Hadriana*; Dekretalen mit Glossa ordinaria; die *Summa super titulis decretalium* des Godefridus sowie die *Lectura super tertium librum decretalium* des Nicolaus de Tudeschis). Die vier zusammengesetzen Kodizes (Mss. E 4, E 9a, E 9b, E 27) sowie die Sammelhandschriften lassen eine planvolle Zusammenstellung erkennen. Bemerkenswert ist, dass vier Handschriften jeweils nur einen Text beinhalten (Mss. E 3, E 5, E 6, E 7). Alle Überlieferungszeugen weisen durch Anmerkungen, Korrekturen und Nachträge die für Gebrauchshandschriften üblichen Benutzungsspuren auf. Nur drei Überlieferungszeugen verfügen über aufwendigeren Buchschmuck (Ms. E 1, E 4, E 9a).

Die Untersuchung zu dieser Gruppe von Handschriften hat weiterhin ergeben, dass der überwiegende Teil der Kodizes vom jeweiligen Herstellungsort bis in die niederrheinischen Konvente einen langen Weg zurückgelegt hat, da der Entstehungsort häufig nicht identisch mit dem des letzten klösterlichen Vorbesitzes ist. Die Wege der Kodizes aus den italienischen und französischen Schreibstuben in die ULB Düsseldorf sind in mehreren Fällen – wie bei Ms. E 5 und E 7 – nicht genau nachzuzeichnen und liegen bislang im Dunkeln.[61]

Einige Kodizes haben in der Forschungsliteratur große Beachtung gefunden (Mss. E 1, E 2, E 9a, E 27), andere wiederum sind nur am Rand wahrgenommen worden (Ms. E 4). Obwohl das letzte Teilprojekt zur wissenschaftlichen Tiefenerschließung des Handschriftenbestandes Ende des Jahres 2016 abgeschlossen sein wird, bleibt darüber hinaus noch einiges hinsichtlich der mittelalterlichen Manuskripte zu erforschen. Die Vorgaben der Deutschen Forschungsgemeinschaft von durchschnittlich zwei Wochen Bearbeitungszeit pro Kodex erlauben nur in Ausnahmefällen eine wirklich umfassende Analyse der einzelnen Handschriften. Auf der Grundlage der bisherigen Erschließungsergebnisse werden in Zukunft weitere übergreifende Studien zu Bestandsgruppen oder den Provenienzen möglich sein, von denen zusätzliche Erkenntnisse zu erwarten sind. Dies umso mehr, wenn man die aus den Klöstern in die Sammlung eingegangenen Inkunabeln und Frühdrucke vollständig mit in die Untersuchungen einbezieht. Die wissenschaftliche Tiefenerschließung sowie die Untersuchungen im Zuge dieses Beitrags konnten nicht alle Fragen beantworten. So wird in einigen Fällen ein auf die Überlieferung spezialisierter Rechtshistoriker weitere und tiefergehende Erkenntnisse zur Entstehung und Überlieferung des einen oder anderen Bandes beisteuern können.[62]

Es dürfte an der Präsentation dieser kleinen Bestandsgruppe ersichtlich geworden sein, dass man zwar von der Existenz der Schätze der Historischen Sammlungen der ULB Düsseldorf durchaus weiß, jedoch bei Weitem noch nicht alle gehoben sind.

---

[61] Ähnlich verhält es sich mit den Bibelhandschriften des Bestandes, vgl. Karpp, Bibelhandschriften (wie Anm. 1), S. 68.
[62] Beispielsweise könnte eine detaillierte Untersuchung der zahlreichen zusätzlichen Marginalglossen in Ms. E 4 eine befriedigendere Antwort zur Provenienzfrage ergeben.

Übersicht über die juristischen Handschriften der Signaturengruppe E

Kanonisches Recht – Corpus iuris canonici: ‚Collectio Dionysio-Hadriana'

Ms. E 1   *Canonum collectio Dionysio-Hadriana*
Entstehung: Rom, zweite Hälfte des 9. Jh.
Vorbesitzer: Kanonissenstift Essen

Ms. E 2   *Canonum collectio Dionysio-Hadriana*
Entstehung: Rheinland oder Werden a.d. Ruhr, zweite Hälfte des 9. Jh.
Vorbesitzer: Rheinland oder Werden a.d. Ruhr, Benediktiner

Hilfsmittel zum ‚Decretum Gratiani'

Ms. E 28   Martinus Oppaviensis: *Margarita decreti*
Entstehung: Düsseldorf, Kreuzherren, zweite Hälfte des 15. Jh.
Vorbesitzer: Kreuzherren in Düsseldorf

In der Blütezeit der Dekretalistik (1234–ca. 1350)

Dekretalen Gregors IX., dem sog. *Liber Extra* und Werke zu diesem

Ms. E 4   Gregorius IX. Papa: *Decretales cum glossa ordinaria.* Innocentius IV.
Papa: *Novellae cum apparatu*
Entstehung: Oberitalien oder Frankreich (?), zweite Hälfte des 13. Jh.
Vorbesitzer: Benediktiner in Werden a.d. Ruhr

Ms. E 5   Godefridus de Trano: *Summa super titulis decretalium*
Entstehung: Niederrhein oder Nordfrankreich (?), Ende des 13. Jh.
Vorbesitzer: ?

Ms. E 6   Godefridus de Trano: *Summa super titulis decretalium*
Entstehung: wahrscheinlich Frankreich, um 1300
Vorbesitzer: Kanonissenstift Essen

Spätzeit der Dekretalistik, nach 1350

Ms. E 7   Nicolaus de Tudeschis: *Lectura super tertium librum Decretalium*
Entstehung: Kreuzherren Düsseldorf oder Niederrhein, 1469
Vorbesitzer: ?

Hilfsmittel, Theologie und Recht

Ms. E 9b   Zusammengesetzte Handschrift mit juristischen und theologischen
            Texten
            Entstehung: wahrscheinlich Frankreich, um 1300
            Vorbesitzer: Zisterzienserabtei Altenberg

Römisches Recht – Corpus iuris civilis

Ms. E 9a   Zusammengesetzte juristische Handschrift: Placentinus, Guilelmus de
            Cabriano
            Entstehung: Oberitalien, Ende des 12. Jh. oder um 1200
            Vorbesitzer: Jesuitenkolleg Düsseldorf

Rechtsverbindliche Texte bzw. Statuten der lokalen Kirche

Ms. E 3   Regino Prumiensis: *De synodalibus causis et disciplinis ecclesiasticis*
            Entstehung: Benediktiner in Werden a.d. Ruhr, 10. Jh.
            Vorbesitzer: Benediktiner in Werden a.d. Ruhr

Ms. E   *Statuta archiepiscoporum Coloniensium, Statuta collegiatae ecclesiae*
8a   *Dusseldorpensis*
            Entstehung: Stift St. Marien, Düsseldorf, um 1400 (nach 1392)
            Vorbesitzer: Stift St. Marien, Düsseldorf

Stadtrecht

Ms. E 27   *Stadtrecht von Kleve*
            Entstehung: Kleve, nach 1487–1500 und 1582–1588
            Vorbesitzer: Privatbesitz des Robert van Reydt

EVA SCHLOTHEUBER

Bücher aus Frauenhand. Die Chorbücher der gelehrten Dominikanerinnen aus Paradiese bei Soest

Aus dem Dominikanerinnenkloster Paradiese bei Soest haben sich eine ganze Reihe wunderbarer Chorbücher vor allem aus dem 14. und angehenden 15. Jahrhundert erhalten, die heute in der Universitäts- und Landesbibliothek Düsseldorf (ULB) aufbewahrt werden (D 7, D 9, D 10a, D 11 und D 12). Diese Chorbücher sind sowohl in kunsthistorischer, musikalischer als auch historischer Hinsicht ungewöhnlich interessant und anspruchsvoll, weshalb sie in intensiver gemeinsamer Forschungsarbeit von den Kunsthistorikern Susan Marti und Jeffrey Hamburger, der Musikhistorikerin Margot Fassler und der Historikerin Eva Schlotheuber untersucht wurden.[1] Sie sind von den Frauen nicht nur selbst geschrieben und kostbar illuminiert worden, sondern wurden – fast einzigartig in der mittelalterlichen Überlieferung – mit knapp 1.000 lateinischen Kommentaren in Form feiner, in Bilder und Noten verwobener Beischriften versehen.[2] Musik, Bild und Text sind in ihren Aussagen kunstvoll, aber systematisch und durchdacht aufeinander bezogen. Diese visuell und verbal vermittelten Bedeutungen der Liturgie wurden nach dem vierfachen Schriftsinn – *sensus historicus* (Literalsinn), *sensus allegoricus* (dem Bedeutungssinn in Bezug auf die Kirchenlehre), *sensus tropologicus* (moralische Ausdeutung) und *sensus anagogicus* (eschatologischer Bezug) – einander zugeordnet: Es handelt sich also um eine komplexe Form der Auslegung visueller und verbaler Strategien der Liturgieexegese.

Zusätzlich verfassten und vertonten die Dominikanerinnen von Paradiese offenbar selbstständig lateinische geistliche Dichtungen (Sequenzen), die ihrerseits einen Liturgiekommentar aufgrund ihres musikalisch-literarischen Genres darstellen. In dieses komplexe Bedeutungssystem von

---

[1]   Hamburger, Jeffrey F.; Schlotheuber, Eva; Marti, Susan; Fassler, Margot: Liturgical Life and Latin Learning at Paradies bei Soest, 1300–1425: Inscription and Illumination in the Choir Books of a North German Dominican Convent. Münster, Aschendorff 2016.
[2]   Hamburger, Jeffrey F. (Hrsg.): Leaves from Paradise: The Cult of John at the Dominican Convent of Paradies bei Soest. Cambridge: Houghton Library Publications 2008.

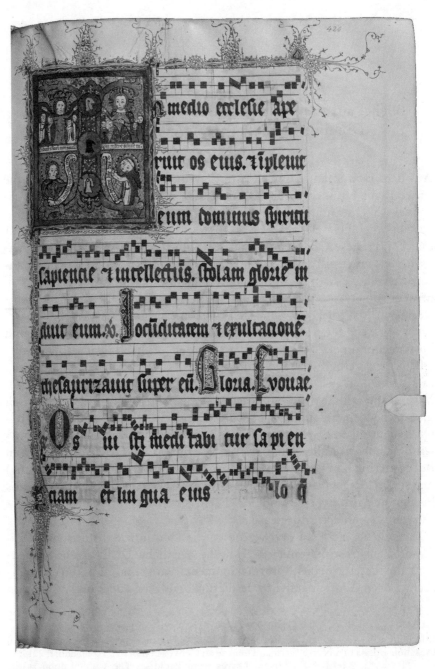

Abb. 1: MS-D 11 fol. 420r: Fest des Heiligen Dominikus (8. August). In festo beatissimi Dominici almi confessoris (urn:nbn:de:hbz:061:1-39664)

Ton, Text und Bild haben die Nonnen sich selbst im Gebetsgestus in den Marginalien verortet und mit ihren Initialen bezeichnet.[3]

Sie entfalteten mit ihrem Chorgesang im zyklischen Gang des Kirchenjahres immer wieder den sinnstiftenden Rahmen der Heilsgeschichte, wobei sie durch ihre Gebete die gesellschaftlich anerkannte hohe Position als Mittlerinnen zwischen Gott und den Menschen einnahmen. Die kostbaren Chorbücher haben die Nonnen offensichtlich für die eigene Gemeinschaft geschrieben, denn die geistlichen Frauen bezeichnen sich in den Marginalien nur mit ihren Initialen oder Namenskürzeln als einer charakteristischen Gewohnheit, wenn sie sich an die eigene Gemeinschaft richteten.

Die Chorbücher von Paradiese bei Soest sind mit zahllosen prächtigen Illustrationen biblischer Szenen insbesondere zu den Hochfesten ausgeschmückt, die zwar durch die ikonographische Tradition geprägt sind, aber von den Frauen selbstständig auf die eigene Situation und Aussageintention angepasst wurden. Die Ikonographie ist deshalb kunsthistorisch vielfach ohne Vergleichsbeispiele. Die gewählten lateinischen Beischriften weisen die Dominikanerinnen als hochgelehrt und tief vertraut mit der lateinischen theologischen Tradition aus. Dieser kreative und eigenständige Umgang mit der liturgischen Tradition ist erstaunlich, wenn man bedenkt, dass das ausgehende 14. Jahrhundert in der Forschung allgemein als eine Zeit des Niedergangs des religiösen Lebens und der Bildung insbesondere in den Frauenklöstern gilt. Dieses Bild muss neu überdacht werden: Wenn die Dominikanerinnen von Paradiese ihre repräsentativen Chorbücher selbst konzipierten und schrieben, mussten sie nicht nur über profunde Erfahrungen in der Handschriftenproduktion und Buchmalerei verfügen, sondern auch die Notation und den gesamten rituellen Ablauf des liturgischen Kirchenjahres souverän beherrschen. Die Visualisierung geistlicher Themen in den Miniaturen setzt die Fähigkeit voraus, diese Themenkomplexe theologisch selbstständig durchdringen und auf die eigene Situation anpassen zu können. Auch die lateinischen Beischriften und die selbst verfassten Sequenzen verweisen auf fundierte Kenntnisse der lateinischen Sprache. Nicht zuletzt waren großformatige und reich ausgeschmückte Chorbücher eine bedeutende ökonomische Investition, die sich ein Konvent finanziell „leisten" können musste. Insgesamt setzt die Produktion dieser Handschriften eine Konsolidierung der Klosterwirtschaft sowie eine entsprechende intensive Schulung der Schwestern für die Zeit des 14. Jahrhunderts voraus.

---

[3] Marti, Susan: ‚Sisters in the Margin? Scribes and Illuminators in the Scriptorium of Paradies bei Soest'. In: Hamburger, Leaves from Paradise (wie Anm. 2), S. 5–54.

Abb. 2: MS-D 11 fol. 258v: (urn:nbn:de:hbz:061:1-39664). Zwei Dominikanerinnen von Paradiese Soest mit den Initialen E. H. und V., die in den Spruchbändern die Psalmverse Resuscita me (Ps. 40,11) und Tu domine miserere mei (Ps. 40,11) tragen.

In diesem Zusammenhang sind insbesondere zwei Fragen interessant: Was war das für eine Frauengemeinschaft, deren Mitglieder diese ungewöhnlichen Handschriften schufen, und wie gelangten diese kostbaren Handschriften nach Düsseldorf?

Die Gründung des Dominikanerinnenklosters Paradiese

Die meisten dominikanischen Frauenklöster sind im 13. Jahrhundert aus der großen religiösen Armuts- und Laienbewegung des Hochmittelalters hervorgegangen, die insbesondere den Süden des römisch-deutschen Reichs erfasste. Als der Orden die große Dominikanerprovinz Teutonia 1303 teilte, gab es in Süddeutschland 65 Dominikanerinnenklöster und weitere neun in der noch jungen nördlichen Provinz Saxonia.[4] In den 80 Jahren seit Dominikus' Tod 1221 waren allein im römisch-deutschen Reich zahllose Frauen seinem religiösen Ideal von freiwilliger Armut und Umkehr gefolgt. Doch warum haben die Dominikaner im 13. Jahrhundert eine so große Attraktivität auf Frauen ausgeübt? Die *nova religio*, die neue Religiosität der Dominikaner, war eine geradezu revolutionäre Idee angesichts einer Klosterlandschaft, die das geistliche Leben in Klausur (*vita contemplativa*) vor allem der mittelalterlichen Oberschicht, also adeligen Frauen, vorbehielt. Dieses exklusive Rollenmodell erhielt jetzt Konkurrenz: Als ein neues Ideal sah man nun nicht mehr den vornehmen Rückzug aus der Welt an, sondern die tätige Nächstenliebe in persönlicher Armut (*vita activa*). Außerdem sollte die Wahl eines geistlichen Lebens allen Frauen möglich sein, unabhängig von Alter oder Stand, von materiellen oder intellektuellen Voraussetzungen. Diese soziale ‚Öffnung' der Klöster war keineswegs einfach, sondern sowohl für den Orden als auch für die ‚neuen' Gemeinschaften eine große Herausforderung.[5]

Der neue sozial-religiöse Ansatz der Dominikaner stieß vor allem in Süddeutschland auf große Resonanz. Frauen schlossen sich hier an vielen Orten selbstständig zu sogenannten ‚Sammlungen' zusammen, einer Art geistlicher Wohngemeinschaften, und erbaten später, bisweilen unter sanftem Druck der Kirche, die Dominikanerregel annehmen zu dürfen, die mit der Annahme strenger Klausur verbunden war. Die süddeut-

---

[4]   Frank, Isnard Wilhelm: ‚Wie der Dominikanerorden zu den Dominikanerinnen kam. Zur Gründung der ‚Dominikanerinnen' im 13. Jahrhundert'. In: Schiedermair, Werner: Das Dominikanerinnenkloster zu Bad Wörishofen. Weißenhorn: Anton H. Konrad Verlag 1998, S. 36–49.

[5]   Hamburger; Schlotheuber; Marti; Fassler (wie Anm. 1).

schen Dominikanerinnen sind berühmt, weil hier die deutsche Mystik
um Meister Eckart (um 1260–1328) blühte, weshalb sie intensiv erforscht
wurden. Die norddeutschen Dominikanerinnen spielten hingegen in der
Forschung bislang kaum eine Rolle, zudem stand die gelehrte Bildung der
Mönche und Bettelordensbrüder stets im Fokus der Forschung. Daher
wissen wir über die konkrete Ausbildung der Nonnen, den Bildungshori-
zont und ihre Partizipation am religiös-literarischen Leben ihrer Zeit nach
wie vor nur wenig. Während lange bezweifelt wurde, dass die geistlich
lebenden Frauen ausreichend Latein beherrschten, um sich das gelehrte
Erbe der Antike und der mittelalterlichen Theologen selbst zu erschließen,
erkennt man heute, dass die Nonnen im Spätmittelalter insbesondere in
Norddeutschland über gute Lateinkenntnisse verfügten.[6] Meister Eckart
war übrigens nicht nur in Süddeutschland als Seelsorger aktiv, sondern
wurde Anfang des 14. Jahrhunderts erster Provinzial der neu gegründeten dominikanischen Ordensprovinz Saxonia. Damit war er auch für die
einzigen beiden Dominikanerinnenklöster zuständig, die im nördlichen
Westfalen lagen: für Paradiese bei Soest und für St. Marien, das zunächst
in Lahde gegründet und später aufgrund zahlloser Schwierigkeiten nach
Lemgo verlegt wurde. Aus beiden Konventen haben wir Zeugnisse, dass
die Dominikanerinnen im 14. Jahrhundert lateinkundig und hoch gebildet waren. Beide Konvente haben sich später in ihrem regionalen Umfeld
etabliert und waren hoch angesehen, beide freilich konnten auf stürmische
Anfänge zurückblicken.

Die Gründung der westfälischen Dominikanerinnenklöster Paradiese
bei Soest und St. Marien in Lahde ging auf die Initiative der Dominikanerbrüder Mitte des 13. Jahrhunderts zurück. Das ist insofern bemerkenswert, als der Orden der Frauenseelsorge (*cura monialium*) offiziell nicht
unbedingt positiv gegenüberstand. Während Dominikus selbst durch die
Gründung der Frauengemeinschaften in Prouille (1219), Madrid (1220)
und Rom (1221) die *cura monialium* als seine Aufgabe begriffen und damit eine enge Beziehung der Dominikaner zu den Frauen gelegt hatte, befürchteten die Dominikanerbrüder nach seinem Tod nicht anders als die
Franziskaner in diesen Jahren, dass sich die Frauenseelsorge für den noch
im Entstehen begriffenen Orden als eine Überforderung erweisen könnte.
1228 wurde den Brüdern bei Strafe der Exkommunikation die Übernah-

---

[6] Schlotheuber, Eva: Klostereintritt und Bildung. Die Lebenswelt der Nonnen im
späten Mittelalter. Mit einer Edition des ‚Konventstagebuchs‘ einer Zisterzienserin von
Heilig-Kreuz bei Braunschweig (1484–1507). Tübingen: Mohr/Siebeck 2004.

me der Seelsorge und Betreuung der Nonnen untersagt.[7] Diese ablehnende Haltung blieb vorherrschend, bis das Generalkapitel in Mailand 1255 auf Druck der Kurie als neue Linie festlegte, dass der Orden die Seelsorge der Frauen übernehmen könne, wenn drei Generalkapitel dem zustimmen würden und eine Übertragung der *cura monialium* durch den Papst erfolgt war. Damit war der Weg für eine Aufnahme von Frauengemeinschaften in den Orden unter bestimmten, streng reglementierten Bedingungen möglich. In der Selbstsicht – und der ist die Forschung lange gefolgt – nahmen die Dominikanerbrüder also nur unter massivem Druck der Kurie und auf inständiges Bitten der Nonnen und ihrer Familien Frauengemeinschaften in den Orden auf. Aber stimmt das eigentlich?

Die Dominikaner hatten schon früh das große Potenzial der frommen Frauen für den Orden erkannt. Die Gründung von Frauenkonventen erhöhte die Akzeptanz der Dominikanerbrüder vor Ort und eröffnete ihnen den Zugang zu wichtigen Stifterkreisen. Doch boten die Frauengemeinschaften noch einen weiteren, nicht zu unterschätzenden Vorteil für die Brüder: Anders als die Männergemeinschaften waren die Dominikanerinnen aufgrund der Klausur nicht zur Besitzlosigkeit verpflichtet. Als sich der Männerkonvent in Madrid 1219 der Armut verpflichtete, übertrug er seinen gesamten Besitz an die im Entstehen begriffene Frauengemeinschaft. Die Frauenklöster dienten den Brüdern also gleichsam als „Bank". Schenkungen, die die Männerkonvente nicht annehmen durften, konnten den Frauen zugute kommen. Die Formen der gegenseitigen Unterstützung der beiden Ordenszweige waren vielfältig und von Beginn an reziprok angelegt, auch wenn die Ordensrhetorik einseitig die Fürsorge der Brüder für die Frauen betonte. In die Zeit der vorsichtigen Öffnung des Dominikanerordens für die Frauenseelsorge in den Jahren 1251 und 1252 fällt die Gründung des Klosters Paradiese bei Soest. Dank der detaillierten Gründungsgeschichte „Über die Gründung von Paradiese und den demütigen Einzug der Schwestern"[8], die an den Anfang des im 14. Jahrhundert angelegten Kopialbuchs des Klosters gesetzt wurde, sind wir über die recht komplizierten Gründungsvorgänge in Soest gut informiert.

Der Gründungsgeschichte zufolge ging die Initiative, in Soest einen dominikanischen Frauenkonvent ins Leben zu rufen, von den Dominikanerbrüdern vor Ort aus. Das aufstrebende Soest, der nördlichste Vorort des Kölner Hochstifts, war durch den Fernhandel wohlhabend und ein-

---

[7]   Tugwell, Simon: Were the Magdalen Nuns Really Turned into Dominicans in 1287? In: Archivum Fratrum Praedicatorum Nr. 76 (2006), S. 39–77.
[8]   Vgl. die kritische Edition und englische Übersetzung der Gründungslegende in Hamburger; Schlotheuber; Marti; Fassler (wie Anm. 1), Appendix A, S. 3–17.

flussreich geworden. Die reiche und mächtige Hansestadt verfügte bis zur Mitte des 13. Jahrhunderts nur über ein Frauenkloster, das Augustiner-Chorfrauenstift St. Walburgis. Offenbar sahen die Dominikaner in Soest das Potenzial für einen neuen, ‚modernen‘ Frauenkonvent. Folgt man dem Bericht der Gründungsgeschichte, so gab es außer der Idee der Brüder zu einem Frauenkonvent und einem Areal, das sich möglicherweise dafür eignen würde, am Anfang nichts – keine Stifterfamilie, keine ‚Sammlung‘ von frommen Frauen als treibende Kraft im Hintergrund, keine Initiative der Bürger der Stadt Soest oder des regionalen Adels. Unter diesen Bedingungen ein Kloster gleichsam ‚aus dem Boden zu stampfen‘, das auf Dauer überlebensfähig war, erwies sich als eine große Herausforderung. Die Dominikanerbrüder selbst mussten genuines Interesse an einem ihnen unterstellten Frauenkonvent haben, dass sie ein solches Unternehmen in Angriff nahmen.

Auffallend ist außerdem die heterogen zusammengesetzte Gruppe von Frauen, die durch das Werben der Dominikaner schließlich in Paradiese bei Soest zusammenfand: Von Witwen mit ihren Töchtern wie Agnes vom Lo über verheiratete Frauen, die mit Ehemann und Kindern nach Paradiese kamen, und Töchter regionaler Adeliger wie Konrad III. von Rüdenberg bis hin zu Soester und Dortmunder Bürgertöchtern und Mädchen, die aus anderen Klöstern nach Paradiese wechselten, war alles vertreten. Mit dem Klosteralltag und den hohen Anforderungen eines Lebens in Klausur waren diese Frauen wohl kaum vertraut. In der Gründungsgeschichte von Paradiese wird erstaunlicherweise kein ‚Gründungskonvent‘ von erfahrenen Frauen aus anderen Dominikanerinnenklöstern erwähnt. Es ist vielmehr allein der damalige Provinzial und berühmte Gelehrte Albertus Magnus, der die Frauen von Paradiese in das Klosterleben einführte und ihnen die Einhaltung der Klausur und die Schweigepflicht einschärfte, damit sie sich dem Orden und ihrem hohen Stand als „Bräute Christi“ (*sponse Christi*) würdig erweisen würden. In seine Hand legten die ersten Frauen in Paradiese 1255 die Profess ab.

Allein der Initiative der Brüder war es also zu verdanken, dass sich Frauen aus allen Schichten und unterschiedlichen Standes in Soest einfanden, um ein Klosterleben neuer Prägung, nämlich ein geistliches Leben in tätiger Nächstenliebe (*vita activa*) in strenger Klausur auf sich zu nehmen. Das war kein einfaches Unterfangen. Die Gemeinschaft war anfangs klein und bestand nur aus 12 Frauen, der Mindestanzahl für eine Klostergemeinschaft. Den langen und mühsamen Weg der Soester Dominikaner und der Frauen zeichnet die Gründungsgeschichte detailliert nach. Zwischen den Zeilen ist der Stolz zu spüren, dass dies trotz der schwierigen

Bedingungen gelingen konnte. Der Dominikaner Heinrich von Osthofen erreichte von dem Kölner Ministerialen Heinrich von Alvoldinchusen den Verkauf seines freilich hoch verschuldeten Eigenhofes, der sich für den Umbau zu einem Kloster eignete. Der junge Konvent sollte im Gegenzug für Heinrichs Schulden aufkommen und dem Kölner Ministerialen ein Haus in der Nähe seines Kornspeichers bauen lassen. Der Verkauf seines Hofs sollte Heinrich von Alvoldinchusen offenbar zur Alterssicherung dienen: Die Nonnen mussten ihm jährlich 12 Malter Korn, acht Fuder Brennholz und 20 Fuder Heu zahlen und der Hirte der Schwestern sechs seiner Kühe zusammen mit dem Klostervieh weiden lassen. Das waren harte Bedingungen. Die Gründungsgeschichte wertete es deshalb später als Segen, dass Heinrich von Alvoldinchusen starb, bevor er in den vollen Genuss der vereinbarten Rente kommen konnte.

Die komplizierten Besitzverhältnisse um den Lehnsbesitz in Alvoldinchusen führten dazu, dass eine Reihe von Personen gegen die Pläne einer Klostergründung Einspruch bzw. Rechtsanspruch auf ihre Güter erhoben. Man drohte den Nonnen sogar offen Gewalt an, sollten sie es wagen, an ihren Plänen festzuhalten. Deutlich ist zu erkennen, wie im 13. Jahrhundert in einem dicht besiedelten Raum wie der Soester Börde nur wenig Spielraum für eine Neuordnung der Besitzverhältnisse war. Oder stieß diese ungewohnte Initiative auf Widerstand, die es verwitweten oder verheirateten Frauen ermöglichte, die Familien zu verlassen, um ein Klosterleben zu führen? Interessant ist in diesem Kontext, dass die Gründungslegende ebensowenig wie viele andere Gründungsgeschichten der Dominikanerinnenklöster des 13. Jahrhunderts die durchaus problematischen „Vorgeschichten" der Frauen nicht verschwieg, sondern im Gegenteil die soziale und ständische Heterogenität der Frauen auffallend betonte.

Als der große dominikanische Gelehrte Albertus Magnus 1255 den jungen Frauenkonvent in das Kloster Paradiese einführte, erklärte er ihnen auch den Namen ihrer neuen Heimat, „Paradiese": Früher, so Albertus, habe der Ort Alvoldinchusen geheißen. Er sei nun aber wegen der ‚Nützlichkeit und Annehmlichkeit' in „Paradiese" umbenannt worden. Die angefügte Erklärung für die Namensänderung ist hinsichtlich des ordenseigenen Selbstverständnisses interessant:

„Weil wie jene ersten Stammeltern, wenn sie dem Herrn den Gehorsam bewahrt hätten, ohne jede Strafe auf Befehl und den Ruf des Herren in die Glorie des ewigen Lebens eingegangen wären (also ohne Erbsünde), so werden jene Schwestern und alle, die zu Paradiese gehören, wenn sie den wahren Gehorsam demütig bewahren und sich nicht von irgendwelcher Neugier und Leichtsinnigkeit bewegen lassen, durch die Gnade unseres Herrn Jesu Christi von diesem trauervollen

Paradies versetzt werden in eben jene heitere und herrliche und unbeschreibbare Freude, wo die Heilige Jungfrau Maria mit ihrem sehr geliebten Sohn und allen Heiligen bis zum Ende herrschen werden."[9]

Das Kloster Paradiese erscheint somit als ein „Zwischen-Raum", ein Ort, gelegen zwar in der irdisch trauervollen Welt, der aber dem himmlischen Paradies so nah wie möglich kam, weil hier in besonderer Weise ein Leben in Gehorsam gegenüber Gott möglich war. Dieses ‚irdische Paradies' bot deshalb die besten Bedingungen für einen Aufstieg zum ewigen Leben. Die Charakterisierung *lugubris Paradisus* für die Neugründung Paradiese ist gleichermaßen ungewöhnlich wie theologisch präzise, sodass sie auf Albertus Magnus selbst zurückgehen könnte. In der Selbstdeutung boten die Dominikaner den Frauen eine Alternative zu einem ‚sündigen' Leben in der Welt und die Möglichkeit, sich aus freiem Willen für ein religiöses Leben und damit für die Rettung ihres Seelenheils zu entscheiden. Eben weil es um diesen ‚Schritt in die richtige Richtung', um die Rettung der Seelen aus ‚sündigen' irdischen Verhältnissen ging, wird vermutlich die Herkunft der Frauen aus allen gesellschaftlichen Schichten, arm oder reich, gebildet oder illiterat, unverheiratet, getrennt oder verwitwet, so auffallend hervorgehoben und im Gedächtnis der Konvente als identitätsstiftend schriftlich festgehalten. Diese sozial-theologische Grundidee thematisiert deshalb auch das Konventssiegel, das den Sündenfall mit Adam und Eva unter dem Baum der Erkenntnis zeigt. Ikonographisch ganz ungewöhnlich und ohne Vergleichsbeispiele steht nicht Adam, wie es üblich war, auf der heraldisch rechten, also ‚wichtigeren' Seite, sondern Eva. Damit wird die Rolle der Frau für den Sündenfall, aber auch für die Errettung der Menschheit in besonderer Weise betont.

Der Gründungskonvent von Paradiese war nicht nur sozial und in Bezug auf das Alter der Frauen sehr heterogen, er bestand auch ganz überwiegend aus Laienfrauen, die weder lesen und schreiben konnten noch Latein beherrschten. Die gelehrte Sprache war aber die Voraussetzung dafür, dass die Frauen das lateinische Chorgebet leisten konnten. Der Clou der Dominikaner, selbst hochgelehrt, bestand darin, dass sie dieses bunt gemischte Völkchen, das in ihren Konventen zusammenkam, in der Folgezeit ausgezeichnet unterrichteten und theologisch unterwiesen. So formten sie aus den Beginen-ähnlichen „Wohn"-Gemeinschaften mit der Zeit gelehrte Nonnenkonvente. Damit ermöglichten die Brüder den Frauen, für die es keine Bildungsinstitutionen gab, den Erwerb gelehrter Bildung, auch wenn sie nicht von ihren Eltern von Kindheit an für ein Kloster-leben

---

[9] Ebd.

Abb. 3: Konventssiegel des Klosters Paradiese bei Soest. © Landesarchiv NRW. Eva und Adam im Paradies (Sündenfall), Spitzoval, braunes Wachs. Umschrift: † Sigillum conventus sororum in Paradiso. (Urkundlich belegt 1271 und 1300), Münster, Landesarchiv NRW, Abteilung Westfalen

bestimmt waren. Dieses Bildungsangebot wird ebenfalls Teil der Attraktion des Dominikanerordens für die Frauen gewesen sein. Eben diese Dynamik können wir an den Paradieser Chorbüchern ablesen: Einige wenige Generationen nach der Gründung durch überwiegend schriftunkundige Laienfrauen dokumentieren die Chorbücher aus Paradiese nicht nur den souveränen Gebrauch der gelehrten Sprache, sondern auch die Beherrschung der theologischen Grundlagen und die eigenständige spirituelle Ausdeutung der Heilsgeschichte, innerhalb derer sie sich selbstständig verorten konnten – ohne sich bei knapp 1.000 lateinischen Zitaten ein einziges Mal zu wiederholen.

Das Schicksal der Chorbücher von Paradiese

Albertus Magnus hatte recht, dass die irdischen Verhältnisse letztlich immer fragil und unvollkommen blieben. Nach der Einführung der Reformation Anfang des 16. Jahrhunderts war die Gemeinschaft der Nonnen von Paradiese immer wieder existenziell bedroht. Die Frauen hüteten ihre selbst geschriebenen Chorbücher als Zeichen ihrer Identität und ihres Selbstverständnisses umsichtig, gaben sie von Generation zu Generation weiter und passten sie bis weit in die Neuzeit mit Zusätzen und Einfügungen an die sich verändernden Bedingungen an. Es folgten schwierige Zeiten. Mitte des 15. Jahrhunderts brachte die große Soester Fehde nicht nur Krieg und Zerstörung, sondern auch das Absinken der Fernhandelsstadt zu einer Landstadt, was ökonomische Schwierigkeiten nach sich zog. 1531 schlug der evangelisch gewordene Dominikanerbruder Thomas Borchwede 22 Thesen an die Türen des Patrokli-Doms und die Stadt nahm den neuen Glauben an. Der Rat übte jetzt enormen Druck auf die Dominikanerinnen aus, das Klosterleben aufzugeben.[10] Die Frauen weigerten sich standhaft, ihr Kloster zu verlassen, sodass als Ergebnis der Auseinandersetzungen eine Gruppe katholischer und protestantischer Frauen gemeinsam in Paradiese lebte und sich die Klosterkirche teilte. Die Frauen überstanden den Einfall niederländischer Truppen Ende des 16. Jahrhunderts, allerdings nur knapp – das vor den Toren der Stadt gelegene Frauenkloster wurde geplündert, Söldner nisteten sich dort ein und rächten sich an dem Frauenkonvent für die widerständige Haltung der Soester Bürgerschaft. Sie vergriffen sich im Zuge der Plünderung auch an den prächtigen mittelalterlichen Chorbüchern und schnitten grob zahllose vergoldete Initialen heraus. Aber auch die marodierenden Söldner zogen irgendwann wieder ab, und die Frauen – 17 protestantische und fünf katholische Nonnen – reparierten ihre beschädigten Chorbücher so gut es ging. Es folgte der Dreißigjährige Krieg, eine Re-Katholisierung im 18. Jahrhundert und schließlich das Ende des alten Reiches. 1806 lebten noch etwa zehn Nonnen in Paradiese. Von ihren prachtvollen mittelalterlichen Chorbüchern hatten sie acht Handschriften über die Jahrhunderte gerettet.

1808 erschienen die französischen Beamten des Ruhrdepartements Dortmund im Kloster Paradiese, um die endgültige Auflösung des alten Dominikanerinnenklosters voranzutreiben.[11] Der Reichsdeputationsaus-

---

[10]   Koske, Marga: Zur Geschichte des ehemaligen Klosters/Stifts Paradiese. In: Soester Zeitschrift Nr. 101 (1989), S. 127–168.

[11]   Löer, Ulrich: Preußische Beamte als „Retter in der Not" – kulturstaatliche Initiativen für sakrale Kunstwerke aus Soest. Ein Beitrag zur preußischen Denkmalpflege

schuss vom Februar 1803 war bis dahin ganz unterschiedlich umgesetzt
worden, aber die vernichtende Niederlage Preußens bei Jena und Auer-
stedt 1806 führte zur Angliederung der preußischen Gebiete Westfalens
an das neugeschaffene, unter französischer Verwaltung stehende Großherzogtum Berg. Nun wurde die Auflösung der alten geistlichen Institutionen entschiedener umgesetzt. Die Beamten des Ruhrdepartements
forderten die Frauen in Paradiese wie üblich auf, ein Inventar der Mobilia
und Immobilia vorzulegen, um das Vermögen schätzen und die letzten
Konventsmitglieder abfinden zu können. Daneben wollte man aber auch
die alten Buchbestände sichten. Im Zuge der Säkularisation wurden die
Büchersammlungen der aufgelösten geistlichen Institutionen nach wertvollen Handschriften oder Inkunabeln durchsucht. Interesse an den
Handschriften und anderen literarischen Raritäten hatte die Großherzogliche Hofbibliothek in Düsseldorf, die knapp 40 Jahre zuvor als Königliche Öffentliche Bibliothek durch den Kurfürsten Karl Theodor von der
Pfalz (1770) errichtet worden war. Von 1805 bis zu seinem Tod 1818 leitete
Josef Schramm, der auch an der Düsseldorfer Rechtsakademie lehrte, die
noch recht junge Einrichtung. Über die Vorgänge in Soest und Düsseldorf zu Beginn des 19. Jahrhunderts sind wir durch die Auflösungsinven-
tare im Stadtarchiv Soest[12], im Landesarchiv Münster[13] und im Archiv der
ULB Düsseldorf[14] gut informiert. Als Ergebnis ihrer Inventarisierungs-
bemühungen schickte der Domänen-Inspektor Johann Caspar Heinrich
Krackrügge am 14. Oktober 1809 einen *Cathalog von der bibliotheca des
aufgehobenen Klosters Paradieße* nach Düsseldorf, der 61 durchnumme-
rierte Bände auflistete. Diese knappe Liste deutscher, lateinischer und
französischer Titel erschien dem Bibliothekar Schramm aber keinesfalls
als ausreichend, um den Wert der Bände beurteilen zu können. Am 5. Dezember richtete er daher aus Düsseldorf einen Brief an ‚Seine Excellenz,
den Minister des Inneren für Berg und Cleve‘, Karl Joseph Graf von Nesselrode, in dem er monierte, dass das ihm zugesandte Bücherverzeichnis
der im Nonnenkloster Paradiese bei Soest vorhandenen Bücher nicht aus-

und Museumspolitik im 19. Jahrhundert. In: Forschungen zur Brandenburgischen und
Preußischen Geschichte Nr. 23.1 (2013), S. 19–59.
[12]   Stadtarchiv Soest, IX I 4 (‚Acta der Municipalitaet Soest wegen des Verkaufs einiger
aus dem Closter Paradies vorgefundenen Bücher‘).
[13]   Landesarchiv Münster, Großherzogtum Berg E 10, Nr. 92.
[14]   Die Auflösungsakten sind von der ULB Düsseldorf für das Projekt freundlicherwei-
se digitalisiert worden. ‚Katalog der von der Großherzoglichen Bibliothek zu Düsseldorf
übernommenen Bücher der Bibliothek des Klosters Paradiese zu Soest : erstellt am
14.10.1809 und am 28.10.1809‘. URL: http://digital.ub.uni-duesseldorf.de/man/id/7853657
[Stand 14.06.2016].

sagekräftig genug sei, um Handschriften oder Drucke für die Aufnahme in die Düsseldorfer Hofbibliothek auswählen zu können. Die zugesandte Bücherliste sei ‚nachlässig und oberflächlich‘ angefertigt, man möchte bitte eine neue, ausführlichere Liste erstellen, die die vollständigen Titel, die Namen der Verfasser, Druckort, Jahreszahl und Format der betreffenden Bücher enthalte, sowie Angaben zum Einband und – in Bezug auf die Handschriften – auch Angaben zur Schrift: „[...] in Hinsicht der vermerkten Choralbücher erwarte ich zugleich die Anzeige, ob vielleicht einige derselben in kalli- und xylographischer Hinsicht als Denkmäler oder schützbare Ueberreste altdeutscher Mahlerey und Holzschneidekunst aufhebenswürdig sind.“[15]

Daraufhin wurde am 28. Dezember 1809 in Soest ein *Ausführliches Verzeichnis von den zur Bibliothek des aufgehobenen Klosters Paradiese gehörigen Büchern* erstellt, das der Rentmeister Krackrügge gegenzeichnete. Das ausführliche Bücherinventar wies neun der 61 aufgeführten Bände als Handschriften aus. Schramm erklärte aus Düsseldorf schriftlich seine Auswahl:

„Im Falle unter der sub N.N. 2, 3, 4, 5, 6, 59, 60 und 61 verzeichneten Choralbücher sich eines oder das andere befindet, welches in alterthümlicher und artistischer Hinsicht sich vorzüglich auszeichnet, glaube ich die Einsendung derselben anempfehlen zu müssen, obgleich die hiesige Hofbibliothek mehrere wohlerhaltene Codices dieser Art aus dem 13., 14. und 15. Jahrhundert wirklich besitzet. [...]. Sollte indeß die Einsendung verhältniswidrig große Kosten veranlassen, so möchte ich die einstweilige sichere Aufbewahrung der bezeichneten Werke in loco Soest, bis sich zum wohlfeilsten Transporte derselben eine schickliche Gegebenheit darbietet, unmaßgeblich das ratsamste seyn.“[16]

Die 14 Bände, neun Handschriften und fünf Drucke vor allem des 17. Jahrhunderts, die der Bibliothekar Schramm schließlich aus dieser Liste für die Düsseldorfer Hofbibliothek auswählte, wurden in Soest in dem Inventar am linken Rand mit einem schwarzen Tintenstrich markiert, die Bücher selbst auf dem Vorderdeckel zur Identifizierung mit den entsprechenden Nummern versehen. Mit der Bücherliste scheint die Bibliothek der katholischen Chorfrauen erfasst worden zu sein. Die Frauen in Paradiese lasen im 16. und 17. Jahrhundert offenbar Deutsch, Latein und Französisch. Die restlichen Bücher wurden anschließend auf einer Auktion verkauft. Am 22. Mai 1810 schrieb der Präfekt des Ruhrdepartements an Nesselrode:

---

[15] Düsseldorf, ULB 448435 (Düsseldorf, 5. Dezember 1809). ‚Unterlagen zur Übernahme der Klosterbibliothek in Paradiese zu Soest‘. Die Akte ist nicht chronologisch geordnet.
[16] Düsseldorf, ULB 448435 (8. Febr. 1810).

„Gemäß Euer Excellenz Befehl vom 22ten Februar sind die Bücher aus Paradiese zweymahl zum Verkauf ausgesetzt und endlich zu 3 Pfund, 7 Sch. untergebracht worden. Die Stücke, die der Bibliothekarius Schramm für die Bibliothek ausgewählt hat, liegen einstweilen auf der Mairie in Soest, solche per express oder nur mit einer gewöhnlichen Fracht nach Düsseldorf zu senden, möchte vielleicht der Mühe nicht lohnen und unentgeldliche Gelegenheiten dafür fallen wohl nicht vor."[17]

Im Soester Rathaus hatte man freilich großes Interesse daran, sich der Bücher so rasch wie möglich zu entledigen. Das scheiterte offenbar zunächst am Geld. Im Juli desselben Jahres kam aber Bewegung in die Sache. In Soest wurde der Schreiner Doelberg beauftragt, eine Bücherkiste für den Transport herzustellen. Am 16. Juli trafen die Bücher dann in Düsseldorf ein. Am 31. Juli 1810 wies Innenminister Nesselrode 5 Franc und 61 Cent für die Transportkosten aus dem Trésor public an. Die alten Handschriften waren 1810 schließlich sicher nach Düsseldorf gelangt, wo sie zunächst einmal in Vergessenheit gerieten. Das änderte sich erst, als ein am 4. Juli 1846 in Berlin ausgestelltes ‚ministerielles Rescript‘ den königlichen „Archiv-Rath" und Bibliothekar Lacomblet in Düsseldorf mit der Aufforderung erreichte, einen Katalog der vorhandenen Handschriften zu erstellen und nach Berlin zu senden. Der gelehrte Theodor Joseph Lacomblet (1789–1866) hatte unter anderem bei Josef Schramm an der Düsseldorfer Rechtsakademie Jura studiert, ehe er 1818 als sein Nachfolger die Leitung der Hofbibliothek übernahm.[18] Das Handschriftenverzeichnis sollte an den Oberbibliothekar und ‚Geheimen Regierungsrath‘ Georg Heinrich Pertz (1795–1876) in Berlin übersandt werden, der als ehemaliger Mitarbeiter des neuen nationalen Editionsunternehmens, der ‚Monumenta Germaniae Historica‘, ein großer Kenner der mittelalterlichen Überlieferung war. Der Düsseldorfer Bibliothekar Lacomblet fand in den folgenden Jahren für diese Unternehmung allerdings keine Zeit, da er zunächst einmal einen Katalog der neuzeitlichen Bücherbestände zum Druck befördern musste. Knapp drei Jahre später, am 8. Februar 1849, erreichte ihn eine Mahnung aus Berlin, in der er zur „Erledigung unseres Schreibens vom 13ten October 1846" aufgefordert wurde. Theodor Lacomblet nahm am 19. Februar ausführlich Stellung zu diesem Anliegen:

„Im Jahr 1843 habe ich den Anfang gemacht, den Katalog der hiesigen Landesbibliothek zum Druck zu befördern; es mussten jedoch wegen Unzulänglichkeit der bereiten Mittel zur Bestreitung der Druckkosten mehre [!] Zweige des Bi-

---

[17] Düsseldorf, ULB 448441 (22. März 1810).
[18] Hömig, Herbert: Art. Lacomblet, Theodor Joseph. In: Neue Deutsche Biographie 13 (1982), S. 380f.

bliotheksbestandes noch übergangen werden: dazu gehören die Handschriften, alten Druckwerke, die Theologie und Medicin. [...]. Ich gedachte in dem bevorstehenden Frühjahr damit anzufangen. Es soll die Handschriften beschreiben und, da sehr viele darunter sind, die keinen streng wissenschaftlichen Werth haben, als Missalen, Gradualen, Antiphonarien, Psalterien, Gebetbücher usw., aber mit Miniaturen und Auszierungen ausgestaltet sind, so soll dieser Kunstausstattung im besonderen Interesse der hiesigen Kunstakademie ein besonderes Augenmerk gewidmet werden. Diese Ausarbeitung erfordert mindestens ein halbes Jahr Zeit, weswegen ich die Anfrage gehorsamst anheim zu geben erlaube, ob der Einsendung des Manuscripten Verzeichnisses ein solcher Ausstand gewährt werden könne."[19]

Interessant an Lacomblets Brief ist nicht zuletzt der Verweis auf die Düsseldorfer Kunstakademie. Für die Würdigung der illuminierten Handschriften arbeitete Lacomblet mit dem Kirchen- und Historienmaler Andreas Müller zusammen, der später als Professor an die Kunstakademie berufen wurde. So war es nicht zuletzt die Kunstakademie und ihr Interesse an der historischen Malerei, die einen Teil der alten Chorhandschriften der Dominikanerinnen von Paradiese vor dem Verkauf an Pergamenthändler schützte. Lacomblet benötigte ein Jahr für diesen ältesten handgeschriebenen Katalog der mittelalterlichen Manuskripte der Düsseldorfer Landesbibliothek. Er sandte eine Abschrift des Handschriftenkatalogs am 24. Mai 1850 nach Berlin und verband das im Begleitschreiben mit dem Vorschlag, einige „wertlose" Handschriften an einen Pergamenthändler verkaufen zu dürfen, um die notwendigen Ausgaben für die Restauration der Handschriften und Bücherschränke bestreiten zu können. Die Paradiese-Chorhandschrift D 11 würdigt Lacomblet mit den Worten: „Der ganze Band ist reich mit Initialen und kleinen Miniaturen verziert. Letztere völlig werthlos. Die Verzierungen der Initialen sind aber meistens sehr sinnig und enthalten schöne Motive."[20]

Der Berliner Oberbibliothekar Pertz war sehr angetan, als ihn der Düsseldorfer Katalog am 20. August 1850 erreichte. Im Antwortschreiben heißt es, „dasselbe entspricht, wie es von dem gelehrten Verfasser, Herrn Archivrath Lacomblet, nicht anders zu erwarten war, durch Sorgfalt und Genauigkeit vollkommen den deshalb gehegten Wünschen [...]."[21] Lacomblet wurde vom Ministerium gestattet, die ‚völlig wertlosen Manuskripte' zu verkaufen. Handelseinig wurde er mit dem Fürther Pergamenthändler Fuchs und Söhne. Unter diesen im Jahr 1850 verkauften Handschriften be-

---

[19]   Düsseldorf, ULB 448441, Brief 4 (Düsseldorf, 19. Februar 1849, Konzept).
[20]   Düsseldorf, Königliche Landesbibliothek 1850, 102 Bl. (61 Findbuch 1/8,6), 76.
[21]   ULB Düsseldorf, 453546; Brief 8 (Berlin, 20. August 1850).

fanden sich vier Chorhandschriften aus Paradiese. Sie wurden zerschnitten und verkauft, weshalb sich kostbare Fragmente der ehemaligen Paradiese-Chorbücher heute in aller Welt wiederfinden. Lacomblet rechnete sorgfältig ab: Er habe die Bände schließlich in Fürth zu dem hohen Preis von 472 Thalern verkaufen können. Von dem Geld habe er die beschädigten Einbände reparieren lassen, die vorhandenen Schränke mit Türen versehen und schließlich drei neue große Schränke mit beweglichen Böden und Rollen angeschafft. Zudem hatte er für die Bibliothek notwendige wissenschaftliche Literatur gekauft, die *Scriptores rerum Italicarum* (25 Bde.) von Muratori, aber noch weitere wissenschaftliche Grundlagenwerke wie das *Dictionaire des sciences medicales* (60 Bde.).

Bei der Umgestaltung seiner Institution in eine wissenschaftlichen Ansprüchen genügende Landesbibliothek war Lacomblet sowohl mit dem Handschriftenkatalog als auch mit den Neuanschaffungen ein wesentliches Stück weitergekommen. Einem Teil der Chorhandschriften von Paradiese, die so viele und so interessante Geschichten erzählen können, hat er eine neue Heimat geboten. Die Entscheidung des Bibliothekars zum Verkauf der ‚werthlosen' liturgischen Handschriften ist vor diesem Hintergrund nachvollziehbar, auch wenn man sie heute zutiefst bedauern kann.

RICARDA BAUSCHKE-HARTUNG

Christian Wierstraet: Die Belagerung von Neuss

Im Besitz der Universitäts- und Landesbibliothek Düsseldorf (ULB) befinden sich 980 vollständige Inkunabeln, 162 davon Mehrfachexemplare; 18 Frühdrucke sind als Fragmente erhalten. Insgesamt ergibt dies 988 Wiegendrucke. Hinter der Bibliotheksreferenz „VK 1266 ; GW M51549 ; ISTC iw00019000" verbirgt sich ein schäbig aussehendes, gewöhnungsbedürftig riechendes Büchlein, das auf eindrucksvolle Weise über ein historisches Ereignis in der Region berichet: *Dye hystorij des beleegs van Nuys* – „Die Geschichte der Belagerung von Neuss". Unter dem abgenutzten Einband verstecken sich prominente Herrscher der Weltpolitik und lokale Helden des späten Mittelalters, namentlich der Habsburger Kaiser des Heiligen Römischen Reiches Deutscher Nation: Friedrich III., der Herzog von Burgund: Karl der Kühne, der Bruder des regierenden hessischen Landgrafen: Hermann von Hessen, der Neusser Stadtchronist: Christian Wierstraet. Die eigentlichen Heldinnen aber sind die Stadt Neuss sowie die Chronik ihrer Belagerung im ausgehenden 15. Jahrhundert.

Vom 29. Juli 1474 bis Ende Mai 1475 wurde die Stadt Neuss von Karl dem Kühnen, Herzog von Burgund, belagert.[1] Den äußeren Anlass boten die Kölner und ihre innere Stiftsfehde um den Erzbischofsstuhl in Köln. Der amtierende Erzbischof Ruprecht von der Pfalz hatte sich mit der Bürgerschaft und den Landständen des Kurfürstentums Köln überworfen und bei seinem entfernten Verwandten, dem Burgunderherzog Karl, Zuflucht gesucht. Die Kölner wählten inzwischen Hermann von Hessen zum Verwalter des Erzbistums. Karl der Kühne leistete allzu gern dem abgesetzten Erzbischof Ruprecht seine Amts- und Waffenhilfe, schließlich verfolgte er selbst weitreichendere Machtinteressen. Ausgerechnet in dem Angriff auf Neuss sah Karl die Chance, das verlorene Lothringerreich seiner Vorfahren wiederzuerlangen und ihm zu neuem Glanz eines Großreiches zu ver-

---

[1] Historische Informationen nach Metzdorf, Jens: „Bedrängnis, Angst und große Mühsal". Die Belagerung von Neuss durch Karl den Kühnen 1474/75. In: Wagener, Olaf; Laß, Heiko (Hrsg.): *...wurfen hin in steine / grôze und niht kleine...* Belagerungen und Belagerungsanlagen im Mittelalter. Frankfurt am Main u.a.: Peter Lang 2006 (Beihefte zur Mediävistik; 7), S. 167–188. Ebd. auch weiterführende Literaturhinweise.

helfen.[2] Die Einnahme von Neuss sollte nur der Auftakt sein. Der Burgunderherzog wollte Zugang erhalten zu den mittelrheinischen Gebieten, wo er über Kurtrier und Kurmainz und die mit ihm sympathisierende Pfalz bis an den Oberrhein nach Straßburg und Basel vordringen wollte. Dieser ambitionierte Expansionsplan schien möglich, weil der amtierende Kaiser, Friedrich III. von Habsburg, als zögerlich galt.[3] Mit Bedacht und kleinteilig vorgehend aber könnte – so zumindest das Kalkül des Aggressors – die schleichende Landnahme Erfolg versprechen. Daraus erklärt sich auch, warum Karl der Kühne ausgerechnet Neuss angriff und die Stadt zwischen Erft und Rhein zum Bollwerk gegen die Burgunden wurde. Ein direkter Angriff Kölns hätte Kaiser Friedrich wohl doch zu schnell auf den Plan gerufen; die andere, die Düsseldorfer Rheinseite aber galt – wie schon den Römern – auch für den Burgunderherzog als uneinnehmbar. So wurde Neuss zum entscheidenden Frontpfeiler in der europäischen Politik.

So kühn wie Karl gewesen sein mag, er hatte die Neusser unterschätzt. Sie proviantierten sich ausreichend im Umland, kauften zusätzlich größere Vorräte, lagerten haltbare Lebensmittel ein und brachten die Bauern und das Vieh der benachbarten Dörfer in die Stadt. Damit vermehrten die Stadtbewohner ihre Nahrungsressourcen und verhinderten zugleich, dass sich die Belagerer plündernd und brandschatzend im unmittelbaren Umland ihrerseits mit Nahrungsmitteln versorgen konnten. Die Neusser rekrutierten außerdem aus den Reserven der Stadtkasse Söldner und sicherten die Befestigungsanlagen. Sie warben dafür eigens Bürger aus Lüttich an. Die Stadt an der Maas musste sechs Jahre zuvor schon schmerzvoll die Heeresmacht des Burgunderherzogs erleben; nun stellten sie gegen Entlohnung den Neussern ihr Erfahrungswissen gegen Karl den Kühnen zur Verfügung. Sie hoben Gräben und Stollen aus und führten Sprengungen durch. Mit all diesen und weiteren Maßnahmen gelang es den Neusser Bürgern, fast ein Jahr lang durchzuhalten, bis endlich Kaiser Friedrich III. ein Heer aufstellte, einen Waffenstillstand aushandelte und schließlich für den Abzug Karls sorgte.[4] Das kaiserliche Zögern, auf das Karl der Kühne

    [2] Vgl. dazu Ehm, Petra: Burgund und das Reich. Spätmittelalterliche Außenpolitik am Beispiel der Regierung Karls des Kühnen (1465–1477). München: Oldenbourg 2002 (Pariser Historische Studien; 61).
    [3] Hierüber handelt grundlegend Krieger, Karl-Friedrich: Die Habsburger im Mittelalter. Von Rudolf I. bis Friedrich III. Stuttgart: Kohlhammer 1994.
    [4] Die Chronik des Christian Wierstraet (s. Anm. 7) gilt als Hauptquelle, weitere Zeugnisse sind gebündelt durch Ulrich, Adolf: Akten zum Neusser Kriege 1472–1475. In: Annalen des historischen Vereins für den Niederrhein 49 (1889), Nr. 1–191. Siehe insgesamt auch Wisplinghoff, Erich: Geschichte der Stadt Neuss. Von den mittelalterlichen Anfängen bis zum Jahre 1794. Neuss: Galerie Küppers 1975.

spekuliert hatte, um seinen Expansionsplan voranzutreiben, wurde ihm dabei letztlich zum Verhängnis, denn er hatte sich gehörig verkalkuliert. Kaiser Friedrichs langes Warten war nämlich Teil von dessen eigener politischer Strategie. Durch die Belagerung von Neuss wurde Karl der Kühne geschwächt, er verlor 4.000 Söldner und die besten seiner Männer. Außerdem vernachlässigte der Burgunderherzog, während er sich völlig auf Neuss fixierte, die Machtsicherung in seinen Stammgebieten: Herzog René von Lothringen kündigte Karl die Treue auf und fiel in sein Land Luxemburg ein; Ludwig der XI. von Frankreich verwüstete Karls nördliche Länder Picardie, Artois und Hennegau und überfiel im Süden das Kernland Burgund; die flandrischen Städte verweigerten Karl den Gehorsam; Basel sagte ihm den Krieg an; die Schweizer einigten sich mit den oberrheinischen Städten. Offiziell war Karl der Kühne nicht besiegt, er konnte seine Truppen erhobenen Hauptes von Neuss abziehen. Doch die großen Jahre seiner Herrschaft waren vorbei. Es gelang ihm zwar noch, seine Macht im abgefallenen Lothringen wiederzuerlangen, aber die Schweizer brachten ihm große Niederlagen in Grandson und Murten bei, bis Karl der Kühne schließlich 1477 in der Schlacht von Nancy den Tod fand.[5] Die Standhaftigkeit der Neusser besiegelte den Anfang vom Ende Karls des Kühnen. Ohne das Neusser Bollwerk hätte die westeuropäische Politik vor 500 Jahren eine komplett andere Richtung genommen.

Geschichte bleibt lebendig nicht allein durch die Ereignisse, die sich aus ihr ableiten, sondern ebenso und gerade durch eine Erinnerungskultur des Wiedererzählens und Konservierens.[6] Auch auf die Belagerung von Neuss trifft das zu. Der Notarius Christian Wierstraet, Stadtschreiber von Neuss, schildert die bewegenden und gewaltreichen Ereignisse in einer gereimten Chronik, die über 3.000 Verse zählt.[7] Da er zu den Bürgern gehörte, welche die gesamte Zeit in der Stadt eingeschlossen waren, kann er einen Bericht aus erster Hand bieten, der vom Beginn des Krieges an bis zum Einzug des Kaisers reicht.

Christian Wierstraet stammte aus Düsseldorf. Er hat eine geistliche Ausbildung genossen und dabei auch juristische Kompetenz, vorrangig im Kirchenrecht, erlangt. Korporationsrechtlich gehörte er als Geistlicher

---

[5] Für einen Überblick siehe Ehm, Burgund (wie Anm. 2) sowie Bartier, John: Charles le Téméraire. Documentation iconographique. Brüssel: Dessart 1944. 2. Aufl. 1970.

[6] Grundlegend noch immer Assmann, Jan: Das kulturelle Gedächtnis. Schrift, Erinnerung und politische Identität in frühen Hochkulturen. 7. Aufl. München: Beck 2013.

[7] Christian Wierstraet: Die Geschichte der Belagerung von Neuss. Faksimile der Erstausgabe bei Arnold ther Hoernen. Köln 1476. Übertragung und Einleitung von Herbert Kolb. Neuss: Galerie Küppers 1974.

dem Erzstift Köln an, an das er materiell und spirituell gebunden war.
Zum Zeitpunkt der Belagerung war er in Neuss mindestens schon sieben
Jahre lang als Stadtschreiber tätig, was seine detaillierten Ortskenntnis-
se erklärt. Durch seine Hände ging der gesamte Schriftverkehr der Stadt:
Beglaubigung von Rechtsgeschäften, Urkundenausstellung, amtliche
Zeugnisse, Protokolle bei Vernehmungen und Verhandlungen, amtliche
Bekanntmachungen, Vorbereitung offizieller Feste, Betreuung des städti-
schen Archivs usw. Aufgrund seiner Verwaltungstätigkeit war Wierstraet
also prädestiniert für die schriftliche Aufbereitung der Neusser Belage-
rung, denn im 15. und 16. Jahrhundert waren viele Stadtschreiber in ihrer
Nebentätigkeit Schriftsteller.[8]

Wierstraets berufliche Qualifikation bot ihm das Rüstzeug, nämlich
die Fähigkeit zu schreiben, um den Plan einer Chronik umzusetzen; seine
berufliche Praxis lieferte das Insiderwissen, das er einem größeren Publikum vermitteln bzw. erinnern wollte. Wesentlich dabei ist, dass Christian
Wierstraet nicht das damals noch vorherrschende Latein der Geschichtsschreibung verwendet, sondern er fasst die Chronik in der deutschen
Volkssprache ab und setzt die Geschehnisse zudem in kunstvolle Reime.
Damit legt die Chronik des Christian Wierstraet nicht allein Zeugnis ab
von den für ganz Westeuropa wichtigen Neusser Ereignissen, sondern sie
erhebt zugleich einen eigenen dichterischen Rang. Als Druck von 1476,
also aus der Inkunabelzeit, ist zudem auch das ganz materiell gedachte
Chronik-*Buch* selbst von großer musealer Bedeutung. Es steht als Wie-
gendruck noch in Konkurrenz zum optischen Erscheinungsbild der
Handschriften, nutzt die neu aufgekommenen medialen Möglichkeiten
der Drucktechnik aber aus; das betrifft sowohl die visuelle Gestaltung als
auch die Chancen der Verbreitung an einen größeren Publikumskreis. Der
Gehalt von Wierstraets ‚Chronik-Dichtung‘ einerseits und die drucktech-
nische Umsetzung andererseits sind mithin eigene kulturelle Leistungen,
die im Rezeptionsprozess zwar einen gemeinsamen Effekt entfalten, in der
wissenschaftlichen Erschließung ihrer Bedeutung neben dem gemeinsamen Blick jedoch auch einzeln gewürdigt werden müssen.

Was aus neuzeitlicher Perspektive heraus evident scheint, ist für das Spätmittelalter keinesfalls selbstverständlich: Christian Wierstraet schreibt
eine Chronik, die auf Leser abzielt, und er verspricht sich einen breiteren Abnehmerkreis. Gleiches gilt für die Offizin, die das Buch herstellte

---

[8] Entsprechende Informationen bietet die Einleitung zur Faksimile-Ausgabe (wie
Anm. 7), hier S. 28. Insgesamt sind meine Ausführungen, vor allem was die politische
Gesamtsituation und den Ablauf der Belagerung angeht, der einleitenden Skizze von
Herbert Kolb (z.T. sogar wörtlich) verpflichtet.

und herausgab. Im Jahre 1476 wurde die Reimchronik in der Werkstatt des
Arnold ther Hoernen in Köln gedruckt. Die zeitliche und örtliche Nähe
zu den Neusser Ereignissen wie die politische Beteiligung der Kölner
überhaupt an dem Konflikt legen die Vermutung nahe, dass ein Großteil
der Buchkäufer aus Köln selbst stammte. Das potenzielle Lesepublikum
bestand neben dem Kölner Patriziat wohl auch aus betuchten Bürgern
der umliegenden Ortschaften und eventuell sogar aus einigen an der Belagerung beteiligten Neussern, welche die Ereignisse nachlesen und sich
im Bericht des Christian Wierstraet an prominenter Stelle wiederfinden
wollten. Dennoch handelt es sich bei den gedruckten Bänden nicht um Exemplare einer Massenauflage, sondern um kostbar und liebevoll gestaltete
Bücher. Die Titelei ist von Hand eingetragen, ebenso ein handschriftliches
Vorwort, das zwischen Titelei und Textabdruck platziert ist (Abb. 1).

Die Farbe wurde nach dem Druck in einem zusätzlichen Arbeitsvorgang
per Hand eingefügt, was die Bücher teurer machte. Die dahinterstehende
Absicht springt ins Auge: Das Layout soll sich dem Erscheinungsbild von
Handschriften annähern, mit der Konkurrenzsituation des Frühdrucks
zur Manuskriptkultur gehen die Hersteller mithin offensiv um. Die ge-
schäftstüchtigen Inkunabeldrucker erfüllten damit die visuelle Erwar-
tungshaltung ihrer Leserschaft und erhöhten die Akzeptanz der in Serie
gefertigten Buchexemplare.

Das handschriftliche Vorwort enthält bemerkenswerte Aspekte:[9]

„Vur dem begynne des boichgyns is zo wissen dat die gantze geschicht ind die hy-
storie van dem belech der Erlicher stat van Nuys is sere kunstlich und meysterlich
gemacht mit manigerley manier der rymen van dem synrychen Secretarius der
vurß stat zo der zyt."

Die Vorrede hebt die besondere Leistung des Stadtschreibers hervor, der
die Geschichte in Verse und kunstvolle Reime bzw. Wortresponsionen ge-
gossen hat. Im weiteren Verlauf des Vorworts wird diese Sprachtechnik
noch genauer – und etwas umständlich – beschrieben, sodass das Lob auf
Christian Wierstraet gar nicht primär auf den Tatsachenbericht als solchen
zielt, sondern seine Sprachkunst als eigentliche Leistung erscheint. Dazu
passt ebenso die Würdigung der deutschen Sprache, die Wierstraet anstel-
le des für die Chronistik noch immer üblichen Lateins wählt. Das handschriftliche Vorwort ist so alt wie der Chronikdruck selbst und bemüht

---

[9] Alle Zitate nach eigener Transkription des Druckes. Das Digitalisat der ULB
Düsseldorf findet sich unter folgendem Link: http://digital.ub.uni-duesseldorf.de/urn/
urn:nbn:de:hbz:061:1-8894 [Stand 13.04.2016]. Zur Faksimileausgabe mit Übersetzung
vgl. Anm. 7.

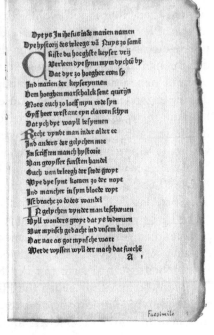

Abb. 1: Handschriftliches Vorwort   Abb. 2: Beginn der Chronik
zwischen Titelei und Textabdruck

sich in einer dem Druck ähnlichen Schreibweise um Lesbarkeit (Abb. 1).
Vermutlich wurde es von einem Schreiber der Druckerei in alle oder zumindest einige Exemplare eingetragen.

Zeitgenössisch ist die gedruckte Chronik des Christian Wierstraet eine
Erfolgsgeschichte. Der Bericht über die Belagerung fand so großen Absatz
und war als Thema auch in der nachfolgenden Generation noch derart interessant, dass 1497 Johann Koelhoff der Jüngere in seiner Kölner Offizin
eine zweite Ausgabe herstellte. Zwanzig Jahre nach der Belagerung von
Neuss waren die Ereignisse im kollektiven Gedächtnis offenbar fest verankert, sodass der Wunsch, sie schwarz auf weiß zu besitzen, eine Neuaufla-
ge rechtfertigte. Allerdings spiegeln sich Prominenz und Verbreitung eines
Druckwerkes in dessen Entstehungszeit nicht unbedingt quantitativ in der
Moderne wider. Was an Büchern die Wirren der Frühen Neuzeit und der
zahlreichen Kriege bis heute überdauert hat, ist oft verschwindend gering
im Vergleich zum ursprünglichen Verbreitungsgrad.

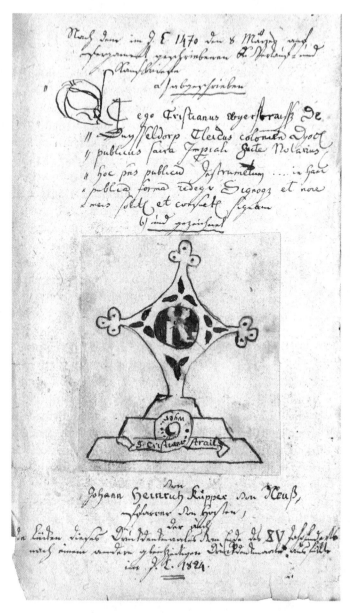

Abb. 3: Aufgeklebtes Notariatsinstrument Christian Wierstraets

Von der kostbaren Erstauflage der Reimchronik von 1476 sind heute nur noch zwei Exemplare erhalten, eines davon befindet sich im Inkunabelbestand der ULB Düsseldorf und ist Gegenstand dieser Ausführungen.

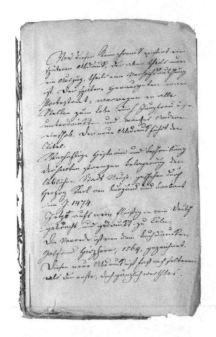

Abb. 4: Handschriftlicher Eintrag,
19. Jahrhundert (?)

Das Buch gelangte 1825 aus dem Besitz des Johann Heinrich Küpper von Neuss[10], der damals Pfarrer zu Hoisten war, in die Königliche Landesbibliothek zu Düsseldorf und liegt heute im Tresor der ULB. Johann Heinrich Küpper hat sich noch 1824 auf einem vorgebundenen Blatt handschriftlich verewigt und ein Notariatsinstrument Christian Wierstraets aufgeklebt, das er offensichtlich aus einer Urkunde herausgeschnitten hatte (Abb. 3).

Noch ein weiterer, nicht mehr identifizierbarer Vorbesitzer, vermutlich einer der Bibliothekare, hat auf einem allerersten Blatt kurz festgehalten, worum es in dem Band geht (Abb. 4).

Ein zweites Exemplar der Erstausgabe befand sich in der Fürst Arenberg'schen Bibliothek. Es galt lange Zeit als im Krieg verschollen. Fürst von Arenberg hatte seine Bibliothek vor dem Einmarsch deutscher Truppen in Brüssel nach Südfrankreich ausgelagert und einen Teil der Bücher nach Kriegsende nach Amerika verkauft. In den USA, genauer in der Houghton-Library der Harvard-Universität in Cambridge/Massachusetts, wurde die Inkunabel im Jahr 1976 wiederentdeckt.[11] Gerade im Hinblick auf das Düsseldorfer Exemplar ist der amerikanische Fund interessant. Einzelne Blätter des Düsseldorfer Buches, und zwar Folio 1, 2, 8, 28 und 29, sind offensichtlich herausgerissen worden; man hat sie, bevor der Brüsseler Band für Jahre verloren ging, nach eben diesem zweiten Exemplar faksimiliert und, die Lücke schließend, wieder eingesetzt.[12] Dass es sich bei den fünf Faksimile-

---

[10] Siehe Gattermann, Günther (Hrsg.): Inkunabelkatalog der Universitäts- und Landesbibliothek Düsseldorf. Bearbeitet von Heinz Finger. Wiesbaden: Reichert 1994 (Schriften der Universitäts- und Landesbibliothek Düsseldorf; 20), Nr. 998 (S. 472).

[11] Vgl. dazu die Erläuterungen im Internetauftritt des Förderkreises Wierstraet e.V. zu Neuss: http://www.wierstraet-neuss.de/wierstraet.html [Stand 15.10.2015].

[12] Gattermann, Inkunabelkatalog (wie Anm. 10).

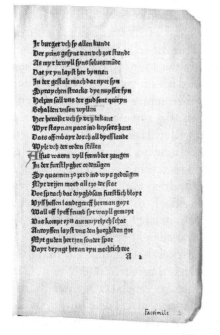

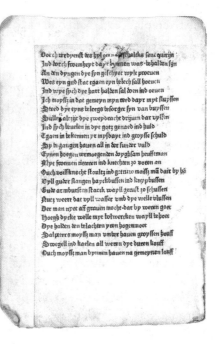

Abb. 5: Folio 2 mit dem Hinweis „Facsimile" in der rechten unteren Ecke

Abb. 6: Folio 70 mit deutlich erkennbarer Reparatur

blättern um Reproduktionen handelt, wurde korrekt markiert, wie das Beispiel von Folio 2 belegt (Abb. 5).

Von der Erstausgabe der Neusser Chronik sind also nur zwei Exemplare erhalten. Das Buch der ULB wurde mithilfe des zweiten noch existierenden Bandes repariert, bevor dieser für Jahrzehnte verschollen war und erst in Amerika wieder auftauchte. An anderen Stellen ist das Düsseldorfer Exemplar ohne Zuhilfenahme des Arenberg'schen Buches in Ordnung gebracht worden: Ein Brandloch in Folio 70 wurde mit Papier ausgebessert, die Schrift dilettantisch nachgetragen; mit eingelegten Papierstreifen hat man die Seiten am Buchrücken verstärkt (Abb. 6).

Von der späteren, zweiten Ausgabe sind noch fünf Exemplare bekannt; sie befinden sich heute in Köln, Leipzig, London, Neuss und Wernigerode.[13] Die zweite Auflage ist formal weit weniger aufwändig gestaltet als die erste. Die Seiten sind enger beschrieben und mit weniger Rand belassen, um Papier zu sparen. Im Neusser Exemplar fehlt die Lombardierung, die nachträgliche Verzierung mit Schmuckbuchstaben, wie sie etwa das Köl-

---

[13] Dazu ganz knapp Kolb im Vorwort zur Ausgabe (wie Anm. 7), hier S. 6.

ner Exemplar bietet; auch das hat die Kosten gesenkt. Schon immer hat es
kreative Leser gegeben; so wurde etwa im Neusser Exemplar der Text mit
kämpfenden Figuren illustriert. – Während für die erste Auflage, also auch
für das Düsseldorfer Exemplar, nicht ermittelt werden konnte, um welches
Wasserzeichen es sich genau handelt, fällt dies für die erhaltenen Bände der
zweiten Auflage leichter. Gegen das Licht betrachtet lässt sich der Buch-
stabe P entdecken, gebrochen und zweikonturig, mit Beizeichen in Form
einer Stange mit Blume oder vierblättrigem Kleeblatt. Weitere Beizeichen
oder Querschnitte fehlen, das Bogenende befindet sich hinter dem Schaft,
ohne Dorn. Das Schaftende ist ankerförmig nach innen gebogen. Solche
Wasserzeichen sind typisch für die Papiermühlen am Niederrhein, etwa
in Maastricht, Kleve, Xanten, Moers, Düsseldorf, Köln.[14] Es leuchtet ein,
dass das Papier keinen weiten Weg in die Offizin nach Köln nehmen musste, sondern vom Drucker regional bezogen werden konnte.

   Erwähnt werden sollte, rein der Vollständigkeit halber, dass im 16. Jahrhundert eine Prosafassung der Neusser Belagerungschronik entsteht. Der
1564 in Köln gedruckte Band präsentiert sich als Übersetzung der Reimchronik des Christian Wierstraet in ein Hochdeutsch des 16. Jahrhunderts, ist aber alles andere als eine Wort-zu-Wort-Übertragung. Vielmehr
stellt der barocke Dichter Hans Wilhelm Kirchof eine ganz eigene Version der Geschichte her, wobei jedoch auf dem Titelblatt diese Abweichung
verheimlicht wird:[15]

„Warhaftige historia und beschreibung der harten strenglichen und langwirigen
belagerung der löblicher stadt neuss, geschehen durch herzog Karolen von Bur-
gundien und Brabant."

Das historische Faktum der Belagerung wird im kollektiven Gedächtnis
wachgehalten. Die Deutungshoheit über die realen Ereignisse jedoch, die
ein Augenzeuge wie Christian Wierstraet als aktiver Teilnehmer an den
Geschehnissen beanspruchen konnte, beginnt sich hier bereits zu verla-
gern. Hans Wilhelm Kirchof koppelt sie ab vom ursprünglichen Verfasser
Christian Wierstraet und reklamiert die Wahrheit des Berichts über das
historische Ereignis für sich.

*

---

[14] Die Bestimmung erfolgte mithilfe des Katalogs von Briquet, Charles M.: Les
Filigranes. Dictionnaire historique des marques du papier dés leurs apparition vers 1282
jusqu'en 1600. 4 Bde. Paris: Picard 1907. 2. Aufl. Leipzig 1923. Neudruck Amsterdam 1968.
[15] Zitiert nach: Christian Wierstraet. Die Geschichte der Belagerung von Neuss
1474–1475. Übertragung ins Hochdeutsche von Hans Wilhelm Kirchof. Köln 1564.
Faksimile mit Vorwort von Rudolf Küppers. Neuss: Galerie Küppers 2006.

Durch Christian Wierstraets Reimchronik von 1476 erhält der Leser aufschlussreiche Einblicke in die Belagerung von Neuss. Der Bericht zeugt
in vielerlei Hinsicht von Insiderwissen. Wierstraet kann die einzelnen
Belagerungs- und Verteidigungsstrategien detailliert beschreiben. Dafür
berichtet er mal aus Neusser Perspektive, mal aus Sicht der burgundischen
Angreifer; in deren Situation versetzt er sich als jemand, der die Lage der
Gegenpartei aus den persönlichen eigenen Erfahrungen meint erschließen
zu können. Die Schilderung manifestiert den Durchhaltewillen der Neusser, sie zeigt aber zugleich auch die prekäre Lage der Stadtbewohner. Dabei
liegt der Fokus auf unterschiedlichen, aber ineinander greifenden Aspek-
ten der Kriegs- und Belagerungssituation. Sechs zentrale Aspekte lassen
sich herausarbeiten:[16]

1. In immer wiederkehrenden Szenarien schildert Christian Wierstraet in
seiner Chronik Angriff und Verteidigung. Dadurch bietet sich dem Leser
ein breites Panorama an zeitgenössischen Kampftechniken, Angriffsva-
rianten und Verteidigungsmöglichkeiten. Die Burgunder bedrängen mit
aller Kraft die Neusser:

> „Groys geschussz van beiden deylen wart gruwlich dae gehoirt,
> Ouch krysschen ind royffen: ‚allmort, allmort, allmort!'
> Der storm wart dayr beherdet by sieven uren lanck,
> Ind geschach so syeven stunden dat burgonsche volck an branck.
> Sy hatten by gedreuen eyn schyrm ind kattze breydt,
> Dayr maychten sy yr geschule ind sych zom storm bereidt.
> [...]
> Tstaket, dat vur dem bolwerck stund, wart grimlich oisgeruckt.
> Den anganck dayr zo oryen, dat yst in wayll gluckt.
> Myt yren wymplen koenlych, dye hogemoytte man,
> Sprongen an dat bolwerck hoegh ind floegen ledderen an.
> Als unvertzaghde leuwen zo strijden hant sy begert.
> Sy hatten all storms gereytscafft, yr hemer ind yr swert." (V. 581–586, 589–594)

Es wird geschossen, mit Büchsen und Kanonen, aber auch mit Pfeilen. Die
Neusser unternehmen Ausfälle, die Belagerer setzen alles daran, in die
Tore einzubrechen oder die Stadtmauer an sensiblen Stellen zu zerstören.
Beide Parteien sind einfallsreich. Die Burgunden versuchen, die Mauern
anzuspringen, die Neusser lassen an Ketten Pfähle herab, um einen sol-
chen Zugang zu erschweren:

---

[16] Die sechs nachfolgend skizzierten Felder sind Ergebnis meiner Untersuchung der
Chronik, die in geschichtswissenschaftlicher Hinsicht laienhaft bleiben muss, in philolo-
gischer Perspektive aber einige interessante Beobachtungen zu Tage fördern kann.

„Dye froemen in yrer hoeden stunden dayr vast zor wer,
Unerschreckt sy saegen dye vyand stoultz dair komen her
Under eynre kattzen swayr, dye sy dayr woulden drijuen
An dat hoege bolwerck starck, as ich die wairheit schriven.
Nu waren dayr up dem walle zor sijdtwer wayll gepast
Steynbussen ind Slangen, dye brachten den vyande last.
Im angangh, as sy woulden des stormens dayr begynnen
Ind myt der swarer kattzen dat bolwerck so zo wynnen,
Wurden dye unvertzaygden zo stucken vyll erschossen
Under der swaerer kattzen; byllych hant sy dat verdrossen.
In noeden hant sy moyssen wichen ind lyessen die kattze stayn.
[...]
Dye kattzen wurden nae verbrandt an beyden portzen dair." (V. 649–659, 663)

Es werden Rolltürme und mobile Holzhütten gebaut, sogenannte ‚Katzen‘, mit denen sich die Belagerer unbescholten den Stadttoren nähern
wollen. Diese seit der Antike bekannten Kriegsgeräte nehmen die Neusser
derart unter Beschuss, dass die Gegner fliehen müssen. Die beim hastigen
Rückzug nicht mitgeführten ‚Katzen‘ verbrennen die Stadtbewohner, um
sie einer Wiederverwendung zu entziehen. Die Burgunden graben unter-
irdische Stollen, um die Stadtmauern, die sie nicht durchdringen und auch
nicht überwinden können, zu unterwandern. Doch die belagerungser-
fahrenen Lütticher setzen Gegenstollen und leiten Sprengungen ein, mit
denen die Gänge der Burgunden zerstört werden. All diese und andere
Maßnahmen bewirken, dass sich das Stadtbild deutlich verändert: Teile
der Schutzmauer stürzen in die Gräben. Die Erft wird umgeleitet, um den
Wasserstand in den Gräben zu sichern. Die Neusser reißen Scheunen und
andere Gebäude ab, weil sie das Holz benötigen, als Brennmaterial und für
die Anfertigung neuer Waffen; so werden beispielsweise 30.000 neue Pfeile
geschnitzt. All diese Maßnahmen und Aktivitäten belegen und befördern
die Standhaftigkeit der Bewohner, hinterlassen aber im Neusser Stadtbild
nachhaltige Spuren der Belagerung. Nach dem Abzug der Burgunden wird
die Stadt nicht mehr die gleiche sein.

2. Die rein physischen Elemente der Kriegshandlungen werden ergänzt
durch listige Einfälle und psychologische Kriegsführung. Ganz gezielt
wollen die Neusser ihre Gegner demoralisieren. Obwohl die Situation in
der Stadt im Frühjahr 1475 schon prekär ist, halten die Belagerten lautstark
Ritterspiele ab. Sie wollen den Burgunden damit beweisen, dass sie noch
lange nicht am Ende sind und keineswegs mit ihren Kräften haushalten
müssen. Zugleich sollen die Festivitäten die Moral der eigenen Leute sta-
bilisieren. Das Ganze ist natürlich eine Farce, denn unmittelbar nach dem

Ritterspiel muss man die Pferde schlachten, weil das Rind- und Schweine-fleisch ausgegangen ist.

Für Streitigkeiten der Belagerer untereinander sorgt ein unappetitlicher Einfall, der ausgesprochen nützlich ist: Von der Stadtmauer aus übergie-ßen die Neusser ihre Feinde mit einer heißen Fäkalienbrühe. Die Getrof-fenen werden nicht nur erfolgreich verbrüht, verschmutzt und dadurch abgewehrt, sondern haben, wegen des großen Gestanks, auch Nachteile bei ihren Kampfbrüdern. Sie werden von den eigenen Leuten gemieden und aus der Gemeinschaft ausgeschlossen, sodass sie sich wünschen, lieber verwundet zu sein als mit dem ekelhaften Kot überzogen. Christian Wier-straet verleiht seiner Darstellung hier eine besondere Anschaulichkeit, in-dem er die wörtliche Rede der mit Unflat Beworfenen zu zitieren vorgibt:

„Pfij, naber, myt den vuylen strunt
Wylt uns doch nyet meer untreynen.
Schiet ind slaet ind werpt myt steynen,
Laet den vuylen strunt hyr buyten.
Van groeten stanck geet man sluyten
Ons buytten der heren kamer.
Seer gewundt weer uns beqwamer.
Ind war wij houlden eyn getzenck,
Malch ruympt sych van uns dorch tgestenck.
Uns wapen cleyt ind uns habijt
Wyrt uns entreent to groeten spijt
Myt den stynkenden vuylen schijt." (V. 2672–2683)

Strategisch ist es nicht besonders geschickt von den Burgunden, den Neus-sern gegenüber zuzugeben, dass sie ihr Ziel, die Belagerer zu demorali-sieren und Zwietracht zu säen, erreichen, denn der Erfolg motiviert die Stadtbewohner, an ihrem Vorgehen festzuhalten. In der Darstellung durch Christian Wierstraet entfaltet diese Art der Schilderung eine besondere Komik.

3. Ein Grundproblem von belagerten Städten ist die Proviantierung. Die Angreifer können darauf setzen, dass erfahrungsgemäß die eingeschlosse-nen Bewohner früher oder später ausgehungert und zu schwach für effek-tiven Widerstand sind. Auch bei der Belagerung von Neuss zeichnet sich eine solche Entwicklung ab, allerdings trifft die Rettung durch die kaiserli-chen Truppen noch rechtzeitig ein. Dennoch legt Christian Wierstraet ein starkes Gewicht auf das Ernährungsproblem, und dies indiziert, dass es in der historischen Situation tatsächlich drängend gewesen sein muss. Nicht zuletzt weil Stadtbewohner und angeworbene Söldner um die rationierte

Nahrung konkurrieren, kommt es zu festen Verteilungsregelungen. Die eingangs bereits beschriebenen Maßnahmen, Vieh und Vorräte aus dem Umland einzutreiben, sichern die auskömmliche Verköstigung bis Weihnachten. Spätestens zum Jahreswechsel wird aber Schmalhans Küchenmeister. Private Reserven an Speck und Fleisch werden beschlagnahmt und an die Söldnerküchen ausgeliefert. Bis auf drei Kühe wird alles Vieh geschlachtet. Die Milch der verbliebenen Tiere reserviert man für Kinder und Kranke, die dennoch Not leiden. Undisziplinierte Kriegsknechte schlachten eigenmächtig Hühner, sodass es an Eiern fehlt; weil Hafer- und Gerstenmalz ausgehen, braut man Bier aus Roggen. Da es von Weihnachten an bis Fastnacht gar kein Fleisch mehr gibt, wird – wie bereits angedeutet – nach dem Ritterturnier Pferdefleisch auf den Speiseplan gesetzt. Nicht alle vertragen jedoch diese Kost. Christian Wierstraet bemerkt, dass der Fürst von Hessen dafür von der Körperkonstitution nicht geeignet gewesen sei. Die Stadtbewohner, denen kein Fleisch zugeteilt wird, behelfen sich mit dem, was die Natur noch hergibt:

> „As bynnen was sulgh kummer clair
> Der provanden van vleysch ind vysch,
> Man sach dayr manchen bloyssen dysch,
> Dar by vyll waeren gesessen,
> Dye seer gerne hetten gessen
> Ind duckwyll moysten sonder wayn
> Myt groissem hunger danne gayn.
> Dayr lieden dye gesunde hertzen
> Groisses hungers manchen smertzen." (V. 1276–1284)

Bedacht werden muss dabei, dass im Spätmittelalter das Grund- und Hauptnahrungsmittel Fleisch war; es konnte kaum durch Teigwaren oder Gemüse ersetzt werden. Also suchen die Neusser in den Stadtgräben nach Schnecken und Muscheln; schließlich essen sie doch Kräuter und Gras. Die Möglichkeit, den Hunger mit Obst zu stillen, haben sich die Neusser selbst verstellt: Im Zuge der Holzgewinnungsaktion wurden die Obstbäume gefällt; Ernte, Einlagerung und Vorratsbildung sind damit weggefallen. Gerade an diesem Beispiel zeigt sich deutlich, wie Ernährungswunsch und Bedarf an Kriegsführungsmaterial konkurrieren.

4. Mit zunehmender Belagerungsdauer werden die Maßnahmen kreativer, insbesondere sobald die Kommunikation mit den anrückenden Kölnern notwendig wird. Die Hilfstruppen außerhalb der Stadt, aus Köln und aus Bonn kommend, versprechen die nahende Rettung und kündigen das Kommen Kaiser Friedrichs an. Allein diese Aussicht gibt den Neussern

die fehlende Kraft zurück und sorgt für den notwendigen Elan, um am bitteren Ende doch noch durchzuhalten. Die Kommunikation mit Belagerten erfordert gleichwohl ein großes Maß an Kreativität. Neusser Boten, die Kontakt zu den Kölner Hilfstruppen aufnehmen sollen, ertrinken im Rhein. Also wird eine andere Möglichkeit entwickelt: Die Informationen werden per Kanone geliefert, indem in die abzuschießenden Kugeln Briefe gesteckt werden. Auf diese Weise zerstören die Kölner zwar den Neusser Markt, weil die Kugel mitten ins Herz der Stadt trifft, und sie bombardieren und verwüsten den Friedhof, doch die Absprachen funktionieren.

5. Christian Wierstraet zielt in seiner Erzählung auf Vollständigkeit. Er spart die leidvolle Seite in keiner Weise aus, sondern berichtet von zerfetzten Körpern und dem Einsammeln von Leichenteilen:

> „Ach, dayr wurden zu vyll stucken
> Syeven in eym schussz erschossen.
> So haynt dye yr bloyt vergossen
> Iemerlych [...]." (V. 1222–1225)

> „Bynnen wast yemerlych zo syen
> Dat man, dye waren zo stucken
> Geschossen, moyst tsamen rucken,
> In korven zom kyrck hoff draegen." (V. 1238–1241)

Die zerstückelten Körper sind nur der Gipfel der Grausamkeit. Ebenso berichtet Christian Wierstraet vom ausbrechenden Feuer, von der Notsituation der Verwundeten und Kranken, vom Hunger und vom Aufruhr der Neusser gegen den hessischen Fürsten. – Im Sinne einer umfassenden Berichterstattung haben aber auch Episoden Platz, wo es das Kampfglück gut mit den Stadtbewohnern meint: Im November 1474 machen 300 Neusser einen Ausfall gegen die Genter und erbeuten ein ‚Fräulein‘. Im Frühjahr 1475 kapern die Neusser burgundische Schiffe, deren Ladung mehr als 100.000 Gulden wert ist. Dieses Hin und Her von Kriegsleid und Kampfglück entspricht wohl dem historischen Auf und Ab der Fortuna, es soll aber zugleich die Neusser Chronik als ‚wahre Geschichte‘, als Tatsachenbericht, auszeichnen. Der Bericht von Siegen und Niederlagen gleichermaßen suggeriert Vollständigkeit und fungiert damit als Teil einer Authentisierungsstrategie.

6. Als guter Chronist berichtet der Stadtschreiber in chronologischer Reihenfolge. Orientierung bietet ihm der Ablauf des Kirchenjahres. Eine

entsprechende Wahrnehmung von Zeit ist üblich für den mittelalterlichen Menschen, dessen Alltag organisch verwoben war mit den kirchlichen Feiertagen und Heiligenfesten. In diesem Sinne spiegeln die Zeitangaben nicht nur einen realhistorischen Ablauf wider, sondern sie beziehen die weltlichen Ereignisse zugleich auf den göttlichen Plan der Heilsgeschichte, auf die Geburt Jesu Christi:

> „Tzortzijt as man screyff offenbayr
> Nae crist geburt XIIIJ C iayr
> Ind IXXIIIJ dar zu clayr,
> Up fridaygh na sent Iacobs dach
> Dorch eynen fursten van braebant
> [...]
> Vur nuyssz eyn groyssz belech geschach." (V. 33–37, 40)

Gleiches leisten die Rekurse auf Heiligenfeste und Namenstage, die als zeitliche Orientierungspunkte genannt werden, so z.B. der Tag des Heiligen Romanus bzw. des Heiligen Tiburtius:

> „Man stalt sych dayr myt upsatz
> Up sent romanus dach
> To treden in der vyant platz" (V. 315–317)

> „Sustlych up sent Tyburcius dach
> Vyelt by aventuren
> Dat man menchen vyandt sach
> Up dye waydt dayr vuren
> Yr pauwluyn ind yr getzelt" (V. 371–375)

Mit dem Dienstag nach Palmsonntag rückt das Osterfest in die Wahrnehmung:

> „Op dynrdaygh na palmen, hoert zoe,
> Vur dem daygh des morgens vroe
> Zweyhondert uyssz nuyssz wayll gemoyt
> Gyngen tzu schyff der knechte goyt
> Ind voeren an dat engelsch her
> Myt yeren schyffen dar weder." (V. 1895–1900)

Für diesen Datierungstyp gibt es zahlreiche weitere Beispiele. Er forciert auf subtile Weise einen wesentlichen Aspekt der Neusser Chronik, nämlich die grundsätzlich christliche Zielrichtung der Darstellung. Sie manifestiert sich gleich eingangs, wenn Christian Wierstraet um den Beistand Jesu Christi und Mariens bittet:

„Criste, du hoeghste keyser vrij,
Verleen dye synn mym dychten by,
Dat dyr zo hoegher eren sy
Ind marien, der keyserynnen" (V. 1–4)

Dieser Impetus setzt sich fort, wenn im laufenden Bericht immer wieder Maria und der Gottessohn angerufen werden; und dieser Tenor beschließt auch die Chronik, denn Christian Wierstraet beendet den Bericht mit einem Gebet:

„Ich byd got dat hye tusschen den cristen heren
Synen gotlygen vreden wyll ermeren,
Ind dat dye froemen cristen steed alsamen
Vredens gebruychen moegen. In gaedes namen
Ind synre lieuer moeder spreckt myt myr
Amen." (V. 3161–3166)

Die heilsgeschichtliche Perspektivierung aktualisiert gattungskonform konstituierende Merkmale der Chronistik und wertet dabei die siegreichen Neusser auf. In der Nachfolge Christi erdulden sie ihr Schicksal, insbesondere in der Fastenzeit leiden sie Hunger, mit Ostern tritt die Wende ein, zu Pfingsten naht die Rettung. Der oben skizzierte Bericht über die Mangelernährung korrespondiert mit genau diesem Darstellungstenor.

In diese Tendenz kann Christian Wierstraet passgenau den Bericht der Heiligenverehrungen einbinden, welche die Neusser praktizierten und die ihnen Halt und Zuversicht gaben. In einer Bittprozession tragen die Bewohner den Schrein des Heiligen Quirinus durch die Straßen und benennen das Rheintor in Quirinus-Tor um. Weil sie sich Beistand von der Gottesmutter erhoffen, taufen die Neusser auch das Obertor neu in „Unser Lieben Frau Tor". Diese Episoden zeigen Neusser Gottgefälligkeit und werten Stadt und Bewohner heilsgeschichtlich auf. Dadurch ergibt sich eine Verquickung von realer Chronologie und christlich-allegorischer Ausdeutungsoption: Die realhistorisch vorgegebenen Zeiträume der Belagerung von Juni bis zum Mai des Folgejahres ermöglichen es Christian Wierstraet, die heikle Kulmination der Belagerung mit der Fastenzeit zu assoziieren, die Pein der Neusser an die Passion Christi heranzurücken sowie die Zeit der Gnade mit dem pfingstlichen Waffenstillstand zu identifizieren. Die Neusser erfahren dadurch eine religiöse Überhöhung. Ihr Standhalten gegenüber den burgundischen Angreifern stilisiert sie in diesen Koordinaten zu Garanten des heilsgeschichtlichen Ablaufes. Nur konsequent und angemessen stellen sich dann die als Belohnung und Entschädigung zugesprochenen kaiserlichen Privilegien dar.

*

Das Ende der Belagerung ist schnell erzählt: Als im Mai 1475 endlich Kaiser Friedrich III. anrückt und die Neusser das bei Zons lagernde kaiserliche Heer sehen können, dauert es lediglich noch gut zwei Wochen bis zum Waffenstillstand und der Friedensvereinbarung zwischen dem Kaiser und Karl dem Kühnen. Gleichsam als Ersatz für die so spät geleistete Unterstützung und die erfolgreiche Bollwerkfunktion erhält die Stadt Neuss vom Kaiser besondere Privilegien: Zolleinnahmen auf dem Rhein, Münzprägerecht, Erlaubnis, mit rotem Wachs zu siegeln, Wappen mit goldenem Adler. Der Preis dafür ist jedoch hoch; Christian Wierstraet zählt die Verluste: 700 Mann (Bürger ebenso wie Kriegsknechte), 17 Bürger von Bonn, 11 Frauenspersonen. Mit einer Empfehlung für belagerte Städte zur angemessenen Verteidigung schließt die Chronik:

> „Steed, dye eyns beleegs besorget syn van buyssen,
> Sullen altzijt dye zweydracht drijuen dar uyssen
> Ind sych bevelen in dye gotz genaed ind huld,
> Igaen in bekennen yr mysdayt ind groysse schuld
> Sy begangen haven all in der sunder vuld.
> Eynen hoegen vermoegenden doyghsam heufftman
> Myt froemen ritteren ind knechten zo voren an,
> Ouch voissknecht stoultz ind getruw moissz man dair by han
> Vyll guder slangen, hayckbussen ind knypbussen,
> Gude armbursten starck, wayll geruft zo schussen." (V. 3110–3119)

Insbesondere mit solchen und ähnlichen Passagen präsentiert sich Christian Wierstraet nicht allein als Verwalter der Fakten, vielmehr rückt er sich selbst als schriftliterarisch agierender Vermittler der historischen Ereignisse für ein breiteres Publikum ins Licht. Mit seiner Glaubwürdigkeit steht er für die Wahrheit des Berichteten ein; Christus selbst ruft er dafür im Prolog um Beistand an. Wierstraets eigene Freude am Erzählen hebt er selbst ausdrücklich hervor, wobei diese sich naturgemäß primär auf Scharmützel bezieht, die für die Neusser siegreich verlaufen. Hier profiliert er sich deutlich als parteiischer Erzähler.

Am Ende des Berichts zieht Christian Wierstraet dann seine Lehren aus der Belagerung. An dieser Stelle wechselt das Schriftbild, die Zeilen werden länger und füllen das Blatt fast bis zum Seitenrand aus; die Gegenüberstellung von Folio 69 recto und verso verdeutlicht das augenfällig (Abb. 7, Abb. 8).

Der Übergang vom eigentlichen Bericht zum persönlich gefärbten Kommentar materialisiert sich im Druck der Schrift und fordert den Philolo-

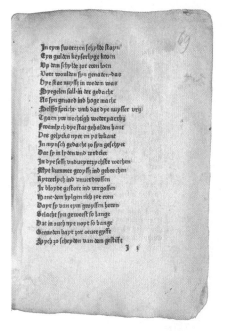

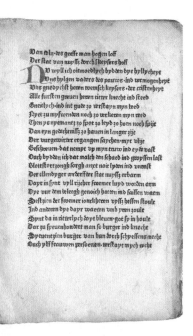

Abb. 7: Folio 69 recto: Letzter Teil der Chronik

Abb. 8: Folio 69 verso: Ende der Chronik und Beginn der Kommentierung

gen zu einer Deutung heraus. Offenbar kann zeitgenössisch der Betroffenheitsgestus Authentizität garantieren, wird aber als partiell von den eigentlichen Fakten abgekoppelt verstanden und auch entsprechend im Druckbild inszeniert. Dieses Phänomen begegnet ebenso in der zweiten Auflage der Chronik und ist dort sogar noch deutlicher inseriert. Wenig erkennt man davon im Neusser Exemplar; dort hat Mausfraß Teile des Buches zerstört.

In den Geschichtsbüchern mag die Belagerung von Neuss eine Episode von vielen sein, in der Chronik des Christian Wierstraet aber wird Historie nacherlebbar vermittelt. Der Bericht zeigt, dass Geschichte nie ein abstrakter Prozess ist, sondern durch das Zusammenwirken Einzelner entsteht. In diesem Sinne hat jeder einzelne Neusser unter den Belagerten europäische Geschichte gemacht.

Alle Abbildungen aus:
Wierstraat, Christian: Dye hystorij des beleegs van Nuys. Köln 1476. Aufbewahrt in der Universitäts- und Landesbibliothek Düsseldorf unter der Signatur DSPG434:INK. Digitalisat online verfügbar: http://digital.ub.uni-duesseldorf.de/urn/urn:nbn:de:hbz:061:1-8894 [Stand 13.04.2016].

ECKHARD GRUNEWALD

Wie Athanasius Kircher im Rhein versank.
Streifzüge durch drei Jahrhunderte Düsseldorfer Buch- und Bibliotheksgeschichte

Dieser Beitrag ist eine Einladung zu einem virtuellen Spaziergang durch
Düsseldorf und zugleich durch 300 Jahre Düsseldorfer Buch- und Bildungsgeschichte – vom ersten nachweislich in Düsseldorf entstandenen
Buch (um 1500) bis zur Literaturszene des 19. Jahrhunderts. Es kommt u.a.
zu Begegnungen mit Jordanus de Trajecto in der Ratinger Straße, Johannes Monheim am Stiftsplatz, Friedrich Spee in Kaiserswerth, Athanasius
Kircher auf der Durchreise, Joachim Neander und später Heinrich Heine
in der Bolkerstraße, den Brüdern Jacobi und Goethe in Pempelfort, Karl
Immermann und Felix Mendelssohn Bartholdy im Theater am Markt-
platz sowie Wilhelm Schadow mit seinen Malerschülern in der Kunstakademie am Rhein. Sie alle haben Spuren in den Buch- und Bildbeständen
der Universitäts- und Landesbibliothek (ULB) hinterlassen, Spuren, denen es zu folgen lohnt, nicht zuletzt um „das Räthsel auf[zu]klären, wie
Düsseldorf, eine Mittelstadt, mehr wissenschaftliche und künstlerische
Data geboten und bietet, als manche weit größere Hauptstadt"[1], so Christian Dietrich Grabbe.

Jordanus de Trajecto

Unsere literarische Wanderung beginnt im Mai 1514, also vor etwas mehr
als 500 Jahren, beim Kreuzherrenkloster in der Ratinger Straße/Ecke Ur-
sulinengasse. Hier treffen wir den Kreuzbruder Jordanus de Trajecto (Jor-
daen van Utrecht), seines Zeichens Bibliothekar und Schreibmeister des
Konvents.[2] Er hält einen Packen frisch beschriebener Blätter in Händen

---

[1] Grabbe, Christian Dietrich: Das Theater zu Düsseldorf mit Rückblicken auf die übrige deutsche Schaubühne. Düsseldorf: Schreiner 1835, S. 7–9, hier S. 7 (ULB: kun b 3246).
[2] Zu den Handschriften und Inkunabeln des Düsseldorfer Kreuzbrüderkonvents im
Besitz der ULB vgl. Finger, Heinz: Die Bestände ehemaliger Kreuzbrüderbibliotheken in
der Universitäts- und Landesbibliothek Düsseldorf. In: Ders. (Hrsg.): Bücherschätze der

Abb. 1: Initiale P: Minerva und das Schwein. 1514 (ULB: Ms. B 1: Albertus Magnus, Bl. 166r)

und ist gerade auf dem Weg zur Kirche, um dem hl. Markus, dem Schutz-patron der Schreiber, aus Dankbarkeit eine Kerze zu widmen – denn so-eben hat er eine fast 400-seitige Abschrift der *Summa theologiae* des Al-bertus Magnus fertiggestellt.

Er lässt sich gern von uns aufhalten und präsentiert stolz sein Werk. Wir dürfen das Konvolut sogar in die Hand nehmen: eine stattliche Hand-schrift, noch ungebunden. Das hat den Vorteil, dass wir ungehindert einen Blick auf die erste und die letzte Seite werfen können. Auf der ersten Seite sehen wir eine 16-zeilige Initiale, die mehr als ein Drittel der linken Spalte einnimmt: ein großes E, mit Deckfarben schlicht koloriert, nicht weiter aufsehenerregend. Wir drehen das Konvolut um und betrachten die Rück-seite. Das sieht schon interessanter aus: Hier findet sich zum einen das Si-

rheinischen Kulturgeschichte. Aus der Arbeit mit den historischen Sondersammlungen der Universitäts- und Landesbibliothek Düsseldorf 1979–1999 (Studia humaniora; 34). Düsseldorf: Droste 2001, S. 145–162, hier vor allem S. 153–155.

gnum der Kreuzherren (ein rot-weißes Kreuz auf schwarzem Grund) und zum anderen ein roter Wappenschild mit einem schwarzen Anker – eine Abbildung des ältesten Düsseldorfer Stadtwappens. Noch bedeutsamer ist der darüber stehende Vermerk: „Ad laudem et gloriam sancte et individue trinitatis [...] in Duysseldorp [...] per fratrem Jordanum [...] scripta et finita est [...] anno [...] millesimo quingentesimo quartodecimo / die vicesimo septimo / Maij mensis" (Zu Lob und Ehren der heiligen und einigen Dreifaltigkeit in Düsseldorf durch Bruder Jordanus geschrieben und vollendet am 27. Mai 1514).

Dieser Eintrag zeigt an: Mit der Albertus-Magnus-Handschrift des Jordanus de Trajecto halten wir das älteste nachweislich in Düsseldorf entstandene Buch in Händen. (Das heißt nicht, dass es nicht ältere Bücher gegeben hat, aber bei keinem zuvor ist die Entstehung in Düsseldorf dokumentiert.) Wegen der lokalhistorischen Bedeutung der Handschrift blättern wir einige Seiten weiter: überall eng geschriebener lateinischer Text, voller Abkürzungen, nicht gerade zur schnellen Lektüre einladend. Und wir wollen das Konvolut gerade an den Schreiber zurückgeben, da fällt unser Blick auf Blatt 166 und dort auf eine zweite kolorierte Initiale, ein P, nicht ganz so groß wie die Initiale auf Seite 1, aber dafür mit einem illustrativen Extra versehen.

Im Binnenfeld des P ist eine kleine Szene dargestellt: Eine auf ihren Hinterläufen aufrecht stehende Sau hält in den Vorderpfoten ein gefülltes Uringlas hoch – Symbol des medizinkundigen Gelehrtentums. Dem Tier gegenüber steht eine weibliche Person, den blondbezopften Kopf dem Schwein zugewandt. Eine rätselhafte Szene, deren Bedeutung sich erst durch das darüber angebrachte Schriftband erschließt. Dort heißt es: „Hic sus nititur / doce[re] minerua[m]" (Hier schwingt sich das Schwein auf, Minerva, die Göttin der Weisheit, zu belehren) – eine Variante des antik-lateinischen geflügelten Wortes „Sus Minervam docet". Was hier in polemischer Direktheit gesagt wird, würde man heute wohl etwas moderater formulieren: Wer nichts davon versteht, sollte sich nicht anmaßen, in den Bereich der Wissenschaft einzugreifen, wenn er nicht Gefahr laufen will, sich unter dem Motto „Sus Minervam docet" dem Spott der Mit- und Nachwelt auszusetzen. So transportiert die am Beginn der Düsseldorfer Buchgeschichte stehende mittelalterliche Handschrift eine durchaus aktuelle Botschaft, und es lohnt sich, das Bild einmal im Original anzuschauen. Es findet sich unter den Preziosen der ULB in der Handschrift B 1[3].

---

[3]   Vgl. Die mittelalterlichen Handschriften der Signaturengruppe B. Teil 1: Ms. B 1 bis Ms. B 100. Beschrieben von Overgaauw, Eef; Ott, Joachim; Karpp, Gerhard (Universitäts-

Johannes Monheim

Wir bleiben im Bereich der Minerva und begeben uns nur ein paar Schritte die Ratinger Straße hinunter bis zum Stiftsplatz, machen einen Zeitsprung von einem halben Jahrhundert und stehen im Jahre 1560 im Schatten der Lambertuskirche vor einem stattlichen Gebäude, unschwer zu erkennen als das „Seminarium reipublicae" oder „Gymnasium Dusselopolitanum", die herzogliche Gelehrten- und Landesschule. Dort erwartet uns der 50-jährige Direktor Johannes Monheim (1509–1564), ein würdiger Mann von fürstlich-akademischem Auftreten, Gründungsvater und *spiritus rector* des im Auftrag Herzog Wilhelms V. des Reichen (1516–1592) im Jahre 1545 eingerichteten ersten Düsseldorfer Gymnasiums. Und Monheims Lehranstalt (übrigens Vorläufer des Görres-Gymnasiums) konnte sich weit über die Grenzen des Herzogtums hinaus sehen lassen. Dank des hohen pädagogischen und organisatorischen Geschicks seines Gründers und langjährigen Leiters gestaltete sich die Entwicklung des Gymnasiums zu einer ununterbrochenen Erfolgsgeschichte. Die Zahl der Schüler stieg ständig an und überschritt schließlich die Tausender-Marke. Manche Historiker schätzen die Schülerzahl in Spitzenzeiten sogar auf 1.500 bis 2.000 … und das in einer Kleinstadt von ca. 3.000 Einwohnern. Es scheint aber – so viel wir wissen – trotz dieses ungewöhnlichen Zahlenverhältnisses zu keinen ernsthaften Misshelligkeiten zwischen Bürgern und Studenten gekommen zu sein. Dazu herrschte unter Monheims Leitung ein zu strenges Schulregiment. Wichtiger als die Reglementierung war die Unterrichtung der Studenten. Das Bildungsniveau des Düsseldorfer Seminariums war so hoch, dass man sich ernsthaft Hoffnung machte, die Schule in den Rang einer Universität erheben zu können. Das Unternehmen scheiterte nur, weil es mit den Interessen der Kölner Universität und den Plänen zur Gründung einer Universität in Duisburg kollidierte und daher nicht die notwendige päpstliche Zustimmung erhielt.

Johannes Monheim kommt uns entgegen und hält ein frisch gedrucktes Buch in der Hand – Titel: *Catechismvs: In Qvo Christianae Religionis Elementa syncerè simpliciterq[ue] explicantur* (Katechismus, in dem die Grundlagen der christlichen Religion unverfälscht und einfach erklärt werden)[4]. Darunter das Motto „Perlege, deinde iudica" (Lies es gründlich

und Landesbibliothek Düsseldorf. Kataloge der Handschriftenabteilung; 1). Wiesbaden: Harrassowitz 2005, S. 37–39: Ms. B 1 (Albertus Magnus).

[4] Catechismvs: In Qvo Christianae Religionis Elementa syncerè simpliciterq[ue] explicantur, Auctore Ioan. Monhemio. Düsseldorf: Oridryus & Buys 1560 (ULB: Bint. 1120). – Vgl. Verzeichnis Düsseldorfer Drucke (1555–1806). Eine Bibliographie. Bearb. von Neuber,

und gib erst danach dein Urteil ab). Das klingt nach einer Vorsichtsmaßnahme, und die war auch durchaus angebracht. Monheim, ein Anhänger des Erasmus von Rotterdam und wie viele Intellektuelle seiner Zeit Vertreter eines „mittleren Weges“ zwischen den zerstrittenen Konfessionen, geriet zwischen alle konfessionellen Stühle, als er es wagte, einen (von keiner kirchlichen Stelle approbierten) Katechismus in die Welt zu setzen: einen Katechismus, der katholisches Traditionsgut mit Gedanken aus Johannes Calvins *Institutio Christianae Religionis* (1536/1539) und Lehren aus Martin Luthers *Kleinem Katechismus* (1529) verband. Ein überaus riskantes Unternehmen in Zeiten heftiger theologischer Zerstrittenheit und zunehmender konfessioneller Verhärtung.

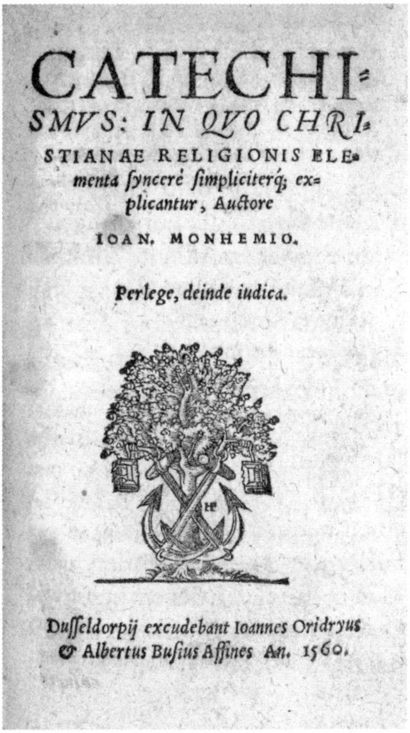
CATECHI-
SMVS: IN QVO CHRI-
STIANAE RELIGIONIS ELE-
menta ſyncerè ſimpliciterq; ex-
plicantur, Auctore
IOAN. MONHEMIO.
Perlege, deinde iudica.
Duſſeldorpij excudebant Ioannes Oridryus
& Albertus Buſius Aſſines An. 1560.

Abb. 2: Johannes Monheim: Catechismvs: In Qvo Christianae Religionis Elementa syncerè simpliciterq[ue] explicantur. Düsseldorf 1560 (ULB: Bint. 1120)

Monheim sah sich auch schon bald massiver Kritik von katholischer Seite, vor allem seitens der Jesuiten, ausgesetzt. Und als man ihn daraufhin von protestantischer Seite publizistisch zu verteidigen suchte, erwies sich das als ausgesprochen kontraproduktiv. Monheims Direktorensessel begann bedrohlich zu wakkeln. Doch der dem Reformkatholizismus zuneigende Herzog hielt gegen allen kirchlichen Druck an Monheim als Schulleiter fest, ermahnte diesen aber, fortan in Schule und Öffentlichkeit keine protestantischen oder protestantisch anmutenden Positionen mehr zu vertreten. Ob Monheim sich dem gefügt hat, wissen wir nicht. Er erkrankte damals schwer und zog sich mehr und mehr aus dem Schulbetrieb zurück. Physisch und psychisch erschöpft, starb er am 9. September 1564. Nach seinem Tod wurde das

Manfred; Riethmüller, Marianne; Schmitt-Föller, Rudolf (Schriften der Universitäts- und Landesbibliothek Düsseldorf; 39). Wiesbaden: Reichert 2005, S. 8, Nr. 18.

Gymnasium zwar weitergeführt, erreichte aber nie wieder Ansehen und Bedeutung, die es zu Monheims Zeiten gehabt hatte.

Von Monheims literarischen Werken hat nur der Katechismus die Zeiten überdauert – als ein eigenständiger, ja eigenwilliger Versuch, dem Auseinanderdriften der drei Konfessionen Einhalt zu gebieten und eine tragfähige Basis für eine gemeinsame Zukunft zu schaffen. Ein mutiges Unterfangen, das (auch wenn die Formulierung inzwischen politisch abgegriffen ist) unseren Respekt verdient. Und es lohnt sich auch heute noch, in Monheims Katechismus zu lesen. Das Werk besticht durch zwingende Argumentation, gedankliche Präzision und terminologische Behutsamkeit, stets bemüht, niemanden vor den Kopf zu stoßen. Der Katechismus gilt mit Recht nicht nur als das wichtigste Werk Monheims, sondern darüber hinaus auch als der bedeutendste Beitrag Düsseldorfs zur Literaturgeschichte des 16. Jahrhunderts.

Das Buch ist in einem recht leicht verständlichen Latein geschrieben, einen bequemeren Zugang bietet die 1987 in Düsseldorf herausgegebene Faksimile-Ausgabe – mit Übersetzung und ausführlichem Kommentar.[5] Man sollte sich gelegentlich dieses Lektüreerlebnis gönnen und damit zugleich Johannes Monheim die postume Freude machen, auch nach 450 Jahren noch gelesen zu werden.

Athanasius Kircher

Nach dem Erscheinen von Johannes Monheims Katechismus (1560) dauerte es viele Jahrzehnte, bis Düsseldorf wieder Werke von überregionaler Bedeutung zur Literaturgeschichte beisteuern konnte. Dabei ist einschränkend anzumerken: Diese Werke stammten nicht einmal von gebürtigen Düsseldorfern, sondern von einem (nachträglich) Eingemeindeten und von einem Zu- und recht bald Weitergereisten. Nicht genug damit: Düsseldorf war im frühen 17. Jahrhundert auf dem besten Wege, Negativschlagzeilen in der Literatur- und Wissenschaftsgeschichte zu machen, denn es war drauf und dran, die Karriere des später berühmten Universalgelehrten Athanasius Kircher (1601–1680) durch einen Anschlag auf sein Leben vorzeitig zu beenden.

Und das kam so: Am 2. Februar 1622 war der 19-jährige Jesuitenzögling

---

[5] Monheim, Johannes: Katechismus 1560. Faksimile-Ausgabe mit deutscher Übersetzung [mit einer Einführung von Helmut Ackermann]. Düsseldorf: Gesamtverband Evangelischer Kirchengemeinden in Düsseldorf 1987. – Meine Ausführungen zu Monheim orientieren sich weitgehend an den Darlegungen Ackermanns.

Kircher zusammen mit zwei Studienkollegen auf der Flucht aus dem vom Krieg bedrohten Münster nach Düsseldorf gelangt, in der Hoffnung, hier den Rhein überqueren zu können, um über Neuss nach Köln zu kommen. Das sollte sich als schwieriger herausstellen als zunächst gedacht:

„Zwei Tage, nachdem wir unsere Reise von Münster nach Köln angetreten, gelangten wir nach Düsseldorf. Wir fanden da den Rhein zugefroren. Die Bewohner der Rheinufer hatten aber die Gepflogenheit, daß sie, sobald der Rhein mit Eis bedeckt erschien, einen Menschen ausfindig zu machen suchten, der für eine bestimmte Geldsumme den Fluß überschritt und das Eis auf seine Tragfähigkeit für Menschen und Zugvieh prüfte. Während nun vom Magistrate in Düsseldorf ausgesandte Leute gerade auf der Suche nach einem solchen Kundschafter waren, fügte es ein unglücklicher Zufall, daß wir mit ihnen zusammentrafen. [...] Sie beredeten uns [...], auf eigene Gefahr hin als die ersten den Uebergang über den Fluß zu versuchen. Sie zeigten uns auch die Stelle, wo wir übersetzen sollten, und logen uns offenbar an, indem sie sagten, diesen Weg schlügen Alle ein. Wir in unserer Einfalt ahnten nichts Schlimmes und machten uns auf den Weg [...]. Ich ging als Wegweiser Allen voran. Nachdem ich bereits über die Mitte des Stromes hinaus war, wurde ich plötzlich gewahr, daß ich offenes Wasser vor mir hatte. Von Furcht ergriffen, eilten meine Gefährten alsbald nach dem verlassenen Ufer zurück. Ich aber schritt noch weiter fort, so weit es die Festigkeit des Eises gestattete. Endlich machte auch ich kehrt, um meine Gefährten einzuholen. Doch siehe, das Eis brach rings um mich herum ab und setzte sich in Bewegung. Ich stand mitten auf dem abgerissenen Eisstücke wie auf einer Insel und trieb mit demselben stromabwärts. Als meine Gefährten dies wahrnahmen, hielten sie mich für verloren."

Die Eisinsel trieb nun ein gutes Stück flussabwärts und kam schließlich an einer Stelle zum Stillstand, wo sich die „Eismassen [...] wie zu einer Mauer aufgethürmt" hatten. Kircher gelang es zwar, auf Händen und Füßen diesen eisigen Wall zu überwinden, doch sah er sich danach erneut von Wasser umgeben:

„Ich hatte daher keine andere Wahl, als durch Schwimmen, welches ich als Knabe gelernt hatte, an das nur noch etwa 24 Fuß entfernte Ufer zu gelangen. Das that ich denn auch. Weil ich aber durch die Kleider beim Schwimmen behindert wurde, probirte ich, ob meine Füße Grund finden könnten. Nachdem mir dies gelungen war, legte ich die noch übrige Strecke, zuerst bis an den Hals, dann bis zur Brust, endlich nur noch bis an die Kniee im Wasser watend, mit leichter Mühe zurück. [...] Bei der schneidenden Kälte, die damals herrschte, war mein Körper ganz steif, und meine Finger wie die übrigen Gliedmaßen waren durch Frost ganz taub und gefühllos geworden. Ich fürchtete, daß bei längerem Verweilen mein Blut durch die Kälte gerinnen und ich in Todesschlaf verfallen würde. [...] Ich schüttelte daher alle Erschlaffung gewaltsam ab und setzte mich, meine Schritte beschleunigend, gegen die von da nur drei Stunden entfernte Stadt Neuß in Bewegung. Mit der Hilfe Gottes langte ich endlich daselbst an. Meine Gefährten hatten unterdessen an einer fester gefrorenen Stelle den Strom überschritten und waren noch vor mir im dortigen Kolleg eingetroffen, wo sie meinen Tod durch Ertrinken gemeldet hatten. Ich wurde daher mit unbeschreiblicher Freude von Allen aufgenommen und drei Tage lang gepflegt, worauf ich nach Köln weiterreiste. Ich hatte, was den Aerzten unmöglich dünkte, an meiner Gesundheit nicht den geringsten Schaden erlitten."[6]

Athanasius Kircher überlebte den Anschlag der Düsseldorfer und entwickelte sich in der Folgezeit zu *dem* Universalgelehrten des 17. Jahrhunderts – ein unermüdlicher Kompilator aller erreichbaren Wissensschätze seiner Zeit und zugleich ein skurriler Phantast voller abenteuerlicher Kombinationen und Interpretationen: von den Zeitgenossen verehrt, von der Nachwelt mit Skepsis betrachtet. Autor zahlreicher gewichtiger Werke aus den verschiedensten Wissensgebieten, für uns heute eine unerschöpfliche Quelle zur Erforschung des Weltwissens der damaligen Zeit. Und es mutet wie eine späte Wiedergutmachung des Anschlags von 1622 an, dass die ULB alle wichtigen Werke Kirchers in Erstausgaben besitzt und im Sonderlesesaal bereithält. Die Lektüre lohnt sich, denn es werden spannende Themen behandelt, die bis heute nicht an Aktualität verloren haben – angefangen mit der Entwicklung einer Universalsprache (für die sich zuletzt vor allem Umberto Eco interessiert hat)[7] bis hin zur Präsentation von Abhöranlagen (für die es heutzutage ja ebenfalls Interessenten geben soll).

Freuen wir uns also, dass Athanasius Kircher sein winterliches Bad im Rhein gesund überstanden hat. Und wo wir schon einmal am Rhein sind, bleiben wir gleich dort und begeben uns einige Kilometer flussabwärts und ein Vierteljahrhundert zurück – nach Kaiserswerth, wo im Februar 1591 Friedrich Spee († 1635) zur Welt kam, der 1929 postum zusammen mit Kaiserswerth eingemeindet wurde und so Düsseldorfs bedeutendster Barockdichter werden konnte.

---

[6] Selbstbiographie des P. Athanasius Kircher aus der Gesellschaft Jesu. Aus dem Lateinischen übers. durch Nikolaus Seng. Fulda: Fuldaer Actiendruckerei 1901, S. 18–21.
[7] Eco, Umberto: Die Suche nach der vollkommenen Sprache. München: Beck 1994.

Friedrich Spee

Abb. 3: Friedrich Spee: Trvtz Nachtigal, Oder Geistlichs-Poetisch Lvst-Waldlein, Deßgleichen noch nie zuvor in Teutscher sprach gesehen […]. Köln 1649 (ULB: D. Lit. 271)

Allen, die einen christlichen Bildungshintergrund haben, ist Friedrich Spee vornehmlich als Kirchenlieddichter vertraut, stammen doch von ihm Lieder wie „O Heiland reiß die Himmel auf" oder „Zu Bethlehem geboren", Lieder, die sich bis heute allgemeiner ökumenischer Beliebtheit erfreuen. Literarhistorisch Interessierte schätzen Spee insbesondere als Autor der *Trutz-Nachtigall*, einer 1649 in Köln erschienenen Sammlung geistlicher Gedichte, mit der sich die bis dahin unterentwickelte katholische Lyrik auf die Höhe der damals im deutschen Sprachraum führenden protestantischen Dichtung emporschwingen konnte.[8] Die Gedichte Spees sind von eigentümlichem Reiz: Sie muten teilweise volkstümlich schlicht an, sind aber durchweg rhetorisch ausgefeilte, hochartifizielle Gebilde mit einer sehr individuellen, uns heute mitunter bizarr anmutenden Bildlichkeit.

Als die Romantiker um 1800 den fast vergessenen Spee wiederentdeckten, waren sie vor allem angetan von dessen frühlingshaften Natureingängen, also von den Naturschilderungen, mit denen viele *Trutz-Nachtigall*-Lieder eröffnet werden. Clemens Brentano und Friedrich Schlegel zeigten sich besonders hingezogen zu dem Lied

> „Der trübe winter ist fürbey /
> Die Kranich widerkehren;
> Nun reget sich der Vogel schrey /
> Die Nester sich vermehren:
> Laub mit gemach
> Nun schleicht an tag;
> Die blümlein sich nun melden,
> Wie Schlänglein krumb
> Gehn lächlend vmb
> Die bächlein kühl in Wälden."[9]

Friedrich Schlegel war darüber hinaus fasziniert vom Beginn des 22. *Trutz-Nachtigall*-Liedes:

---

[8] Die Erstausgabe der „Trutz-Nachtigall" (Trvtz Nachtigal, Oder Geistlichs-Poetisch Lvst-Waldlein, Deßgleichen noch nie zuvor in Teutscher sprach gesehen […]. Köln: Friessem 1649), aus der im Folgenden zitiert wird, findet sich in der ULB unter der Signatur: D. Lit. 271.
[9] Spee, Trutz-Nachtigall (wie Anm. 8), Nr. 8, S. 35–40, hier S. 35: Liebgesang der Gesponß Iesu, im anfang der Sommerzeit. Unter dem Titel „Frühlingsbeklemmung" (sprachlich modernisiert und gekürzt) abgedruckt in: Des Knaben Wunderhorn. Alte deutsche Lieder. [Gesammelt von] Arnim, L. Achim von und Brentano, Clemens von [Bd. 1]. Heidelberg: Mohr & Zimmer / Frankfurt: Mohr 1806, S. 172–174, hier S. 172, und unter dem Titel „Im Frühling" (ebenfalls modernisiert und gekürzt) in: Schlegel, Friedrich: Poetisches Taschenbuch für das Jahr 1806. Berlin: Unger 1806, S. 142–147, hier S. 142, mit Melodie.

„Jetzt wicklet sich der himmel auff /
Jetzt bwegen sich die räder /
Der Frühling rüstet sich zum lauff
Vmbgürt mit rosen-feder."[10]

Man fragt sich unwillkürlich: Wie kann sich der Himmel aufwickeln?
Welche Räder setzen sich hier in Bewegung? Ungewöhnliche Bilder, die
neugierig machen und auch heute noch zum Weiterlesen verlocken.

Als Kirchenlieddichter und Verfasser geistlicher Lyrik fand Friedrich
Spee allgemeine Zustimmung und Anerkennung. Ganz anders sah es mit
dem Werk aus, mit dem er in die Rechtsgeschichte eingehen sollte – mit
seiner Kampfschrift gegen die Hexenprozesse, die unter dem Titel *Cautio Criminalis* 1631 (und in zweiter, überarbeiteter Auflage 1632) erschien.
Der an die weltlichen wie geistlichen Obrigkeiten gerichtete Appell, die
Hexenprozesse unverzüglich einzustellen, da sie gegen Naturrecht, gesun-
den Menschenverstand und christliche Nächstenliebe verstießen, gehört
zu den großen aufklärerischen Texten der Frühen Neuzeit. Er fand ein
europaweites, Konfessionen übergreifendes Echo – freilich keineswegs
nur ein positives. Nicht zuletzt in Spees eigenem Orden, dem Jesuiten-
orden, stieß das Werk auf Ablehnung; von hoher kirchlicher Stelle wurde es als „pestilentissimus liber" (pestverseuchtes Buch) verdammt.[11] Und
so war Spee gut beraten, das Werk nicht unter seinem Namen, sondern
anonym und mit einem fingierten Druckort erscheinen zu lassen. Trotz
seiner stringenten Argumentation und hellsichtigen Gedankenführung
blieb dem Buch eine unmittelbare Wirkung versagt; die war erst den sich
auf Spee berufenden Kampfschriften späterer Autoren vergönnt. Zu groß
waren zu Beginn des 17. Jahrhunderts Ängste, Borniertheit und Unwissenheit. Hatte 100 Jahre zuvor noch Ulrich von Hutten (1488–1523) in
seinem berühmten Brief an Willibald Pirckheimer vom 25. Oktober 1518
gejubelt: „O Jahrhundert, o Wissenschaften! Es ist eine Lust zu leben [...].
Die Studien blühen, die Geister regen sich."[12], so musste jetzt Friedrich

---

[10]   Spee: Trutz-Nachtigall (wie Anm. 8), Nr. 22, S. 117–126, hier S. 117: Lob Gottes auß
beschreibung der frölichen Sommerzeit. Unter dem Titel „Loblied im Frühling" (moder-
nisiert und gekürzt) abgedruckt in: Schlegel, Taschenbuch (wie Anm. 9), S. 154–159, hier
S. 154.
[11]   Vgl. Miesen, Karl-Jürgen: Friedrich Spee. Pater, Dichter, Hexenanwalt. Düsseldorf:
Droste 1987, S. 211f.
[12]   Hutten, Ulrich von: Brief an Willibald Pirckheimer (Augsburg, 25.10.1518). In:
Eckert, Willehad Paul; Imhoff, Christoph von: Willibald Pirckheimer, Dürers Freund, im
Spiegel seines Lebens, seiner Werke und seiner Umwelt [...]. 2. Aufl. Köln: Wienand 1982,
S. 334–349, hier S. 349.

Spee konstatieren: „Ich sehe wirklich mit Staunen, wohin wir es haben kommen lassen!" – „In was für unglücklichen, unwissenden Zeiten leben wir doch! Was nützt es, die Wissenschaften studiert zu haben, wenn die Unwissenheit so hoch in Ehren steht?"[13]

Das klingt entmutigend, war aber für Spee nur ein Grund mehr, seine mahnende Stimme laut zu erheben: „[...] es gebührt mir nicht, unter denen zu sein, die der Prophet stumme Hunde heißt, die nicht zu bellen wissen."[14]

Die Lektüre der *Cautio Criminalis* ist auch heute noch ein faszinierendes Erlebnis. In der ULB ist das Buch in der wichtigen 2. Auflage von 1632[15] und in den Drucken von 1695 und 1731 vorhanden,[16] außerdem in den ersten deutschen, niederländischen und französischen Übersetzungen[17] – sämtlich aus der Mitte des 17. Jahrhunderts. Die Begegnung mit Spee in solchen frühen Ausgaben hat gewiss ihren spezifischen Reiz. In diesem besonderen Fall möchte ich aber doch empfehlen, das Werk (in der modernen Übersetzung von Joachim-Friedrich Ritter) für die häusliche Lektüre käuflich zu erwerben. Die Anschaffung lohnt sich: Wer die *Cautio* einmal gelesen hat, wird sie auch ein zweites Mal lesen. Das Buch sollte zum Grundbestand jeder aufgeklärten Bibliothek gehören.

Joachim Neander

Ich kann meine Sympathie für Friedrich Spee nicht verhehlen, der auf so beeindruckende Weise sensible Lyrik und aufklärerisches Engagement zu vereinen wusste. Andererseits möchte ich aber meine Darstellung der Düsseldorfer Barockszene nicht zu katholikenlastig werden lassen. Und der hiesige Protestantismus, genauer: der reformierte Protestantismus, hat tatsächlich ein literarisches Schwergewicht in die Waagschale zu werfen: Am 1. Mai 1674 trat an der Lateinschule der Düsseldorfer reformierten

---

[13]   Spee, Friedrich von: Cautio Criminalis oder Rechtliches Bedenken wegen der Hexenprozesse. Aus dem Lateinischen übertragen und eingeleitet von Joachim-Friedrich Ritter. München: Deutscher Taschenbuch Verlag 1982 (u.ö.), S. 255, S. 78.

[14]   Ebd., S. 289.

[15]   Cavtio Criminalis, Seu De Processibvs Contra Sagas Liber [...]. Avctore Incerto Theologo Romano. Editio Secvnda. Frankfurt: Gronaeus 1632 (Ort und Verlag fiktiv; vermutl. Köln: Kinckius) (ULB: R. W. 53).

[16]   Sulzbach: Endter 1695 (ULB: St. u. R. G. 4540); Augsburg: Schenfaessel 1731 (ULB: R. W. 28).

[17]   Bremen: Köhler 1647 (ULB: St. u. R. G. 4553); Amsterdam: Hendriksz. & Rieuwertsz. 1657 (ULB: R. W. 147); Lyon: Prost 1660 (ULB: St. u. R. G. 4498).

Gemeinde der 24-jährige Joachim Neander (1650–1680) seinen Dienst als Rektor und zugleich als Seelsorger und Prediger an. Seine Wirkungsstätte war das Gemeindehaus an der Bolkerstraße; das stand an der Stelle, an der zehn Jahre später die heutige Neanderkirche errichtet wurde. Nur fünf Jahre hat Neander in Düsseldorf gewirkt, nicht immer in Harmonie mit dem Gemeindevorstand. Und er wäre wohl längst in Vergessenheit geraten, wenn er sich nicht in seinen Nebenstunden als Dichter und Komponist von Kirchenliedern betätigt hätte. Zu den wirkmächtigsten Liedern, die er – der Legende nach – im damals noch felsig-romantischen Tal der Düssel, dem später nach ihm benannten Neandertal, gedichtet und gesungen hat, gehört das Lied „Lobe den Herren, den mächtigen König der Ehren"[18] – ein Lied, das sich in kurzer Zeit (in mehr als 30 Sprachen) zu einem Welthit entwickelt hat, wenn man diese profane Bezeichnung für einen sakralen Text verwenden darf. „Kein anderes geistliches Lied, das bei Jubiläen, Geburtstagen und Familienfeiern, bei Taufen, Konfirmationen und Trauungen noch mit so vielen Mitsingenden rechnen kann wie dieses! Erinnerungsreste von Text und Melodie überdauern auch im längst entkirchlichten Bewußtsein."[19]

Für den Erfolg des Liedes waren vor allem drei Faktoren verantwortlich. Zum einen der Rhythmus: Neander verwendete dreisilbige Versfüße, sogenannte Daktylen, wodurch ein tänzerisch beschwingter Klang entsteht (für damalige streng orthodoxe Ohren freilich ein problematisches Novum, weil als zu weltlich für ein Kirchenlied angesehen). Dazu kam eine eingängige, bereits bekannte, aber von Neander neu bearbeitete Melodie, die das Mitsingen erleichterte. Neben Melodie und Rhythmus war der Inhalt des Liedes für den Erfolg bestimmend: Im Zentrum steht das Lob Gottes, „der alles so herrlich regieret", der „dich freundlich geleitet" und „dich auf Adelers Fittichen sicher geführt"[20] – insgesamt ein an den Psalmen orientierter Hymnus auf Gottes weise Weltregierung und allumfassende Schöpfungsfürsorge. – Das hätte ein halbes Jahrhundert zuvor Friedrich Spee ganz ähnlich singen können. Und in der Tat klingt Neanders „Lobe den Herren, den mächtigen König der Ehren" wie ein Echo auf Spees *Trutz-Nachtigall*-Lieder „Auff / auff / Gott will gelobet sein /

---

[18] Des Seligen Herren Joachimi Neanders Berühmten Reformirten Predigers zu Bremen, Geistreiche Glaub- Liebes- und Bundes-Lieder [...]. Amsterdam: Schoonwald 1725 (ULB: Benz 491), Nr. 13, S. 42–45.

[19] Henkys, Jürgen: Lobe den Herren, den mächtigen König der Ehren. In: Geistliches Wunderhorn. Große deutsche Kirchenlieder. Hrsg., vorgestellt und erläutert von Hansjakob Becker; Ansgar Franz; Jürgen Henkys; Hermann Kurzke; Christa Reich; Alex Stock. München: Beck 2009, S. 310–319, hier S. 312.

[20] Neander, Lieder (wie Anm. 18), S. 44.

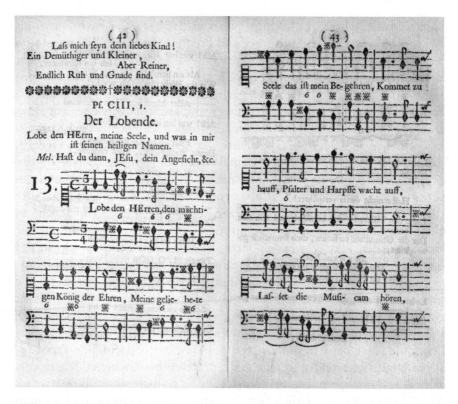

Abb. 4: Joachim Neander: „Lobe den HErren, den mächtigen König der Ehren". In: Des Seligen Herren Joachimi Neanders Berühmten Reformirten Predigers zu Bremen, Geistreiche Glaub- Liebes- und Bundes-Lieder [...]. Amsterdam: Schoonwald 1725, S. 42f. (ULB: Benz 491)

Der Schöpffer hoch von ehren"[21] oder „O Gott ich sing von hertzen mein / Gelobet muß der Schöpffer sein."[22] Aber wenn zwei dasselbe singen, dann ist das noch lange nicht dasselbe; und die Lieder Neanders und Spees, die heute in ökumenischer Eintracht nebeneinander stehen, gingen erst einmal konfessionell getrennte Wege.

Die Katholiken sangen ihren Spee (und keinen Neander), die Protestanten ihren Neander (und keinen Spee), und so klang es fort über die Grenze des 17. Jahrhunderts hinaus – bis weit ins 18. Jahrhundert hinein, in eine Zeit, die sich mehr und mehr schwertat mit der traditionellen Kir-

---

[21] Spee, Trutz-Nachtigall (wie Anm. 8), Nr. 27, S. 152–157, hier S. 152: Andere ermahnung zum lob Gottes in seinen werken.
[22] Ebd., Nr. 22, S. 118.

chenlehre. Historisch-kritische Bibellektüre, naturwissenschaftliche Vorbehalte gegenüber den biblischen Wunderberichten und philosophisches Hinterfragen der überkommenen Glaubenssätze nagten unentwegt an den Grundfesten der Orthodoxie. Die Vordenker der Zeit suchten nach neuen philosophisch-theologischen Haltepunkten. Zum Zauberwort (teilweise auch zum Reizwort) der neuen Gottes- und Welterschließung wurde der Name „Spinoza". Baruch bzw. Benedictus de Spinoza (1632–1677) hatte in seiner *Ethica Ordine Geometrico demonstrata* (postum gedruckt 1677) eine Theorie entwickelt, in deren Zentrum der Gedanke stand: Es gibt nur eine einzige, unteilbare, unendliche, unabhängige Substanz, die alles Seiende umfasst. „Substanz ist, was in sich selbst ist und sich für sich selbst denken läßt, oder dessen Begriff von dem Begriffe keines andern Dinges abhängt; oder das, was durch sich selbst besteht, keines andern Wesens zu seiner Würklichkeit bedarf."[23] Auf Sätzen wie diesen gründete Spinoza ein komplexes Gedankengebäude, das monistische und pantheistische Komponenten in sich barg und sich schnell dem Vorwurf des Atheismus ausgesetzt sah. Das führte zu teilweise heftigen Diskussionen zwischen Befürwortern und Gegnern, wobei davon ausgegangen werden darf, dass nur die Wenigsten, die den Namen „Spinoza" im Munde führten, dessen System tatsächlich verstanden haben.

Friedrich Heinrich Jacobi

Zu diesen Wenigen, die sich in Spinozas Gedankengebäude wirklich auskannten und zurechtfanden, zählte Friedrich Heinrich Jacobi (1743–1819). Er war einer der maßgeblichen Wortführer im Streit um Spinoza, auch wenn er sich letztlich nicht mit dessen Weltsicht anfreunden mochte, weil er das abstrakte Gottesbild Spinozas nicht mit seiner Vorstellung eines persönlichen Gottes und mit seinem biblischen Offenbarungsglauben in Einklang bringen konnte.

Der Spinoza-Streit ist lange ausgestanden und braucht nicht neu aufgerollt zu werden. Aber er hat uns zu Jacobi geführt und damit zurück nach Düsseldorf. Denn Friedrich Heinrich Jacobi residierte in der zweiten Hälfte des 18. Jahrhunderts vor den Toren der Stadt auf seinem Familiensitz Pempelfort und unterhielt hier – zeitweise gemeinsam mit seinem Bruder Johann Georg (1740–1814) – einen philosophisch-poetischen Musenhof.

---

[23] Spinoza's Ethik. Erster Theil. [Übers. von] Ewald, Schack Hermann (Spinoza's philosophische Schriften; 2, [1]). Gera: Bekmann 1790, S. IV (ULB: slg 5/2110).

Man führte ein gastfreundliches Haus und es fehlte nicht an illustren Gästen, die manchmal nur mehrere Stunden, in der Regel aber mehrere Tage, ja sogar Wochen und Monate blieben.[24] Zu den Kurzbesuchern zählten u.a. Denis Diderot (1773), Wilhelm von Humboldt (1788), Georg Forster (1778, 1790), Alexander von Humboldt (1790) und Johann Gottfried Herder (1792). Johann Georg Hamann blieb 1787 drei Monate, Johann Jacob Wilhelm Heinse war ab 1774 jahrelanger Dauergast (bis Juli 1780), fungierte hier als Konversations- und Billardpartner Jacobis und beteiligte sich an der Redaktion der von den Jacobi-Brüdern herausgegebenen Zeitschrift *Iris. Vierteljahresschrift für Frauenzimmer*. Goethe war zweimal zu Besuch in Pempelfort, zunächst ein paar Tage im Juli 1774[25] und dann noch einmal fast einen Monat lang vom 6. November bis 4. Dezember 1792, wobei dem Kurzbesuch von 1774 größere literarhistorische Bedeutung zukommt als dem längeren Aufenthalt 1792. Denn 1774 empfing zum einen Goethe in seinen Gesprächen mit Jacobi neue Impulse für seine Spinoza-Deutung, andererseits bestärkte Goethe den bis dahin literarisch dilettierenden Jacobi darin, sich ernsthaft der Dichtung zuzuwenden, ein Rat, den dieser treulich befolgte, ohne indessen poetische Erfolge erzielen zu können, die dazu angetan waren, die Zeiten zu überdauern.

Bei Autoren des 18. Jahrhunderts habe ich wiederholt die Erfahrung gemacht, dass man leichter über ihre Briefe als über ihre Werke mit ihnen in engeren Kontakt gelangt. Bei Jacobi ist es mir ähnlich ergangen. Für den Einstieg empfiehlt sich besonders das Schreiben vom 20. Oktober 1780 an Wilhelm Heinse, in dem Jacobi eine (gemeinsam mit seiner Halbschwester Lene unternommene) Reise nach Norddeutschland schildert, auf der er u.a. Matthias Claudius, Friedrich Gottlieb Klopstock und endlich – als Höhepunkt – Gotthold Ephraim Lessing traf. Mit Lessing machte er sich schließlich auf nach Halberstadt, um Johann Wilhelm Ludwig Gleim zu besuchen. Als Kostprobe aus dem viele Seiten umfassenden Brief nur ein kurzer Abschnitt, der eine sonderbare Seite Lessings aufzeigt:

„Am folgenden Morgen ging, in Lessings Begleitung, die Reise nach Halberstadt zu Vater Gleim. Wir hatten das köstlichste Wetter und wurden sehr heiter. Da ich mich der schönen Gegend längs dem Blocksberge laut freute, sagte Lessing: diesen Genuß entbehre ich. – Ich hatte das schon öfter gehört, daß Lessing für diese Gattung des Schönen, wie auch für Musik, wenig Sinn habe, und fragte ihn um

---

[24] Vgl. [Kat.] Friedrich Heinrich Jacobi (1743–1819). Düsseldorf als Zentrum von Wirtschaftsreform, Literatur und Philosophie im 18. Jahrhundert. Eine Ausstellung des Heinrich-Heine-Instituts […]. Düsseldorf: Droste 1985, S. 38–57: Besucher und Gespräche in Pempelfort.

[25] 20.–24. Juli 1774.

das Wahre an der Sache. Wirklich, antwortete er, gewähret mir, was man schöne Gegenden nennt, nicht den Genuß, den mir Andere rühmen. Einen angenehmen sinnlichen Eindruck empfinde ich allerdings; mir ist wohler hier, als es mir auf der Lüneburger Haide seyn würde. Doch selbst auf der Lüneburger Haide hielte ich es besser aus, als in einem schiefgebaueten Zimmer; in einem solchen kann ich schlechterdings nicht leben. Etwas lebhaft erwiederte hierauf meine Schwester: Nun glaube sie auch, daß er damals im Ernst geredet habe, da er zu jemand gesagt, der sich im Frühjahre gefreut, daß nun bald alles wieder grün seyn werde: ‚Ach, es ist schon so oft grün geworden, ich wollte es würde einmal roth.‘ – Lessing lachte, gestand das Wort ein, und, daß es ihm damit wohl hätte Ernst seyn können, wenn die Augen Roth so gut vertrügen als Grün."²⁶

Jacobis größter Wunsch, den verehrten Lessing einmal in Pempelfort begrüßen zu können, sollte nicht in Erfüllung gehen; Lessing starb schon im Februar des Folgejahrs (1781).

Das Kapitel Jacobi und Pempelfort kann nicht abgeschlossen werden, ohne noch einmal auf Goethe zurückzukommen. Goethe hat seinen Besuchen in Düsseldorf in *Dichtung und Wahrheit* und in der *Kampagne in Frankreich* jeweils ein würdiges Denkmal gesetzt. Das ist erfreulich, weitaus erfreulicher ist es jedoch, dass er in Düsseldorf auch literarische Spuren hinterlassen hat. Es ist damals den Brüdern Jacobi gelungen, Goethe dafür zu gewinnen, in ihrer Zeitschrift *Iris* nicht nur das Singspiel *Erwin und Elmire*, sondern auch einige seiner Gedichte abdrucken zu lassen. Und das waren nicht irgendwelche Gedichte, sondern Texte der Straßburger Zeit, aus der 1770/71 entstandenen Sammlung der Sesenheimer Lieder – darunter Perlen wie das „Mayfest":

„Wie herrlich leuchtet
Mir die Natur!
Wie glänzt die Sonne!
Wie lacht die Flur! [...]"²⁷

oder „Willkommen und Abschied":

„Mir schlug das Herz; geschwind zu Pferde,
Und fort, wild, wie ein Held zur Schlacht!
Der Abend wiegte schon die Erde,
Und an den Bergen hieng die Nacht; [...]"

mit den berühmten Schlusszeilen:

²⁶ Jacobi, Friedrich Heinrich: Brief an Wilhelm Heinse (Pempelfort, 20.10.1780). In: Ders.: Werke. Bd. 1. Leipzig: Fleischer 1812, S. 337–350, hier S. 343f. (ULB: slg 90/104 [1]).
²⁷ Iris. Vierteljahresschrift für Frauenzimmer. 2. Bd. Düsseldorf 1775, S. 75–77, hier S. 75 (ULB: D. Lit. 2314).

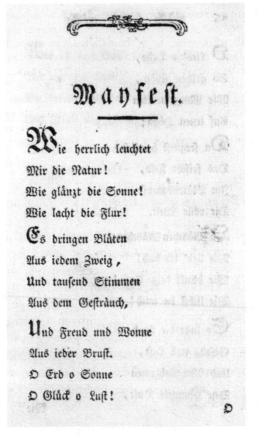

Abb. 5: Johann Wolfgang Goethe: „Mayfest". In: Iris. Vierteljahresschrift für Frauenzimmer. 2. Bd. Düsseldorf 1775, S. 75 (ULB: D. Lit. 2314)

„Und doch, welch Glück! geliebt zu werden,
Und lieben, Götter, welch ein Glück!"[28]

Das sind poetische Kostbarkeiten, die in keiner Anthologie deutscher Lyrik fehlen, und es ist schon erstaunlich und für Düsseldorf hocherfreulich (wenn auch nur wenigen bekannt), dass sie von hier aus ihre Reise in die Weltliteratur angetreten haben.

1794, zwei Jahre nach Goethes letztem Besuch, endete die Zeit des Pempelforter Musenhofes abrupt. Im Herbst des Jahres verließ Jacobi seinen Landsitz und flüchtete vor den anrückenden französischen Truppen; er kehrte nie wieder zurück.

---

[28] Ebd., S. 244f. (ohne Titel).

„Rheinisches Athen"

Danach legte Düsseldorf erst einmal eine dreijährige poetische Pause ein – bevor im Dezember 1797 der nächste bedeutende Dichter Düsseldorfer Provenienz kraftvoll seine Stimme erhob – freilich war das, was er damals in der Bolkerstraße von sich gab, eher ein prosaisches Krähen als ein poetischer Gesang. Seine eigentliche dichterische Kraft sollte Düsseldorfs größter Sohn erst zu einer Zeit entwickeln, in der er seine Vaterstadt bereits verlassen hatte. Doch er war lange genug hier, um Düsseldorf einige anrührend-poetische Memoirenkapitel widmen zu können. Und das hiesige Stadtmarketing wird ihm wohl immer dankbar sein für die werbewirksamen Sätze: „Die Stadt Düsseldorf ist sehr schön, und wenn man in der Ferne an sie denkt, und zufällig dort geboren ist, wird einem wunderlich zu Muthe. Ich bin dort geboren, und es ist mir, als müßte ich gleich nach Hause gehn."[29]

Die Sätze stammen aus dem Jahre 1826, einem für Heinrich Heine wie für Düsseldorf bedeutsamen Jahr. Damals erschien Heines berühmte *Harzreise* – zuerst in einer Berliner Zeitschrift als Fortsetzungsbericht, dann in Hamburg als Buch. Ob diese epochemachende Reisebeschreibung in Düsseldorf auf ein lokalpatriotisches Interesse stieß, weiß ich nicht. Vielleicht kam es ja zu einer mündlichen Kurzrezension wie: „Nä, Mölves, dat hätt' ich dem alden Heine sinem Jong nit zujedraut." So hätte sich wohl Schneider Wibbel[30] vernehmen lassen, aber Schneider Wibbel ist ein Produkt dichterischer Phantasie und hat daher nur bedingten historischen Aussagewert. Historische Realität des Jahres 1826 ist dagegen der Amtsantritt des 33-jährigen Wilhelm Schadow (1789–1862) als Direktor der Düsseldorfer Kunstakademie und Nachfolger des 1824 nach München abgeworbenen Peter Cornelius. Von der Berufung Schadows versprach man sich eine Neubelebung der lange Jahre in einem kulturellen Dornröschenschlaf dahindämmernden Stadt. Im Jahre 1770 wurde hier zwar durch Kurfürst Karl Theodor (1724–1799) eine öffentliche Bibliothèque, die Vorgängerin der heutigen ULB, gegründet, aber 1805 musste die Stadt einen schmerzlichen kulturellen Verlust hinnehmen, als Jan Wellems weltberühmte Gemäldesammlung nach Bayern abgezogen wurde (wo sie den Grundstock der Münchner Alten Pinakothek bildet). Umso erfreulicher war das Auftreten Schadows. Der brachte nicht nur eine Schar begabter

[29] Heine, Heinrich: Ideen. Das Buch Le Grand. Faksimiledruck. Mit einem Nachwort von Joseph A. Kruse. Düsseldorf: Schwann 1972, S. 168.
[30] Müller-Schlösser, Hans: Schneider Wibbel. Komödie in 5 Bildern. Düsseldorf: Sehl & Ludwig 1913.

Schüler aus Berlin mit an den Rhein, sondern zog – dank seines ausge-
prägten pädagogischen Talents – auch bald viele weitere Kunststudenten
aus aller Herren Länder an seine Akademie. Aber das war noch nicht alles: Ein Jahr nach Schadow trat Karl Immermann (1796–1840) in Düsseldorf seine Stelle als Landgerichtsrat an; 1832 übernahm er die Leitung des
Stadttheaters. 1833 kam noch Felix Mendelssohn Bartholdy (1809–1847)
als Stadtmusikdirektor dazu. Neben ihm wirkte der befreundete Komponist Norbert Burgmüller (1810–1836), dem wiederum Christian Dietrich Grabbe (1801–1836) nahestand, der sich seit Ende 1835 im Umfeld der
Immermann'schen Bühne in Düsseldorf angesiedelt hatte.

Mit Thomas Mann könnte man sagen: Düsseldorf „leuchtete"[31]; die Stadt
erstrahlte in einem einmaligen und nie wieder erreichten Neben- und Miteinander von Kunst und Literatur, Musik und Theater. Man glaubte sich
in einem „Rheinischen Athen"[32], in einem „kleinen Athen"[33] am Rhein,
in einem „liebliche[n] Rheinathen"[34], wie es in zeitgenössischen Berichten
immer wieder heißt.

Die Düsseldorfer Malerschule erlangte weltweite Reputation, die
Immermann'schen Inszenierungen wurden als Musteraufführungen gefeiert, Mendelssohn komponierte u.a. sein großes Oratorium *Paulus*, Grabbe
vollendete sein Drama *Hannibal* und gab es hier in den Druck – die Erstausgabe befindet sich in der ULB[35], die Handschrift liegt im Heinrich-
Heine-Institut.

Mendelssohn, der mit Immermann zusammenarbeitete, im Hause Schadows wohnte und mit zahlreichen Düsseldorfer Künstlern befreundet
war, schildert die Düsseldorfer Szene der frühen 1830er-Jahre voller Begeisterung:

„[…] wie wir jungen Leute hier zusammenhalten, das ist wirklich ergötzlich.
Die Maler unter einander ohne den geringsten Hochmuth und Neid, in wahrer
Freundschaft […]. Heut früh noch haben wir so recht hübsche Musik in der Kir-
che gemacht, wo Alles Theil nahm, und giebt dann mal Immermann ein Stück, so

---

[31]   „München leuchtete." So lautet der Eingangssatz zu Thomas Manns Erzählung
„Gladius Dei" (1902).
[32]   Schrödter, Adolf: Brief an Robert Reinick (Frankfurt am Main, März 1849). In:
Aus Biedermeiertagen. Briefe Robert Reinicks und seiner Freunde. Hrsg. von Johannes
Höffner. Bielefeld, Leipzig: Velhagen & Klasing 1910, S. 184–187, hier S. 186.
[33]   Reinick, Robert: Brief an Franz Kugler (Düsseldorf, 16.4.1833). Ebd., S. 61–67, hier
S. 62.
[34]   Rethel, Alfred: Brief an die Eltern (Düsseldorf, 2.11.1835). In: Alfred Rethels Briefe.
In Auswahl hrsg. von Josef Ponten. Berlin: Cassirer 1912, S. 42–45, hier S. 42.
[35]   Hannibal. Tragödie von Grabbe. Düsseldorf: Schreiner 1835 (ULB: D. Lit. 842 und
9490).

malen die ihm Decorationen umsonst, und geben sie ein Fest, so dichtet er ihnen ein Stück, und ich mache Musik, und das ist alles hübsch und lustig."[36]

Dies ist keineswegs eine Verklärung der Düsseldorfer Verhältnisse. Wir haben ähnlich klingende Zeugnisse auch von anderen Zeitgenossen. Der umfassendste Insiderbericht der 1830er-Jahre stammt von dem Malerdichter Robert Reinick (1805–1852), der 1831 von Berlin an den Rhein gekommen war und in den Folgejahren (bis 1838) seinem Freund, dem Kunsthistoriker und -kritiker Franz Kugler (1808–1858), in langen Briefen ausführlich Bericht erstattete. Reinick ist heute als Maler kaum mehr bekannt und auch als Dichter fast vergessen. In manchen Weihnachtsanthologien findet sich noch sein Lied „Die Nacht vor dem Heiligen Abend", in einigen Kinderreimbüchern das Gedicht „Das Dorf". Dabei gehörte Reinick im 19. Jahrhundert zu den meistvertonten deutschen Lyrikern.[37]

Als er 1831 nach Düsseldorf kam, wollte er dort Historienmalerei studieren, fand auch gleich Aufnahme in Schadows Meisterklasse, begann dann aber recht bald an seiner künstlerischen Kompetenz zu zweifeln, und wandte sich mehr und mehr der Literatur zu, ohne sein Studium an der Kunstakademie aufzugeben. Ideale Voraussetzungen, um zum sachkundigen Chronisten der Düsseldorfer Kulturszene der 1830er-Jahre zu werden. Und er lässt sie alle auftreten in seiner Düsseldorf-Revue. Von Immermann heißt es, er spräche „höchst geistreich; man kann ihm stundenlang zuhören; eine eigene Bestimmtheit im Ausdruck, verbunden mit einem eignen schwermütigen Ausdruck in seinem interessanten Gesicht geben seiner Rede besonderen Reiz"[38]; ein Wermutstropfen sei nur sein ausgeprägter „Dichterstolz"[39]: „Er glaubt, befangen in der jetzt allgemeinen Dichterkrankheit, sich nicht genug anerkannt, sieht überall Feinde,

---

[36]   Mendelssohn Bartholdy, Felix: Brief an J. Fürst (Düsseldorf, 20.7.1834). In: Ders.: Briefe aus den Jahren 1830 bis 1847. Hrsg. von Paul Mendelssohn Bartholdy und Carl Mendelssohn Bartholdy. Billige Ausgabe in einem Bande. Teil 2. Leipzig: Mendelssohn 1899, S. 30f.
[37]   Vgl. das „Verzeichniß der bisher im Druck erschienenen Compositionen der Lieder von R. Reinick". In: Reinick, Robert: Lieder. Berlin: Reimarus 1844, S. 333–336. – Besonderer Beliebtheit erfreute sich das Gedicht „Juchhe!" („Wie ist doch die Erde so schön, so schön!"). In der Vertonung von Johannes Brahms fand es 1988 Eingang in Loriots Film „Ödipussi" – eine parodistische Wiederauferstehung, an der der Dichter gewiss seine Freude gehabt hätte.
[38]   Reinick, Robert: Brief an Franz Kugler (Düsseldorf, 19.12.1831). In: Aus Biedermeiertagen (wie Anm. 32), S. 32–39, hier S. 36.
[39]   Ebd., S. 37.

Neid und Übelwollende [...]. Das ist unangenehm."[40] Ganz anders sieht die Sache bei Felix Mendelssohn aus:

„Vor etwa vier Wochen hatten wir bei Schadow einen hohen musikalischen Genuß. Felix Mendelssohn nämlich hielt sich hier [...] auf, und da er mit Schadow,
Hildebrandt und den andern in Rom viel zusammen gelebt hatte und gereist
war, war er mit allen Malern hier bald bekannt und besuchte öfter den Direktor.
Sein Gespräch, sein Benehmen, kurz der ganze Mensch erschien mir höchst lie-
benswürdig. Ich habe viel mit ihm gesprochen [...]. Er spielte wundervoll, einige
Beethovensche Sonaten und mehrere herrliche Kompositionen von sich selbst,
unter andern ein Gondolierlied, eine Ouvertüre: die Hebriden von ihm benannt
usw. Von einem so lebendigen geistreichen Spiel habe ich wirklich nie einen Begriff gehabt. Er besuchte fast täglich die Akademie, und da wurde denn eines Tages eine fidele Fahrt nach Holtdorf [Heltorf] (5 Stunden von hier) unternommen,
wo Lessing und Mücke ihre Fresken gemalt haben [...]. Wir kneipten unterwegs
in Kaiserswörth [!], wo wir alle bei gutem Rheinwein kreuzfidel wurden [...]."[41]

Geselligkeit wurde allgemein groß geschrieben in den Düsseldorfer Künst-
lerkreisen, und Reinick weiß hier manche kuriose Einzelheit zu berichten.
Dass bei all dem Vergnügen das Studium nicht zu kurz kam, dafür sorgte
schon die väterliche Aufsicht des Akademiedirektors, der das Wohl seiner
Schüler streng im Auge behielt:

„Ja wahrhaftig, [...] so einen Meister hat es nie gegeben und wird's nicht mehr
geben, der guckt die Leute durch und durch, und es ist gerade so, als wenn er
jedesmal der rechte gute Genius von dem ist, den er gerade korrigiert; er steckt
förmlich in der Seele aller seiner Schüler drin und weiß besser, wo man mit seinem
bißchen Sinn und Verstand hinaus will, als man's selber weiß."[42] – „Was wären wir
alle ohne Schadow!"[43]

Wer mehr über die Düsseldorfer Szene der 1830er-Jahre erfahren möchte, kann die Reinick-Briefe im Heinrich-Heine-Institut im Original lesen,
denn dort wird ein Teilnachlass Reinicks aufbewahrt. Es geht aber auch
einfacher: Unter der Signatur D. Lit. 1523 findet sich in der ULB eine sehr
sorgfältig, ja liebevoll gestaltete Brief-Ausgabe unter dem Titel *Aus Biedermeiertagen. Briefe Robert Reinicks und seiner Freunde*, 1910 heraus-

---

[40]   Ebd., S. 34.
[41]   Ebd., S. 35.
[42]   Reinick, Robert: Brief an Franz Kugler (Düsseldorf, März 1834). In: Aus Biedermeiertagen (wie Anm. 32), S. 80–87, hier S. 83.
[43]   Reinick, Robert: Brief an Franz Kugler (Düsseldorf, 15.2.1837). In: Aus Biedermeiertagen (wie Anm. 32), S. 102–105, hier S. 105.

gegeben von Johannes Höffner – der Glanzzeit des „Rheinischen Athen" durchaus angemessen mit Goldschnitt versehen.

Reinicks Bedeutung für die Düsseldorfer Kunstakademie erschöpft sich nicht in seiner Rolle als Chronist, vielleicht noch wichtiger ist sein Engagement als Organisator. Seit 1836 verfolgte er die Idee, seine meist noch ungedruckten Gedichte in einer großformatigen Ausgabe zu publizieren, illustriert mit „Randzeichnungen seiner Freunde". Und da er mit den meisten Düsseldorfer Malern gut befreundet war, fiel es ihm nicht schwer, das erste und einzige große Gemeinschaftswerk der Düsseldorfer Schule zu organisieren, an dem sich alle bedeutenden Künstler (insgesamt an die 30) beteiligten – von den jüngsten Schülern (das waren Andreas Achenbach und Alfred Rethel) bis hin zum Direktor Schadow, der schnell begriffen hatte, welchen Werbewert diese Veröffentlichung für seine Akademie haben würde. Und er sollte Recht behalten. Die *Lieder eines Malers mit Randzeichnungen seiner Freunde* wurden ein großer publizistischer Erfolg – nicht nur wegen der hohen künstlerischen Qualität, sondern auch aufgrund der recht professionellen Vermarktungsstrategie Reinicks.[44] Die erste Auflage von 1.000 Exemplaren erschien zu Weihnachten 1837 und war sofort vergriffen. Weitere Auflagen ließen nicht lange auf sich warten. Die ULB besitzt fünf verschiedene Ausgaben des Werks aus den 1830er- bis 1850er-Jahren.[45] Außerdem ein Rarum: zehn Blatt Probedrucke (vor der Schrift), darunter als Rarissimum mehrere farbige Abzüge, wie sie sich Reinick ursprünglich für das gesamte Werk gewünscht hatte – ein Vorhaben, das er aber recht bald aufgeben musste, da bei diesem Druckverfahren die Platten zu sehr angegriffen wurden und nicht lange durchgehalten hätten.[46]

Reinicks *Lieder eines Malers* waren gewiss die erfolgreichste Buchveröffentlichung der Düsseldorfer Malerschule: das richtige Buch zur richtigen Zeit.[47] Es bildete den Höhepunkt der frühen Schadow-Ära, zog aber zu-

---

[44] Vgl. hierzu die Düsseldorfer Dissertation von Oberste-Hetbleck, Nadine: Kunst & Marketing: Selbstvermarktung von Künstlern der Düsseldorfer Malerschule und das Düsseldorfer Vermarktungssystem 1826–1869. Regensburg: Schnell & Steiner 2010.

[45] Reinick, Robert: Lieder eines Malers mit Randzeichnungen seiner Freunde. Düsseldorf: o. V. 1838 (ULB: D. Lit. 775 [4°] und D. Lit. 2004 [4°]); Düsseldorf: Buddeus o. J. (zw. 1839–1846) (ULB: D. Lit. 1563 [4°]); Leipzig: Vogel o. J. (ca. 1852) (ULB: D. Lit. 1564 [4°]).

[46] Probedrucke (1836) (ULB: kun b 3720 [4°]).

[47] Mit seinen „Liedern eines Malers" trat Reinick eine Lawine von Künstleralben los, die teils mit großen Namen (wie Ludwig Richter oder Moritz von Schwind), teils mit aufwendigen Drucktechniken (wie der Farblithographie) aufwarten konnten, jedoch nie wieder die inhaltliche Geschlossenheit geschweige denn den freundschaftlichen Geist des Erstlings zu erreichen vermochten.

Abb. 6: Robert Reinick: Lieder eines Malers mit Randzeichnungen seiner Freunde.
Düsseldorf 1838 (ULB: D. Lit. 2004 [4°])

gleich auch einen Schlussstrich – und das nicht nur unter Reinicks Schaffen in Düsseldorf (er verließ die Stadt 1838), sondern auch unter die Blüte- und Glanzzeit des „Rheinischen Athen", die mit den 1830er-Jahren enden sollte.

Bereits 1835 hatte Felix Mendelssohn die Stadt verlassen; 1836 waren Norbert Burgmüller und Christian Dietrich Grabbe verstorben. Im Folgejahr musste Karl Immermann aus finanziellen Gründen seine Musterbühne schließen. Auch der Glanz der Düsseldorfer Akademie begann zu verblassen und wurde von inneren Zwistigkeiten überschattet, nachdem Schadow seine viel gepriesene Liberalität aufgegeben hatte und sich mehr und mehr für eine streng nazarenisch ausgerichtete religiöse Kunst stark machte. Reinick bemerkte hierzu, Schadow habe seit einiger Zeit

„etwas so Gereiztes, Verbissenes, daß es zusammen mit seiner schwankenden Gesundheit ihn sehr heruntergebracht hat. Das verbreitet sich denn auch in den Kreis junger Künstler, die diese nazarenische Richtung, zum Teil ihm zu Gefallen, mit angenommen. Zum Glück sind es aber nur wenige und meist untergeordnete Talente, aber gottlob übrigens ganz gute Kerls. Sehr schlimm nur, daß die älteren Künstler ihm dadurch doch immer mehr entfremdet werden. Wäre er ganz gesund, so wäre vieles, vieles besser; sein Unterleib aber hat einen weiten Wirkungskreis, denn es ist der Unterleib eines Direktors."[48]

Das klingt wahrlich nicht gut. – Doch wenn man mich fragen würde, welches der hier vorgestellten Kapitel der Düsseldorfer Kultur- und Literaturgeschichte für mich die größte Faszinationskraft besitzt, dann könnte die Antwort nur lauten: diese kurze, intensive Zeit um 1830 – mit ihrem einmaligen Zusammenklingen von Kunst und Literatur, Theater und Musik. Und wenn ich mich in diesem Kontext auf eine Person konzentrieren sollte, dann wäre das ohne Zweifel Felix Mendelssohn Bartholdy. Es ist für mich immer noch ein kleines Wunder, dass Düsseldorf ihn anwerben und fast zwei Jahre[49] festhalten konnte (er wäre wohl noch länger geblieben, wenn ihn nicht aus der damaligen Musikhauptstadt Leipzig ein Angebot erreicht hätte, das er nicht ablehnen konnte). Da er mein Favorit in der Düsseldorfer Szene ist, soll er auch zum Schluss noch einmal zu Wort kommen – mit einem Briefzitat vom August 1834, das uns zu Zeugen der inoffiziellen deutschen Erstaufführung von Mendelssohns Ouvertüre zum *Märchen von der schönen Melusine* macht.[50] Die fand am 27. Juli 1834 in Düsseldorf als Privatveranstaltung statt, nur für die Ohren des

[48] Reinick, Robert: Brief an Franz Kugler (Düsseldorf, 11.7.1838). In: Aus Biedermeiertagen (wie Anm. 32), S. 112–118, hier S. 117.
[49] Mendelssohns Aufenthalt in Düsseldorf: 25.9.1833–1.8.1835.
[50] Uraufführung am 4. April 1834 in London (in Abwesenheit des Komponisten).

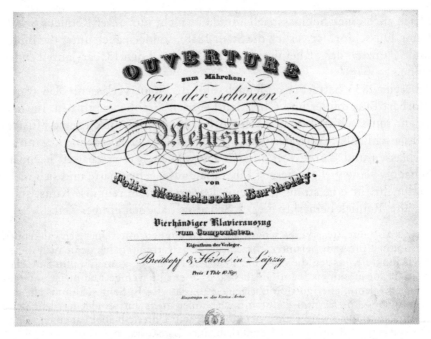

Abb. 7: Felix Mendelssohn Bartholdy: Ouverture zum Mährchen von der schönen Melusine. Vierhändiger Klavierauszug. Leipzig 1836 (ULB: K. W. 11913 [4°])

Komponisten und des Orchesters bestimmt. Da sich die Musiker für diese außerdienstliche Leistung nicht bezahlen lassen wollten, wurden sie von Mendelssohn ausgiebig mit Braten und Wein belohnt – und man gewinnt den Eindruck, dass sie Letzterem zur Einstimmung schon vorab beherzt zugesprochen haben, denn mit der Tonsicherheit des Orchesters stand es anschließend nicht zum Besten:

„[…] so lud ich mir sämmtliche hiesige Musikanten in den Musiksaal zusammen und probierte es mit ihnen. Da ich sie nun nicht bezahlen konnte, denn das hätten sie übel genommen, so gab ich ihnen ein Souper mit Kalbsbraten und Butterbrod, und machte sie so betrunken, wie sie nur wünschen konnten. Das war aber das Vergnügen nicht, sondern meine Ouvertüre zur Melusine, die ich da zum erstenmale spielen ließ, und die mir sehr gut gefiel. Ich weiß so bei manchen Stücken vom ersten Tacte an, daß sie gut klingen werden und Zug haben, und so war's auch damit, sobald sich die Clarinette im ersten Tacte hinaufwälzte. Es ging schlecht, und doch hatte ich mehr Freude daran, als von mancher vollkommenen Aufführung und kam Abends mit einem so frohen Gefühl nach Hause, wie seit langer Zeit nicht. Wir spielten sie dreimal, und nach dem letztenmal fielen die Trompeten unmittelbar nach dem letzten leisen Accorde mit einem Tusch ein, was sich sehr lächerlich machte. Auch war es schön, als wir bei Tische saßen und Einer eine lange Rede mit Einleitung und allem Möglichen anfing, und sich verhädderte, und endlich mich leben ließ, worauf die Trompeter und Pauker wie besessen aufsprangen und nach den Instrumenten liefen, um wieder Tusch zu blasen; dann hielt ich eine männliche Rede, Robert Peel's würdig, worin ich Einigkeit und christliche Liebe und Tacthalten anempfahl, und mit einem Toast auf die Fortschritte der Düsseldorfer Musik schloß."[51]

Eine wahre Sternstunde der regionalen Musikkultur, wert, in die Annalen der Düsseldorfer Kulturgeschichte aufgenommen zu werden, die in der ULB Düsseldorf in so reicher Fülle dokumentiert ist. Bleibt zum Schluss nur zu wünschen:

„Vivat, crescat, floreat,
Ne sus Minervam doceat.
Möge sie leben, wachsen und blühen
Und Minerva hier niemals den Kürzeren ziehen."

---

[51] Mendelssohn Bartholdy, Felix: Brief an die Eltern (Düsseldorf, 4.8.1834). In: Mendelssohn Bartholdy, Briefe (wie Anm. 36), S. 32–35, hier S. 33f.

Bibliographie zum Bestand der Universitäts- und Landesbibliothek Düsseldorf (2011–2015/16)[(1)]

Architekturzeichnung zum Kölner Dom in einer Handschrift der ULB Düsseldorf entdeckt. In: Bibliotheksdienst 49 (2015) 3/4, S. 406–407.

Dreis, Gabriele: „Ich las das Buch so oft, bis es zur Ruine geworden war." Literarischer Denkmalschutz in modernen Bibliotheken: Das Beispiel der Universitäts- und Landesbibliothek Düsseldorf. In: Düsseldorfer Jahrbuch 83 (2013), S. 353–371.

Dreis, Gabriele: Wissen mehren und verbreiten: Zur Digitalisierung schriftlichen Kulturguts in der Universitäts- und Landesbibliothek Düsseldorf. In: Siebert, Irmgard (Hrsg.): Digitalisierung in Regionalbibliotheken. Frankfurt am Main: Klostermann 2012 (Zeitschrift für Bibliothekswesen und Bibliographie: Sonderbände; 107), S. 87–115.

Dreis, Gabriele; Schlüter, Ulrich: Die Düsseldorfer Sammlung mittelalterlicher Handschriften: Vom Zustandsprotokoll über die Digitalisierung zum Originalerhalt. In: Siebert, Irmgard (Hrsg.): Bibliothek und Forschung. Die Bedeutung von Sammlungen für die Wissenschaft. Frankfurt am Main: Klostermann 2011 (Zeitschrift für Bibliothekswesen und Bibliographie: Sonderbände; 102), S. 89–110.

Erhalt des schriftlichen Kulturerbes. Programm der Landesregierung Nordrhein-Westfalen. Bericht der geförderten Einrichtungen – ULB Bonn, ULB Düsseldorf, ULB Münster, USB Köln – über die Maßnahmen im Zeitraum 2007 bis 2012 und über weitere Planungen. Redaktion: Renate Vogt. Düsseldorf 2013.

Erschließung mittelalterlicher Handschriften in der ULB Düsseldorf. In: Bibliotheksdienst 47 (2013) 2, S. 135.

Heppener, Sandra: Vom Original zum Digitalisat – Das DFG-Projekt „Pharmaziehistorische Bibliothek Dr. Helmut Vester". In: ProLibris 18 (2013) 1, S. 30–33.

Lemanski, Thorsten; Weber, Rainer: Erschließung und Digitalisierung von 10.000 Düsseldorfer Theaterzetteln. Ein von der DFG gefördertes Projekt der Universitäts- und Landesbibliothek Düsseldorf. In: Bibliotheksdienst 46 (2012) 2, S. 83–101.

Lemanski, Thorsten; Weber, Rainer: Zur Erschließung und Digitalisierung von 10.000 Düsseldorfer Theaterzetteln an der Universitäts- und Landesbibliothek Düsseldorf. In: Pernerstorfer, Matthias J. (Hrsg.):

Theater – Zettel – Sammlungen. Erschließung, Digitalisierung, Forschung. Wien: Hollitzer 2012, S. 157–171.

Lemanski, Thorsten; Siebert, Irmgard; Weber, Rainer: Erschließung und Digitalisierung von Schulprogrammen. Bericht über ein Projekt der Universitäts- und Landesbibliothek Düsseldorf. In: Bibliotheksdienst 45 (2011) 3/4, S. 233–249.

Die mittelalterlichen Handschriften der Signaturengruppe C in der Universitäts- und Landesbibliothek Düsseldorf. Beschrieben von Agata Mazurek. Hrsg. von Irmgard Siebert und Gabriele Dreis. Wiesbaden: Harrassowitz 2012 (Universitäts- und Landesbibliothek Düsseldorf. Kataloge der Handschriftenabteilung; 3).

Die mittelalterlichen Handschriften und Fragmente der Signaturengruppe D in der Universitäts- und Landesbibliothek Düsseldorf. Beschrieben von Katrin Janz-Wenig, Monika E. Müller und Gregor Patt. Hrsg. von Irmgard Siebert und Anne Liewert. Teil 1 und 2. Wiesbaden: Harrassowitz 2015 (Kataloge der Handschriftenabteilung. Universitäts- und Landesbibliothek Düsseldorf. Band 4).

Mittelalterliche Handschriften erschlossen. In: BuB (2013) 2, S. 99–100.

Rezensionen:
Dolbeau, François: Catalogues de manuscrits latins. Inventaire hagiographique (trente et uniéme série). Die mittelalterlichen Handschriften der Signaturengruppe C in der Universitäts- und Landesbibliothek Düsseldorf. Bearb. von Agata Mazurek. Hrsg. von Irmgard Siebert und Gabriele Dreis. Wiesbaden: Harrassowitz 2012 … . In: Analecta Bollandiana 132 (2014), S. 172–178.

Plassmann, Max: Die mittelalterlichen Handschriften der Signaturengruppe C in der Universitäts- und Landesbibliothek Düsseldorf. In: Düsseldorfer Jahrbuch 84 (2014), S. 387–388.

Die mittelalterlichen Handschriften der Signaturengruppe C in der Universitäts- und Landesbibliothek Düsseldorf. In: Analecta Bollandiana 131 (2013), S. 1034–1035.

Cornil, P.: Die mittelalterlichen Handschriften der Signaturengruppe C in der Universitäts- und Landesbibliothek Düsseldorf. Bearb. von Agata Mazurek. Hrsg. von Irmgard Siebert und Gabriele Dreis. Wiesbaden: Harrassowitz 2012 … . In: Bulletin Codicologique (2013) 1, S. 40–41.

Janota, Johannes: Die mittelalterlichen Handschriften der Signaturengruppe C in der Universitäts- und Landesbibliothek Düsseldorf. In: Germanistik 53 (2012) 3/4, S. 341–342.

Die mittelalterlichen Handschriften der Signaturengruppe B in der Universitäts- und Landesbibliothek Düsseldorf. Teil 2: Ms. B 101a bis B 214. Beschrieben von Agata Mazurek und Joachim Ott. Hrsg. von Irmgard Siebert und Gabriele Dreis. Wiesbaden: Harrassowitz 2011 (Universitäts- und Landesbibliothek Düsseldorf. Kataloge der Handschriftenabteilung; 2).

Rezensionen:
Die mittelalterlichen Handschriften der Signaturengruppe B in der Universitäts- und Landesbibliothek Düsseldorf. Teil 2: Ms. B 101a bis B 214. In: Medioevo Latino XXXIV (2013), S. 174–175.
Bogaert, Pierre-Maurice: Die mittelalterlichen Handschriften der Signaturengruppe B in der Universitäts- und Landesbibliothek Düsseldorf. Teil 2: Ms. B 101a bis B 214, … . In: Revue bénédictine 122 (2012) 1, S. 182–183.

Nussbaum, Norbert: Neues zu den Turmplanungen des Kölner Domes. In: Kölner Domblatt 97 (2014), S. 75–119.
Olliges-Wieczorek, Ute: Das Doppelporträt *Bertolt Brecht und Thomas Mann* von Bernhard Heisig – eine Neuerwerbung für die Thomas-Mann-Sammlung der Universitäts- und Landesbibliothek Düsseldorf. In: Düsseldorfer Beiträge zur Thomas-Mann-Forschung. Schriftenreihe der Thomas Mann Gesellschaft Düsseldorf. Hrsg. von Miriam Albracht [u.a.]. Düsseldorf: Wellem 2013, S. 79–94.
Olliges-Wieczorek, Ute: „Sie haben aber viel mehr, als ich noch besitze…“. Geschichte, Sammlungsprofil und Nutzungsmöglichkeiten der Thomas-Mann-Sammlung der Universitäts- und Landesbibliothek Düsseldorf. In: Düsseldorfer Beiträge zur Thomas-Mann-Forschung. Schriftenreihe der Thomas Mann Gesellschaft Düsseldorf 1 (2011), S. 183–202.
Schmitt-Föller, Rudolf: Catalogue de Livres – Die Büchersammlung Lambert Krahes. In: Akademie. Sammlung. Krahe. Eine Künstlersammlung für Künstler. Hrsg. von Sonja Brink und Beat Wismer. Berlin, München: Deutscher Kunstverlag 2013, S. 177–191.
Siebert, Irmgard (Hrsg.): Glanzpunkte der Universitäts- und Landesbibliothek Düsseldorf. Kalender für das Jahr 2016. Düsseldorf 2015.
Siebert, Irmgard: „hidden collections“ auf dem Hochleistungsscanner. ULB Düsseldorf digitalisiert Schulprogramm-Sammlung der Bibliothek des Görres-Gymnasiums. In: BuB 66 (2014) 1, S. 9. Auch in: Bibliotheksdienst 48 (2014) 1, S. 84–86 u. d. T.: ULB Düsseldorf digitalisiert Schulprogramm-Sammlung der Bibliothek des Görres-Gymnasiums.
Siebert, Irmgard: Die Zukunft liegt in der Vergangenheit. Historische Bibliotheken auf dem Weg zu Forschungsbibliotheken. In: Das historische Erbe in der Region. Festschrift für Detlev Hellfaier. Hrsg. von Axel Halle [u.a.]. Bielefeld: Aisthesis 2013, S. 129–143. Erweiterte Fassung in: Bibliothek, Forschung und Praxis 37 (2013) 1, S. 78–90.
Siebert, Irmgard: Die Bedeutung von Sammlungen für die Wissenschaft.

Profilierungschancen für Bibliotheken im Zeitalter ubiquitärer Verfüg-
barkeit. In: Bibliotheken: Tore zur Welt des Wissens. 101. Deutscher
Bibliothekartag in Hamburg 2012. Hrsg. von Klaus-Rainer Brintzinger
und Ulrich Hofhoff .... Hildesheim: Olms 2013 (Deutscher Bibliothekartag: Kongressbände), S. 289–302.
Siebert, Irmgard: Sammlungen entdecken, erhalten, erschließen und ver-
netzen: zehn Jahre Qualitätsdigitalisierung an der ULB Düsseldorf. In:
ProLibris 18 (2013) 2, S. 62–69.
Siebert, Irmgard: ULB Düsseldorf digitalisiert Schulprogramm-Sammlung der Bibliothek des Görres-Gymnasiums. In: b.i.t. online 16 (2013)
6, S. 478–479.
Siebert, Irmgard (Hrsg.): Digitalisierung in Regionalbibliotheken. Frankfurt am Main: Klostermann 2012 (Zeitschrift für Bibliothekswesen und
Bibliographie: Sonderbände; 107).

Rezensionen:
Förster, Frank: Digitalisierung in Regionalbibliotheken. In: ABI-Technik 33
    (2013) 1, S. 58–60.
Köppl, Sebastian: Digitalisierung in Regionalbibliotheken. In: Zeitschrift für
    Bibliothekswesen und Bibliographie 60 (2013) 2, S. 106–107.
Seiderer, Birgit: Digitalisierung in Regionalbibliotheken. In: b.i.t. online 16
    (2013) 1, S. 82.
Babendreier, Jürgen: Digitalisierung in Regionalbibliotheken. In: Informa-
    tionsmittel (IFB) (2012) 4. URL: http://ifb.bsz-bw.de/bsz357797582rez-1.
    pdf?id=5500 [Stand 09.05.2016].

Siebert, Irmgard; Spies, Carola; Schweizer, Stefan (Hrsg.): Gärten – wie sie
im Buche stehen. Gartenkunsthistorische Publikationen des 16. bis 20.
Jahrhunderts aus dem Bestand der Universitäts- und Landesbibliothek
Düsseldorf. Begleitband zu einer Ausstellung des Instituts für Kunstgeschichte der Heinrich-Heine-Universität Düsseldorf und der Universi-
täts- und Landesbibliothek Düsseldorf. Düsseldorf 2011 (Schriften der
Universitäts- und Landesbibliothek Düsseldorf; 42).

Rezensionen:
Crass, Hanns Michael: Gärten – wie sie im Buche stehen. In: Düsseldorfer Jahr-
    buch 83 (2013), S. 487–490.
Mail-Brandt, Maria: Gärten – wie sie im Buche stehen. In: Zeitschrift für Bi-
    bliothekswesen und Bibliographie 59 (2012) 5, S. 282–283.
Gärten – wie sie im Buche stehen. ... In: Wandelhalle der Bücherfreunde, April
    2011, S. 8–9.
Hawlitzki, Konrad: Gartenliteratur aus fünf Jahrhunderten. In: Marginalien
    201 (2011) 2, S. 94–95.

Wimmer, Clemens Alexander: Gärten – wie sie im Buche stehen. Ein garten-historischer Katalog aus Düsseldorf. In: Aus dem Antiquariat N.F. 9 (2011) 2, S. 89–99.

Siebert, Irmgard (Hrsg.): Bibliothek und Forschung. Die Bedeutung von Sammlungen für die Wissenschaft. Frankfurt am Main: Klostermann 2011 (Zeitschrift für Bibliothekswesen und Bibliographie: Sonderbände; 102).

Rezensionen:
Bibliothek und Forschung. Die Bedeutung von Sammlungen für die Wissenschaft. Hrsg. von Irmgard Siebert. ... In: Fachbuchjournal 4 (2012) 2, S. 55–56.
Babendreier, Jürgen: Bibliothek und Forschung: die Bedeutung von Sammlungen für die Wissenschaft. Hrsg. von Irmgard Siebert. ... In: Informationsmittel (IFB) 19 (2011) 3. URL: http://ifb.bsz-bw.de/bsz333686829rez-1.pdf?id=4325 [Stand 11.04.2016].
Förster, Frank: Bibliothek und Forschung: die Bedeutung von Sammlungen für die Wissenschaft. Hrsg. von Irmgard Siebert. ... In: ABI Technik 31 (2011) 2, S. 118–120.

Talkner, Katharina: Von Hofmusikern, Musikdirektoren und Jecken – die Musikalien der Universitäts- und Landesbibliothek Düsseldorf. In: Musiksammlungen in den Regionalbibliotheken Deutschlands, Österreichs und der Schweiz. Hrsg. von Ludger Syré. Frankfurt am Main: Klostermann 2015 (Zeitschrift für Bibliothekswesen und Bibliographie: Sonderbände; 116), S. 127–138.

Talkner, Katharina: I've got the RISM and you've got the music! Moderne Wege zur effizienten Erschließung musikalischer Nachlässe. In: Perspektive Bibliothek 2 (2013) 2, S. 75–103.

Theaterzettel und pharmazeutische Kostbarkeiten. DFG-geförderte Digitalisierung an der ULB Düsseldorf. In: BuB 64 (2012) 7–8, S. 486.

ULB Düsseldorf – Fragment zum Kölner Dom entdeckt. In: ProLibris 20 (2015) 1, S. 48.

---

[1] Die Bibliographie versteht sich als Ergänzung zum 2011 veröffentlichten Verzeichnis in: Siebert, Irmgard (Hrsg.): Bibliothek und Forschung. Die Bedeutung von Sammlungen für die Wissenschaft. Frankfurt am Main: Klostermann 2011 (Zeitschrift für Bibliothekswesen und Bibliographie: Sonderbände; 102), S. 207–234.

Bildnachweis

Wenn nicht anders angegeben, befinden sich die Abbildungen im Bestand der Universitäts- und Landesbibliothek Düsseldorf.

Irmgard Siebert

Abb. 1 (S.36)   Erwin Quedenfeldt: Emmerich, Tür mit Oberlichtfenster an diesem Hause/ Einzelbilder vom Niederrhein, Serie 2.

Abb. 2 (S. 36)   Erwin Quedenfeldt: Mörs, Haustür mit Oberlichtfenster, Burgstraße 7/ Einzelbilder vom Niederrhein, Serie 2.

Abb. 3 (S. 36)   Erwin Quedenfeldt: Neuß, Haustür mit Oberlichtfenster Oberstraße 78/ Einzelbilder vom Niederrhein, Serie 2.

Abb. 4 (S. 36)   Erwin Quedenfeldt: Zülpich, Kreis Euskirchen, Cölnstrasse 24, Haustür/ Einzelbilder vom Niederrhein, Serie 4.

Abb. 5 (S. 37)   Erwin Quedenfeldt: Düsseldorf Stadt, Hof in der Citadellstraße 7 mit Maler-Atelier/ Einzelbilder vom Niederrhein, Serie 1.

Abb. 6 (S. 37)   Erwin Quedenfeldt: Düsseldorf, alte Dächer, Blick von der Kunstakademie aus/ Einzelbilder vom Niederrhein, Serie 1.

Abb. 7 (S. 37)   Erwin Quedenfeldt: Kaiserswerth, Kreis Düsseldorf, Blick in die Hauptstraße vom Rhein aus/ Einzelbilder vom Niederrhein, Serie 1.

Abb. 8 (S. 37)   Erwin Quedenfeldt: Zons, Kreis Neuß, alter Hof mit Überbau/ Einzelbilder vom Niederrhein, Serie 1.

Abb. 9 (S. 38)   Erwin Quedenfeldt: Orsoy, Kreis Moers, Blick in die Hauptstraße vom Kuh-Tor, andere Seite der Straße/ Einzelbilder vom Niederrhein, Serie 1.

Abb. 10 (S. 38)   Erwin Quedenfeldt: Gangelt, Kreis Geilenkirchen, Heinsberger Tor/ Einzelbilder vom Niederrhein, Serie 4.

Abb. 26 (S. 42)	Erwin Quedenfeldt: Orsoy, Kreis Mörs, Rheinhafen, alter Rheinarm/ Einzelbilder vom Niederrhein, Serie 4.
Abb. 27 (S. 43)	Erwin Quedenfeldt: Neersen, Bruchlandschaft, Kreis Gladbach, Landschaft an der Niers/ Einzelbilder vom Niederrhein, Serie 1.
Abb. 28 (S. 43)	Erwin Quedenfeldt: Rheinberg, Kreis Mörs, alter Rheinarm mit Kopfweiden/ Einzelbilder vom Niederrhein, Serie 4.
Abb. 29 (S.44)	Erwin Quedenfeldt: Kesselhaus Automatische Feuerungsanlagen,1913. © Konzernarchiv Henkel AG & Co. KGaA
Abb. 30 (S. 44)	Erwin Quedenfeldt: Teilansicht der Aufbereitung, 29. Juli 1913. © Konzernarchiv Henkel AG & Co. KGaA

Ottfried Dascher

Abb. 1 (S. 47)	Porträt Alfred Flechtheim 1911, Foto: Thea Sternheim, mit Genehmigung der Heinrich Enrique Beck-Stiftung, Basel. Aus dem Bestand des Deutschen Literaturarchivs Marbach.
Abb. 2 (S. 48)	Ludwig Hohlwein: Exlibris-Sammlung Flechtheim.
Abb. 3 (S. 50)	Flechtheim als Kunsttrommler, Zeichnung von Rudolf Grossmann (undatiert).
Abb. 4 (S. 52)	Katalog zur Eröffnung der Galerie Flechtheim 1913.
Abb. 5 (S. 55)	Else Lasker-Schüler: Gedicht: Meine Mutter und Lithographie, 1923.
Abb. 6 (S. 56)	Der Querschnitt, Titelblatt, Heft 10, 1929.
Abb. 7 (S. 58)	Omnibus, Titelblatt, 1931.
Abb. 8 (S. 59)	Omnibus, Inhaltsverzeichnis 1931.

Ute Olliges-Wieczorek

Abb. 1 (S. 64)	Hans-Otto Mayer (1903–1983), Gemälde von Helga Tiemann, 1973.
Abb. 2 (S. 67)	Thomas Mann: Buddenbrooks. Verfall einer Familie. Roman. Berlin: S. Fischer 1903. Titelblatt. Einbandgestaltung: Wilhelm Schulz (1865–1952).
Abb. 3 (S. 69)	Besuch in der Buchhandlung: Thomas Mann und Hans-Otto Mayer. Foto: Thomas-Mann-Sammlung, ULB Düsseldorf.
Abb. 4 (S. 70)	Thomas Mann: Erklärung zu der Aufforderung der „Gesellschaft zur Bekämpfung der Unmenschlichkeit", Buchenwald zu besuchen (1949).
Abb. 5 (S. 72)	Thomas Mann: Der kleine Herr Friedemann. Novellen. Berlin: S. Fischer 1898. Titelblatt. Erstausgabe.
Abb. 6 (S. 73)	Porträtradierung Thomas Mann von Max Liebermann, 1925.
Abb. 7 (S. 76)	Wolfgang Born: Der Tod in Venedig. 9 farbige Lithographien zu Thomas Manns Novelle mit einem Brief des Dichters an den Maler. München: Bischoff 1921 (Titelblatt).
Abb. 8 (S. 76)	Wolfgang Born: Reisevision, Lithographie
Abb. 9 (S. 78)	Wolfgang Born: Der Heilige Sebastian, Lithographie
Abb. 10 (S. 78)	Wolfgang Born: Der Tod, Lithographie
Abb. 11 (S. 80)	Helmut Werres: Der Gondolier. In: Thomas Mann: Der Tod in Venedig. Novelle. Mit 21 Pinselzeichnungen von Helmut Werres. Nettetal: Verlag der Buchhandlung Matussek 1990.
Abb. 12 (S. 81)	Briefe deutscher Klassiker. Wege zum Wissen. Berlin: Ullstein 1936. 16 S. Tarnschrift des Werkes: Thomas Mann: Ein Briefwechsel, 1937.
Abb. 13 (S. 83)	Die andere Seite. Flugblätter; von der Royal Air Force über Deutschland abgeworfen. London 1942–[1943].
Abb. 14 (S. 84)	Thomas Mann: Der Zauberberg. Verbilligter Sonderdruck für deutsche Kriegsgefangene. Nachdr., unveränd. u. ungekürzte Ausgabe. Stockholm: Bermann-Fischer 1945 (hergestellt in den USA). 2 Bde. (Bücherreihe Neue Welt; 15).

Abb. 15 (S. 91)	Thomas Mann: Die Betrogene. Erzählung. Frankfurt am Main: S. Fischer 1953. 127 S. Erstausgabe.
Abb. 16 (S. 92)	Thomas Mann: Die Betrogene. Erzählung. Lausanne: Walli 1953. Faksimile-Ausgabe auf Büttenpapier, zugunsten bedürftiger Kinder und Jugendlicher in Israel.
Abb. 17 (S. 97)	Thomas Mann und Emil Barth (1900–1958) im „Malkasten" in Düsseldorf, 26.8.1954.

Alle Abbildungen stammen aus der Thomas-Mann-Sammlung der ULB Düsseldorf.

Barbara Engemann-Reinhardt

Abb. 1 (S. 101)	Pfeffernüsse. Aus den Werken von Doktor Martin Luther. Berlin 1982. Aus der Sammlung Engemann-Reinhardt.
Abb. 2 (S. 103)	Janusz Korczak. Rötelzeichnung von Marek Rudnicki (Deutsche Korczak Gesellschaft). Aus der Sammlung Engemann-Reinhardt.
Abb. 3 (S. 109)	Korczak-Denkmal in Günzburg von Itzchak Belfer, 2003. Foto: © Siegfried Steiger.
Abb. 4 (S. 110)	Israel Zyngman – Janusz Korczak wśród sierot. Tel Aviv 1976.
Abb. 5 (S. 110)	Jiro Kondo, Japanische Korczak-Biografie, 1993. Aus der Sammlung Engemann-Reinhardt.
Abb. 6 (S. 111)	Janusz Korczak: Bobo. Warszawa 1914. Innentitel der Erstausgabe.
Abb. 7 (S. 112)	Janusz Korczaks Hauptwerke in zwei deutschen Publikationen: BRD und DDR.
Abb. 8 (S. 113)	Janusz Korczak: Wie man ein Kind lieben soll. In fünf Sprachen, Titelblätter.
Abb. 9 (S. 114)	Janusz Korczak: Das Kind neben dir – Gedanken eines polnischen Pädagogen. Berlin 1990. Außentitel.
Abb. 10 (S. 116)	Janusz Korczak: Pedagogika zartobliwa. Warszawa 1939. Aus der Sammlund Engemann-Reinhardt.
Abb. 11 (S. 116)	Janusz Korczak: König Macius. In zwei deutschen Ausgaben: Weimar 1978 und Freiburg 1994.

Abb. 12 (S. 117)   Janusz Korczak: König Macius̀. In vielen Sprachen.
Abb. 13 (S. 118)   Janusz Korczak: Allein mit Gott. In vier Sprachen.

Sofern nicht anders angegeben, stammen die Abbildungen aus der Korczak-Sammlung der ULB Düsseldorf.

Anne Liewert

Abb. 1 (S. 128)   Der Katalog Philipp Hedderichs mit den Revisions-markierungen durch Joseph Schram.
Abb. 2 (S. 131)   Das Exlibris Philipp Hedderichs.
Abb. 3 (S. 133)   Nachweis eines Wiegendrucks in Hedderichs Katalog.

Frank Leimkugel

Abb. 1 (S. 157)   Exlibris Dr. Helmut Vester.
Abb. 2 (S. 158)   Megenberg, Conradus de: Naturbuch Von nutz, eigenschafft, wunderwirckung vnd Gebrauch aller Geschöpff, Element vnd Creaturn. Franckenfurt am Meyn: 1540. Titelblatt.
Aus dem Bestand der Universitäts- und Landesbibliothek Düsseldorf.
Abb. 3 (S. 160)   Mattioli, Pietro Andrea: Petri Andreae Matthioli commentarii in libros sex Pedacii Dioscoridis Anazarbei, de medica materia. Venetijs: Vincentius Valgrisius, 1554, S. 133. DV2134. In der ULB Düsseldorf digital verfügbar: http://digital.ub.uni-duesseldorf.de/ihd/content/pageview/4306469 [Stand 11.04.2016].
Abb. 4 (S. 162)   Bock, Hieronymus; Sebisch, Melchior (Hrsg.): Kreutterbuch. Jetzundt aber auffs new ... verb. Straßburg, 1595, S. 386. DV2133(4). In der ULB Düsseldorf digital verfügbar: http://digital.ub.uni-duesseldorf.de/ihd/content/pageview/4291383 [Stand 11.04.2016].

Thorsten Lemanski, Gisela Miller-Kipp

Abb. 1 (S. 169)   Lagerung der Schulprogramme vor Beginn des Projekts 2009 im Magazin.
Foto: Universitäts- und Landesbibliothek Düsseldorf.

Abb. 2 (S. 171)   Sortierung der Schulprogramme in der Restaurierungswerkstatt.
Foto: Universitäts- und Landesbibliothek Düsseldorf.

Abb. 3 (S. 172)   Neu geboxte Schulprogramme
Foto: Universitäts- und Landesbibliothek Düsseldorf.

Abb. 4 (S. 175)   Scannen an einem Aufsichtscanner.
Foto: Universitäts- und Landesbibliothek Düsseldorf.

Abb. 5 (S. 180)   Jahresbericht der Städtischen Oberrealschule am Fürstenwall zu Düsseldorf, 1915.

Abb. 6 (S. 181)   12. Jahresbericht des Städtischen Realgymnasiums mit Realschule an der Rethelstraße, 1914/15, Düsseldorf.

Abb. 7 (S. 184)   Brewer, J. P.: Ueber den Nutzen der Mathematik als allgemeines Bildungsmittel betrachtet. Beilage zur Einladungsschrift zu den Oeffentlichen Prüfungen der Schüler des hiesigen Königl. Gymnasium, Sept. 1825.

Abb. 8 (S. 185)   Jost, W[alter]: Die Entwicklungsphasen der geometrisch-ornamentalen Urtypen im Vergleich mit der jetzigen Verzierungskunst der Bewohner des Südseearchipels. Wissenschaftliche Beilage zum Programm des Städtischen Realgymnasiums und Gymnasiums zu Düsseldorf, Ostern 1892/93.

Abb. 9 (S. 186)   Bericht über die Kunstgewerbeschule 1883–1893. Düsseldorf.

Abb. 10 (S. 187) Kunstgewerbeschule mit besonderer Architekturabteilung. Düsseldorf. Bericht für das Schuljahr 1909/10. Deckblatt und Titelblatt.

Katrin Janz-Wenig

Abb. 1 (S. 195)	Ms. E 1, fol. 40va, Handwechsel: Hand eines griechischen Schreibers.
Abb. 2 (S. 196)	Ms. E 1, fol. 3ra, Beginn der Collectio Dionysio-Hadriana mit der Vorrede des Dionysius Exiguus.
Abb. 3 (S. 197)	Ms. E 1, fol. 144v, Notiz des 12. Jahrhunderts, dass die Handschrift in Werden als Buchpfand benutzt wurde.
Abb. 4 (S. 199)	Ms. E 28, fol. 276rb, Beginn der Margareta decreti des Martinus Oppaviensis.
Abb. 5 (S. 200)	Ms. E 4, fol. 298r, Beginn der Novellae Innozenz' IV. mit Apparat.
Abb. 6 (S. 202)	Ms. E 4, fol. 145r, Dekretalen Gregors IX. mit Glossa ordinaria, Beginn des dritten Buches, Zierüberschrift.
Abb. 7 (S. 204)	Ms. E 5, fol. 92r, Godefridus de Trano, Kapitel: De poenitentiis et remissionibus aus der Summa super titulis decretalium.
Abb. 8 (S. 205)	Ms. E 6, fol. 184ra, Godefridus de Trano, Beginn des fünften Buches der Summa super titulis decretalium.
Abb. 9 (S. 207)	Ms. E 7, fol. 1r, Beginn der Lectura super tertium librum decretalium des Nicolaus de Tudeschis, Löwen mit Wappenschild.
Abb. 10 (S. 208)	Ms. E 9b, fol. 126r, Beginn des dritten Buches des Compendium theologicae veritatis.
Abb. 11 (S. 210)	Ms. E 9a, fol. 1r: Summen des Placentinus, ornamentale Winde mit Vogel- sowie Kugelköpfen, Schenkungsvermerk des Barons Brempt zu Landskron Ween an das Jesuitenkolleg Düsseldorf.
Abb. 12 (S. 212)	Ms. E 3, fol. 117v, Beginn des 37. Kapitels über die Exkommunikation aus dem Handbuch „De synodalibus causis et disciplinis ecclesiasticis" des Regino Prumiensis.
Abb. 13 (S. 213)	Ms. E 8a, fol. 12r, Statuten der Kölner Erzbischöfe, hier Beginn der Statuten des Erzbischofs Siegfried von Westerburg (1275–1297).
Abb. 14 (S. 214)	Ms. E 27, fol. 32v, Besitzeintrag des Robert van Reydt und Stadtwappen von Kleve, 16. Jahrhundert.

Abb. 15 (S. 215)   Ms. E 27, Stadtrecht von Kleve, fol. 158r, Bestimmun-
                   gen zu Herstellung und Ausschank des Grutbieres,
                   das vor der Einführung des Hopfenbieres im 14. Jahr-
                   hundert, vor allem im rheinischen, niederländischen
                   Raum sowie in Flandern weit verbreitet war.

Eva Schlotheuber

Abb. 1 (S. 220)   MS-D 11 fol. 420r: Fest des Heiligen Dominikus (8.
                   August). In festo beatissimi Dominici almi confessoris
                   (urn:nbn:de:hbz:061:1-39664).
Abb. 2 (S. 222)   MS-D 11 fol. 258v: (urn:nbn:de:hbz:061:1-39664).
                   Zwei Dominikanerinnen von Paradiese Soest mit den
                   Initialen E. H. und V., die in den Spruchbändern die
                   Psalmverse Resuscita me (Ps. 40,11) und Tu domine
                   miserere mei (Ps. 40,11) tragen.
Abb. 3 (S. 229)   Konventssiegel des Klosters Paradiese bei Soest.. Eva
                   und Adam im Paradies (Sündenfall), Spitzoval, brau-
                   nes Wachs. Umschrift: † Sigillum conventus sororum
                   in Paradiso. (Urkundlich belegt 1271 und 1300), Mün-
                   ster, Landesarchiv NRW, Abteilung Westfalen
                   © Landesarchiv NRW, Münster.

Ricarda Bauschke-Hartung

Abb. 1 (S. 242)   Handschriftliches Vorwort zwischen Titelei und Text-
                   abdruck.
Abb. 2 (S. 242)   Beginn der Chronik.
Abb. 3 (S. 243)   Aufgeklebtes Notariatsinstrument Christian Wier-
                   straets.
Abb. 4 (S. 244)   Handschriftlicher Eintrag, 19. Jahrhundert (?).
Abb. 5 (S. 245)   Folio 2 mit dem Hinweis „Facsimile" in der rechten
                   unteren Ecke.
Abb. 6 (S. 245)   Folio 70 mit deutlich erkennbarer Reparatur.
Abb. 7 (S. 255)   Folio 69 recto: Letzter Teil der Chronik.
Abb. 8 (S. 255)   Folio 69 verso: Ende der Chronik und Beginn der
                   Kommentierung.

Eckhard Grunewald

Abb. 1 (S. 258)	Initiale P: Minerva und das Schwein. 1514 (ULB: Ms. B 1: Albertus Magnus, Bl. 166r).
Abb. 2 (S. 261)	Johannes Monheim: Catechismvs: In Qvo Christianae Religionis Elementa syncerè simpliciterq[ue] explicantur. Düsseldorf 1560 (ULB: Bint. 1120).
Abb. 3 (S. 265)	Friedrich Spee: Trvtz Nachtigal, Oder Geistlichs-Poetisch Lvst-Waldlein, Deßgleichen noch nie zuvor in Teutscher sprach gesehen [...]. Köln 1649 (ULB: D. Lit. 271).
Abb. 4 (S. 270)	Joachim Neander: „Lobe den HErren, den mächtigen König der Ehren“. In: Des Seligen Herren Joachimi Neanders Berühmten Reformirten Predigers zu Bremen, Geistreiche Glaub- Liebes- und Bundes-Lieder [...]. Amsterdam: Schoonwald 1725, S. 42f. (ULB: Benz 491).
Abb. 5 (S. 274)	Johann Wolfgang Goethe: „Mayfest“. In: Iris. Vierteljahresschrift für Frauenzimmer. 2. Bd. Düsseldorf 1775, S. 75 (ULB: D. Lit. 2314).
Abb. 6 (S. 280)	Robert Reinick: Lieder eines Malers mit Randzeichnungen seiner Freunde. Düsseldorf 1838 (ULB: D. Lit. 2004 [4°]).
Abb. 7 (S. 282)	Felix Mendelssohn Bartholdy: Ouverture zum Mährchen von der schönen Melusine. Vierhändiger Klavierauszug. Leipzig 1836 (ULB: K. W. 11913 [4°]).
	Aus dem Bestand der Universitäts- und Landesbibliothek Düsseldorf.

Personenregister

Die Autorinnen und Autoren

Dr. Ricarda BAUSCHKE-HARTUNG. Professorin. Lehrstuhlinhaberin „Ältere deutsche Literatur und Sprache" an der Heinrich-Heine-Universität Düsseldorf.

Studium der Germanistik und Romanistik an der Freien Universität Berlin. Wissenschaftliche Mitarbeiterin/Assistentin FU Berlin (1991–2002). Promotion über Walther von der Vogelweide 1995. Forschungsstipendium der DFG (2002–2005). Habilitation über die Troja-Rezeption im Mittelalter 2006. Professorin für Altgermanistik an der Albert-Ludwigs-Universität Freiburg im Breisgau (2006–2008). Seit 2008 Inhaberin des Lehrstuhls für Ältere deutsche Literatur und Sprache an der Heinrich-Heine-Universität Düsseldorf. Geschäftsführende Leiterin des Instituts für Germanistik an der HHU (2010–2012). Prorektorin für Studienqualität und Gleichstellung an der HHU (2012–2014). Seit 2012 Geschäftsführerin der Wolfram von Eschenbach-Gesellschaft.

Dr. Ottfried DASCHER, Honorarprofessor an der Ruhr-Universität Bochum (1980), ehemaliger Direktor des Nordrhein-Westfälischen Hauptstaatsarchivs Düsseldorf.

Studium der Geschichte, Germanistik und Politischen Wissenschaft in Marburg und Berlin. 1962 wiss. Assistent in Marburg und Zweitstudium der Volkswirtschaft, Promotion 1965, zweites Examen am Institut für Archivwissenschaft in Marburg 1967, Tätigkeit am Staatsarchiv Marburg, bei der Stiftung Westfälisches Wirtschaftsarchiv Dortmund (1970) und dem NRW Hauptstaatsarchiv Düsseldorf (1992). Mehrere Bücher und über 50 Aufsätze, vornehmlich zur Wirtschafts- und Kulturgeschichte und zum Archivwesen. Nach jahrelangen Recherchen rund um den Globus 2011 Vorlage einer Biographie über Flechtheim, die schon nach kurzer Zeit vergriffen war und 2013 in zweiter Auflage erschien. Die in der ersten Auflage beigelegte CD, die mithilfe der ULB Düsseldorf erstellt werden konnte, ist vom Verlag inzwischen freigeschaltet und kann abgerufen werden. Im Spätherbst 2016 erschienen: Sprung in den Raum. Skulpturen bei Alfred Flechtheim, mit 15 Beiträgen, hrsg. von Ottfried Dascher.

Barbara ENGEMANN-REINHARDT. Lehrerin, Lektorin im Verlag Volk und Wissen.
Studium der Germanistik und Romanistik an der Humboldt-Universität Berlin. Gründungs- und Präsidiumsmitglied (1982–2003) der 1979 in Warschau entstandenen Internationalen Korczak-Gesellschaft. Zusammen mit Günter Schulze Gründung und Leitung der Forschungsgemeinschaft Janusz Korczak in Berlin (1980–1990). Zweite Vorsitzende der Deutschen Korczak-Gesellschaft (1991–1999), Mitglied der Schweizerischen Korczak-Gesellschaft. Schenkung des Korczak-Archivs an die ULB Düsseldorf (2004).

Dr. Eckhard GRUNEWALD. Professor i.R. Lehrtätigkeit an den Universitäten Köln, Düsseldorf und Oldenburg.
Studium der Germanistik, Geschichte und Kunstgeschichte. Promotion 1976, Habilitation 1984 an der Universität zu Köln. 1991–2006 Ltd. wiss. Direktor am Bundesinstitut für Kultur und Geschichte der Deutschen im östlichen Europa, Oldenburg.

Dr. Katrin JANZ-WENIG. Österreichische Akademie der Wissenschaften (ÖAW), Institut für Mittelalterforschung, Abteilung für Schrift- & Buchwesen.
Studium der Germanistik, Musikwissenschaft und Italianistik an den Universitäten Würzburg und Padua. Promotion 2015. Wissenschaftliche Mitarbeiterin und Lehrbeauftragte an der Universität Würzburg, Institut für Deutsche Philologie (2007–2011). Weiterbildung in der Handschriftenkatalogisierung an der Vadianischen Sammlung, St. Gallen (2012). Wissenschaftliche Mitarbeiterin im DFG-Projekt: Katalogisierung der mittelalterlichen Handschriften der Universitäts- und Landesbibliothek Düsseldorf (2012–2014). Seit 2015 Katalogisierung der mittelalterlichen Handschriften des Augustinerchorherrenstiftes Klosterneuburg, ÖAW Wien.

Ulrich KOPPITZ. Dokumentationsassistent des Instituts für Geschichte, Theorie und Ethik der Medizin der Heinrich-Heine-Universität Düsseldorf für Archivalien und Fachapparat.
Studium der Geschichts-, Geo- und Historischen Hilfswissenschaften, Erstes Staatsexamen SII/I 1992, Promotionsstudien im Bereich Umweltgeschichte an den Universitäten in Düsseldorf und Münster. Vorstandsmitglied der European Society for Environmental History seit 2001 und des Fördervereins des studentischen Orchesters und Chores seit 2013. Sach-

bearbeiter im Institut für Geschichte der Medizin der Heinrich-Heine-Universität Düsseldorf seit 1996, zuständig für den Fachapparat seit 2005.

Dr. med. Dr. phil. Alfons LABISCH, em. Univ.-Professor. Ehemaliger Direktor des Instituts für Geschichte der Medizin der Heinrich-Heine-Universität Düsseldorf.

Studium der Geschichte, Sozialwissenschaften, Philosophie, Latein und Humanmedizin an der RWTH Aachen und der Universität zu Köln. Staatsprüfung Philosophie 1972, Dr. phil. 1974, Magister Artium Soziologie 1976, Dr. med. und ärztliche Approbation 1981, Habilitation Neuere und Neueste Geschichte 1990. Univ.-Prof. für Gesundheitspolitik und Medizinsoziologie an der GHS-Universität Kassel 1979–1991, Univ.-Prof. und Lehrstuhlinhaber für Geschichte der Medizin an der Heinrich-Heine-Universität Düsseldorf 1991–2015. 1998–2002 Prodekan, 2002–2003 Dekan der Medizinischen Fakultät, 2003–2008 Rektor der Heinrich-Heine-Universität Düsseldorf. Zahlreiche Gremienmitgliedschaften. Derzeitige Aufgaben: seit 2012 Sprecher des Studienzentrums der Leopoldina – Nationale Akademie der Wissenschaften in Halle (Saale); seit 2006 Vorsitzender des Konfuzius-Instituts Düsseldorf; seit 2006 Member, seit 2009 Honorary Member of the Council of the Confucius Institute Headquarters, Hanban, Beijing (China); seit 2009 Vorsitzender des Kuratoriums der Hiller-Stiftung Rheumatologie, Monheim/Düsseldorf.

Dr. Frank LEIMKUGEL. Professor für Geschichte der Pharmazie am Institut für Geschichte, Theorie und Ethik der Medizin, Heinrich-Heine-Universität Düsseldorf.

Studium der Pharmazie an der Heinrich-Heine-Universität Düsseldorf. Studium der Pharmaziegeschichte und der Historischen Hilfswissenschaften an der Universität Marburg. Promotion zum Dr. rer. nat. an der Universität Heidelberg. Habilitation für Geschichte der Pharmazie an der TU Braunschweig 2001, Umhabilitation an die HHU Düsseldorf 2003. Bearbeiter eines DFG-Projektes zum Wissenschaftstransfer emigrierter Pharmazeuten an der Universität Heidelberg (1991–1993). Seit 1991 Lehrbeauftragter an der HHU, seit 2001 PD, seit 2013 Apl. Professur für Geschichte der Pharmazie. Hauptarbeitsgebiete: Pharmazie und Zeitgeschichte; Pharmazie, Medizin, Naturwissenschaften und Judentum; Naturwissenschafts- und Medizingeschichte Israels.

Thorsten Lemanski. M.A., M.LIS. Wissenschaftlicher Bibliothekar an der Universitäts- und Landesbibliothek Düsseldorf mit den Aufgabenbereichen (Digitalisierungs-)Projekte, Publikationen und Öffentlichkeitsarbeit sowie Betreuung des Fachreferats Philosophie, Leiter des Dezernats Digitale Dienste der ULB.
2002 Magister Artium in Germanistik und Politikwissenschaft an der Heinrich-Heine-Universität Düsseldorf. 2008 Master of Library and Information Science an der Fachhochschule Köln. Ab 2002 Freier Lektor im Bereich Business-Kommunikation und Bildungsmedien. Ab 2005 Lektor im Verlag Europa-Lehrmittel. 2008/2009 Fachreferent für Germanistik und Medienwissenschaft an der Universitätsbibliothek Paderborn.

Dr. Anne Liewert. Leiterin des Dezernats Historische Sammlungen der Universitäts- und Landesbibliothek Düsseldorf.
Studium der Klassischen Philologie und Evangelischen Theologie an den Universitäten Kiel, Münster und Innsbruck. Promotion 2013. Bibliotheksreferendariat an der Herzog August Bibliothek Wolfenbüttel/Bibliotheksakademie Bayern (2012–2014). Fachkoordinatorin Altertumswissenschaften an der Bayerischen Staatsbibliothek (2014/2015). Dezernentin Historische Sammlungen an der ULB Düsseldorf seit 2015.

Dr. Gisela Miller-Kipp, Professorin i. R. 1996–2007 Lehrstuhl für „Allgemeine Pädagogik einschließlich der Historischen Pädagogik und der Pädagogischen Anthropologie" an der Heinrich-Heine-Universität Düsseldorf.
Studium an den Universitäten Köln und Oxford. Promotion 1975. Lehraufträge an der VHS, Journalistin und freie Mitarbeiterin bei Presse, Funk und Fernsehen (Kultur und Wissenschaft). 1976 Wissenschaftliche Mitarbeiterin an der Universität der Bundeswehr, Hamburg. 1992 Habilitation und Privatdozentin; zwischenzeitlich Professurvertretungen.
Vorstandsmitglied und Vorsitzende der Wissenschaftskommissionen „Historische Bildungsforschung" und „Pädagogische Anthropologie" der Deutschen Gesellschaft für Erziehungswissenschaft (DGfE). Mitherausgeberin wissenschaftlicher Fachzeitschriften; derzeit noch im Herausgeberkollegium von *Bildung und Erziehung* (BuE) sowie Mitglied des Wissenschaftlichen Beirats des Fritz-Bauer-Instituts (FBI).

Dr. Ute OLLIGES-WIECZOREK. Leiterin der Thomas-Mann-Sammlung der ULB Düsseldorf.

Studium der Germanistik, Geschichte und Erziehungswissenschaften an der Universität Münster. Promotion 1993. Leiterin der Pressestelle und der Bibliothek der Hochschule für Musik und Theater Rostock. Seit 1997 Fachreferentin an der Universitäts- und Landesbibliothek Düsseldorf; seit 2005 Leiterin der Thomas-Mann-Sammlung.

Dr. Eva SCHLOTHEUBER. Professorin für Mittelalterliche Geschichte an der Heinrich-Heine-Universität Düsseldorf (seit 2010).

Studium in Göttingen und Kopenhagen. Promotion 1994, dann Wissenschaftliche Assistentin am Historischen Seminar der TU Braunschweig und an der Ludwig Maximilians Universität München. Habilitation an der LMU 2003. Ab 2003 Oberassistentin an der LMU. Von 2007 bis 2010 Professorin für Mittelalterliche Geschichte und Hilfswissenschaften an der Westfälischen Wilhelms Universität Münster.

Marie-Isabelle SCHWARZBURGER, M.A. Wissenschaftliche Hilfskraft im Fachapparat des Instituts für Geschichte, Theorie und Ethik der Medizin und Wissenschaftliche Mitarbeiterin am Lehrstuhl für Mittelalterliche Geschichte der Heinrich-Heine-Universität Düsseldorf.

Studium der Geschichte an der Heinrich-Heine-Universität Düsseldorf. Studentische Hilfskraft im DFG-Projekt „Pharmaziehistorische Bibliothek Dr. Helmut Vester" in der Universitäts- und Landesbibliothek Düsseldorf 2013–2014. Seit 2014 Promotionsstudium im Fach Mittelalterliche Geschichte zum Thema „Die Bibliothek und das Skriptorium der Kreuzherren in Düsseldorf" (Arbeitstitel).

Dr. Irmgard SIEBERT. Direktorin der Universitäts- und Landesbibliothek Düsseldorf seit 2000.

Studium der Germanistik und Geschichte an der Universität Marburg. Promotion 1988 über die Kunst- und Kulturgeschichtsschreibung Jacob Burckhardts bei Prof. Dr. Dr. hc. Karl Christ; Stipendiatin der Studienstiftung des Deutschen Volkes. Dezernentin für Erwerbung und Katalogisierung an der UB Marburg. Stellvertretende Bibliotheksdirektorin an der UB Essen (1998–2000), seit 2000 leitende Bibliotheksdirektorin der ULB Düsseldorf. Vorsitzende der AG Regionalbibliotheken der Sektion 4 des dbv (2011–2012). Vorsitzende der Sektion 4, Wissenschaftliche Bibliotheken des Deutschen Bibliotheksverbands (seit 2013). Zahlreiche bibliotheks- und fachwissenschaftliche Publikationen.